JN025425

塩野宏 著

行政法 III

［第五版］行政組織法

有斐閣

はしがき（第五版）

行政法Ⅲ（第四版）を刊行してから八年を経過した。その間、国家行政組織法、地方自治法、国家公務員法、地方公務員法等の行政組織法に関する通則法典自体は、根本的改正をみることなく推移してきた。また、公物法制に関しては、通則的法典の制定はなされていない。しかし、規制改革、公私協働等に表現される昨今の動きに、行政手段論としての行政組織法においても、制定法は様々な形で対応している。その際、立法、執行のいずれの段階においても、法解釈の名において実務は進行し、学説もこれに対応して、行政組織法論が展開されるという状況にある。行政法総論（本書Ⅰ）及び行政救済法（本書Ⅱ）と比較すると裁判例こそ少ないが、そのことが行政組織法論の存在理由を否定するものではないことに留意する必要がある。

改訂に際しては、本書Ⅱ（第六版）に引き続き、今回も有斐閣書籍編集部の佐藤文子さんには大変お世話になった。厚く御礼を申しあげる。コロナの最中にも拘らず、改訂作業を進め発刊の運びとなったことに、有斐閣の皆さんに改めて感謝の意を表する次第である。

二〇二〇年一一月

塩野　宏

はしがき（初版）

本書は筆者の行政法Ⅰ、Ⅱの続刊である。収める範囲は、広義の行政組織法であって、具体的には、行政組織法（一般理論・国家行政組織法・地方自治法）、公務員法、公物法である。

関連法規が多数に上るが、頁数の増加を抑えることもあって、叙述に際しては、法文をそのまま引用することや、別表を掲げることはできるだけ避け、簡単にその趣旨をまとめるように意を用いた。したがって、読者の方々には、六法を傍らに置いて、常時、本文で参照された条文、別表に直接あたるよう、お願いしたい。

行政法Ⅰから始まる私の行政法教科書は、本書をもって完了する。

本書の公刊に際し、有斐閣の西尾みちみさんに、引き続き大変お世話になった。校正に関しても、同様に加藤和男氏の手を煩わした。お二人に厚くお礼を申し上げる。

私の行政法教科書の執筆計画がこのように、ひとまず完了したのは、行政法第一部講義案(上)・(下)（一九八九年）から支援をして下さった、有斐閣の副島嘉博氏のおかげによるところが大きい。ここに氏に感謝の意を表する次第である。

一九九五年九月初

塩　野　　宏

はしがき（第二版）

このたび、中央省庁改革、地方分権を実現するべく、関係法律の大幅な制定、改廃が行われた。また、公務員法制、公物法制についてもこれらの改革との関係で、整備が図られた。いずれも、行政組織法に関する重要な改革立法で、この機会に本書の版を改めることとした。改訂作業は、新たな立法に伴う情報を本書に組み入れることを中心としたが、本書の理論的枠組み及び構成自体は、変更していない。なお、学説・判例の動向にも適宜配慮した。

これにより、私の行政法Ⅰ、Ⅱ、Ⅲはいずれも、第二版となった。この機会に厚く御礼を申し上げる。改訂にあたり、有斐閣の奥貫清氏に大変お世話になった。

二〇〇〇年一二月

塩野　宏

はしがき（第三版）

行政法Ⅲ（第二版）の刊行後、五年余りを経過した。この間、行政組織法研究の重点の一つは、中央省庁改革立法、地方分権関連法令の理論的分析の深化にあった。本書もこのような角度から、学説の動向を追い、かつ、自説の補強を試みた。また、国立大学法人法、地方独立行政法人法などの重要な新たな改革立法が行政組織法の各分野に登場してきており、これらの制度改革についての分析検討を行った。さらに、外国人の公務員就任能力に関する最高裁判所判決など、従来からの検討課題に関する判例・学説をフォローすることにも意を用いた。

実定法教科書の改訂には、用語や表記法等の統一性の確保、個別法令の改廃や条文の移動の点検など、新たな教科書の作成とは別の困難な作業を必要とするところであるが、今回も有斐閣の奥貫清氏、副島嘉博氏には、大変お世話になった。厚く御礼申し上げる次第である。

二〇〇六年三月

塩 野 宏

はしがき（第四版）

行政法Ⅲ（第三版）の刊行後六年半となった。その間、我が国の従来の行政システムに改変を迫る規制緩和・民間化・地方分権の流れは、本書の対象とする行政組織法の分野でもさまざまな影響を制定法、学説に及ぼしている。政治過程がいささか混迷の度を加えていることもあって、必ずしも確定的な像を描くに至っていない領域もあるが、本書では、これらの新たな立法や学説の動向を戦後改革との関係に留意しつつ観察するとともに、鋭意、自説の補強にも心がけた。さらに、専決・代決、職務命令、業務上過失致死傷罪、地方議会による権利放棄議決など、従来必ずしも十分に司法判断の及んでいなかった領域に関する裁判判決の登場も、今回の改訂に際して注目されたところである。

頻繁な法改正の多い行政法教科書の改訂は、改正条文の点検など気骨が折れる作業を伴うが、今回も編集作業万端にわたり、有斐閣の高橋均氏、奥貫清氏に支援していただいた。厚く御礼申し上げる。

二〇一二年九月

塩野　宏

目次

行政法Ⅰ〔第六版〕行政法総論　目　次

第二編　行政過程論

行政法Ⅱ〔第六版〕行政救済法　目　次

文献略語一覧

本書Ⅰ　塩野宏・行政法Ⅰ（第六版）行政法総論（有斐閣、二〇一五年）
本書Ⅱ　塩野宏・行政法Ⅱ（第六版）行政救済法（有斐閣、二〇一九年）

一　共通的教科書

宇賀・概説Ⅲ　宇賀克也・行政法概説Ⅲ（第五版）（有斐閣、二〇一九年）
田中・行政法上巻　田中二郎・新版行政法上巻（全訂二版）（弘文堂、一九七四年）
田中・行政法中巻　田中二郎・新版行政法中巻（全訂二版）（弘文堂、一九七六年）
藤田・行政組織法　藤田宙靖・行政組織法（有斐閣、二〇〇五年）
美濃部・日本行政法上巻　美濃部達吉・日本行政法上巻（有斐閣、一九三六年）
美濃部・日本行政法下巻　美濃部達吉・日本行政法下巻（有斐閣、一九四〇年）
柳瀬・教科書　柳瀬良幹・行政法教科書（再訂版）（有斐閣、一九六九年）

二　行政組織法

行政法講座四巻　田中二郎＝原龍之助＝柳瀬良幹編・行政法講座第四巻（行政組織）（有斐閣、一九六五年）
行政法大系7　雄川一郎＝塩野宏＝園部逸夫編・現代行政法大系第七巻（行政組織）（有斐閣、一九八五年）
佐藤・行政組織法　佐藤功・行政組織法（新版・増補）（有斐閣、一九八五年）

三　地方自治法

阿部ほか編・地方自治大系　阿部照哉＝佐藤幸治＝園部逸夫＝畑博行＝村上義弘編・地方自治大系1、2（嵯峨野書

院、一九八九年、九三年）

宇賀・地方自治法	宇賀克也・地方自治法概説（第八版）（有斐閣、二〇一九年）
行政法大系8	雄川一郎＝塩野宏＝園部逸夫編・現代行政法大系第八巻（地方自治）（有斐閣、一九八四年）
俵・地方自治法	俵静夫・地方自治法（有斐閣、一九六五年）
地方自治・地方分権	小早川光郎＝小幡純子編・あたらしい地方自治・地方分権（有斐閣、二〇〇〇年）
松本・要説	松本英昭・要説地方自治法（第十次改訂版）（ぎょうせい、二〇一八年）
松本・逐条地方自治法	松本英昭・逐条地方自治法（新版第九次改訂版）（学陽書房、二〇一七年）

四　公務員法

鵜飼・公務員法	鵜飼信成・公務員法（新版）（有斐閣、一九八〇年）
逐条国家公務員法	森園幸男＝吉田幸三＝尾西雅博編・逐条国家公務員法（学陽書房、二〇一五年）
橋本・逐条地方公務員法	橋本勇・逐条地方公務員法（新版第五次改訂版）（学陽書房、二〇二〇年）
行政法大系9 10	雄川一郎＝塩野宏＝園部逸夫編・現代行政法大系第九巻（公務員・公物）、第一〇巻（財政）（有斐閣、一九八四年）
菅野・労働法	菅野和夫・労働法（第十二版）（弘文堂、二〇一九年）

五　公物法

河川法研究会・河川法解説	河川法研究会編著・改訂版河川法解説（大成出版社、二〇〇六年）
原・公物営造物法	原龍之助・公物営造物法（新版）（有斐閣、一九七四年）

六　判例百選など

行政判例百選ⅠⅡ	宇賀克也＝交告尚史＝山本隆司編・行政判例百選ⅠⅡ（第七版）（有斐閣、二〇一七年）

公務員判例百選　塩野宏＝菅野和夫＝田中舘照橘編・公務員判例百選（有斐閣、一九八六年）
地方自治判例百選　磯部力＝小幡純子＝斎藤誠編・地方自治判例百選〔第四版〕（有斐閣、二〇一三年）
新構想Ⅰ　磯部力＝小早川光郎＝芝池義一編・行政法の新構想Ⅰ　行政法の基礎理論（有斐閣、二〇一一年）
争点　高木光＝宇賀克也編・行政法の争点（有斐閣、二〇一四年）
法律用語辞典　法令用語研究会編・法律用語辞典〔第四版〕（有斐閣、二〇一二年）

〔記念論文集等〕
芦部古稀・現代立憲主義の展開（上下）（芦部信喜先生古稀祝賀、有斐閣、一九九三年）
阿部古稀・行政法学の未来に向けて（阿部泰隆先生古稀記念、有斐閣、二〇一二年）
石川古稀・経済社会と法の役割（石川正先生古稀記念論文集、商事法務、二〇一三年）
雄川献呈・行政法の諸問題（上中下）（雄川一郎先生献呈論集、有斐閣、一九九〇年）
金子古稀・公法学の法と政策（上下）（金子宏先生古稀祝賀、有斐閣、二〇〇〇年）
兼子古稀・分権時代と自治体法学（兼子仁先生古稀記念、勁草書房、二〇〇七年）
菅野古稀・公法の思想と制度（菅野喜八郎先生古稀記念論文集、信山社出版、一九九九年）
北村還暦・自治立法権の再発見（北村喜宣先生還暦記念論文集、第一法規、二〇二〇年）
小高古稀・現代の行政紛争（小高剛先生古稀祝賀、成文堂、二〇〇四年）
塩野古稀・行政法の発展と変革（上下）（塩野宏先生古稀記念、有斐閣、二〇〇一年）
芝池古稀・行政法理論の探究（芝池義一先生古稀記念、有斐閣、二〇一六年）
杉村古稀・公法学研究（上下）（杉村章三郎先生古稀記念、有斐閣、一九七四年）
鈴木古稀・自治体政策法務の理論と課題別実践（鈴木庸夫先生古稀記念、第一法規、二〇一七年）
成田退官記念・国際化時代の行政と法（成田頼明先生退官記念、良書普及会、一九九三年）
西埜＝中川＝海老澤喜寿・行政手続・行政救済法の展開（西埜章＝中川義朗＝海老澤俊郎先生喜寿記念、信山社、

二〇一九年）
水野古稀・行政と国民の権利（水野武夫先生古稀記念、法律文化社、二〇一一年）
南古稀・行政法と法の支配（南博方先生古稀記念、有斐閣、一九九九年）
室井還暦・現代行政法の理論（室井力先生還暦記念論集、法律文化社、一九九一年）
室井古稀・公共性の法構造（室井力先生古稀記念論文集、勁草書房、二〇〇四年）

第四編　行政手段論

序論　行政手段論の観念

行政法学の主要な課題は、国および地方公共団体等の行政主体の行政作用にかかる法現象とその結果ときに生ずる私人の不利益の救済のあり方の考察にある（本書Ⅰ・Ⅱ）。しかし、行政主体それ自体は観念的な存在であって、自分で行動するわけではない。とりわけ、現代社会においては、国および地方公共団体は膨大で複雑な組織を有し、その組織の構成単位である行政機関をとおして行動する。たとえば、国の税金の賦課徴収に関する組織としては財務省の外局としての国税庁、その下に置かれる国税局、税務署があり、それぞれに、国税庁長官、国税局長、税務署長が置かれる。規制行政の分野では、道路交通の取締りは都道府県の行政であるが、現実にこれを所掌するのは、都道府県の公安委員会およびその管理の下に置かれる警視庁・警察本部、警察署であり、これまた、それぞれに、警視総監・警察本部長、警察署長が置かれる。給付行政の分野でいえば、社会福祉行政は国のレベルでは厚生労働省が所掌するが、府県では民生部（例示）がその事務を担当するのが通例であって、さらに現場の事務は、福祉事務所が行うこととされている。

ただ、これら行政機関といえどもなお、観念的なものであって、行政が現実の行動として現れるには、具体的な人的、物的手段を必要とする。人的手段とは、たとえば、国家公務員、地方公務員である。また、物的手段としては、道路、公園などの人工的なものもあれば、河川、海浜など、自然的に存在しつつも、公の行政目的に提供されている物もある。

ここで、行政手段論とは、これら行政主体の組織のあり方、人的、物的手段のあり方の考察を総合してとらえたものであって、この行政手段にかかる法現象を明らかにすることによって、行政法一般理論は一応その任務を果たすことになるのである。(1)

行政手段に関する法全体を、広義の行政組織法ということができるが、これを講学的見地から細分すれば、行政主体の組織のあり方の考察の対象が、行政組織法（狭義の）であり、人的手段の考察の対象が公務員法、物的手段の考察の対象が公物法である。(2)

なお、従来、わが国の行政法学においては、地方公共団体の活動およびその組織は、全体として行政の分野に属するものとして取り扱われ、地方自治法はその意味で、行政組織法の一部を構成してきた。しかし、日本国憲法の下では、地方公共団体は憲法に直接根拠をもつ立法権の主体であることに鑑みると、それは、単なる行政の担当主体であるにとどまらず、一つの統治団体としての法的地位を有するものと解される。その意味では、地方自治法はここでいう行政組織法の範囲を超えるものがある。ただ、行政過程論（本書Ⅰ）、行政救済論（本書Ⅱ）における地方公共団体の行政作用を全体として把握するに際しては、立法作用を含めた地方公共団体の活動およびその組織を全体として視野に入れておくのが便宜であるので、本書においては、地方自治法の基本的構造も考察の対象とする。(3)

(1)　行政法および行政法学の範囲と対象をどのように画するかについては、いろいろの見方がある。行政法の総論と各論の関係に関しても、定説はない。私は、行政作用を類型ごとに分かって考察する行政法各論の存在理由にかねて疑問を有しており、行政法教科書としても、行政過程論、行政救済論、行政手段論（広義の行政組織法論）で完結させることとした（行政法学の対象と範囲に関しては、参照、塩野宏「行政作用法論」（一九七二年）「行政法の対象と範囲」（一九八〇年）塩野・公法と私法一九七頁以下、二三七頁以下）。

（2）　行政組織法（広義）の範囲についても定まったものはなく、とりわけ、公物法の扱いはいろいろである。このあたりは、かなり便宜的に決めてよいものと考えるが、本書の構成は、田中・行政法中巻にほぼ等しい。なお、「行政手段」の語は、すでに佐々木惣一・日本行政法論総論（一九二四年）一三二頁以下に「行政ノ手段」として登場している。ただし、そこでは「人的手段」と「物的手段」が取り上げられ、行政組織法は別の項目とされている。

（3）　行政組織法、公務員法、公物法はそれぞれ固有の法原理、法的仕組みをもっている。しかし、他面、本書ⅠおよびⅡで考察した、行政法の基礎理論、行政過程論、行政救済論の応用、逆にいうと、素材の提供場面としての意味をもっていることに注意しなければならない。

第一部　行政組織法

序　章

現行法上、行政組織法に関する個別法は数多く制定されているが、全般についての通則的法典は存在していない。また、この分野に関する判例の蓄積も乏しい。しかしそのことは行政組織法に関するドグマーティッシュな検討、あるいは、立法論的検討の不要を意味するものではない。現に、明治憲法の下においても行政法学上に行政組織のあり方自体を検討する場が設けられていたし（例えば美濃部達吉・日本行政法上巻〔一九三六年〕第二編・行政組織法〔三六一頁以下〕）、官制大権が否定された日本国憲法の下では、一般に行政組織法が行政法学の構成要素の一部とされてきた（田中・行政法中巻、柳瀬・教科書、杉村敏正・全訂行政法講義総論（上巻）〔一九八一年〕）。

その際、さまざまな法概念が展開されてきたが、そこにおける概念は行政過程論、行政救済法論と比較すると、道具概念と並んで、開発概念の比重が大きいところに、従来の行政組織法論の特色があることは認められねばならない（法概念の種別については、参照、塩野宏「行政法概念の諸相」塩野・行政法概念の諸相〔二〇一一年〕五頁以下）。しかし行政組織法においては、開発概念の道具概念化は、立法権、司法権等の動向に支配されるところが大きく、社会情勢の変革により、行政組織法論も法ドグマーティクの支配するところが広くなることが予測される（現代における行政組織法のあり方については、松戸浩「行政組織法の課題」行政法研究二〇号〔二〇一七年〕一二九頁以下が、

「行政主体」、「行政主体間の関係」、「行政主体の内部の問題」の三点につきに適切な分析を行っている）。

以下、行政組織法の一般理論（第一章）、国家行政組織法（第二章）、地方自治法（第三章）に分けて考察する。

第一章　行政組織法の一般理論

第一節　行政組織法の特質

一　序説——行政主体と行政組織法

行政組織法（狭義の。以下本章で同じ）は、行政機関を規律するものであるが、その行政機関は、それが帰属する行政主体の存在を前提としている。そこで、行政組織法を考察するにあたり、行政主体の観念およびその行政組織法との関係について瞥見しておく必要がある。

(1)　行政主体と行政過程論・行政救済論

行政主体という言葉はすでに本書で用いてきたところであるが（本書Ⅰ一四頁、三九四頁、本書Ⅱ一頁）、行政主体とは何かについては特に定義することなしにすましておいた。つまり、ある意味では分かりきったこととして、前提としてきたのである。具体の解釈論においても、基本的には、行政主体とは何かを取り立てて問題とすることなく処理することができた。それは次のような事情による。

①　行政過程論では、行政主体と私人の法的関係の特色が問題となるので、行政主体とは具体的にはどのようなものがあるか、などという議論をする必要がない。

②　行政争訟法においては、取消訴訟などの処分性において公権力の行使かどうかが問題となるときに、一方当事者の主体の法的性格つまり行政主体性が問題となるのではないか、という疑問も生ずるけれども、当該行為が公権力の行使にあたるかどうかは、具体的には当該法主体の性格如何ではなく、当該行為の根拠法が、これに公権力性を与えているかどうかによってきまってくる。したがって、行政主体の典型である国家の行為の中でも、公権力性が賦与されていないものもあるし、また、弁護士会のように、本来は社会の領域に帰属する団体であるけれども、所属弁護士の懲戒は、弁護士法により、公権力としての法的資格を与えられることがある（法五六条以下）。公法上の当事者訴訟であると、一方当事者が行政主体であるかどうかが判定の基準となる場合がありうるが、そのことが現実に問題となった事例がない。

③　国家賠償法一条が適用されるかどうかについても、そのきめ手は、当該行為者が公共団体の公務員であるか否かではなく、行政争訟法と同じく、当該行為の根拠規定如何による（学校教育における事故のような場合には、根拠法というよりはもっぱらそれが国公立の学校であるかどうか、つまりその学校が行政主体に帰属するかどうかがきめ手になっている。ただ、これは、一条の適用の拡大の結果であるという事情があるし、このような場合には一条でいくか民法上の不法行為でいくかは結果にあまり影響を及ぼさない。以上につき本書Ⅱ三二四頁以下参照）。国家賠償法二条の適用については公共団体、つまりここでいう行政主体の設置管理する営造物であるかどうかが前提となる。しかし、民法の土地工作物の瑕疵による責任の場合と営造物の瑕疵による責任の場合とで、実体法上の要件に大きな差異があるのではなく、むしろ、道路とか河川のように、当該営造物の性格自体が責任要件の判断に大きな問題となるのである（参照、本書Ⅱ三五九頁以下）。

⑵　行政主体と行政組織法論

このような状況に対して、行政組織法論では、そう簡単にすましておくわけにはいかない事情がある。その際、次のような四つの問題がある。

①　行政組織法の範囲を確定するという問題である。つまり、冒頭にのべたように、行政組織法は行政主体の組織に関する法であるとすると、行政主体がきまってこない以上、その範囲は確定しないことになる。

②　趣旨を同じくするが、行政組織に通ずる一般原理なるものがもしあるとすると、その一般原理の適用範囲という角度から、ある組織体が行政主体かどうかが問題となるのである。

③　ある組織体が行政主体であるが故に、特別の法的措置がとられているとみられる場合がある。たとえば、情報公開法制の適用対象法人として国および地方公共団体のほかにどのような法人を選定すべきかの判断に際して、当該法人の行政主体性が考慮要素となる（後出九六頁以下）。

④　行政主体は独立の法人格を有している。これら行政主体相互の関係を独立の法人格の関係であるということで、一般の法律関係と同様の実体法、手続法が適用されることになるのかどうかは論議の対象となりうる。

以上のことから推測されるように、ここでの問題意識はつまるところは、当然の行政主体たる国と地方公共団体の外に、行政主体があるのかどうか、あるとすればそれは何か、これらと、国、地方公共団体の関係はどのようなものであるかということになる。別のいいかたをすると、国、地方公共団体などという観念を全く取り払って、行政主体論を展開しようというのではない。そこで、以下においては、このような問題の所在を明確にした上で、まず行政主体たる性格を当然与えられている国、地方公共団体の行政組織を中心に考察し、その他行政主体論の対象となる、独立行政法人、特殊法人などにもふれることとしよう[1]。

（1）　行政主体論一般については、文献も含めて、北島周作・行政上の主体と行政法（二〇一八年）にイギリス行政法における対応を含めた詳細な研究がある。行政主体と行政機関の関係については、森田寛二・行政機関と内閣府（二〇〇〇年）九五頁以下に詳細な分析がある。なお、岡田雅夫「行政法の基礎概念と行政法解釈学——行政主体概念を手がかりに」公法研究六七号（二〇〇五年）九〇頁以下（一〇六頁）は、「法解釈学としての行政法学の対象となる行政法とは、行政主体の作用に関する法ではなく、行政機関の認定権の行使に関する法」であるとして、行政主体概念の有用性を否定する。この点は、行政法・行政法学の定義と関連するので、ここで取り上げることをしないが、この論文では、国・地方公共団体の組織維持作用についての法律の定めは、行政法に組み入れられているので（一〇四頁以下）、論者においても、この意味の行政法を語る範囲として、行政組織法上の行政主体概念を語る余地があるように思われる。行政主体論議に関しては、なお参照、後出一二九頁以下。

二　組織規範と法律の根拠

ここで組織規範とは、ある自然人の行為の効果を国、地方公共団体等の行政主体に帰属させる規範をいう（本書Ｉ八二頁）。それは、具体的には、行政機関の設立に関する定めと、当該機関の所掌事務の定めを中核とする。これに、行政機関の関係を規律する規範が加わる（行政機関概念の詳細については後出二〇頁以下参照）。

行政と法律との関係については、複数の局面があるが、その一つとしての根拠規範との関連で、日本行政法においてはかねて侵害留保の原則が妥当してきたことが指摘された。そこで明らかにされたように、当該原則は行政主体が、私人の自由・財産を侵害するかどうかに関心がある。そして、具体的には行政主体が私人の自由・財産を侵害するには法律の根拠がなければならない、という原則が導き出される（本書Ｉ八〇頁以下）。厳密にいえば、侵害留保の原則のいうところはこれにとどまるともいえそうである。行政主体が行う事務をどの行政機関に割り振るか、また、その行政機関の具体的組織をどのように構成するか、つまり、組織規範の中核（以下、単に組織規範という）を定める形式は、侵害留保の原則とは論理的には関係がないという見方もありうる。そこで、組織規範の国異なるところがある。

法上の形式が、改めて論議されなければならないことになるが、そのありようは、憲法のよってたつ主義によって異なるところがある。

(1) 明治憲法と組織規範

立憲君主制の下では、組織規範の制定は君主権に留保されるという理解が普遍的である（ドイツの事例について、参照、Walter Rudolf, Verwaltungsorganisation, in Erichsens, Allgemeines Verwaltungsrecht, 11. A., 1998, S. 786)。日本法としては、天皇大権に属する、ということになる。明治憲法一〇条は「天皇ハ行政各部ノ官制及文武官ノ俸給ヲ定メ及文武官ヲ任免ス」と定めており、このうち、文武官についてのそれは、官制大権と称されていた（美濃部・日本行政法上巻三六二頁）。一方、具体の行為を行うのは、まさに具体の行政機関である。そして、その行政機関の行為が公権力の発動である場合、その機関についての定めは、単に行政主体内部の事務配分の問題ではなく、侵害留保の原則のよってたつ法治主義の原則からすると、これも法規ではないかとみる余地がある。このような、一方における官制大権と法治主義の相反する要請の妥協とみられるのが、行政組織の勅令主義である。すなわち、「人民との間に法律上の交渉ある職務を担任する国家機関に付いては、人民をして其の機関の行為を国家行為として認識しその権威に服すべき義務を負はしむるものであるから、その機関に付いての定めは、法規たる性質を有し、随って勅令を以って人民に対して一般にこれを公布することが法律上必要であるが、人民との間に直接の法律上の交渉なく、単に内部に於いて庶務に従事し、調査を為し、諮問に応ふる等の職務を有するにとどまるものであれば、必ずしも勅令を以って一般にこれを公布するを要するものではなく、先づ勅令を発して然る後にこれを設置するか、又は勅令を待たず直ちにこれを設置するかの何れの方法に依るも自由であって、必ずしもその何れかでなければならぬといふのではない」（美濃部・前掲書三六七頁以下）というのである。

(2)　日本国憲法と組織規範

これに対して、日本国憲法には官制大権なる観念のないことはいうまでもない。ただ、そのことが直ちに一義的な結論を導き出すものではない（参照、高橋信行「行政組織編成権」争点一六八頁以下）。

(ア)　学説の状況

組織規範の定立権者については、次のような学説の対立がある（以下の分類とは異なるが、学説の詳細については、稲葉馨「行政組織編成権論」〔一九九一年〕稲葉・行政組織の法理論〔一九九四年〕二四五頁以下参照）。

①　法治主義説　　官制大権が退いたとなるとその分だけ法治主義が範囲を拡大する、つまり、対国民との関係で国家意思を表明する行政機関についても、法律主義が妥当すべきことになるとする見解がある（柳瀬・教科書三〇頁、杉村敏正・全訂行政法講義総論（上巻）〔一九六九年〕七八頁）。勅令と法律の違いはあるが、法治主義を基礎とする論理構造は明治憲法時代の理論と共通している。

②　法規概念拡張説　　官制大権の消滅を法治主義の範囲の拡大という理解にとどめることでは、日本国憲法における民主主義の原理に対する配慮が欠けているという問題が残る。そこで、日本国憲法の民主主義を基礎として、組織規範についても、原則として法律が必要である、いいかえれば、組織規範の制定は法律事項であるとする見解が登場してきた。その際、憲法四一条にいう立法とは、従前の意味における法規に限られないとして、組織規範も法律事項であるとする見解がある（注釈日本国憲法下〔一九八八年〕八三九頁以下〔樋口陽一〕。伊藤正己・憲法〔第三版、一九九五年〕四二一頁も同趣旨と解される）。これを法規概念拡張説ということができる。しかし、組織規範も法規であるというときに、なぜ、法規となるかについての論拠がここでは明確ではないし(1)、この説明によると、現在の組織規範のありようを全体として、整合的に整理できるかという問題がある（後出一四頁）。

③　民主的統治構造説　憲法の個別条文あるいは法規概念とは別に、憲法に定める国会の最高機関性（四一条）に現れる国会中心主義を根拠とする見解があり、これを、民主的統治構造説ということができる（細部の論理構成は異なるが、参照、佐藤・行政組織法一四一頁、室井力「行政組織と法」室井・行政の民主的統制と行政法〔一九八九年〕五四頁、小早川光郎「組織規定と立法形式」芦部古稀下四七四頁）。この考え方が支持されるべきである。すなわち、すでに行政作用法のレベルにおける法律の留保に関しても、侵害留保理論のみで処理することが妥当ではなく、わが国の民主的統治構造にも配慮すべきことが指摘された（本書Ｉ七七頁以下）。この理は、行政組織の構成原理にも要請されるものである。

つまり、ここでの問題は、行政組織の編成権の所在であるが、「行政」の組織であるから、行政部がその編成権をもつという論理上の要請はない。明治憲法における官制大権もその意味での憲法レベルでの選択であり、天皇主権がその正当化を支えるものであった。これに対して、日本国憲法の下で明治憲法上の官制大権の廃止は、単に法治主義の範囲の拡大ではなく、行政組織編成権の変動を意味するとみるのが素直ではないか。

ここで、明治憲法においては、官制大権と任官大権の二つが定められていたこと（一〇条）にも注意しなければならない。これに対して、日本国憲法においては、任官大権に対応する事項については、国民主権の原理に基づき公務員の選任の究極の根拠は国民にあることが定められ（一五条）、かつ、公務員制の基準は法律によって定められることとされたのである（七三条四号）。日本国憲法は行政組織編成権の所在、その発動の形式については直接的定めを置いていないけれども、かつての任官大権のこのような民主主義的変容は、当然、行政組織編成権にも及ぶものと解するのが自然である。[2]

なお、具体の行政作用が国民の権利義務を直接に規律する場合は法律の根拠が必要で、当該作用法において行政機関が法定されている（作用法的機関概念。後出二二頁）ので、以下に法律の規律範囲が問題となるのは、処分権者としての行政機関のみならず、行政活動全体をカバーする行政組織体に関する部分（具体的には国家行政組織法上の行政機関〔事務配分的行政機関概念。後出二二頁〕）である。

(イ)　組織規範の現状

国家行政組織に関しては、内閣法、内閣府設置法、国家行政組織法、各省設置法等が制定されている。また、地方公共団体の行政組織については、地方自治法が基本的組織について定めを置くとともに、行政組織の条例主義を定めている（法一五八条）。

この点を、国家行政組織について、もう少し詳しくみると次のとおりである。

①　国家行政組織法および各省設置法は、もともと府、省、委員会、庁の設置およびその所掌事務は法律によって定めることとするとともに（国家行政組織法三条）、各省の内部部局についても、官房、局、課を置くものとして、そのうちの官房、局の設置および所掌事務の範囲も法律で定めるものとしていた（課〔室を含む〕の設置および所掌事務の範囲は政令で定められる）。さらに、審議会等の機関についてもその設置は法律を要するものとしていた（この立法趣旨については、参照、佐藤・行政組織法九八頁以下、一〇四頁以下）。

②　このような行政組織法律主義のいわば徹底した状態については、かねて、組織規制の弾力化の要請からその緩和の必要性が行政部側から主張されており、昭和五八年に国家行政組織法および各省設置法の改正をみた。その結果、府、省、委員会、庁の設置および所掌事務の範囲は法律によって定められるが、内部部局に関しては、官房、局および部は政令事項となった（国家行政組織法七条一項・二項・五項。課および課に準ずる室については従前どおり政令で定める）。また、審議会等は法律のほか政令によっても設置が可能となった（国家行政組織法八条・八条の

二。以上の立法の経緯につき、増島俊之「国家行政組織法改正の意義」自治研究六〇巻二号、三号〔一九八四年〕参照)。以上の主義は、国家行政組織法制に大幅な改正を試みる中央省庁等改革基本法（後出五九頁）をはじめとする爾後の行政改革法制の下でも基本的には変わりがない。

③　各省庁では、設置法律および設置政令の規定に基づき、並びに法律・政令を実施するために、省令によって、組織規則を制定している（例、総務省組織規則――平成一三年一月六日総務省令第一号）。しかし、この段階では、調査官、企画官等の特別の職およびその所掌事務の定めとか、政令「室」より下位のいわば省令「室」の定めにとどまる。それより細部については、各省各庁の長の定める内部組織に関する訓令がある（例、総務省内部部局組織規程――平成一三年一月六日総務省訓令第三号）。ただ、ここでも、課長補佐、理事官、主幹等の特別の職の定めとその所掌事務が定められているにとどまり、本庁組織の最小単位である係については、局長さらには課長の定める内部規則で始めてその所掌事務が明らかとなる（例、行政管理局の係等の設置に関する規程――平成一三年一月六日行政管理局長通達）。

④　右に示したように、組織規範の全体は、法律→政令→省令→訓令・通達のように、段階的構成をなしている。その限りでは、通常の法令の構造に類似している。ただ、組織規範の内容は行政機関の設置とその事務分掌に尽きるのであるから、法規命令における委任命令と執行命令の区別（本書Ⅰ一〇五頁）は存在しない点に注意しなければならない。その際、形式的には、上位規範と下位規範の関係を委任とみることのできる部分（国家行政組織法と各省組織令）もあるが（もっとも、これを委任とみるか、決定形式の指定とみるかの問題がある）、一般には、下位規範は上位規範に対しては、組織の細分化の役割をもつのであって、これも、通常の執行命令と上位の法律との関係とは質を異にするものがある。つまり、大きな単位をより小さな単位に分割していくのが、組織規範の上下関係

の内容であるので、その関係は細目規範と呼ぶのが妥当である。また、法規命令たる省令と訓令は質的に異なったもので、そこには、連結関係は存在しないのに対して、組織規範では当然そのことが前提とされており、以上の点が、規定上も明らかにされることがある（財務省組織規則五七一条「この省令に定めるもののほか、事務分掌その他組織の細目は……各局長……が……定める」）。ここからして、行政立法の分類における法規命令と行政規則の区別（本書Ⅰ一〇二頁）もない。

⑤　内閣官房、内閣府では、国家行政組織法における設置法から通達に及ぶという段階的構成とは異なる方式がとられている場合がある。例えば、内閣法一二条二項において内閣官房の所掌事務につき定めているが、その内容は、国家行政組織法の該当条項と比較すると極めて広範囲で、具体化のための組織については中央省庁等改革基本法を設置根拠とする例もあるが、行政改革推進本部の設置（閣議決定、平成二五年一月二九日）→同事務局の設置（規則・内閣総理大臣決定、平成二五年）、全世代型社会保障検討会議の開催（内閣総理大臣決裁、令和元年九月一八日）→同検討室設置（規則・内閣総理大臣決定、令和元年九月一八日）という方式、さらには、一億総活躍推進室に関しては設置に関する規則（内閣総理大臣決定、平成二七年一〇月一三日）のみが定められている。また、内閣府設置法は内閣府の所掌事務につき定めており（四条）、その事務の範囲内ではあるが、組織としての地方分権改革推進本部は閣議決定（平成二五年三月八日）、地方分権改革推進室は内閣府訓令（平成二五年一月一一日）によって設置されている。

(ウ)　検　討

右にみた、国家行政組織法における組織規範の現状は、法治主義説、法規概念拡張説、民主的統治構造説のいずれとも、一応対応している。しかし、子細にみると、なお次の点が指摘される。

①　どの説をとっても、細目規範の定立を否定しているわけではない。しかし、法規の定立がカテゴリーとして本来国会の権限であり、その権限が下位の形式に委任されている、という法治主義、法規概念拡張説では組織規範における法律から最下位の規範に至るまでの連続的関係を整合的に説明することはできない。

組織規程（省令）以下の形式が、それぞれの上位規範の細目規範として委任の形式をとっていないことは、行政権は国会の委任ではなく、自らの組織編成権の内部事項としてこれを定めるものという了解が成り立っていることを示すものである。このような現在の行政組織編成権のあり方は、法規概念拡張説によっては、説明困難である。これに対して、民主的統治構造説による限りは、国会の関心の度合いは国会自らが定めるところによるというのが最も基本的なものであって、係、室の設置および事務分掌については、その範囲外としているとみることができるし、また、そのことが、国会の義務違反ということにはならないと思われる（②参照）[3]。

②　組織規範と法律の根拠がわが国の現実で問題となるのは、下位の形式による組織規範（細目規範）の定立を当然の前提とした上で、どこまでを法律の形式で定めることとするか、その際、憲法上の限界があるか（逆に、どこまで法律で定めても、立法権による行政権の侵害の意味における憲法違反は生じないか）、という問題である。

一般の委任立法においても、日本法としてこの点についての具体的判断基準は示されていないところであるが、抽象的には、法律の法規創造力との関係によって判断される。いいかえれば、実質的に、国会は、行政権によって私人の権利・義務の内容が始めて形成されるような形で、その法規定立権を委任してはならない、というものであった（本書Ⅰ一〇七頁）。これに対して、組織規範の現状をみると、このような形でのピラミッドが形成されているわけではない。この意味からも法規概念拡張説からすると、現状は憲法違反であるというべきであろう。しかし、国会の有する行政組織編成権については、このような意味での憲法上の限界を語ることができるかどうかが問題となるところである。つまり、私人の自由および財産の国家権力とりわけ行政権からの防御ではなく、行政組織の民主的コントロールが主要な関心である、ということになると、抽象的にすら、法律による規律の限界を画する基準を定立することは困難である。いいかえれば、行政組織編成権が国会に留保されていることが重要なのであって、それを如何に行使するかは、国会が民主的手続によって定めればよい、という立論も可能なように思われる。もっとも、その留保権を放棄することは憲法の認めないところであることからすると、行政組織の基本的構造（府、省、庁、委員会の設置および事務分掌の定め）は法律で、内部部局の基本的構成単位（官房、局、部、課、室）については、法律の定めにより政令で定められるべきものと思われる。したがって、現行法制が限度であると解される。(4)(5)

他方、内閣官房、内閣府に設置されている本部、室等（前出(イ)⑤）に関しては、内閣官房、内閣府における室等の設置方式は時の政権、内閣の施策と密接に関係していること、省庁横断的性格を持ったものであることに鑑みると、その無制限な拡大に関する論議は別とし（後出五二頁）、国家行政組織法における組織規範一般と同一のレベルで論ずることは適切ではないように思われる。

③　このように、下位規範により定める範囲が大幅になると、その権限の行使についてのコントロールの必要性が問題となる。かかる問題は一般の委任立法でも生ずるところであるが、それは、国民の権利利益にかかる法規が委任の範囲を超えているかどうかであり、そのコントロールのあり方は、司法手続によるものが主である（本書Ⅰ一〇六頁以下）。これに対して、ここでの問題関心は、法律によって府、省等に与えられた所掌事務を適正、効率的に遂行するべく内部組織が形成されているかどうかであるので、コントロールの主体は国会であり、かつ、その方法としては、さしあたりは、情報の的確な収集ということになろう。組織状況の国会への報告の制度（法二五条）は、この要請に対応するものと考えられる。(6)

（1）　宮沢俊義（芦部信喜補訂）・全訂日本国憲法（一九七八年）三四三頁は、直接間接に国民を拘束し、国民に負担を課すものも法規に含まれるというが、間接の意味についてはふれるところがない。

（2）　行政組織と法律との関係につき、わが国の学説の状況を綿密に分析したものとして、松戸浩「行政組織と法律との関係——我国に於ける学説の検討（上）（下）」自治研究七八巻一号・四号（二〇〇二年）参照。

（3）　昭和五八年の弾力化措置を民主主義の理念に適合的ではないとして批判することは可能である。ただ、昭和五八年改正前のシステムが法律事項の範囲を広くとっていたといえるのであって、それは戦後民主主義の発露ともいえるものであったという点にも注意しなければならない。確かに昭和五八年の国家行政組織改正法は、民主主義の理念からみると一種の後退であるが、行政組織法プロパーの見地からすると、これをもって君主主義的行政組織法原理の復活とまでいうことはできないであろう。

（4）　佐藤・行政組織法一四一頁は、憲法六六条一項・七四条から、国務大臣はそれぞれ何らかの行政事務を主任分担しているところから、少なくとも省のレベルは法律によって定められるべきであるという。これに対して、小早川・前掲芦部古稀下四七四頁は、「何が行政の任務であり何がそうではないか」は法律によって確定すべきものとしている。しかし、前者においては、行政委員会方式という現代の重要な組織原理がこれでは把握できない。また、後者の見解では、総務省設置法で同省の所掌事務として「他の行政機関の所掌に属しない事務」を挙げていること（法四条一項九六号）をどうみるかの問題がある。仮にこれを違憲であるとしても、複雑で可変的な行政需要に対応するには、これと同じような包括的所掌事務のカテゴリーを設けなければならないであろう。

（5）　アメリカでは、行政組織編成権は当初憲法上連邦議会に授与されていると考えられたが、実際上詳細は大統領によって定められた歴史的経緯について、参照、間田穆「アメリカにおける行政組織編成権限・序説」室井還暦二六八頁以下。ドイツでは、制度的留保理論の下で、組織規範と法律の根拠の問題が論ぜられていることについて、参照、大橋洋一「制度的留保理論の構造分析」金子古稀下二三九頁以下参照。

（6）　平成一七年の改正により、行政手続法に行政立法制定手続に関する意見公募手続（法第六章）が定められたが、行政組織に関する行政立法は適用除外されている（法四条四項一号。本書Ⅰ三四三頁）。

三　組織規範の特質

組織規範に関しては、その裁判規範的性格が問題とされ、「一般に、行政組織法が法律（又は）条例の形式で定められているということは、直ちに、行政組織の内部関係における法解釈上の疑義や紛争について、当然に、司法審査が及ぶべきことを意味するものではない」（田中・行政法中巻一五頁）といわれることがある。行政争訟における機関訴訟の観念（本書Ⅱ二八〇頁以下）はかかるドグマーティクの制度的表現ともいえよう。しかし、果たして一般的に組織規範から裁判規範的性格を奪うことができるであろうか。以下、問題点を指摘しておこう。

①　組織規範を巡る紛争が行政主体内部にとどまるときには、その処理は機関訴訟として取り扱われることになる。たとえば、ある業種の個人情報の保護についてA省か、B省かどちらの所掌事務であるか二つの省の間で権限争議が生じた場合に、現行法では機関訴訟として特別の規定がない限りは、裁判所に訴えて問題を解決することはできない。国のトップ・レベルでは、そのような場合には内閣総理大臣の権限疑義の裁定によって決着が図られる（内閣法七条）。

なお、省庁間の権限争議あるいは局と局との権限争議は、確かに裁判所では取り上げられないけれども、その紛争における当事者間の主張では、まさに法律的な論争がなされ、また、しばしばその立論の説得性の度合いによって紛争が解決されることがある。その意味で、法というものの定義にもかかわってくることであるが、紛争解決のときの当事者の主張のあり方という点に重点をおいて考えるならば、組織法もまさに法である、ということになるように思われる。

②　しかし、組織規範が、国民との関係で外部効果をもつ例は決して珍しくない。行政処分の発動権限を有する行政庁の土地管轄に関する規定は組織規範であるが、ある処分の適法性のコントロールは当然、当該行政庁が土地

管轄を有するかどうかに及び、仮にそれが欠けているときは、無権限の行政行為として無効の問題が生ずる。たとえば、小石川税務署の管轄区域について本郷税務署が徴税をしてしまったとしても、小石川税務署長が本郷税務署長を相手どって裁判所に訴訟を提起することは認められない（上記①）。しかし、私人の側からは本郷税務署長の更正処分は、土地管轄の規定に反し無権限であるので、更正処分の取消訴訟、さらには、無効確認訴訟を提起することができる。

また、行政指導はその所掌事務の範囲内で行われなければならない（行政手続法二条六号・三二条。本書Ⅰ一二八頁）。行政指導の性質から、その範囲の逸脱が裁判上取り上げられることは比較的稀であろうが、裁判規範として機能する場合がないではない（行政指導との関連で内閣総理大臣の職務権限の範囲が裁判上問題とされた例として、いわゆるロッキード事件がある。なお、後出六三頁参照）。さらに、公務員に関する業務上過失致死傷罪の適用にあたり、組織規範に定められた所掌事務の範囲および内容が意味をもたしめられる（後出三七三頁以下）。

③　これまで主として考察してきた、行政機関の設置およびその所掌事務に関する組織規範とは別に、行政主体内部の行政機関相互の関係（監督関係、協議関係、諮問関係等）に関する規律も組織規範の一部をなす。これらは、行政官庁法通則上の法理（後出三一頁）として存在している場合もあるが、協議手続（河川法三五条）、諮問手続（電波法九九条の一二）のように行政作用法の中に定められていることもある。

この場合にも、紛争が行政機関相互にのみ存する場合には、当該紛争は内部的なものとして取り扱われるのが原則である。

しかし、組織規範違反が私人の権利利益にかかわってくることがあり、その際には、組織規範が裁判規範として機能することがしばしばある。たとえば、諮問手続や協議に関する瑕疵は処分の違法を構成することがある。(1)

④　行政主体間の規律も行政組織関係として組織規範の中に入れることができるが、裁判規範性を否定することには当然にはならない。国と地方公共団体の紛争は多くの場合、国による地方公共団体の自治権の侵害として現れるので、その際に地方公共団体は自己の権利を侵害されたとして、裁判過程を利用できると考えられる（後出二七六頁）。国と公庫・公団のような、特殊法人との間の紛争もおよそ一般的に機関関係の一種としてみるべきものであるかどうか、検討されねばならない（後出一二七頁以下）。

⑤　以上に考察したところからすると、組織規範には、裁判規範とならないものがあるという意味では、一般の行政作用法に対する特色はみられるが、だからといって、組織規範はそもそも、裁判規範ではないと断定することはできないのであって、個別の審査が必要なのである。

（1）　協議手続、諮問手続の外部効果の判定にあたっては、当該手続が法律の委任に基づく場合としからざる場合との区別にも配慮する必要がある（参照、小早川・前掲芦部古稀下四七九頁以下、同「行政内部手続と外部法関係」兼子仁＝磯部力編・手続法的行政法学の理論〔一九九五年〕一〇六頁以下）。

第二節　行政機関——概念

一　二つの行政機関

行政組織法は、行政機関のあり方およびその相互の関係を規律するものであるから、行政機関は行政組織法上の基礎概念の一つである。

これをどのように構成するか、また、その単位をどのようにするかについては普遍的なルールがあるわけではないが、大きく二つの類型に分類できる。

一つは、当該行政機関と私人との関係、つまり、外部関係を基準として行政機関をとらえるものである。この場合にもいろいろの方法があるが、その一つとして、行政作用法上の免許、許可などの対外的権限を行使する者を、まず、中核的な行政機関として位置づけ、それを補助する機関などは、その周辺に配置するというものが考えられる。分類基準からすると、これは、作用法的機関概念であって、形態的には放射的機関概念といえる。

いま一つは、当該行政機関の行動が直接私人に対するものであるかどうかを問わず、その担当する事務（たとえば、外交、財政、通信など）を単位として把握するものである。したがって、これは、分類基準からすると事務配分的機関概念である。その際、ある事務はさらに細分が可能であり、最大の事務の単位から最小の事務の単位まで、順次包括的な関係が生ずるので、形態からすると先の放射的機関概念に対する意味で包括的機関概念といえよう。

二つの行政機関概念は、それぞれ異なった観点の下に構成されるものであるが、他面、制定法上、必ずしも明瞭に区分されていない点もある。そこで、以下、それぞれの行政機関概念について分析し、そのあとで、両者の関係についてコメントしておく。(1)

（1）二つの行政機関概念については、かねて、稲葉馨・行政組織の法理論（一九九四年）二五九頁以下（初出一九九一年）が、作用法的アプローチと組織法的アプローチの命名の下に論じていたところである。その後の学説の状況につき、木藤茂「行政機関と行政庁」争点一七二頁以下参照。

二　作用法的機関概念――行政官庁法理による機関概念

(1)　意　義

作用法的機関概念は、明治憲法時代の日本の行政法学で展開されていたものであって、その中核に置かれたのが、国家行政機関としての行政官庁であった。すなわち、行政官庁とは、行政に関し「国家意思を決定し、人民に対してこれを表示し得べき権能を与へられて居る国家機関」（美濃部・日本行政法上巻三七三頁）をさし、これを中核として、その周辺に、補助機関（内部部局）、諮問機関、執行機関が配置される（日本国憲法の下でも、田中・行政法中巻二九頁以下、柳瀬・教科書三一頁以下も基本的にはこれに従っている）。この点で作用法的機関概念は外部関係的なものであるとともに、極めて形式的な枠組みであるということができる。形式的というのは、行政官庁が意思決定をするその内的プロセスに関心をもたないからである。

作用法的機関概念は、行政法学の構成にかかるもので、明治憲法下で、これについて定める特別の法律があったわけではなかった。ただ、行政訴訟法、個別作用法だけでなく、各省官制通則（勅令）はこの理論を支える素材を提供していたとされる（参照、稲葉・前掲書二一八頁以下。もっとも、松戸浩「行政官庁理論」法学八一巻六号〔二〇一八年〕二七九頁以下によれば、作用法的機関概念は、官制通則前に登場したものと整理されている）。

日本国憲法の下では、このような行政機関概念は、国家の行政組織に関する制定法のレベルでは明確にされていない（むしろ、国家行政組織の基本的枠組みを定める国家行政組織法は、事務配分的機関概念を採用している。後出二三頁）。しかし、私人との関係を律する個別行政作用法においては、なお行政官庁的機関概念を前提とした規定が置かれるのが通例である。たとえば、国税通則法二四条は、「税務署長は……その調査により、当該申告書に係る課税標準等又は税額等を更正する」と定めているが、この場合税務署長はまさに国の有する租税債権（逆にいえば、納税者が負っている租税債務）を確定するのであって、行政官庁法理における行政官庁にほかならない。署長以外の税務職員は補助機関ということになる。電波法四条によると放送局もその一つである無線局を開設しようとする者は、「総務大臣の免許を受けなければならない」とされており、この場合総務大臣は免許という国家意思を決定し、外部に表示するという意味において行政官庁にあたる。その際、総務大臣は電波監理審議会に諮問しなければならないが、同審議会は行政官庁に対する関係で諮問機関にあたることとなる。

実は、行政過程論（本書Ⅰ）、行政救済論（本書Ⅱ）でしばしば行政庁という観念が用いられてきたが（たとえば本書Ⅰ一二三頁、一四三頁、二五六頁、本書Ⅱ八頁、九六頁、二〇〇頁）、それが組織法的にみて、国の機関である限りは、行政官庁に対応するのであって、行政作用法の領域では、現在でも、行政機関を行政官庁概念でとらえるのが通例である。

地方公共団体の組織に関しては、地方自治法が基本的組織原理を定めているが、そこにおいては、国家行政組織法と異なり、行政官庁的機関概念によっているとみられる点があるわけで、行政官庁的機関概念が、制定法に全く表現をみないというものではないことに注意しなければならない。すなわち、地方自治法においては、執行機関の観念があり（後出二二一頁）、これには知事、市町村長のほか、委員会又は委員が含まれる。この中には、監査委員のように基本的には内部的事務を担当するものもあるが、いずれにせよ、ここでは、当該地方公共団体の意思を決定し、外部に表示するものを基礎的単位としており、事務を単位とした包括的機関概念は採用されていない。さらに、行政官庁概念に伴う補助機関の観念が、地方自治法では正面から採用されており、副知事以下の職員がこれに含まれる（法一六一条・一七五条）。

(2) 機　能

明治憲法時代に構成された行政官庁概念およびそれを中核とする行政官庁法理は、行政機関の外部に対する権限の発動の単位に注目している。このことは、法治国ないしは法治主義を基礎とする当時の行政法学説の関心の所在と対応するものである。つまり、そこでは、国家権力の発動の法的統制に重点が置かれていたのであり、作用法、救済法において、その活動の単位が行政官庁（および実力行使の場合には執行機関）として把握されることからすれば、行政組織法のレベルにそれがそのまま投影されることは自然なことであった。このような見地にたった行政官庁法理は、もっぱら、行政官庁に法律によって与えられた権限の行使、とりわけ法的行為形式としての行政行為の発布の権限を当該行政官庁以外のものが行使することの許容性、その法的あり方を問題としていたのである（詳細は後出三二頁以下）。これは、行政法一般理論が法的行為形式としての行政行為を中心として組み立てられていたことの反映である。

もっとも、このような行政機関概念をたてたとしても、行政官庁の意思決定の形成過程の実際からして、大臣あるいは署長がその過程全体をカバーしているわけではない。通常はかなりの過程を補助機関が行う。場合によっては、行政官庁はハンコを押すだけ、さらにハンコも補助者に押させてしまう（専決。後出三六頁）ということもある。その意味では、行政官庁概念は一つの fiction の上に成り立っているものである。さらに、行政官庁法上の機関概念は、国家意思が法的に外部に発動される場合を念頭に置いているので、法的行為形式にあたらない行政指導などを組織法的にどのようにとらえるかといった問題はさしあたりの関心事項ではない（行政指導における行政機関概念については、後出二九頁参照）。つまり、行政官庁上の行政機関概念は、作用法レベルにおける市民的法治国概念の組織法的表現である、ということもできる。

行政官庁的機関概念についてはこのような限界はある。しかし、この概念の下で構成された行政官庁法理は、現在でも制定法化されてはいないけれども、行政実務を支配し、ときに裁判所の判決にも内容的には採用されているのであって、その意味では、実定法として機能している点に注意しなければならない。

三　事務配分的機関概念――国家行政組織法による行政機関概念

(1)　意　義

事務配分的機関概念も理論モデルとしての意味をもつが、それは、現行法制の下では、国家行政組織法（昭和二三年法律一二〇号。以下、国組法と略す）のとる制定法上の行政機関概念でもある。国組法は内閣の統轄の下における内閣府以外の行政機関の組織の基準を定めるものであるが（法一条）、そこでは、省、委員会および庁が国の行政機関であるとされる（法三条）。これら行政機関がその処理する事務を単位として構成されていることは、「省は、内閣の統轄の下に……行政事務をつかさどる機関として置かれるものとし、委員会及び庁は、省に、その外局として置かれるものとする」（法三条三項）という規定から明らかである。これに対応して、国組法に基づき制定されている各省設置法（法務省設置法、財務省設置法等）においても、各省の所掌する事務が列挙されている（ただし、委員会は機関概念の性質を異にする。後出八〇頁）。内閣府設置法（平成一一年法律八九号。以下、内府法と略す）に定める行政機関も、事務配分的機関概念に依っていると解される（参照、内府法五条。同旨、稲葉馨「行政組織の再編と設置法・所掌事務および権限規定」ジュリスト一一六一号〔一九九九年〕一一七頁）。

国組法上、行政機関と呼称されているのは、右にみたように、省、委員会、庁に限定されており、省等に置かれる機関、たとえば、官房、局、部、課、室等は、法律上は内部部局とされる（法七条）。しかし、このことから、国組法がそれ以外の組織に行政機関性を否定している趣旨とは考えられない。その点からすると、同法が設置を予定している附属機関（法八条・八条の二・八条の三）、地方支分部局（法九条）、内部部局もそれぞれ事務を単位とする行政機関であり、省と包括関係にたつと理解することができる。その最も単純な包括関係を示せば、省↓局↓課↓係である。そして、その最小の単位が職である（国組法も職の観念を前提としている。法一八条三項・四項・二〇条。なお、参照、国家公務員法二条）。行政官庁法理において行政官庁の典型とされる各省大臣は事務配分的機関概念の下では、各省の長として位置づけられる（国組法五条）。

地方自治法も、事務配分的機関概念を全く知らないわけではなく、「保健所、警察署その他の行政機関」（法一五六条一項）という場合の行政機関は、これに当たるものと解される。

(2)　機　能

事務配分的機関概念の関心は当該機関の対外的な行為ではなく、行政主体の行う公行政全体を視野の中にいれて、これをどのように系統だてて、それぞれの行政機関に割り振るか、という点にある。たとえば、環境行政についていうと、自然環境の保護もあれば都市環境の問題もある。そこで政府としてこれを合理的に遂行していくためにはその環境行政の系統だてが必要となる。また、環境を実際に保護していくには、禁止・命令、許可等の国家意思の外部への発動といった従来の手法に限らず、行政上の契約、計画の策定、行政指導という多様な行政の行為形式を駆使して、環境行政を実施していくこととなる。事務配分的機関概念はこのような政府の担当する行政課題、あるいは行政事務を外部関係、内部関係の別なく全体としてとらえて、これをどのような機関に配分するかに関心をもつのである。また、外部との関係においても、法的行為形式を中心としてきた行政官庁法理では的確にとらえることのできない計画、行政指導などの行政の行為形式は、包括的機関概念においては法的行為形式の単なる補充にとどまらないものとして、位置づけることができる。いいかえれば、行政官庁法理では、行政官庁との関係でとらえられてきた、補助機関、諮問機関などは独自の存在意義をもつものとなるのである。

これを要するに、行政官庁法的機関概念が、fiction であったのに対し、事務配分的機関概念は、行政活動にたずさわる組織のあり方をより現実に即して認識し、これを表現したものといえる。

四　二つの機関概念の関係

作用法的機関概念と事務配分的機関概念の二つはそれぞれ、観点を異にするもので、現行法の下で、両者が併存していること自体は批判の対象となるものではない。ただ、現行法の解釈あるいは立法に際して、この二つの行政機関概念の区別およびその関係を明らかにしておく必要がある。その見地から、まとめの意味もかねて、次の点を指摘しておく。

①　二つの行政機関概念は、分類基準としてそれぞれ対外的権限行使の単位と事務配分の単位として分かつことができる。機能的にみると、行政官庁法上の機関概念はより法律的な概念であり、事務配分的機関概念はより行政政策的な概念であるということができる。

②　それでは、二つの概念は全く無関係な別個なものとして実定法上存在しているかというとそうではない。すなわち、具体の行政法上の関係において、行政官庁は当該行政作用法をみれば一応特定される。多くの法律は、国家意思を決定し、外部に表示する権限を有する者、つまり、行政官庁を具体的に指定している。たとえば、出入国管理及び難民認定法は外国人の在留期間の更新の制度を置いているが、その際、許可権限を有するのは、法務大臣であることが明記されている（法二一条三項）。しかし、それではその法務大臣とは何であるかというと、それに対

する答えは、行政官庁法理からは導き出されない。そこでいう法務大臣は、事務配分的機関概念による国組法および法務省設置法によって、始めて、法律上特定されるのである。また、複数の省が所管する法律の場合、法律の本則では「主務大臣」とだけ規定し、雑則で主務大臣を個別に定めたり（消費生活用製品安全法五四条、特定商取引に関する法律六七条）、その定めを政令にゆだねたりしている（外国為替及び外国貿易法六九条の二）例がみられるが、結局は国組法令により、主務大臣が同定されることに変わりはない。

行政官庁法理における補助機関の観念（後出四四頁）も、具体的には国組法で定める行政機関概念を用いざるを得ない。

このような意味で、現行法制上、行政官庁概念は自足的な存在ではなく、事務配分的機関概念による制定法としての内府法・国組法・各省設置法に依存している点がある。行政官庁法通則（後出三一頁）も国組法なしでは、現実には働かないことを示している。

③　個別作用法に根拠のない（あるいは法律の根拠の必要のない）対外的権限の行使、たとえば、補助金の交付決定についても、当該行政官庁の事項的権限の範囲に限られると解されるのであって、これまた現在は、各省設置法で定められているところである。

④　行政不服審査法の処分庁、最上級行政庁の観念（本書Ⅱ二〇頁）は、行政官庁法上の下級・上級官庁関係を前提としていると解されるが、その際、上級・下級の関係は、国組法の系統（大臣→支分部局の長）によって判断される。

⑤　作用法の領域も行政官庁的機関概念で統一されているわけではない。制定法はときに行政官庁の権限行使の適正を図るため、「関係行政機関の長との協議」（河川法三五条、自然環境保全法四三条）について定めているが、こ

の場合の行政機関の長の観念は国組法を念頭に置いたものであろう。作用法上、事務配分的機関相互の協力について規定を置いていることもある（出入国管理及び難民認定法六一条の八）。また、行政手続法は、国民との関係における行政の手続、つまり、対外的行政活動を規律するものであるから、基本的には、行政官庁概念によって規定を置いているが、事実行為で、しかも、行政官庁以外の機関も行う行政指導については、国家行政組織法上の機関概念を用いている（法二条五号。もっとも、同号にいう行政機関には、（イ）事務配分的機関概念にたつ国組法とならんで、（ロ）行政官庁法理による地方自治法の機関も含まれている）。

⑥　組織法のレベルでも、地方自治法のように、行政官庁的機関概念と事務配分的機関概念の双方を用いている例がある（前出二三頁、二六頁）。

⑦　情報公開法のように、組織法・作用法の双方をカバーする法律では、全体を国組法上の行政機関概念で統一的に規律していることもある。もっとも、その場合でも、具体の対外的権限（たとえば、行政文書の開示、不開示決定）の行使については、これを「行政機関の長」とするという具合に、実質的には、行政官庁法理と同じ取扱いをしている。

⑧　以上にみたように、立法当局は必ずしも理論的整理をした上で、この二つの概念を制定法上厳密に使い分けているものでもないようであり、また、両者の関係について、制定法上整理がなされていない。その意味では立法技術上にも残されている問題があるように思われる。ただ、行政機関概念については、すくなくとも分類上は二つの概念があり、それぞれ別個の機能を果たすが、実定法上全く切り離されているわけでもない、ということを認識しておくことが、行政組織法のみならず、行政作用法の理解にとって必要であると思われる(1)。

⑨　ときに、行政官庁的機関概念はドイツ法に由来し、事務配分的機関概念はアメリカ法に由来すると説明され

ることがある（佐藤・行政組織法四五頁以下、五四頁以下、長富祐一郎「行政機関概念の採用（一）」自治研究三九巻二号〔一九六三年〕五五頁以下）。明治憲法時代の日本の行政法学がドイツ行政法学に範を求めたが、これは行政組織法についてもいえることであり、行政官庁法理の形成にあたってもこのことがあてはまる。しかし、ドイツ行政法学における行政機関概念が、わが国でいう行政官庁の観念で一貫しているかというと必ずしもそうではない。他方、国家行政組織法がアメリカ占領期に制定されたものであり、その際、アメリカ法の影響が強く及んだということができる。しかし、わが国の明治期の行政法学が事務配分的機関概念を全く知らなかったわけではないことにも注意しなければならない（以上の点については、稲葉馨・行政組織の法理論二〇六頁以下、小林博志・行政組織と行政訴訟〔二〇〇〇年〕一頁以下に詳細である）。

（1）　本書では二つの行政機関概念を機能的分類としてとらえているが、理論上統一的に把握することを試みる学説もある（参照、木藤茂「二つの『行政機関』概念と行政責任の相関をめぐる一考察」行政法研究二号〔二〇一三年〕三七頁以下）。その一例として、長富祐一郎「行政機関概念の採用（四）」自治研究三九巻一二号（一九六三年）七五頁以下は、行政組織法（事務配分的機関概念による）と行政実体法（作用法的機関概念による）を統一的に理論的に把握することを試み、行政組織体を第一次機関と第二次機関に区別している。興味ある作業で、かつ示唆的であるが、もともと、二つの行政機関概念は発想を異にするものであるし、立法実務も、便宜的対応をしているのであることからすると、現行法制を前提とする限り、あえて、統一的把握をすることは、かえって、正確な理解を妨げるものと思われる。

また、森田寛二・行政機関と内閣府五七頁以下は、本書の二つの行政機関概念を批判的に分析したあとで、現行の国家行政組織法における行政機関の概念は、「内閣の統轄の下における組織の事務の始源的・準始源的な受皿としての資格をもつ名義」に着目して構成された概念であり、講学上の行政機関の概念は「行政主体の事務の最終的な受皿としての資格をもつ名義」に着目して構成された概念であるという。本書の二つの行政機関概念は、本文でも述べたように、理論上可能な概念であるがそれは、概念構成のプロセスからすると、行政官庁法理と国組法を前提として、これを理論化したものである。したがって、上位概念としての行政機関概念をこれで過不足なく二分化して整理するという性格のものではない。その意味で、森田論文の行政機関に関する概念構成と異なる点がある。

第三節　行政機関通則

一　はじめに

行政機関は、いずれのモデルによるにせよ、行政主体が現実に行政を遂行するに際しての単位である。そこで、行政組織法論上には、これら行政機関のあり方およびその相互の関係が問題となる。その際、作用法的機関概念と事務配分的機関概念とでは、共通するところもあるが、それぞれに独自の問題意識もある。とりわけ、行政官庁的機関概念の下に構成された行政官庁法理は、まさに行政官庁相互間の関係についての基本原則を内容としている（代表例として、美濃部・日本行政法上巻三七三頁以下がある。学説史を含めて、詳細については、稲葉馨・行政組織の法理論二〇六頁以下参照）。そこで、まず、行政官庁法理の下で形成されてきたいわゆる行政官庁法通則を取り上げ、次に、事務配分的機関概念の下における行政機関関係として注目すべき点を拾っておくこととしよう。(1)

なお、現行法上、行政官庁法通則なる法典が制定されているわけではなく、また、その内容についても、異論がないわけではない。ただ、行政実務は、基本的には、これによった運用がなされている。また、まれに登場する裁判例においても、行政官庁法通則との関係をみてとることができる点に注意しなければならない。

(1)　行政機関の関係を事務配分的機関概念によって、統一的に整理する方法もある（佐藤・行政組織法二二七頁以下。遠藤文夫「行政機関相互の関係」行政法大系7一五九頁以下も、同趣旨の試みと解される）。しかし、二つの行政機関概念はそれぞれ見方を異にするものであり、機関相互の関係においても、完全にあい覆うものではない点があるので、本書では、一応二つを分けて、叙述した。

二　行政機関関係(1)――行政官庁法通則における

(1)　行政官庁の意義

行政官庁とは、国家意思を決定し、外部に表示する行政機関をいう。その際、国家は、従来形式的な意義として考えられているので、地方公共団体の意思を含めるときには、行政庁というのが通例であるが（したがって、行政作用法上の行政庁とは用語方を異にする）、以下に、行政官庁について述べることは、行政庁一般に妥当するものである。具体的には、次のような問題点がある。

①　行政官庁の意義として、かつてはこれに法人格が認められるかどうかの概念論争があったが（参照、佐藤・行政組織法四九頁以下）、現在ではこれは実益のないものとして、あまり議論されることはない。

②　行政官庁は大臣などの独任制（単独制ともいう）を通常とするが、明治憲法当時にも、土地収用委員会のような合議制の行政官庁もあった。戦後は行政委員会（後出八〇頁）制度により、合議制の行政官庁も広く採用されることとなった。

③　具体的場合に行政官庁を特定するには、作用法上の行政庁を国組法又は地方自治法の機関にあてはめるという作業をすることになる（前出二八頁）。たとえば、電波法に基づく放送局の免許という国家意思の決定権者は総務大臣であるが（法一二条）、その総務大臣は、国組法および総務省設置法で特定されることになる。また、都市計画法に基づく地域地区に係る都市計画決定は原則市町村が定めることとされているが（法一五条）、市町村の概念

は地方自治法の定めによるし、その市町村において都市計画法上の地域地区の決定を行うのは、地方自治法で執行機関とされている市町村長である。

⑵　権限の限界

行政官庁の権限の範囲は、権限の行使について法律の根拠がある場合は、当該根拠法律の定める事項の範囲にとどまる。作用法上の法律の根拠が必要でない場合でも、組織規範で定められる所掌事務の範囲内でなければならない。その所掌事務の範囲は、国の場合には、各省設置法で定まるし、地方公共団体の場合には、地方自治法および条例による。

したがって、いかにスポーツの振興が教育行政上重要な施策であると考えても、財務大臣がそのための補助金の交付決定をすることはできない。また、大臣に関しては一般的に土地管轄の観念は生じないが、たとえば税務署長など、権限の及ぶ範囲が限定されることがある。行政官庁法理としては、これに、対人的権限の限界、形式的権限の限界（省令の形式の行為は大臣に限られる）が指摘されることがある。これら権限の範囲を画する規範に違反する行為は、行政行為の場合には、主体の瑕疵を構成する。これが、民法上の行為であるときには、無権原の問題を生ずる。

⑶　権限の代理・委任

行政官庁の権限、特に侵害的処分権限は侵害留保の原則により、法律によって賦与されるものであるので、その権限は当該行政官庁が自ら行使するのが法律による行政の原則の要請するところである。しかし、実際上の必要性から、この権限を他者にさせる場合がある。そのための法技術が、権限の代理という方法と委任という方法である。また、実務上に、専決・代決という手法が用いられることも多い。

(ア)　代　理

代理に関しては民法に規定があるが（法九九条以下）、それが、行政官庁法理にも一般的な定めとして用いられる。その際、民法におけると同様授権代理と法定代理に区別される。なお、法定代理については、一定の要件（たとえば、行政官庁に事故があるとき、欠けたとき）が生じた場合に指定という行為によって代理関係が生ずる指定代理と（指定はあらかじめなされることがある。参照、内閣法九条・一〇条、地方自治法一五二条二項・三項）、法定の要件が充足されると当然に代理関係が生ずる狭義の法定代理（参照、地方自治法一五二条一項）とがある。この場合、事故とは病気のほか海外出張が実務上の典型例である。

代理者の行為が被代理官庁の行為としての法効果をもつという点は授権代理と法定代理のいずれの代理についても同じであるが、次の点に注意する必要がある。

① 法律の根拠との関係については、狭義の法定代理は概念上、法律の定めのあることが前提となる。指定代理についても、法律の定めがある場合があるが（前出）、実務的には、特別の法律の根拠がなくとも、認められるものとしているごとくである。その制度的根拠としては、代理の指定行為は任命権に属するものということにある（参照、菊井康郎「権限の委任代理」行政法講座四巻一四四頁）。

授権代理に関しては法律の根拠はいらない（通説）。これは、被代理官庁には指揮監督権が残り（後出四三頁）、責任は被代理官庁に帰属するので、権限を授権した法律の趣旨に正面から対立するのではないということにあると解される（反対、菊井・前掲論文一四三頁は、補助機関がもともと行政庁の権限を行使できない点を重視する）。

代理官庁となる者は、補助機関が通例であるが、概念上これに限られるということにはならない。ただ公権力の行使については、明文の根拠のない限り、国家行政組織法、地方自治法等に定める形式的意義の行政機関に限定されると考えられる。

②　代理権の範囲に関しては、授権代理にあっては、授権の際これが明らかになる。これに対して法定代理の代理権の範囲は、被代理官庁の権限の全部に及ぶかどうか、という問題がある。極端な場合であるが、内閣総理大臣が海外出張中に（これが実務上はもっとも多い）、臨時の内閣総理大臣が衆議院解散権とか各大臣の罷免権を行使できるかである。また、甲大臣外遊中にその代理の乙大臣が事務次官の更迭ができるかどうかである。これについては、一身専属的な権限であるかどうかで判断をするのが一般的であるが、具体的な場合に何が一身専属的な権限であるかどうか疑わしいこともあろう。また、通信メディアが発達してくると、外遊のたびに臨時代理を置く必要があるのかも問題となるであろう。授権代理についても実質的に同じで、たとえば、一身専属的な行為についてはもともと授権することができるかどうか、というかたちで問題となる。

③　代理の場合には民法におけると同様に、代理であることを表示するのが原則である（顕名主義）。表見代理の法制度の適用については、法律による行政の原理との関係から、行政官庁法理が通常前提としているような公権力の行使の場合にはその制度の適用はないものと思われる。相手方に特に信頼保護の必要がある場合は、国家補償の法理によるのが妥当と思われる。

(イ)　委　任

行政組織法上の委任には民法の法技術とは異なる点があることに注意する必要がある。

①　民法において委任は、「当事者の一方が法律行為を相手方に委託」することをいう。その際、代理権を伴うことが通例であるが、そうでない場合には、受任者は委任者のために自己の名において取得した権利移転の義務がある。また、受任者と委任者の間には、一方における善管注意義務、他方における報酬請求権など、当事者間に派

生的継続的法律関係を生ずる（法六四三条以下）。

これに対して、行政官庁法理における権限の委任においては、これにより、当該権限は委任官庁から受任官庁に移る、という法律構成がとられている。いいかえれば、代理権を伴う委任は行政官庁法理では存在しない。したがって、行政行為に関していえば、当該行政行為を行う権限が甲官庁から乙に委任された場合、処分庁は乙であって委任庁たる甲官庁ではない。この点で代理では法律効果は被代理官庁に帰属するのと異なる。

従前、この問題は、取消訴訟における被告適格との関連で取り上げられることがあったが（事例として、最判昭和五四・七・二〇判例時報九四三号四六頁参照）、改正行政事件訴訟法により、被告は当該行政庁が所属する国又は公共団体となったので（法一一条。本書Ⅱ九七頁）、この関係では実務上の論点とはならなくなった（ただし、行政庁が訴訟上の手続に登場する場面は、行政事件訴訟法上残されているので問題が全くなくなったわけではない。参照、法一一条五項・二二三条・二二三条の二）。

② 委任の場合にはこのように、法律上の処分権限を変更するのであるから、法律の根拠が必要である（通説）。

③ 法律で定められる委任の相手方は、補助機関を通例とする（電波法一〇四条の三）。

なお、委任が国家行政組織法や地方自治法等に定める形式的な行政組織以外の者になされる場合があるが、これは、従来、行政官庁法理ではなく、私人に対する委任行政のもとで論ぜられてきたので、本書でもこれに従う（後出一三二頁以下）。

(ウ)　専決・代決

行政上の事務処理では、専決・代決という方式が一般に行われている。これは、権限ある行政庁（行政官庁、受任官庁）が自ら決定するのではなく、当該官庁の補助機関が決定するが、相手方である私人等には、権限ある行政庁（例えば、作用法上に処分庁が大臣であれば大臣）の名義で表示される方式である。

専決と代決は、同義に用いられるとされることもあるが（参照、法律用語辞典、最判昭和五一・五・六刑集三〇巻四号五九一頁）、専決は予め一定事項を決定する補助機関を指定して行わしめるものであるのに対して、代決は、行政庁が事故ある場合に一定の権限を補助機関が行使することを認める場合のことを指すものとして整理するのが実務の例である。決裁後の処理も異なる。その点で、専決と代決は異なるところがある。(1)

以下、留意すべき点を掲げる。

①　専決・代決は、文書の取扱いという観点からの規定（名称は、府省により異なる）の中で定められており、形式的にみると、公文書等の管理に関する法律、同法一〇条に基づき各省で定められている行政文書管理規則の系列に属するが、専決・代決制度は文書管理自体ではなく、特定の事案の処理の方法に関するものであるから、内容的には公文書管理法の守備範囲とは直接関係はない。したがって、これら専決・代決規程が法律の根拠を有し、具体の専決処理・代決処理も法律の根拠をもったものとはいえない。形式的にも府省のレベルでは訓令の形式をとっており、内部的規律である。

②　専決・代決の法的性格については、授権代理説と補助執行説の対立がある。ただ、いずれの説によっても、法律の根拠は不要であり、相手方に対する名義は、専決・代決権者ではなく、本来権限を有する者の名義であるとする実務上の取扱いを認めるので、実益のある議論ではない。代決においては、規定上「代理」の言葉を用いていること、決裁文書に「代」と書することとされているが、代理者はいずれも補助機関に限定されていること、そもそも顕名主義（民法九九条）の原則がとられていないこと、代決権者が一般的に直近下位者とされていることからすると、代決に関しても代理よりは、補助執行の一態様とみたほうがよいと思われる。

③　専決・代決は、行政機関内部における権限行使の配分に関するものであるので、行政官庁法理が直接の関心をもつ行政処分の効力論においては、考慮の対象にはなり難い。すなわち、行政処分の取消訴訟では当該処分が客観的に適法であるかどうかの判定が主要課題であるので、行政機関のどの職員が実質的に決定したかは問題とならない。その意味では、原則として外部効果は有していないので、行政訴訟の場面で問題となる例はあまり見当たらない（取消訴訟の被告は、改正行訴法においては当該行政庁の所属する国又は公共団体である）。仮定の議論としては、専決処分において当該専決権者の動機の恣意性が問われる場合に、裁量権の濫用となるかどうかという形のケースが考えられるが、現実の事例は見当たらない。しかし、民事、刑事の裁判過程で、専決も法的論議の対象となることがある。以下、具体例を挙げておく。

④　国家賠償請求（一条）訴訟では、過失の認定は公権力の行使に当たった公務員個人についてなされるので、公権力の行使の瑕疵は、専決処分者に焦点があてられ、法律上の権限を有する者は、監督権の行使の瑕疵として問題とされることがある（参照、大阪高判令和元・一〇・二九賃金と社会保障一七五一号二五頁）。しかし、国家賠償法における過失の認定は、当該公務員個人の過失よりも組織的過失に重点を移していくと（参照、本書Ⅱ三四四頁）専決がそれ自体として登場する余地は狭まる。どちらの場合も、専決という制度自体が問題とされることはない。なお、住民訴訟において、専決によってなされた財務行為が違法であった場合は、専決をした者は違法行為をしたとの過失責任を、知事、市町村長は、専決をした職員に対する監督の懈怠による責任を負うとするのが判例である（最判平成三・一二・二〇民集四五巻九号一四五五頁、地方自治判例百選七七事件）。

⑤　刑事事件における裁判事例の中から専決・代決の実態が浮かび上がり、行政組織法上の問題が提起されることがある。その一つが、最判昭和五一年五月六日刑集三〇巻四号五九一頁の有印公文書偽造等事件である。事件

は、課長の専決事項とされていた印鑑証明書発行につき、専決を任された課長ではなく補助職員が作成発行した行為が問題となったものであるが、最高裁判所は「その者への授権を基礎づける一定の基本的な条件に従う限度において、これを有しているものということができる」として形式上専決を任された職員ではない補助職員の専決処理を認めた。

本来の専決権者ではない補助職員のした行為という点では同じであるが、専決処分に際して法定の処分権者についての名義を欠く場合も当該行為の適法性を認めたものとして、東京高判平成二〇年七月一五日判例時報二〇二八号一四五頁（三菱ふそう事件）がある。事案は道路運送車両法（六三条の四第一項）に基づく大臣の報告要求に関し、現実に報告要求に携わったのは、内部規定により専決を任された課長ではなく、室長であり、しかも、相手方には、名義（権限者（大臣））を明らかにせず、根拠条文も明示していなかったというものであった。前者（補助職員による決定）については、裁判所は、最判昭和五一年判決を引用してこれを認め、名義、根拠条文を明らかにしていなかったことについても、当該事案については、「誰の眼から見ても車両法に基づく報告要求であることは明らかであ」ること、報告要求は要式行為ではないこと、担当部局と企業の関係で一般の行政と私人の場合と同列に論じられないこと、事柄の緊急性などの理由から、かかる態様での報告要求を不当視すべきでないこととしている（最高裁判所は本件上告に対して棄却決定をした）。

このような裁判所の判断は、専決処理の実際の運用に即したものといえる（刑法学説もこれに従う。参照、安井哲章「判例評釈」判例評論六一〇号三一頁以下、小野上真也「判例評釈」法律時報八二巻三号一二五頁。ただし、小野上評釈は、本件報告要求を報告義務者が行政指導と誤解した場合の問題を指摘している）。しかし、本件の報告要求は行政官庁法理が直接に働く定型的処分にあたり、内部的規定にせよ、専決・代決の制度が用意されている当該事案に関しては当該報告要求の主体である大臣の名義が相手方に知らされていなければ行政行為としての効力は有しないとするのが筋である。したがって、高裁判決のように実際上の必要性、行政上の慣行等を考慮して本件報告要求を専決処理として認めることは行政官庁法理原則に対する例外のさらなる例外を認めるものであり、専決・代決制度自体の空洞化をもたらす。その意味では、解釈論の次元で、しかも司法判断の形で現状の行政スタイルを追認するのは、適切でない。むしろ、報告要求にあたらないとした上で、今後の立法府・行政府の対応を待つべき事案であったと思われる。

⑥　専決・代決は、行政行為乃至は行政契約に関する事項だけではなく、広く事実行為にまで及んでいる。対象も外部関係だけでなく、省間関係、省内関係等広範囲に及ぶ。また、専決権者も、副大臣、事務次官、局長、課長、さらには室長など多様で、その選定の基準は事柄の重要性によることが窺われるものの、明確性に乏しい。ただ、そこには、全くよるべき基準がないわけではなく、たとえば、国民の権利義務にかかわる事項（法規命令の制定、行政処分、行政契約）に関しては、専決に当たる職も大臣政務官は適当でないというような一定の限界があると思われる（後出七八頁参照。）

⑦　専決・代決制度が行政官庁概念の枠を超えることはかねて指摘されているところで（文献紹介も含めて、参照、遠藤文夫「専決・代決と代理の関係　再考」自治研究七三巻四号〔一九九七年〕三頁以下）、むしろ事務配分的機関概念の運用の問題として専決・代決の制度的課題が検討されてしかるべきであるが、まだ、十分には進められていないところである（「専決」の行政学からの分析として、参照、西尾勝・行政学〔新版、二〇〇一年〕一八八頁以下、三〇六頁以下）。

(4)　行政官庁の相互関係

(ア)　上下関係

行政作用法上行政官庁として指定されるのは大臣であることが多いが、大臣以外の行政機関が行政官庁たる地位を法律上与えられることも少なくない。たとえば税務署長は国税通則法により租税の更正処分等の決定権限をもつので（法二四条以下）、税務署長は行政官庁たる地位を有することとなる。一方、税務署長は国組法および財務省設置法により、国税局長および大臣に対する関係では下級の職として位置づけられる。国組法自体は、行政機関について上級・下級の区別を明示していないが、同法一四条は各大臣の訓令権を規定しており、この訓令はもともと、行政官庁法理における上級官庁の下級官庁に対する命令権の内容として理解されていたので、国組法もある意味では当然のことであるが、行政組織におけるヒエラルヒーを前提としているのである。また、もともとは作用法上固有の権限をあたえられていないところの補助機関も、委任によって行政官庁になるが、その場合、本来の補助機関たる地位が残るので、その限りで、ここに上級、下級の行政官庁関係が生ずるのである。行政官庁法理の重要な内容の一つは、この上級官庁と下級官庁との関係であって、それは、次のようなものである。

①　上級・下級の行政官庁の関係は指揮監督関係として整理される。その内容としては、監視権、許可認可権、指揮権、取消し・停止権が挙げられる。

②　監視権は、行政機関を対象とする調査権であると考えればよい。

③　許可認可権は、行政主体と私人の間にもみられるものであるが、行政官庁関係でも上級行政庁の下級行政庁に対する許可認可権の観念が監督権の内容として考えられる。私人との関係では、その違法に対しては取消訴訟ができるのに対して、行政機関関係では特別の法律の根拠がない限りは不服申立ての途はない。

④　指揮権（訓令権＝美濃部・日本行政法上巻三八九頁）は内容的にいうと命令である。個別具体の処分に対する

形で行われる場合もあるし、同種のことがらについて、一般的に指示する形でなされるものもある。その具体的内容はいろいろであるが、裁量基準、解釈基準も含まれる（裁量基準、解釈基準については、参照、本書Ⅰ一一四頁以下）。上級機関から下級機関になされるものであるので、行政機関相互の関係として、下級行政庁が不服でも機関として訴訟することは認められない。ただ、当該行政機関の地位をしめるのは公務員であり、彼に対しては職務命令としての性格をもつので、その公務員として違法な職務命令に従わないことが認められるかどうか、ということが問題になる（後出三四六頁）。なお、訓令権の形式については、行政官庁法理は特段の関心をもたない。口頭の訓示、書面による通牒、公示などが挙げられる（美濃部・日本行政法上巻三九一頁）。

⑤　指揮命令権の別のカテゴリーとして下級行政官庁の行った処分の取消し、代執行権を上級行政官庁が有するかという問題がある。取消権はもつが代執行権はもたないと一般に解されている。代執行権をもたないというのは、下級行政機関の権限はつまり法律上の権限であるので、仮に上級行政機関がこれを代執行するとなると、下級行政機関の法律上の権限を奪うことになる。したがって、それは法律の特別の根拠が必要であるというのである。この点に関しては異論がない。これに対して、取消権については、争いがある。消極説は代執行権の場合と同様、取消権を認めることは、法律上の権限配分を破ることになり、法律による行政の原理に反するというにある。一方、積極説の理由は、下級行政機関としては、一度法律上与えられた権限を行使しており、これに対して上級行政庁はその監督権者の立場から、取消権を行使するのであって、代執行のように、下級行政機関の権限を全く奪ってしまうものではない、というのであろう。また、この程度の権限がなければ指揮監督権があるとはいえないということもある。これは、行政過程論で、行政行為の取消権を有する者の中に上級官庁が通説では入れられていることと対応する（本書Ⅰ一八九頁参照）。

(イ)　委任・代理関係

受任官庁、代理官庁がもともと下級行政機関であるときは、委任関係・代理関係が成立したあとでも、行政官庁法理が妥当する。したがって、この場合には指揮命令の関係があることになる（菊井・前掲論文・行政法講座四巻一三六頁、田中・行政法中巻三六頁）。

これに対してもともとそのような関係のないときが問題となるが、代理については、民法の考えがここでも類推適用され、被代理者の指揮監督権が働くとするのが通説である。これは、法定代理の適用に際して、被代理官庁が本当に欠けているようなときにあてはまるが、外遊のようなときは、昨今の電気通信技術の発展にかんがみれば、指揮監督権の働く場合があると考えてよい。委任の場合には、権限が完全に移るので、委任庁、受任庁の間には、監督関係は生じないことになる（菊井・前掲。柳瀬・教科書三三頁）。(2)

(ウ)　対等官庁関係

行政官庁が対等である場合には、それぞれ独立に権限を行使するのが通例であるが、行政の統合性の確保の観点からは次のような問題がある。

①　対等官庁間に権限について積極・消極の権限争議が生じたときには上級行政官庁がこれを決することになる（大臣相互の場合には内閣総理大臣――内閣法七条）。

②　これに対して、国家意思としては一つのものであるが、それを複数の行政官庁が共同して行使することがある。これにもいろいろなケースがあるが、一つは、複数の行政官庁が共同で意思決定する場合である（石油パイプライン事業法五条・四一条――経済産業大臣・国土交通大臣）。この場合には両者の意思が合致している必要がある。

二つめは、意思決定自体は一つの官庁が権限をもつがその権限を行使するにあたって、他の官庁と協議をすることが必要である、という場合である。協議については、意思の合致まで必要かどうかの問題があるが、これは、個別法の仕組みによって判断することになる（このような場合についての行政手続法上の規制について、本書I三二一頁）。

③　相手が私人の場合ならば許可であるときに、行政機関相互であるので協議という言葉が用いられることがある（協議については、なお参照、山内一夫「官庁間の協議について」山内・新行政法論考〔一九七九年〕一七〇頁以下）。

(5)　行政官庁法理におけるその他の機関

行政官庁法理論においては、行政官庁が中核的な行政機関となり、その他の機関は、行政官庁との関係で論ぜられることとなる。これには、補助機関、諮問機関、執行機関が挙げられる。

①　補助機関　補助機関は行政官庁を文字どおり補助する。具体的に何がそれにあたるかについては、行政官庁法は独自の制定法をもたないので、ここでも、国組法上の機関を借用することになる。各省の大臣政務官、事務次官、局長、課長等がこれである（法一七条以下）。地方公共団体の場合には、地方自治法自体が行政官庁法理により、補助機関の概念をたてているとみられる。副知事・副市町村長、会計管理者、出納員職員、専門委員等がそれである（法一六一条以下）。

②　諮問機関　諮問機関は行政官庁の意思決定に際して、専門的見地から、あるいはその決定の公正さを担保する意味でこれに関与するというのである。通常は合議制の会議体である。制定法上は、国組法の審議会（法八条。通常八条機関といわれる。内府法三七条二項にも同様の規定がある）、地方自治法の附属機関（法一三八条の四第三項）がこれにあたる。

③　執行機関　行政官庁それ自体は法行為に着目したものであるのに対して、実力行使の契機に着目したの

が、執行機関の観念である（その意味で地方自治法〔第二編第七章〕の執行機関と異なる）。行政上の強制執行にあたる者、即時執行にあたる者がこれに該当するが、行政調査のうち、立入り検査、臨検検査にあたる者もこれに含めることができる。

執行機関の範囲についてはこれを、行政官庁の命を受ける者に限定する考え方（田中・行政法中巻三〇頁）と行政官庁の命を受けるか否かを問わない考え方（柳瀬良幹「行政機関・行政官庁」行政法講座四巻六頁）の二つがある。前者のほうが行政官庁法理にはより忠実であるが、制定法上、行政官庁の命をまたずに実力行使を行うことが認められる場合もあることに注意しなければならない（出入国管理及び難民認定法三九条の入国警備官、警察官職務執行法六条の警察官）。

(6)　行政官庁法理の限界

現在の行政実務は行政官庁法理およびそれに基づく行政官庁法通則によっており、また、裁判例も基本的にはこれを前提としている。その意味で、行政官庁法通則の通用力は強いものがある。しかし、現代行政組織を客観的に把握するに際して、行政官庁概念を中核として組み立てられた行政官庁法通則には、限界があることに注意しなければならない。それは次のような点にみられる。

①　行政官庁法理は、法的国家意思の決定（その典型が行政行為）の所在を形式的にとらえ、これを中核として、行政機関のあり方を法的に整理しようとするものである。したがって、行政を担当する機関として重要な機能を営むものでありながら、視野に入らないものがある。調整的機関や統計調査的機関のように、内部的な事務を所掌する機関がこれに含まれないことはもちろん、外部関係にたつ機関でも、行政官庁法通則上、正面から取り上げられないものもある。狭義の執行機関概念からはずれる即時執行にあたる機関がそうである。また、行政指導を行う機

関、任意調査にあたる機関もそうである。その意味では、行政官庁法上の行政機関はその範囲からして、そもそも一定の限定をもっているという点に注意しなければならない。

②　このような限定は、行政官庁法理が、もともとの関心を行政作用法に置き、作用法上生ずる問題との関連において、行政組織の法理を探るということに由来している。その意味では行政法学そのものの限界という側面をもっている。しかし、関心を外部法関係に限定するとしても、行政指導、情報の提供などの活動にあたる機関を把握することができないことは、行政官庁法理の限界といわなければならない。

③　行政官庁法は行政の現実の意思形成過程とは切り離された、形式的なものである。行政作用法理が抽象的な行政主体と私人の間の関係の分析、整理にとどまる限りでは、これで足りる。しかし、行政統制が単に結果の統制でなく、行政過程の統制へと展開していくにつれ、行政官庁と補助機関という機関概念よりは、むしろ、行政官庁と補助機関を総合的にとらえる見方が必要となってくる。この点は、国家賠償の場面ではより明白であって、決定権者としての具体の行政官庁の審理過程ではなく行政官庁、補助機関を全体としてとらえた組織の過失が問題となっているのである（本書Ⅱ三四四頁以下）。

④　行政機関相互の関係でも、行政組織内部で完結するならば、行政を巡る法関係の究明を考察する行政法学の対象とは成り難い。ただ、行政組織を対象とする場合に、果たして、外部法と内部法を峻別することが適切かどうかの問題がある。外部の法関係に直接関連性をもたない場合でも、行政組織の分類として把握しておくほうが、全体としての行政組織のあり方、ひいては、行政機関としての行政官庁の特色をあきらかにすることができるであろう。

以上のような行政官庁法理の問題点を克服するには、行政官庁法理そのものを根本から見直すという方法がある。しかし、これまでの考察から明らかなように、行政官庁法通則それ自体は、一貫した問題意識と明確な構造をもったものであり、また、実定法として行政実務に定着している。そこで、本書としては、行政官庁法通則はそれとして維持することとし、その限界は、いま一つの行政機関概念である、事務配分的機関（包括的機関概念）の操作によって補うのが便宜であると考える。

（1）　従前の例として、参照、山内一夫「決済文書について」（一九五八年）山内・行政法論考（一九六五年）一八二頁以下。近年でもこの二つを区分して規定している例がある。参照、厚生労働省文書決裁規程（訓令）四条、一二条。地方行政においても、専決・代決は広く行われ、その内部的根拠は国と同じく、規程の形で定められている（参照、横浜市事務決裁規程）。

（2）　この点に関して、最高裁判所は、市長が公有財産の管理権限を吏員に正式に委任している場合に提起された、住民訴訟における市長の損害賠償責任に関し「長は、……右財務会計上の行為を行う権限を法令上本来的に有するものとされている以上、右財務会計上の行為の適否が問題とされている当該代位請求住民訴訟において、同法二四二条の二第一項四号にいう『当該職員』に該当するものと解すべきである。……長は、右吏員が財務会計上の違法行為をすることを阻止すべき指揮監督上の義務に違反し、故意又は過失により右吏員が財務会計上の違法行為をすることを阻止しなかったとき」には、住民訴訟上の損害賠償責任を負うとしている（最判平成五・二・一六民集四七巻三号一六八七頁。委任と指揮監督の関係につき、同趣旨、最判昭和六二・四・一〇民集四一巻三号二三九頁）ことに注意しなければならない。最高裁判所は、権限の委任に際しても、委任庁は受任庁に対して指揮監督権を当然に留保しているように読め、そうだとすると、従来の行政官庁法理とは異なった見解を最高裁判所がとったことになるからである。ただ、最高裁判所は、行政官庁法理との関係を明確にせず、漫然と権限の「法令上本来的」保有者というだけであるので、行政官庁法通則上の通説に対して、反対の立場をとったものかどうかは明らかではない。また、当該事件は、補助職員たる吏員への委任で、行政官庁法理においても、委任庁たる市長に指揮監督権がある事例であるので、判決は行政官庁法理と異なった理解をしているわけではない、ということもできる。

三　行政機関関係(2)——国組法における

事務配分的機関概念による行政機関においても、その機関の種類、機関相互の関係が問題となる。後者、すなわち、行政機関相互関係については、行政官庁法通則の類推が働くものが多いので、以下においては、この機関概念にみられる特色を主として国組法を例にとってみておくこととする（内府法上の行政機関も同じ）。

(1)　行政機関の意義

事務配分的機関概念においては、行政官庁法理におけるような意味での中核的行政機関はない。ただ最も重要な意義をもつのが、包括的行政機関の最大単位であって、現行国組法上は省である。その内部に庁、局、部、課、係、職がその順位で包括される（外局としての委員会は、特別の地位をもつ）。これらは事務の配分のあり方についての枠組みを規定するものとしての意義を有する。

(2)　行政機関相互の関係——事務配分的機関概念における

事務配分的機関相互の間にも、行政官庁法通則でみられるような、指揮監督、委任・代理の関係がみられる。しかし、ここでは、それにとどまらず、共助関係、調整関係、評価・監察関係、管理関係といった、行政の内部組織に即した関係を視野にいれることができる。以下、分説する。

①　指揮監督関係

行政官庁法通則においては、それ自体としては、機関相互の上下関係を特定することはできない（前出二七頁）。それは、機関間に上下関係があることを前提にした上で、その際の指揮監督関係の内容を明らかにすることを試みるものである。これに対して、包括的機関における包括関係はそのまま、機関間の上下を現わす。

国組法はこのことを受けて、各省の長である各大臣の指揮監督に関する規定を置いている（法一〇条・一四条）。

国組法は明文では、このように大臣の監督権のみを規定しているが、そのことは、より小さな包括関係における上級行政機関の指揮監督関係の存在を否定するものではない（佐藤・行政組織法二四一頁以下）。

国家行政組織の運用規範としては、一次的には、国組法の掲記の条項が適用されるが、いずれも内容に乏しいので、指揮監督権行使の内容に関しては行政官庁法通則の類推を前提していると解される。ただ、国組法の定めの仕方は行政官庁法理よりも、より広範に上位の行政機関による下位の行政機関の指揮監督を予定しているところから、その方法も訓令権の発動に至らない行政機関内（この場合は上下）の要請、指導、情報の提供等さまざまな手段が含まれると解される（かかる観点から、指揮監督権限の新たな分類を試みるものとして、濱西隆男「行政機関の指揮監督権限と公務員の服務についての覚書（二・完）」自治研究八八巻五号〔二〇一二年〕五〇頁以下、五四頁以下が参考になる）。なお、法一四条に命令・示達のための各省大臣等の訓令又は通達の発出権限を定めているが、ここでの訓令は命令の形式として理解されるので行政官庁法理にいう訓令とは意味を異にする。通達を含めて、訓令・通達の用語方は学説・行政実務ともに不統一であることに留意する必要がある（訓令・通達の用語方の詳細にして厳密な分析として、平岡久「訓令・通達」〔一九八五年〕平岡・行政立法と行政基準〔一九九五年〕一四三頁以下がある）。

② 委任・代理関係

外部的法律関係と関連する委任・代理関係については、行政官庁法通則が妥当するところであって、あえて、包括的機関概念のもとでの外部との関係における委任・代理の問題を論ずる意味はない(1)。

ただ、行政官庁法通則ではカバーし難い委任・代理の問題がある。

一つは、包括的機関の事務自体を他の包括的機関に委任することが観念上想定できる。制定法上も、この行政機関概念を明確に意識した上で、委任の規定を置いていることがある（例、国家公務員法二一条）。

いま一つは、行政官庁法通則の対象外である内部関係の事務処理や、非権力的事実行為についても、委任・代理という手法を考えることができる。その場合、制定法では、事実行為も含ませる趣旨で代行という用語が使われることもあるが（国組法一六条三項）、「職務を代理する」という定め（地方自治法一五二条一項）も対象が法律行為に限られるわけではないので、両者は厳密には区別されない。

これらの場合の法的根拠、法的効果については、行政官庁法通則に準じて処理することができる。しかし、行政実務上、広く行われている専決・代決については行政官庁法理の枠内で処理するのは適切ではない（前出三八頁以下参照）。

③　共助関係

委任・代理も行政機関相互の協力実現の手法の一つであるが、より、柔軟な方法として、共助という方法がある。これは、対等または相互に独立の行政機関が協力しあうことの総称であるが（遠藤・前掲論文・行政法大系7一八一頁）、制定法上の用語としては、共助（海上保安庁法第三章題名）のほか、協力（警察法五九条、消防組織法四二条）、相互の応援（消防組織法三九条）などがある。また、行政機関相互における情報の提供（行政機関の保有する個人情報の保護に関する法律八条二項三号）も実質的にはこれに含めることができる。

④　調整関係

行政官庁法理は、行政官庁相互の個別の権限の監督、相互関係を主な関心の対象としている。しかし、現代国家の行政活動のあり方を考察するにあたっては、全体としての行政の総合性をどのように維持するか、あるいはどのような方法により行政機関相互の対応を調整するかが極めて重要な問題となっているのである（行政組織における調整の観念は、外国法制、明治憲法時代にも論ぜられてきた。牧原出・行政改革と調整のシステム〔二〇〇九年〕は、調整のドクトリンに関する内外の状況及び戦後日本の「調整」の動向を綿密に考察したモノグラフである）。

調整の観念は、すでに明治憲法下にその原型を見出すことができるとされるが（牧原・前掲書一三二頁）、行政法学においては、裁判規範としての道具概念ではなく、「問題発見的な概念」とされている（藤田・行政組織法一〇六頁。田中・行政法中巻にはこの概念は登場しない）。しかし、すでに考察したように現行の法律の採用している概念で、実務上「調整」をめぐり解釈論が交わされることが当然予測されているところである。その解釈に際しては、憲法論も含まれることがあるし、行政法の一般原則も持ち出されることがありうる。その意味で、現行法上、日本では機関争訟法定主義が妥当しているので、調整をめぐる訴訟は出難いが、議論の仕方は、裁判規範としての「法の一般原則」の応用、「文理解釈」あるいは「目的論的解釈」の応用であったりするので、「調整概念」は行政組織法論上の重要な研究対象である（参照、上田健介「憲法学からみた国の行政組織における企画・立案と総合調整」法律時報九二巻一一号〔二〇二〇年〕一三〇頁以下、木藤茂「行政法学からみた国の行政組織における企画・立案と総合調整——上田報告へのコメント」法律時報九二巻一二号〔二〇二〇年〕一一四頁以下、上田健介「木藤コメントへの再応答」法律時報同号一一八頁以下。平成二六年の学校教育法及び国立大学法人法の改正について、参照、中西又三「学校教育法・国立大学法人法一部改正法（平成二六年法律八八号）の問題点」法学新報一二一巻九＝一〇号〔二〇一五年〕三八一頁以下、渡名喜庸安「国立大学改革の展開と課題」晴山一穂ほか編著・官僚制改革の行政法理論〔二〇二〇年〕八七頁以下）。

制度上二つの面が注目される。

一つは、調整それ自体を主要な事務とする行政機関として、内閣官房、内閣府が置かれていることである（内閣法一二条二項、内府法四条一項・二項）。さらに内閣府には、総合調整にかかる特命担当大臣が置かれることも予定されている（内府法九条）。この特命大臣は、関係行政機関に対する勧告権も有する（内府法一二条二項以下）。

いま一つは、省間にわたる調整（省間調整。政策調整ともいわれる）であって、これについては、国組法（一五条）で、政策について行政機関相互の調整を図る必要があるときは、各省大臣等は「その必要性を明らかにした上で、関係行政機関の長に対し、必要な資料の提出及び説明を求め」たり、「当該関係行政機関の政策に関し意見を述べ」たりすることができるとしている。

調整に関し、中央省庁等改革基本法（一九九八年）において国の行政機関の間の調整の活性化、円滑化が示され（法四条五号）、その関連法として内閣法（一二条）、内府法（四条一項一号）、国組法（二条二項・五条二項）等がそれに対応した。その後、政策調整の具体的執行のための指針として、政策調整システムの運用指針が定められた（閣議決定、平成一二年五月三〇日）。しかし現実には、その間、重要政策課題の多くが内閣官房及び内閣府に集中したため、内閣としての戦略的対応を可能にするため、内閣の重要政策について内閣官房、内閣府が政策の方向付けに専念し、各省が中心となって政策を実現することを可能にすべく、国組法をはじめとする関連法（内閣の重要政策に関する総合調整等に関する機能の強化のための国家行政組織法等の一部を改正する法律（平成二七年））の制定をみた（前記平成二七年法については、中司光紀＝新井智広「法令解説」時の法令一九九九号（二〇一六年）四頁以下〔同稿では「内閣官房・内閣府見直し法」と呼称している〕、木藤茂「各省による総合調整と行政組織法上の諸問題（上）（下）」自治研究九二巻六号・七号（二〇一六年）等参照）。以下、調整の種類ごとに具体例を掲げておく。

(ア)　内閣官房による総合調整　　内閣官房は、内閣の重要政策に基本的な方針に関する企画及び立案並びに総合調整に関する事務をつかさどる（内閣法一二条二項二号）。前記平成二七年法（以下、「見直し法」と略す）において、内閣官房の業務見直し方針が示されたにもかかわらず、その後も内閣官房における総合調整業務の追加をみている。

具体例　デジタル市場競争本部の設置（閣議決定、令和元年九月二七日）　①設置目的→デジタル市場の評価並びに競争政策の企画・立案・関係機関との総合調整。②構成→内閣官房長官（本部長）、経済再生担当大臣、内閣府特命担当大臣（消費者及び食品安全）、公正取引委員会事務担当内閣府特命担当大臣、総務大臣、経済産業大臣等。③デジタル市場競争会議設置（本部決定）→内閣官房長官、経済再生担当大臣、公正取引委員会委員長等、有識者（議長指名）。④ワーキンググループ（競争会議決定・構成員競争会議議長指名）。⑤事務処理→関係機関の協力を得て内閣官房・デジタル市場競争本部事務局（閣議決定・内閣総理大臣決定等）。

(イ)　内閣府による総合調整　　内閣府は、もともと総合調整に関する事務担当を想定して設置されてきたところであるが、「見直し法」において、内閣官房の総合調整業務の一部の内閣府への移管が定められた。

具体例　知的財産戦略本部の設置（内閣）（知的財産基本法二四条、三一条）　①所掌事務→推進計画の作成・実施の推進、知的財産の創造等の施策の総合調整。②構成→内閣総理大臣（本部長）、すべての国務大臣、有識者（総理大臣指名）。③調査権→関係行政機関等に対する資料の提出等の協力要請。④事務処理→知的財産推進事務局（内閣府）（同基本法三一条、内府法四条一項六号、四〇条、四〇条の三）（その他の事例につき参照、中司＝新井・前掲時の法令一九九九号一三頁以下）。

(ウ)　省庁等による総合調整　　「見直し法」により内閣府から所掌事務の省庁等への移管が定められた。

具体例　自殺対策事務の厚生労働省への移管　　①自殺対策の大綱の作成・推進（厚生労働省設置法四条一項八九号の三）。②自殺総合対策会議の設置（自殺対策基本法二三条一項、厚労省設置法一六条の二（特別の機関））。③対策会議の所掌事務→大綱の案の作成、関係行政機関相互の調整。④構成→会長・厚生労働大臣、委員・厚生労働大臣以外の国務大臣のうちから厚生労働大臣の申出により内閣総理大臣が指定（同基本法二四条）。⑤幹事・関係行政機関の職員のうちから厚生大臣任命。

「見直し法」による国家行政組織法改正で、各省大臣は閣議決定による基本方針に基づいて総合調整事務を掌理することとされた（国組法五条二項）。その具体例として、児童虐待防止対策に関する業務の基本方針について（閣議決定、平成二八年三月二九日。総合調整は厚生労働省が行う）、外国人の受入れ環境の整備に関する業務の基本方針について（閣議決定、平成三〇年七月二四日。総合調整は法務省が行う）等がある。

(エ)　関係閣僚会議の開催　当該総合調整事務の遂行の過程とは別に、官房長官を含む関係閣僚会議が開催され、総合調整業務の遂行に関与することがある。

例えば児童虐待防止対策に関する関係閣僚会議が、「児童虐待防止対策の強化に向けた緊急総合対策」（平成三〇年七月二〇日）を決定したが、厚生労働省・児童虐待防止対策に関する関係府省庁連絡会議が、同日これを受けるという経過をたどった（第三回連絡会議議事概要）。その後、同連絡会議は、「児童虐待防止対策体制総合強化プラン」（平成三〇年一二月一八日）を決定し、これを含めて、関係閣僚会議（平成三一年三月一九日）で「児童虐待防止対策の抜本的強化について」が決定された。

また、法務省が総合調整を行う外国人材の受入れ環境の整備に関しても、関係閣僚会議（平成三〇年七月二四日閣議口頭了解、内閣官房及び法務省が庶務を処理）と、外国人材の受入れ・共生のための総合的対応策検討会（平成三〇年八月三一日法務大臣決定）の二つの会議が並行して、総合的対応策の審議が行われている。すなわち同検討会策定の総合的対応策（平成三〇年一二月二〇日）が関係閣僚会議（平成三〇年一二月二五日）で了承されている。

総合調整業務の各省移転においても、内閣（官房）との関係が結ばれており、行政組織のあり方として注目を要する（会議資料はインターネット上で公開されている）。

⑤　評価・監察関係

行政活動が適切に行われるには、当該行為についての、適法・違法、当・不当についての監査・検査・監察等が不可欠であるし、さらに、その有効性等についての評価がなされることも重要である。この点については、まず、憲法上の機関としての会計検査院が、正確性、合規性、経済性、効率性、有効性の五つの基準から検査を行ってきた（会計検査院法二〇条）。また、通常の行政組織内部でも、各省各庁はそれぞれ、内部的監査を実施してきている。

これに加えて、総務省は㋐各府省の政策について統一的総合的な評価、㋑各行政機関の業務の実施状況の評価、監視（監察）を所掌事務とするとされているところである（総務省設置法四条一項一〇号〜一二号）。このうち、㋐がいわゆる「政策評価」に、後者が「行政監察」に対応する。会計検査院の検査機能も含めてこれらの評価・監査機能の充実は、それぞれ判断の視点、効果等を異にするものの、事務配分的行政機関の相互関係を律する重要な制度である（政策評価法制につき、宇賀克也・政策評価の法制度〔二〇〇二年〕参照）。

⑥　管理関係

行政官庁法の行政機関概念に包摂されないけれども現在の行政組織上重要な地位をもっているものとして、行政管理を所掌する行政機関がある。これらも管理という方法により、全体としての行政の調整を図っているものである。内閣法制局、総務省、人事院等である。財務省も財務管理という面からこの種の事務を所掌している。

(3)　事務配分的機関概念の課題

事務配分的機関概念は、行政官庁的機関概念のように、法解釈学的見地から構成されたものではない。しかし現在の国家行政組織のあり方をそれとして認識するには、適切な概念であると考えられる。さらに次の点をつけ加えておく。

①　行政手続に関する行政法学の関心は主として、私人との関係における、いわば外部手続であって、純粋の内部手続（たとえば、稟議制。西尾・前掲書三〇二頁以下）などには及ばない（本書Ⅰ二九二頁）。しかし、その意味での行政手続においても、これを全体として把握するには、行政官庁法理では不十分である。たしかに、行政官庁法理においても、通常の手続は、行政官庁と補助機関の二つの機関によって処理することが可能であり、さらに、諮問機関による諮問手続も視野に入れることができた。しかし、聴聞手続における聴聞の主宰者を単に行政官庁との関係における補助機関として位置づけることは、できない。そうすることは、わが国の聴聞手続の合理的発展に対する阻害要因となるであろう（行政組織法と行政手続法との関係については、参照、小早川光郎「行政組織法と行政手続法」公法研究五〇号〔一九八八年〕一六四頁以下）。また、行政不服審査法における審理員を行政官庁法上の補助機関として位置づけることは、審査請求手続に照らして困難である（参照、本書Ⅱ二八頁）。

②　事務配分的機関概念は、行政官庁法理によってはとらえられない、あるいはとらえ難い行政組織上の問題を視野に入れることができる。それぞれの課題、すなわち事務配分、調整、管理の具体的あり方をどのようにするかは、行政学その他の関係諸科学によって探求されるべきものである。その意味では、包括的機関概念の内容を埋める作業は、行政法学の範囲を超えるものがある。しかし、内府法、国組法、各省設置法にみられるまさに法律上の制度については、包括的機関概念を知らなければ、理解が困難であることに最低限注意しなければならないし、また、一度、それぞれの行政機関ごとに事務配分がなされ、さらに調整機能、管理機能が配分されるとその概念は何か、その範囲はどのようなものかということについては、行政内部においても、一つの規範の問題として論議の対象となることに留意しなければならない。

（1）　事務配分的機関概念の下では、委任はより柔軟にできるとする趣旨に読める見解があるが（田中・行政法中巻三九頁）、論者自身法令により大臣の権限として定められているものを除くとしているのであって、事務配分的機関概念の下で、対外的関係において委任の弾力化が論理上なされるものとされているわけではない。むしろ、問題の所在は、作用法律による権限の指定のない場合に行政機関が行動するとき、たとえば法令上の根拠のない行政指導を課長レベルで行っているときの行政組織法的意義であって、これは、行政官庁法理ではもともと把握の困難な事象であると同時に、それは、本来長がもっていた行政指導権限の委任の問題ではなく、内部的な事務配分上の問題であることに注意しなければならない。そして、この点は、行政官庁法理ではなく、事務配分的機関概念によって、はじめて把握することができるという点が肝要なのである（その点では、田中説を新思考と名付けた上で、問題を「委任」というカテゴリーの中で処理しようとする考え〔藤田・行政組織法（初版、一九九四年）六〇頁以下〕は疑問である。本書のこの指摘に対して、藤田・行政組織法七三頁は、〔新思考〕という言葉を「新たな考え方」に変えた上で、田中説を取り上げたのは、「権限配分のあり方」についての考え方の一つのモデルとしてであると説明している。ただし、そこでは「代表権限の委任」なる問題設定は残されており、田中説の意義はそのような枠組みを不要としていることに求められると思われる）。

第二章　国家行政組織法

序　説

本章では、前章で考察した行政組織法に関する基礎概念を前提として、わが国の国家行政組織の具体的あり方を考察する。個別の制度の説明に入る前に次の点を指摘しておく。

① 日本国憲法の下では、行政権は内閣に属する（六五条）。そして、憲法上独立の行政機関としての地位を有する会計検査院（九〇条、会計検査院法一条）を除く他のすべての行政機関は、この内閣の管轄下にある。内閣の首長たる内閣総理大臣をはじめとする内閣の組織、国会に対する責任、内閣の職務等は、憲法で詳細な規定を置くほか、内閣法で定めている。これに対して、憲法も予定する「行政各部」のあり方については、憲法自体何らの定めも置いていない。もともとは、国家行政組織法（国組法）が個別行政機関の枠組みを定めていたが、そこでは、行政組織の基本原理については、僅かに、所掌事務の範囲の明確性、系統的構成、一体性が示されているに過ぎなかった。ところが、平成一〇年の中央省庁等の改革に際して、中央省庁等改革基本法が制定され、そこにおいて、内閣の機能強化、省の編成方針等の国家行政組織の基本的あり方が定められた[1]。そして、この基本法の趣旨に合致すべく内閣法、国組法の改正、内閣府設置法（内府法）の制定がなされたわけである。さらに、各省設置法等も新たに制定された（以下、これら改革を平成一〇年中央省庁改革という）。かようにして、わが国の国家行政組織の骨格は、中央省庁等改革基本法、内閣法、内府法、国組法、各省設置法によって形成されることとなった。

② 右に指摘した行政組織法関連法の役割分担は次のとおりである。まず、中央省庁等改革基本法は、中央省庁改革の基本理念、その基本方針その他の基本事項を定めるとともに、中央省庁等改革推進本部を設置するものである。したがって、推進本部の設置以外の具体的事項は、内閣法ほかの法律で定めることとなるわけで、その名前のとおり、いわゆる基本法の性格を有する。この法律は、平成一〇年中央省庁改革に際して制定されたものであるが、推進本部の設置期間が施行後三年とある以外は、時限的な定めはない(2)。内閣法は、内閣の組織運営に関する基本原則（連帯責任、分担管理〔法一条二項、三条一項〕）を定めるほか、補助部局としての内閣官房の組織について定める。内府法は、内閣府の任務・所掌事務および組織を定める。国組法は、内閣府以外の国の行政機関の組織の基準を定める。いわば、国の行政機関の共通法である。この法律で設置が予定されている個別の省、委員会については、総務省設置法、経済産業省設置法等の各省設置法で定めが置かれている（設置法で個別行政作用法の中に規定されていることもある。たとえば公正取引委員会）。この各省設置法は、内府法と同じく、当該省の任務・所掌事務、組織について定める。

③ これら行政組織法は、行政機関の組織そのものに関する定めと、その機関の任務および所掌事務に関する定めの二つの内容からなるが、内閣の統轄の下における行政機関については完結的である。したがって、内閣法以下の内府法、国組法の系統に属さない国家行政機関は存在しないし、行政組織法に列挙されている所掌事務の範囲を超える行政活動は国家に帰属しないことになる（もっとも、委員会等の行政機関については、設置法では具体の行政組織の設置を別の法律に委ねていること、所掌事務についても、法律〔法律に基づく命令を含む〕に基づき属せられた事務を処理するという条文が置かれているので、自己完結的ではない）。

ただし、人事院については、その職務の性格から、内閣の所轄の下に置くこととし、その設置の根拠は国家公務員法に置かれている（法三条〜一二五条）。

④　日本国憲法六五条は行政権一般についてふれているが、他方で、憲法は地方自治を保障しており、地方公共団体の行う行政は、当該地方公共団体のそれであって、国の行政ではない。したがって、地方公共団体の行政機関は、内閣の管轄下にある行政機関にはあたらない。

⑤　国家の行政は内府法・国組法の行政機関によって遂行されるのを原則とする。しかし、実際には、多くの部分が、国とは法人格を異にする団体によって行われている点に注意しなければならない。これらの団体として独立行政法人、特殊法人、認可法人、指定法人などがあるが個別の検討を必要とする。

⑥　以下では、まず、内閣について、主として行政法に関連する部分を重点的に取り上げる。次に、国組法の行政組織を人事院を含めて概観する。これら形式的意味における国家行政組織以外に国家行政を担当する独立行政法人等についても、主要な問題点を取り上げて考察する。

（1）　日本の戦後における行政組織法の変遷については（ただし、昭和五八年改正まで）、佐藤・行政組織法に詳しい。行政改革の過程で行政改革会議報告をまってなされた、中央省庁等改革基本法制定（平成一〇年）、内閣法改正（平成一一年、以下同様）、内府法、国組法改正、各省庁設置法の制定、独立行政法人通則法、個別独立行政法人設立法制定により、行政組織は大幅に変更された。その主たる内容は、内閣機能の強化、国の行政組織・事務事業の運営の減量・効率化等である。ただ、この変更が戦後の国家行政組織についての法解釈学の根本的変革を迫るものであるかどうかは、即断できないものがある。本書は、さしあたり、従来の叙述を基本としつつ、組織法論上、留意すべき点を加えるという方法をとっている。平成一〇年中央省庁改革については、理論的分析として、浜川清「行政改革と官僚制」（岩波講座・現代の法1、一九九七年）二一七頁以下、稲葉馨「『行政』の任務・機能と国家行政組織改革」公法研究六二号（二〇〇〇年）三一頁、ジュリスト一一六一号「特集・行政改革の理念・現状・展望」所収の各論文、中央省庁等改革関連法の紹介として、ジュリスト一一六六号（一九九九年）五一頁以下に所掲の中央省庁等改革推進本部事務局「中央省庁等改革関連法」、行政組織研究会（磯部力＝稲葉馨＝今村都南雄＝小早川光郎＝三辺夏雄＝藤田宙靖＝森田朗）「中央省庁等改革関連法律の理論的検討（一）〜（四）」自治研究七六巻九号〜一二号（二〇〇〇年）等参照。また、中央省庁改革関連法令については、松田隆利＝山本庸幸監修・中央省庁改革法規集（一九九九年）が、行政改革会議最終報告、中央省庁等改革に係る大綱、中央省庁等改革に関する方針も併せ収めていて便宜である。さらに、平成一〇年中央省庁改革後のポスト中央省庁等改革にも言及し、平成デモクラシーの一環としての平成の行政組織改革を通観した、荻野徹「行政組織法の整備」行政法研究三〇号（二〇一九年）一三九頁以下がある。

(2)　中央省庁等改革基本法は、他の基本法と同様、時限法の形をとっていないが、もともと平成九年の行政改革会議の最終報告の趣旨に則った諸施策の推進（法一条）という限定的性格をもっていることからして、同法に盛られた具体的施策がなされた後の行政組織の改革立法との関係は必ずしも明確でない。郵政民営化関連諸法は、基本法で提示され実現された郵政公社関連法の廃止を含むが、基本法の関連条項（法三三条）は残されているし、公正取引委員会が総務省所管から内閣府所管に移行された際にも基本法の改正はなされていない（法別表第三）。当初の中央省庁等改革基本法で定められたところは措置済みという理解に基づくものと解される。それでも、条文が残されたままでいるのは誤解を招くこともあり、関連基本法条項の改正をすべきかどうかという問題はあるが、いずれにせよ、郵政民営化法など、基本法に提示された具体的な行政組織と異なるその後の行政組織立法が違憲、無効になるわけのものではない。基本法という形式それ自体の問題性はさておくとしても、とりわけ政治的考慮に左右され、かつ一定の組織の設立という措置法的性格をもつ行政組織立法については、基本法方式は必ずしも適切ではないと思われる（なお、参照、塩野宏「基本法について」〔二〇〇八年〕塩野・行政法概念の諸相四一頁以下）。

第一節　内　閣

一　内閣の組織および権能

内閣は憲法に直接根拠を有する憲法上の機関であって、行政権を担う〔六五条〕。内閣の組織および職務は憲法および内閣法に定められるが、その概要は次のとおりである。

① 内閣は内閣総理大臣およびその他の国務大臣によって構成される合議体である。内閣総理大臣は、国会の議決による指名に基づき天皇が任命し、国務大臣は、内閣総理大臣により任免される。

② 内閣の職務は、憲法七三条に例示されるもののほか、憲法自体に規定されるもの〔国会の臨時会の召集〔五三条〕、参議院の緊急集会の求め〔五四条二項〕、最高裁判所長官の指名〔六条二項〕、最高裁判所裁判官の任命〔七九条一項〕、下級裁判所の裁判官の任命〔八〇条〕〕、内閣法で定めるもの〔行政各部の指揮監督の方針〔六条〕、権限疑義の裁定〔七条〕、中止権に伴う処置〔八条〕等〕、個別法令で定めるもの〔重要人事―会計検査院の検査官〔会計検査院法四条〕、人事院の人事官〔国家公務員法五条〕、内閣法制局長官〔内閣法制局設置法二条〕、大臣政務官〔国組法一七条五項〕。主要計画の決定―環境基本計画〔環境基本法一五条三項〕、国土利用計画法上の全国計画〔国土利用計画法五条二項〕、未所属地域の編入〔地方自治法七条の二第一項〕〕がある。また、各大臣は案件の如何を問わず閣議を求めることができるし〔内閣法四条三項〕、法律上の決定権者が決定するにあたり、閣議の決定を経るべしとする法令もある〔湖沼水質保全特別措置法三条五項〕。

③ 内閣の権能は、実質的な立法作用に属するもの〔政令の制定〕、紛争の裁定という点では裁判作用に類するも

の（権限疑義の裁定）のほか、控除的意味における種々の行政作用に及ぶ。立法権、司法権に本来属している事項以外の事項につき、どのような場合に内閣の議を経るべしとするかは、憲法上も理論上も定まったものはない。

④　閣議の運営については特段の定めはなく、慣行に委ねられているが、決定（これには閣議決定と閣議了解がある）は全会一致を要するというのが実際の慣行であり、通説も、内閣の連帯責任（憲法六六条三項）を根拠にこれを支持している。理論的には、ある事案に対して、内閣が多数決によって決定しても、その執行に際しては閣員が一致して事にあたり、仮に当該決定を理由に不信任決議がされれば、総辞職又は解散により連帯責任を負うということが考えられる。ただ、多数決による当該政策について、国会で閣内の不一致が追及されるならば、政策の決定と執行の区別は実際上困難であろう。

⑤　閣僚全体ではなく、一定の業務につき構成される「関係閣僚会議」が開催されている。法令上の制度ではなく、その決定の法的効果も明らかではないが、関係省庁の総合調整の機能を果たしているものとして注目される（前出五四頁）。

二　内閣総理大臣の権限

内閣総理大臣は、内閣の首長であるとともに、内閣府に係る事項についての主任の大臣、内閣直属部局の行政事務の主任の大臣という三つの地位を占める。ここからして、内閣総理大臣は諸種の権限を有する。

①　内閣の首長としての内閣総理大臣（憲法六六条、内閣法二条一項）は閣議を主宰するとともに、重要政策に関する基本的方針等の案件の発議権を有する（内閣法四条二項）ほか、国務大臣の任免権（憲法六八条）、議案（法律案をここに含ませるかどうかは争いがあるが、通説は内閣の法律案提出権を認める）の国会への提出権、一般国務・外交

関係の国会への報告権、行政各部の指揮監督権（憲法七二条、内閣法五条・六条）、権限疑義の裁定権（内閣法七条）、中止権（内閣法八条）を有する。

このような内閣総理大臣としての職務権限のうち、行政組織法一般理論とも関係を有するのが、行政各部の指揮監督権である。この点憲法はその行使の方法について、特段の定めを置いていないが、内閣法は、閣議にかけて決定した方針に基づくこととしている（法六条）。これに対して、いわゆるロッキード事件において、最高裁判所は、指揮監督権の行使は「閣議にかけて決定した方針が存在することを要するが、閣議にかけて決定した方針が存在しない場合においても」内閣総理大臣の所掲の権限に照らすと「流動的で多様な行政需要に遅滞なく対応するため、内閣総理大臣は、少なくとも、内閣の明示の意思に反しない限り、行政各部に対し、随時、その所掌事務について一定の方向で処理するよう指導、助言等の指示を与える権限を有する」と判示している（最大判平成七・二・二二刑集四九巻二号一頁、行政判例百選Ⅰ一九事件。この判決には、補足意見、意見が付されている。同百選の高橋明男解説参照）。

この最高裁判所の判示によると、内閣総理大臣は、憲法に定める指揮監督権（七二条）の外に、指導・助言等の指示を与える権限を有することになる。かかる考えにたつ学説もすでに存在していた（菊井康郎「わが国の内閣制の展開」公法研究四九号〔一九八七年〕四〇頁以下参照）。

しかし、このような考え方には、疑問がある。まず、指揮監督であれ、指導・助言の指示であれ、これらは、行政の行為形式にかかるものであるが、それは、当該指揮監督、指導・助言を行う行政機関の所掌事務の範囲でなければならない。ところが、日本国憲法は、内閣総理大臣の所掌事務を行政事務全般にわたるとしてはいないのであって、そのような機関は内閣をおいてはないし（六五条）、内閣総理大臣の行政各部への指揮監督権が内閣を代表して行うものとしているのも、この観点から理解される。したがって、内閣総理大臣固有の所掌事務が行政事務全般に及ばない以上、内閣を代表しないで、つまり、内閣の意思を媒介しないでは、指揮監督、指導・助言の区別なく、内閣総理大臣は行動することを得ない、いいかえると、当該行為は国家に帰属しないことになるのである。

また、必ずしも明確ではないが、最高裁判所は、指示は閣議に基づく方針がなくともなしうる根拠として、指揮監督は行政処分に対応し、指示は行政指導に対応するという認識の下に、行政指導に関する行政法一般理論をここに類推しているようにも読める。この点に関しては、行政指導においても、所掌事務の範囲論が先行していなければならないことはすでに指摘したところであるが（本書Ⅰ二一八頁）、これに加えて、行政処分と行政指導の二区分は、もともと、行政主体と私人間に着目してたてられたものであることに注意しなければならない。また、指揮監督権の内容が、処分の取消しまで及べば別であるが、命令にとどまる限りでは、指示との質的差異は見いだし難い。一般の関係では、行政指導に従うかどうかは相手方の任意であって、行政指導に従わないという理由で相手方に不利益な取扱いをしてはならない（行政手続法三二条二項）。これに対して、内閣総理大臣は、国務大臣を任意に罷免できるのである（憲法六八条）。その意味で、指揮監督権は閣議にかけて決定した方針が存在することを要するが、指示は随時できるとする意義に乏しい。逆にいえば、閣議を前提とする指揮監督の制度を置いた意味をなくする結果となるのである。

以上の点からして、内閣総理大臣の職務権限として、閣議にかけた方針に基づく指揮監督権とは別に、指導・助言等の指示権があるとするのは、現行法の解釈として、妥当ではないと解される（多数説は、これに反対の見解をとる。参照、岡田信弘「内閣総理大臣の地位・権限・機能」公法研究六二号七四頁以下、野中俊彦＝中村睦男＝高橋和之＝高見勝利・憲法Ⅱ〔五版、二〇一二年〕一九一頁）。

もっとも、内閣総理大臣が、閣議にかけた方針に基づかないで行動する実態があることは否定できない。それが、正規の指揮監督権の行使に代替するものとして用いられている（あるいは最高裁判所の解釈に応じて、将来繰り返される）とすれば、それは、憲法および内閣法に反するものである。しかし、内閣総理大臣としては、閣議外において、合議体たる内閣の構成員（首長）として、所管の大臣にその見解を披瀝することは、他の国務大臣と同様に行うことは認められるところであるし、助言についても同様である。いわゆる内閣総理大臣の指示にはこのようなものとして、把握することができるものもあると思われるが、それは、いずれにせよ、閣議を離れては内閣総理大臣の職務権限と理解さるべきではないし、また、閣議とかけ離れた形で、指示がなされたとすると、それは、国家に帰属しえないものと解される。[1]

② 内閣総理大臣は、内閣府の長の地位を占め、内閣府に係る事項について主任の大臣となる（内府法六条）。この点から、内閣総理大臣は、国組法上後にのべる各省大臣と同じ権限を有する。また、行政作用法で内閣総理大臣に具体的処分権限を付与している場合があるが（金融商品取引法二九条以下・五二条以下、公益社団法人及び公益財団法人の認定等に関する法律三条・四条・二九条等）、これは行政官庁法通則における行政官庁として位置づけられることとなるのも、他の大臣と同じである。

③ 内閣法はすべての行政事務について主任の大臣が置かれることを想定しているように読める（林修三「内閣の組織と運営」行政法講座四巻三七頁）。そして制定法上も、内閣の直属の補助部局が担当する行政事務についての主任の大臣を内閣総理大臣としている（内閣官房にかかる事務につき内閣法二六条、内閣法制局にかかる事務につき内閣法制局設置法七条、安全保障会議にかかる事項につき国家安全保障会議設置法一三条）。そこで、内閣総理大臣は内閣府に係る事項以外にも主任の大臣としての職務権限を有することとなる。

(1)　中部電力浜岡原子力発電所の全面停止要請に関しては、その経緯につき疑問が出されていたが、このことについて、国会における質問趣意書の政府答弁は「……直接的な法律の根拠に基づくものではないが、……全号機の運転を停止すべきと菅内閣総理大臣が判断し、発電用原子力施設に関する事務を所掌する海江田経済産業大臣から今回の要請を行ったものである」というのである(内閣衆質一七七第二六一号・衆議院ホームページ)。これにより、総理大臣が直接電気事業者に行政指導を行ったのではなく、行政指導を行ったのは、あくまでも所管の大臣であるという整理がなされたことになる。そこで、問題は「判断」の意義で、平成七年最高裁判所大法廷判決の「指示」と同義のものとしているのか、所管大臣の行動の端緒に過ぎないものとしているか明確でなく、微妙な言い回しといえよう。

総理大臣の指導力に関心が高まっているところから、閣議の方針(これにも解釈上の幅がある)が先行しない首相の「指示」は頻繁に出されていると見受けられるが、これを行政指導を想起させる概念操作で正当化することは、現行憲法の下では認められないというのが本書の立場である。

三　内閣補助部局

内閣の職務遂行を補助する機関として、内閣官房(内閣法一二条以下)、内閣法制局(内閣法制局設置法)、国家安全保障会議(国家安全保障会議設置法)、内閣府、復興庁がある。

①　内閣官房については、内閣法に設置、業務内容に関する定めが置かれている。制定当初(昭和二二年法律第五号)は、「内閣官房は、閣議事項の整理その他内閣の庶務を掌る」(法一二条二項)とだけ規定されていた。その後、昭和三二年の改正により、「閣議事項の整理その他内閣の庶務、閣議に係る重要事項に関する総合調整その他行政各部の施策に関するその統一保持上必要な総合調整及び内閣の重要政策に関する情報の収集調査に関する事務を掌る」(法一二条二項)とされ、この条項は、平成一〇年中央省庁改革の一環として、現行内閣法一二条二項一号

～五号に、内閣官房の所掌する調整事務がより具体的に列挙されるに至った。さらに、国家公務員法制、行政機関法制も内閣官房の所掌とされ（法一二条二項七号～一四号）、内閣官房の事務の範囲は拡大している（なお、前記「見直し法」も内閣官房の事務の範囲に触れるものではない）。

内閣官房所掌の事務遂行のためとして、内閣危機管理監（法一五条）、国家安全保障局（法一七条）、内閣人事局（法二一条）等の組織が置かれ、内閣官房はもはや当初の庶務担当とは全く異なる組織に変容している。なお、内閣総理大臣は内閣官房の主任の大臣として、命令制定発出権を与えられているが、当該命令においては、法律の委任がなければ罰則、義務賦課規定を設けることはできないとされている点（法二六条）において、事務配分的機関概念と作用法的機関概念の区別は、前提されていると解される。

② 安全保障会議は国防に関する重要事項および重大緊急事態への対処に関する重要事項の審議を行う（国家安全保障会議設置法一条）。構成員は内閣総理大臣（議長）および事項毎に定められている国務大臣（法四条、五条）。

③ 内閣府は、内府法の定めにより内閣に置かれる行政機関である（法二条）。内閣の重要政策に関する内閣の事務を助けること（内容的には施策の統一を図るために必要となる企画・立案・総合調整。法四条一項・二項参照）を任務とするが、その際、内閣官房を助けるものとされる（法三条二項・三項）。その重要政策としては、短期および中長期の経済の運営に関する事項、科学技術の総合的・計画的な振興を図るための基本的政策に関する事項等が挙げられている（法四条一項一号～三〇号）。さらにこの他にも閣議決定による重要政策も所掌事務の対象となる（法四条二項。内閣府は、別に行政事務を担当する行政機関としても置かれるが、これについては、内閣府の組織的特色と併せて、後出七三頁以下参照）。

④ 内閣に置かれるという意味での内閣補助部局ではないが、内閣の補佐・支援も担当する行政機関として、総

務省がある（中央省庁等改革基本法一五条、別表第二、一七条、総務省設置法三条）。

⑤　内閣法制局は政府提出の法律案や政令の審査立案、法律問題に関し、内閣等に意見を述べることなどを所掌する（内閣法制局設置法三条）。憲法九条をはじめ、憲法の解釈に重要な機能を果たしているほか、行政法規の解釈も公定解釈として、実際上の通用力は大きいものがある点に注意しなければならない（本書Ⅰ六八頁）。

⑥　人事院も内閣補助部局に挙げられるのが通例である（田中・行政法中巻六七頁、佐藤・行政組織法三二三頁、林修三「内閣の組織と運営」行政法講座四巻四八頁）。人事院には内閣の統轄に属する国家の行政機関について定める国組法の適用がないこと（国家公務員法四条四項）、内閣法一二条四項は「内閣官房の外、内閣に、別に法律の定めるところにより、必要な機関を置き、内閣の事務を助けしめることができる」としているところから、形式的には内閣官房と同じ内閣補助部局と解しているものと思われる。たしかに、人事院の行うのは国の人事行政であり、その限りでは内閣の管轄の範囲にはいる。しかし、人事行政の政治的中立性確保の要請から、あえて、内閣の統轄の下に属する行政機関を規律する国組法の適用をしないこととしたものであることからすると、内閣の下にあって内閣を補佐する内閣官房と同じカテゴリーの下に人事院を置くのは疑問がある（人事院につき後出三〇四頁以下参照）。

⑦　復興庁は、東日本大震災復興にあたり、内閣を補助する。併せて関係地方公共団体への支援を行う実施庁としての性格を有する（復興庁設置法二条・四条）。復興庁は、令和一三年までに廃止されること（復興庁設置法二一条）、長を内閣総理大臣とし、内閣総理大臣を助ける職として復興大臣を置くものとするほか（六条・八条）、組織構成原理として、弾力的対応、内閣府その他の国の行政機関との調整・連携が掲げられている（法五条）。したがって、設置場所だけでなく、設置理由としても府・省の外局とは異なる要素があり、庁という名称が付されているが、府・省に置かれる外局としての庁ではなく、府・省と並ぶものとして位置づけられる（府・省の外局としての

庁につき後出八四頁参照)。

⑧　内閣の職務であっても、予算の作成は財務省が所掌し、主任の大臣を財務大臣とし、恩赦の決定は法務省所管として法務大臣を主任の大臣とするのであって、内閣の職務のすべてを内閣補助部局をもって行うわけではない。

四　主任の大臣

内閣は内閣総理大臣とその他の国務大臣によって構成されるが(憲法六六条)、内閣法は、その国務大臣のうち、行政事務を分担管理する大臣を主任の大臣として位置づけている(三条)。この主任の大臣は、憲法七四条で法律および政令に署名する大臣とされているところであるが、国組法では、各省の長としての各省大臣が、内閣法にいう主任の大臣と定められている(五条、内閣府については総理大臣)。

この行政事務を分担管理する主任の大臣の観念は、国家が担当する事務を複数の組織(内閣府と各省)に配分することと、その最高責任者として国務大臣(内閣府の場合は総理大臣)を置くという限りでは、議院内閣制度の下における一つの国家行政組織原理ということができる。

ただ、それ以上に何が含意されるかとなると文言上必ずしも明確ではないし、行政組織法上十分には論議されてこなかったところであるが、さしあたり次の点が指摘される。[1]

①　平成一〇年中央省庁改革との関連で、主任の大臣の分担管理について、分担管理原則の名の下に論議が交わされたことが窺われる(行政組織研究会・自治研究七六巻九号一一頁以下、藤田・行政組織法一二四頁以下)。当該原則では、狭義には内閣それ自体は各省大臣が分担管理する行政権の行使を「統括」する権能のみを有するという理解

をし、憲法七四条の規定が援用されると理解しているというのである。また、内閣法六条の規定は内閣法制局をはじめ通説はこれを行政事務の分担管理原則から由来するものであるとされる。その際、狭義説に立つとされる行政実務、内閣法制局見解、通説の典拠は明らかにされていないので、思考モデルとして理解すべきこととなるが、いずれにせよ、この問題は、現実には、内閣は「統轄」以外の事務も担当するものとして、整理されているところである。

② 分担管理と行政機関概念との関係でいえば、主任の大臣が当然に行政官庁法上の行政官庁としての地位を占めるものではなく、それには、個別行政作用法の媒介を必要とする（前出二八頁）。

③ 分担管理は、見方によれば、閉鎖的な組織構成である。それが純粋な形で発現されるならば、いわゆる割拠主義の弊害を招くことが当然予測される。とりわけ、現代社会では、行政事務遂行に際して相互の調整が重要な課題となるのであるから、そのための制度を整えることを分担管理の定めが阻止するほど強固なものではなく、現に、実現されているのである（前出五〇頁）。

④ 分担管理の射程として、当該行政事務の遂行に際しての責任範囲の問題がある。すなわち、当該主任の分担管理する事務は、単純化すれば、企画・立案、執行、是正（職権であれ、不服審査であれ）に分かつことができる。分担管理はこれを常に同一の主任の大臣が行使すべきものというほど厳格に解されているわけではなく、内閣官房も立案機能を有するものとされている（内閣法一二条二項）。さらに、違法執行等にかかる是正措置については、裁判過程による是正が、分担管理と抵触するものでないことは当然である。また、行政不服審査法においては、上級行政庁以外に法律により審査庁を定めることができ、現に、社会保険審査会などにその例がみられ、これが、分担管理に違反するものではないことに異論はない。これに対して、行政部内に横断的、総合的な裁決権を有する不服

審査機関を設置することができるかどうかの問題は未解決な問題として残されている。すなわち、横断的行政救済機関が答申、勧告、措置要求にとどまる場合については、すでに国地方係争処理委員会（後出二七二頁）、情報公開・個人情報審査会（本書Ⅰ三七〇頁）にその例がみられる。このような、横断的機関としては私人との関係における総合的行政審判を設置し、これに、対外的法効果を有する裁決権まで付与することも考えられる。これが、全体としての主任の大臣の分担管理を侵害するものであるかどうかが問題となる。もともと分担管理自体、固い制度として存在しうるものでないことに鑑みれば、行政内部での紛争処理の現代行政における必要性からして、直ちに違憲の問題を生ずるものではないと思われる。なお、その際、主務大臣への出訴権の付与などの措置をとることも考えられる。(2)

(1)　松戸浩「制定法に於ける事務配分単位の変容とその意義——所謂「分担管理原則」の影響」広島法学三一巻一号（二〇〇七年）一一八頁以下、二号一四〇頁以下で、内閣法三条は主任の大臣という概念を用いているのに対して、国家行政組織法五条で行政機関の長である各省の大臣を主任の大臣としていることの問題性を指摘している。内閣法三条が憲法七四条を前提としているか否かの点を含めて、制定法は分担管理原則なるものにつき整理した形で提示していないことに、異なる観点の挿入の余地がある。

(2)　稲葉・前掲論文・公法研究六二号三七頁以下は「分担管理」制は、憲法上予定されている制度であるという理解を前提とした上で、一定の範囲で立法政策の問題となり得るとしている。その一定の範囲は主として、各省間調整・横断的管理事務が考えられている。個別処分については積極的言及はないが、これについても不服審査制度では例外が存することは本文で触れたとおりである。さらに、この問題は、個別法で行政庁に与えた権限、言い換えれば責任の所在を不明確なものとするようなシステムとして合理性があるかどうかの問題で、内容必ずしも明確でない「分担管理原則」の問題ではないと思われる。

第二節　内閣の統轄の下における行政機関

一　序　説

国組法は内閣の統轄の下における行政機関で内閣府以外のものの組織の基準を定め（法一条）、内閣府の組織については、別に内府法が定めている。ここで統轄とは法令上「上級行政機関が複数の下級行政機関に対して、総合調整しつつ、指揮監督する」ものとして用いられている（法律用語辞典）。

国組法は、日本法として、はじめて意識的に包括的機関概念を採用したことに意義があるが（前出二五頁）、それにとどまらず、行政官庁法通則の具体的適用に際しては、国組法およびそれに基づく省・委員会・庁等の設置法をまたなければならず（前出二七頁以下）、その意味でも同法は極めて重要な機能を果たしている。また、内閣府は、内閣機能の強化の一環として新設されたもので、その設置の基礎をなす内府法は、国家行政組織法上、重要な地位を占める。

以下においては、まず、内閣府の組織的特色を概観し、ついで国組法の具体的な仕組みについて検討を加えることとする（なお、国組法の組織の基準は、平成一一年改正でも基本的には変更されていない）。

二　内閣府

内閣府は、平成一〇年中央省庁改革に際して内閣強化の一環として新設されたものであり、組織的にも、その点からの特色をもっている。

①　内閣府は、内閣の統轄の下における行政機関である（国組法一条）。一方、内閣府は内閣に置かれ（内府法二条）、内閣官房、内閣法制局、安全保障会議等とともに、内閣補助部局（機関）として位置づけられる（前出六七頁）。その際、これら内閣補助部局は内閣の統轄の下における行政機関とは通常いわない。そこで、概念上の問題として、内閣府設置前後で統轄の意味に変容が生じたかどうかの問題が生ずる。[1]あるいは、内閣府はそもそも内閣補助部局としての性格と、内閣の統轄の下にある行政機関としての性格との二面性を有しており（参照、稲葉馨「行政組織の再編と設置法・所掌事務および権限規定」ジュリスト一一六一号一一四頁以下参照）、国組法一条の定めは後者についてのものであるという整理が可能かどうかの問題もある。もっとも、この理解でも、統轄の下にあるということと、内閣に置かれるということを如何に関連付けるかは残る。

いずれにせよ、内閣府の性格は、内閣府の補助部局と一定の行政事務を所掌する行政機関の二つの機能をもっており、ここでは、後者の点が考察の対象となる（併せて、内閣補助機関としての内閣府に特徴的な機関にもふれる。⑤）。

②　内閣府が所掌するのは、皇室、国の治安の確保等各般にわたるが、それは要するに内閣府の長としての「内閣総理大臣が担当することがふさわしい行政事務」である（中央省庁等改革基本法一〇条、内府法三条二項）。具体的になにがこれにあたるかは、個別に評価されるべきものであるが、この点との関連で、総理府が所掌するとされていた「他の行政機関の所掌に属しない事務」を内閣府ではなく、総務省に属せしめたこと（前出一七頁）は首肯できる。

③　国組法と異なり内府法は、組織の基準ではなく、設置される組織そのものを定める。その意味では、内容的には、国組法ではなく、各省設置法に対比される。他方、審議会、外局、内部部局等の組織の基準は、国組法のそ

れをほぼ踏襲しているので、これについては、国組法の叙述にゆずることとする。ただ、審議会、特別の機関等、国組法に予定されている機関は、内閣府においては、通常の行政事務のみならず、内閣府の主要任務である総合調整についても用いられていることが、その特色といえる。

④　内閣府の組織上の特色の一つとして、特命担当大臣の職があるが、内閣補助事務に限定されず、分担管理事務にも置かれる（内府法九条以下）。実務上他省大臣の兼務となっていることがある。

⑤　内府法で設置される機関に、「重要政策に関する会議」がある。これは、「内閣の重要政策に関して行政各部の施策の統一を図るために必要となる企画及び立案並びに総合調整に資するため、内閣総理大臣又は内閣官房長官をその長とし、関係大臣及び学識経験を有する者等の合議により処理することが適当な事務をつかさどらせるための機関」（法一八条一項）として内閣府に置かれるもので、経済財政諮問会議、総合科学技術・イノベーション会議、国家戦略特別区域諮問会議、中央防災会議、男女共同参画会議がこれにあたる（一八条）。したがって、これらの会議は内閣の補助部局として内閣府に属する。

国家行政組織法論からは次の点が指摘される。まず、会議は、内閣総理大臣等の諮問に応じて、所定の重要政策事項について調査審議をすることを主要な所掌事務とするが（一九条・二六条等）、審議事項の軽重の違いはともかく、その限りでは、後に考察する政策提言型審議会（後出九〇頁）と異なるところはない。他方、この会議では、議長が内閣総理大臣又は官房長官であるところに、両者を別にする通常の審議会と異なるところがある（以下、自問方式という）。この点につき、「行政責任を明確にする観点」に由来するという見解もみられるが（行政組織研究会・自治研究七六巻一〇号三〇頁）、行政責任の明確性確保の観点からすれば、答申を受けた上で諮問者（たとえば大臣）が、真摯に検討した上でその政治的行政的決断するほうが責任の所在が明らかといえる。したがって、自問方式の採用は行政責任の明確化という官僚制度を前提とした行政組織法レベルの問題ではなく、まさに、時の内閣の政策の遂行の便宜のために設立される内閣補助機関であるといえる（自問方式は会議の中で、諮問者の意見を開陳し審議に直接に影響力を行使することを制度的に確保することにあるのであるから、大臣以外の学識経験者も諮問者と基本的には政策を同じくする者から選ぶことになり、広く民間の意見を徴することとされている審議会のメンバー構成とは異なることとなる）。その意味では、内閣が交代しても委員の構成が同じであることは合理性に乏しいので、とりわけ委員の任期については、なお整理する必要があるように思われる（経済財政諮問会議、総合科学技術・イノベーション会議のいずれも委員は任期制〔それぞれ、二年、三年〕をとっている。内府法二三条・三一条）。

⑥　新たに生起する重要施策は政権を異にすることにより可変的で、かつ、既存省庁の枠を超えるものが多いことから、内閣府の所掌とされることが多く、これに、事務の内容は多様であるという事情が加わる。現に、発足当初五名であった特命担当大臣が現在（二〇一二年七月）では九名となっており、職員も各省庁からの併任の割合が増加している。そのまま推移すれば、一つの組織体としての合理的・効率的運営が損なわれるおそれがあり、事務の存廃を含めた検討、省庁への移管の措置等を容易にすることが必要である。その対応策の一例として、前掲「見直し法」により、犯罪被害者等施策に関する事務、自殺対策の推進に関する事務等若干の事務が内閣府本府から各省に移管がなされたが（中司＝新井・前掲時の法令一九九九号一六頁以下）、それほど抜本的なものではない。

（1）　森田寛二・行政機関と内閣府五頁以下は、「内閣の統轄の下における」の意味を、「内閣と（形態的には）切り離されて置かれる組織について、それが内閣と一定のつながりをもつこと及び統べるという行為のもとにあることを明示するための表現」と理解し、平成一一年の国組法改正により、行政機関概念が変容したとする。

三　省

国組法における最大の包括的単位は同法三条に定められる省である。次項でのべる委員会と庁を含めて三条機関と総称される。設置される省の具体的名称等は、国組法別表第一に掲げられている。次の点に注意する必要がある。

①　同じく三条機関であっても、省と委員会・庁とは異なった取扱いがなされている。省は内閣府とともに内閣の統轄の下に置かれるが、委員会および庁はその外局として置かれる（法三条三項）。省の長は各省大臣であるが（法五条一項）、委員会および庁の長は、それぞれ、委員長又は長官である（大臣をもってあてられるものは国組法にはなく、内閣府の外局のみである）。

②　省と省の区別は要するにその所掌事務の違いであるが、全体としての行政事務をいくつの省にどのように配分するかについては、憲法は何ら定めるところがない。また、制定法以外に論理的に導き出される普遍的な組織法上の原理もない。それは、時の要請に応じて、政策的に決められることがらである(1)。

③　省の長である大臣は、組織法的に国組法により各種の権限を与えられている。すなわち、事務の統括および職員の服務の統督（法一〇条）、法律および政令案の提出（法一一条）、省令の制定（法一二条）、告示・訓令・通達の発出（法一四条）、省間調整（前出五二頁参照）にかかる資料の提出要求等（法一五条）、大臣の行う総合調整に係る関係行政機関の長に対する資料の要求、勧告、内閣総理大臣の指揮監督権による措置についての意見具申（法一五条の二）等である。このうち、職員の服務の統督や、通達等の発出は、必ずしも大臣固有の権限ではない。

④　各省には、特別な職として副大臣および大臣政務官が複数（五〜二人）置かれ、政務を処理する。副大臣は、大臣不在の場合その職務を代行する（法一六条・一七条）。大臣政務官は、大臣を助け、特定の政務および企画

に参画し、政務を処理する（法一七条三項）。内閣府にも、副大臣（三人）、大臣政務官（三人）が置かれる（内府法一三条・一四条）。事務次官の職は従来のままに（一省一人）残された。[2]

⑤　省は委員会・庁などの外局および内部部局、審議会等、地方支分部局からなる。これらの機関は後にのべる。

⑥　以下に具体的に示すように、省それ自体に関しても、その数、事務の配分の仕方について、行政組織上の原則はない。また、内閣府・省の外局としていかなる委員会・庁を置くか、付属機関としていかなる審議会等を置くかに関しても同様で、これらはそのときどきのアドホックな対応に委ねられてきた色彩が濃い。それは、平成一〇年中央省庁改革においても、同じである。[3]

(1)　中央省庁等改革基本法は、新たな省の編成の基本方針として、総合性・包括性の原則、目的・価値体系別編成の原則、均衡の原則を掲げている（法四条二号イロハ）。しかし、この三つの原則は必ずしも調和的に成り立つものではないし、また、それぞれが普遍的に妥当する原則であるともいえないように思われる。現実の省のあり方も、一府一二省庁という政治的に定められた原則によって、必ずしもこの基本方針に即したものとはなっていない。

(2)　副大臣・大臣政務官等の特別の職は、従来の官僚支配に対する政治主導を実現する趣旨で平成一一年の国組法改正、内府法制定に際して、導入された。ただし、この部分は他の新たな制度とは異なり、行政改革会議報告、それを受けた中央省庁等改革基本法には含まれていなかったもので、政党間の政策合意に基づく。政治と行政の関係の質的変化をもたらす可能性のあるものであって、運用に注目する必要がある。また、行政の中立性に関するわが国の理解に再検討を迫るものでもある。その意味では、現実の動向に注意すべきものと思われる（参照、毛利透「内閣と行政各部連絡のあり方」公法研究六二号八〇頁）。

(3)　これに対して、山本隆司「行政の主体」新構想Ⅰ一九三頁以下は、行政組織の基本原理である民主的正統化を機軸としつつも、その水準を下げる要素を憲法原理である法治国原理、権力分立原理から整理しており、示唆的である。しかし、これは、法道具観念として提示されているのではないようであるし、組織編成自体が、政治的、官僚的利害に左右されるものであることにも留意する必要がある。

四　委員会・庁

委員会および庁は省と等しく国組法の三条機関とされるが、省のように内閣の直接の統轄の下に置かれるのではなく、省の外局として位置づけられる（法三条三項）。内府法上にも同様に外局としての委員会・庁の観念がある（法四九条一項）。内閣府の委員会および庁の長には、国務大臣が充てられることもある（法四九条二項）。

中央省庁等改革基本法は委員会および庁は主として政策の実施に関する機能を担うものとしている（法一六条四項）。この原則については、同法自体で例外を予測しているが（法一四条四項一号・二号）、仮に委員会と庁とが政策の実施の機関として用いられることがあっても、それぞれの設置理由を異にするので、両者を行政組織法論上同一視することは適切でない。以下、委員会と庁とを分けて論ずることとする。

(1)　委員会

委員会については、それが、言葉上から合議制の機関であることが明らかな以外には、国組法上明示的な定義規定はない。それは国組法が前提としている講学上の行政委員会設立の歴史的経緯によって説明される（参照、塩野宏「行政委員会制度について――日本における定着度」〔二〇〇四年〕塩野・行政法概念の諸相四四七頁以下）。

明治憲法の下においても合議制の行政機関はあり、これについては行政官庁法理から簡単な説明が加えられてはいた。それによると、諮問機関は合議制であるのを普通とするが、行政官庁においては単独制を通常とし、まれに、「収用審査会・海員審判所、行政裁判所のやうなその権限が裁判所に類似し、特に公平と独立を重んずるものに付いて、合議制の組織を採用している」（美濃部・日本行政法上巻三八一頁）というのである。そして、行政官庁組織の基本を定めた各省官制には、合議制機関に関する規定はなかった。

これに対して、敗戦直後から、アメリカの占領政策に基づいて、個別法令に基づき中央、地方を通じて数多くの委員会という共通の名称をもつ合議制機関が設立され、しかもこれらは、行政官庁の諮問に応ずるようなものではなく、国家意思の決定そのものを担当する行政機関として登場したのである。初期のものとして、農地委員会（一九四五年）、労働委員会（一九四六年）、統計委員会（一九四七年）、公安委員会、証券取引委員会（一九四八年）があるが、学説はこれを委員会行政ないし行政委員会として分析の対象とした（その代表例として、参照、東京大学社会科学研究所編・行政委員会（一九五一年））。

国家行政組織法の制定に際し、これら行政委員会のうち国家機関に属するものを整理して府・省・庁と同じく行政機関の一種としてとらえて、制度的位置づけを与えたのである。このような歴史的経緯を背景としてわが国の国家行政組織法上一般的な制度として登場した委員会には、したがって、二つの要素が、前提として含まれている。一つは、委員会はそれ自体として、国家意思を決定し、外部に表示する機関である、という点である。この点で、内閣府・省が包括的機関概念によっているのに対し（庁も同様である）、委員会はむしろ、行政官庁法理によって理解することができる。委員会は個別作用法により、対外的権限を付与されるが、そのとき、行政庁となるのは、省・庁の場合がその長としての大臣であるのに対し、委員会の場合においては、委員会そのものである。そして、省における内部部局は、委員会においては、国組法上事務局として位置づけられ（法七条七項）、これも行政官庁法理でいう、補助機関として理解することになじむ。もっともだからといって、委員会の組織を行政官庁法理で総合的に理解できることにはならない。それは、特に、審判機能との関係についていえることであって、職能分離の問題など、行政委員会特有の組織問題がある（本書Ⅱ四七～四八頁）ことに注意しなければならない。

いま一つは、委員の任免方法、任期、資格要件が一般の公務員と異なって規律されるという点である。もっとも、委員は当然に特別職となるものではない（国家公務員法二条）。

以上のような組織的特徴をもつ委員会については、なお、次の点に注意する必要がある。

①　委員会がどのような行政事務を所掌するかについては、内府法、国組法は何も規定していない。また、いかなる行政事務が、委員会制度に適合的かについても、単一の基準が存在しているわけではない。たとえば、戦後、委員会制度が導入された当初には、行政の民主化（官僚制を打破するという意味での）が強く意識されたこと（この点は地方公共団体に置かれた委員会に特に顕著である）がうかがわれる（参照、東京大学社会科学研究所編・行政委員会五頁〔鵜飼信成〕、塩野宏「行政委員会制度について――日本における定着度」〔二〇〇四年〕塩野・行政概念の諸相四五七頁以下）。これに対して、内府法および現在の国組法上の委員会は、行政の民主化というよりは、職務遂行における政治的中立性の確保（国家公安委員会）、専門技術的判断の必要（公正取引委員会、原子力規制委員会）、複数当事者の利害調整（中央労働委員会、公害等調整委員会）、準司法的手続（行政審判手続）の必要（公安審査委員会）といった各種の面から、その設置根拠を説明することができる（参照、佐藤・行政組織法二一三頁、宇賀・概説Ⅲ一九三頁）。もっとも、これら複数の設置根拠は必ずしも相互に排斥するものではない。

②　委員会の独立性が一般的に指摘され、制定法上にも、その趣旨が、身分保障規定を含む委員の任免の方法や（独占禁止法二九条以下）、その職権行使の独立性に関する規定に示されることもある（独占禁止法二八条、公害等調整委員会設置法五条、原子力規制委員会設置法五条）。委員会の設置法において、当該委員会が、内閣総理大臣又は大臣の「所轄」に基づく（独占禁止法二七条、労働組合法一九条の二第一項）という形で、独立性の強さが表現されることも多い。

この場合、内閣からの独立性が最も問題となるところであるが、ここには二つの論点がある。一つは、独立性を認めることの実質的正当化根拠がどこにあるかである。いま一つはそのことと、憲法上行政権が内閣に属することとされていることとの関係である。前者については、①に指摘した現在の委員会の設置根拠がそれぞれ、多かれ少なかれ、内閣、さらには、他者からの独立性の正当化理由を与えるように思われる。もっとも、行政委員会の独立性（専門性）の要請と内閣の政治・行政責任の対立が先鋭化する局面があることは否めない。その一例が原子力災害対策特別措置法に定める原子力災害対策本部長（内閣総理大臣）の関係指定行政機関に対する指示権の範囲である。一般的には原子力規制委員会も指示権の対象とされているが（それだけ独立性は制約される）、他方、「本部長の指示は、原子力規制委員会がその所掌に属する事務に関して専ら技術的及び専門的な知見に基づいて原子力施設の安全の確保のために行うべき判断の内容に係る事項については、対象としない」（法二〇条三項）とされているところである。

後者つまり、これらの実質的正当化根拠が、憲法との関係でどのように評価されるかという点については学説上のみならず、実務上にも論議の対象となったところであって、種々の見解が成り立ちうるところである。憲法六五条の趣旨が憲法六六条三項とあいまって、行政権を国会を通じて、国民による民主的コントロールに服せしめるということにあることに鑑みると、当該行政作用を創出する国会自身が、内閣に責任を負わせることになじまないと判断した結果、これを内閣の指揮監督の下に置かないとする裁量権を有するものと思われる。このように解したとしても、日本国憲法のとる民主的統治構造に反することにならない（曽我部真裕「公正取引委員会の合憲性について」石川古稀七頁以下は、この問題に関する学説の動向を整理し、「長期的な公益の確保」の観点から公正取委員会の合憲性を基礎づけている）。もとより、その裁量権の行使には一定の限界があるのであって、それは、上に示した委員会の設置根拠によって判断されることになる。政治的中立性を高度に保障すべきものや、行政審判などがこれにあたるということがいえるが、それ以外のものについては、個別に判断する以外にはない[(1)]（たとえば放送行政、とりわけ、放送用周波数の割当て、放送事業の免許監督については、政府から全く独立した機関にそれを委ねるのがむしろ放送の自由を保障する憲法の要求するところである、という具合に。参照、塩野宏「放送事業と行政介入」（一九七〇年）、「日本における放送の新秩序の諸原理」（一九八八年）塩野・放送法制の課題八三頁、三七三頁）。

③　行政委員会はこのような独立性を保障される一方では、法律案提出権を有しないこと（内府法七条二項、国組法一一条参照）、財務省に対して直接予算要求ができないこと（財政法二〇条参照）といった点で、内閣府、省への従属性があることに注意しなければならない。

④　委員会は戦後改革の中で数多く設立された。しかし、独立後の行政改革の流れの中で、多くのものが廃止され（その代表例が一九五一年の政令諮問委員会の答申に基づく措置）、その中には、当該行政事務それ自体の終了によるものもあるが（財産処理）、多くのものは、諮問機関や審査機関としての審議会（後出九〇頁）へと改組されるか、端的に廃止されるかという経過をたどった。

その意味では、日本国憲法の下で、アメリカから導入された行政委員会制度の定着度は著しく浅いものがある。このことについては、各種の要因が考えられるが、行政委員会制度の導入が、アメリカでは想定されていない行政の民主化としてとらえられたこと、行政委員会制度は、日本では広大な行政事務の処理方式の一つという位置づけをもつという意味で、社会的経済的必要性により歴史的に誕生したアメリカと異なり、歴史離れした、政策的存在であることに注目されるべきである（この点から、日本の行政委員会制度の展開を展望したものとして、参照、塩野・行政法概念の諸相四四七頁以下。行政学の見地に立った日本の行政委員会制度の総合的研究として、伊藤正次・日本型行政委員会制度の形成〔二〇〇三年〕が参考になる）。しかし、この点は、逆に、政策的見地から委員会方式が見直されることがあることを示唆するものといえよう。新たに設置されたものとして、原子力規制委員会（二〇一二年）（前出）があるほか、懸案事例として、人権委員会（参照、法務省人権擁護局・人権擁護の六〇年〔二〇一一年〕二五頁以下）があった。

⑤　準立法的機能と準司法的機能を有する行政機関として、内府法、国組法の適用外にたつものとして、国家公務員法上の機関である人事院と憲法上の機関である会計検査院とがある。このうち人事院については、委員会についてのべたと同様の問題があるが、その具体的構成、権限等については、公務員法との関連でのべる（後出三〇四頁以下）。

⑥　委員会には事務局を置くことができるが、その内部組織は、省のそれが準用される。その点では、実施庁（後出）と異なる（国組法七条七項）。

⑦　右にのべた三条機関としての委員会とは別に、委員会（たとえば食品安全委員会）という名前をもつ行政機関があるが、これらは附属機関（後出六）として位置づけられる。

(2)　庁

庁という名称を持つ国の行政機関には、行政組織法上異なった種類がある。

①　一般的には、庁は委員会と同じく内府法、国組法上外局として位置づけられるが（内府法四九条、国組法三条）、その組織構造および設置理由は、委員会と全く異なる。内閣府、省に置かれる庁はそれぞれ内府法六四条の表、国組法別表第一に掲げられている。なお、内閣に復興庁が置かれているが同庁は設置理由、組織構成原理を異にする。

庁について、法はそれが外局であること以外に何ら定義していない。また、講学上すでに存在する観念でもない。そこで、庁の設立はもっぱら立法実務における了解にまたなければならないが、それは、当該行政事務を担当する単位が局等の内部部局では大きすぎる場合に設置されるものとされる（参照、田中・行政法中巻六三頁、佐藤・行政組織法二〇九頁）。庁の設立理由として政策の実施に関する機能の遂行があげられているが（中央省庁等改革基本法一六条四項）、それは一つの理由にとどまり、庁設立の原則とまでいうほどのものではない。[2]

組織構成原理からすると、庁は行政委員会と異なり、府や省と同様、包括的行政機関である。

② 国家行政組織法上、外局とは別に、附属機関の一種として「特別の機関」が定められており、そのなかに、検察庁、警察庁など、庁という名称を持つ組織体がある（後出八九頁）。

③ 内閣府に置かれる機関として、宮内庁がある。従前は総理府の外局として位置づけられていたが、現行内府法においては、前記①、②のいずれでもなく、組織の具体的あり方は宮内庁法の定めるところによるとだけ記されている（内府法四八条）。その基となった行政改革会議最終報告（Ⅱ4⑶②ウ）および中央省庁等改革に係る大綱（Ⅱ第一、一一）においても「特別な機関」なる修飾語がつけられている以上の説明はない。そして、内府法に基づき、宮内庁法（一条）は、「内閣府に、内閣総理大臣の管理に属する機関として、宮内庁を置く」としている。もっとも、「管理」という法律用語は、行政組織法令においては「『所轄』の場合よりも立ち入って行われ得る関係を表す」（法律用語辞典）とされるが内容的には必ずしも明確でない（園部逸夫・皇室法概論〔復刻版、二〇一六年〕九一頁は、現行法制上宮内庁が外局でもなく内部部局でもないとしたことにつき、「皇室の政治的中立性の確保の観点から内閣における宮内庁の位置づけに関しての配慮もあったのではないかと考えられる」としている）。[3]

（1）政府見解は、公正取引委員会に与えられた独立性が憲法に違反するものではないとしている。その理由は、内閣は公正取引委員会の人事・財務・会計等において一定の監督権を行使しうるので、それらの権限を通じ、かつその限度において、国会に対し責任を負うというのである（佐藤・行政組織法二八〇頁）。またこれと同趣旨の学説もある（その他の見解も含めて、学説の詳細は山内一夫「憲法六五条と行政委員会」〔一九五七年〕行政法論考一〇五頁以下参照）。しかし、この見解は必ずしも説得的ではない。人事、予算を内閣が握る点では、少なくとも形式的には最高裁判所についても同様である。また、任命後については、委員会の委員の身分保障の規定からすると、内閣の責任は極めて消極的なものである。積極的意味で責任を全うするのなら、委員の任期を一年というような極めて短期とすることが必要である。予算を通じて時の政権の意向に従わせるということであれば、それは職権行使の独立性を侵犯するもの、という問題も生ずる。また、アメリカを範とした行政委員会の歴史的性格を強調する見解もあるが（佐藤・行政組織法二七六頁）、日本にはアメリカのような議会、裁判所、大統領のような関係を前提とした歴史的事情はない。

なお、行政委員会については、その準立法機能、準司法機能と立法権、司法権の関係も憲法論上問題となるが、この点は、わが国では内閣に対する独立性ほどには問題とされてこなかった。これは、委任立法が比較的緩やかに認められていること、実質的証拠の法則につき独占禁止法などに憲法との調整規定が置かれていることなどによるものと考えられる（本書Ｉ一〇六頁以下、本書Ⅱ四六頁以下、塩野・行政法概念の諸相四六一頁以下参照）。

（2）　庁が政策実施機能を担当することは、平成一〇年中央省庁改革における中央省庁の編成の発想の一つとしての、企画立案機能と実施機能の分離論に由来している（稲葉・前掲論文・公法研究六二号四四頁参照）。行政機関の果たす機能についての二つの分類は一つの着眼点であるが、両機能の重畳的性格、相互干渉的性格からすると、具体的組織改革にあたり、それが一貫した組織編成原理とはならないものと考えられる。実際上にも、行政作用法における許認可等の規制権限の具体的行使は実施機能と考えられるが、大臣に残されているものも多い。政策評価についても、企画と実施の分離は困難である。国組法においては、実施庁の観念をたて、これについては内部部局の編成を別に規律しているが、その内容は課の設置等を省令事項とする類のものであるに過ぎない（法七条六項・二〇条四項・二一条五項）。

（3）　主任の大臣と庁との関係を表わすのに「管理」という言葉を用いている例としては、ほかにも、国土交通省の外局としての海上保安庁に対する国土交通大臣の「管理」（海上保安庁法一条一項）、内閣府の外局としての国家公安委員会の特別の機関である警察庁に対する国家公安委員会の管理（警察法五条四項、一七条）があるが、その内容については論議のあるところであり（参照、警察制度研究会編・全訂版警察法解説〔二〇〇四年〕七六頁以下、一六四頁）、法令用語として必ずしも固まったものとしているものでもない（主任の大臣との関係で「管理」の言葉が用いられていない庁が多い。金融庁、消防庁、など）。法制当局の調整が望まれるところである。

五　内部部局

最大の包括的行政機関である府、省はその内部が、より小さな行政機関へと細分される。国組法に示す単位を大きなものから示すと官房、局、部、課、室である。法はこれらを行政機関として明示的に位置づけることはしていないが、だからといって、これらの組織の行政機関性を排斥しているわけではない（内府法の内部部局〔法一七条以下〕も同義に解される）。

次の点に注意しなければならない。

① 国組法は、これらの内部部局の設置およびその所掌事務の範囲を政令で定めるものとしている（より細目的定めを含めて、参照、前出一一二頁以下参照）。

② 府や省にいかなる局・部・課等を置くかについては、特段の組織法上の原理・原則があるわけではなく、当該府・省の所掌事務との関連で便宜的に定められる。

③ 国組法の行政機関を最小単位にまでたどれば、それは職に到達する。この点は内府法、国組法が内部部局の職として局長、課長等を例示していることから明らかである（内府法一七条五項、国組法二一条）。行政官庁法通則では、行政官庁を中核としていたために、あえて職という単位に着目する必要はなく、職の観念はもっぱら、官吏

法における概念として存在していた。これに対して、包括的機関概念自体は、行政機関が具体的に行動する場合、どの職を占める者（職員）がこれにあたるかを定める規範をもっていない。他方、包括的機関概念の下では、国家行為が行政官庁法理が前提とする法的行為形式に限定されているわけではない。行政指導であれ、サービスの給付であれ、包括的機関概念においては、同様に重要な行政機関の事務である。そこで、これを具体的に行う場合の最小単位の職までが、行政組織法的考察の視野に入ってくることになるのである。

六　附属機関（審議会等、施設等機関、特別の機関）

(1)　概　観

国組法上の三条機関がその内部部局・地方支分部局を含めてどのような業務を実際に行うかについては、特段の定めはない。したがって、それが当該三条機関の所掌事務に入る限り、規制行政であれ、給付行政であれ、当該内部部局によって行うことも可能である。しかし、一般的にいって、内部部局は、企画立案、調整、規制等の業務に適合的であり、サービスの提供や研究等の組織としては適合的でないところがある。そこで、内部部局とは別の機関が三条機関に附置されることがある。これが、いわゆる附属機関であって、国組法はその名称を用いてはいないが（地方自治法一三八条の四ではこの語が用いられている）、実質的にこれにあたるものを審議会等（法八条）、施設等機関（法八条の二）、特別の機関（法八条の三）の三つに分けて規定している。内府法も同様である（法三七条・三九条・四〇条）。

このうち、審議会等には、国民生活審議会、税制調査会、電波監理審議会、社会保険審査会などがある（詳細は後出(2)）。

施設等機関としては、法務省の刑務所、内閣府の経済社会総合研究所、総務省の自治大学校、文部科学省の国立学校（ただし、国立大学は法人化されたので、現在では施設等機関ではない）、農水省の動物検疫所などが挙げられるが、独立行政法人化の対象とされるものもある。

特別の機関に関しては、積極的な規定をすることは困難であって、三条機関およびその内部部局、審議会等、施設等機関に含まれない行政機関を総称したものということになる。具体的には、検察庁、警察庁のほか、日本学術会議、日本学士院、日本芸術院などもこれにあたる。

以上の附属機関については、一般的に次の点に注意しなければならない。

① 附属機関の設置は審議会等および施設等機関については、政令でも設置することができる（特別の機関は、法律事項〔国組法八条の三、内府法四〇条二項〕）。

② いかなる業務を内部部局で処理するか、あるいは附属機関を設置して行わせるかについては、特段のルールがあるわけではないが、国組法の規律の仕方からすると、少なくとも、審議会等の合議制の機関は附属機関としてのみ設置されることになるし、また、八条の二例示の諸施設も、内部部局としては置かない趣旨のようにも読める。

実際上、国家行政のレベルでの給付行政とされるものの主要な部分が施設等機関によって行われている。なお、このこととの関連で附属機関の中には、独立行政法人化になじむものがある。

③ 附属機関と本府・本省大臣との関係、いいかえれば、指揮監督の関係については、附属機関の相対的独立性を語ることはできるが、附属機関の種類、業務の内容によって異なる。

④ わが国の行政を特色づけるものとして、審議会の活用がある。それは単なる量的なものでなく、行政過程

論、行政組織法論双方についていろいろの問題を提示しているので、以下に項を起こして、問題点を指摘しておく。

(2)　審　議　会

内府法三七条、国組法八条は、審議会等というカテゴリーの下に、調査審議、不服審査、その他学識経験を有する者等の合議により処理することが適当な事務をつかさどる合議制の機関を想定している。ここから、審議会等には、さしあたり、三つの種類があることが分かる。

第一は、調査審議の結果に基づき、一定の政策又は法案等の提言・勧告等を行うものであって、審議会という名称が付されることが多いが（社会保障審議会、科学技術・学術審議会、衆議院選挙区画定審議会）、調査会（地方制度調査会）、委員会（司法試験委員会、食品安全委員会）という名前をもつものもある。ここでは、他のものと区別する意味で、政策提言型審議会と名付ける（新型コロナウイルス感染症対策専門家会議〔二〇二〇年二月～七月〕は医学的見地から助言等を行うもので、調査審議の幅は狭いが、審議会の一例とみられる）。一般に、政府の隠れ蓑であるとして論議の対象となるのはこれである。

第二は、行政処分に対する不服審査にあたるもので、法令上は、審査会という名前をつけられることが多い（社会保険審査会、関税等不服審査会、情報公開・個人情報保護審査会）が、審議会という名前の下に、不服審査にもあたるものもある（電波監理審議会）。ここでは、この種の合議制機関を不服審査型審議会と呼ぶ。なお、この種の審議会において、その決定がそのまま国家意思として外部に表示され、法的効果を有する、つまり、行政官庁法理における行政官庁たる資格をもつものもある（社会保険審査会）。

第三に、行政立法の制定や公共料金、さらには免許、検定等の個別処分等に際して主務大臣の諮問を受けて審議議決したり（電波監理審議会、運輸審議会、食品安全委員会）、紛争処理につき、あっせん、調停、仲裁を行うものもある（中央建設工事紛争審査会）。ここでは、これらを事案処理型審議会と呼ぶ。なお、この種の審議会でも、行政官庁たる資格を付与されているものもある（司法試験委員会〔司法試験法一二条二項一号〕、公認会計士・監査審査会〔公認会計士法一三条・一三条の二〕）。

以上の三分類の会議体を総称する意味で、以下では、審議会の語を用いる（行政官庁的審議会については、国組法三条の行政委員会との異同が問題となるが、その点については後述する）。

なお、一つの審議会が右の三つの型の審議会のいずれかに排他的に属するものではない。たとえば、食品安全委員会は第一、第二の型にあたるし、電波監理審議会は第二、第三の型のいずれにもあたる。

以下に留意すべき点を挙げる。

① 審議会の構成要素は、合議制の機関であることと、その構成員が学識経験者等（国会議員が含まれている例もある〔地方制度調査会設置法六条一項、検察庁法二三条四項〕）であることである。また、法律上は明示されてはいないけれども、比較的短期の任期が予定されている。このことは、審議会の設置理由は、一般的にいえば、通常の国家意思決定過程あるいは官僚組織では得難い知識、経験を決定過程に導入することにあると解される。

審議会の委員の資格要件としては、「学識経験者」とだけしか規定されていない場合が多いが、審議会委員の一部に特定の社会成員の代表者をもってあてるとしている例もある（中央社会保険医療協議会―健康保険等の保険者および被保険者・事業主・船舶所有者を代表する者、医師・歯科医師・薬剤師を代表する者、地方財政審議会―委員五人のうち、都道府県知事および同議会議長の連合組織が共同推薦した者〔一人〕、同じく市長および市議会議長の共同推薦〔一人〕、同じく町村長および町村議会議長の共同推薦〔一人〕を含む）。ただ、この場合、法律上は、当該利益代表委員は、個別関係組織の機関決定に拘束されるものではないと解され、その点では学識経験者と同様である（学識経験者であっても、消費者代表、経営者代表の資格で委員が選任される場合もあり、個別関係組織の意を体した行動をとることもある）。

②　審議会の意見の拘束力が論議の対象となるが、これには、個別の考察が必要である。

一般的にいって、諮問に対する政策提言型審議会の意見については、政府がこれに法的に拘束されることはない。ただ、法律で定められた事項について諮問をした以上、それを尊重することは当然の事理というべきであろう。仮にその提言、勧告等に従わなかったときには、そのことに対する説明義務が、諮問をした関係国家機関等に生ずるものと解される。なお、審議会が諮問に対し手続及び形式が調った答申を行った場合に、当該答申内容が諮問機関の意に沿わない場合であっても、審議会はその職務を果たしているので、諮問機関がこれを不受理とする余地はない。

不服審査型審議会にあっては、その決定が直ちに国家意思として外部に表示される場合には、内部的意味での拘束力の問題は生ずる余地がない。これに対して、この種の審議会で個別の処分に対する不服申立てについて大臣等の諮問（付議）等に応じて調査審議するもの（関税の確定等に対する処分につき関税等不服審査会、電波法上の処分につき電波監理審議会）については、当該審議会が事実関係に対する調査審議を行っている以上、その決定の拘束力は強い。まず、少なくとも、必要的諮問（付議）事項という意味において、諮問（付議）を欠く裁決・決定は違法となる（東京地決昭和四〇・四・二二行裁例集一六巻四号七〇八頁）。その上で、審議会の議決の内容に拘束されるものか否かは、個別の法律の仕組みにより判断さるべきであって、一概にはいえないものがある。ときに法律でこの点についても規定している例があるが（検察庁法によれば、法務大臣は検察官適格審査会の議決を相当と認めるときに一定の措置をとるべきものとしている（法二三条三項））、そうでない場合が問題となる。たとえば、当該諮問（付議）の趣旨が、裁決庁等の判断に際して、外部の学識経験者の意見を徴し、その意見を参考にして自らの責任で裁決をするという仕組みも考えられるからである（関税等不服審査会、公認会計士・監査審査会の調査審議はこれにあたると解される）。これに対して、審議会自体の調査手続が行政審判手続をもってなされているときには、当該議決に裁決庁が拘束されると解される余地が多分にある（電波法上の異議申立てについての電波監理審議会への付議においては、電波監理審議会では、行政審判手続がとられ、総務大臣はその議決により決定を行うものとされていること、さらに、電波監理審議会の認定した事実については実質的証拠法則が働くとされている点からすると、総務大臣は、電波監理審議会の議決に内容的にも拘束されているとみるべきである）。

事案処理型審議会においても、当該審議会があっせん、調停、仲裁を所掌する場合には、拘束力の問題は生じない。また、審議会が行政処分を自ら行う権限を与えられている場合にも拘束力の問題は生じない。通常の事案処理型審議会は、行政庁の諮問をまって調査審議をするので、行政庁がその議を経なかったとき、審議会の議決の内容と異なった処分をしたときに、当該処分が違法であるかどうかという形で問題となる。この点に関して、最高裁判所は、審議会についてのそれぞれの制定法の仕組みに即して判断しながら、必要的諮問を欠く場合には、処分が違法となることを示唆しつつも、答申内容の厳格な拘束力を否定している（最判昭和五〇・五・二九民集二九巻五号六六二頁、行政判例百選Ⅰ一一八事件、最判昭和四六・一・二二民集二五巻一号四五頁、行政判例百選Ⅰ一一三事件、最判昭和三一・一一・二七民集一〇巻一一号一四六八頁、行政判例百選Ⅱ〔四版〕一二八事件）。しかし、放送局の免許のように、免許付与に際しての政治的公正さが憲法解釈上特に要求されるような場合には、審議会（電波監理審議会）の議決は行政庁（総務大臣）を強く拘束すると解することができるように思われる（参照、電波法九九条の一一・九九条の一二)。

なお、行政官庁法理による分類であるが、合議体の議決が行政官庁の意思決定の前提要件となるものについては、諮問機関と並ぶ参与機関として整理されることがある(田中・行政法中巻三〇頁)。しかし、何が参与機関にあたるかについては形式的基準があるわけではなく、前提要件の意義も多義的であるので、行政官庁法理においても、諮問機関と別に参与機関というカテゴリーを立てるのは適切でない。

③　審議会のあり方として、委員の人選方法、運営の方法が一般に問題とされ、さらに、その存廃が論議の対象となるのは、主として、政策提言型審議会である。しかしながら、政策の企画・立案に際しては、通常の行政組織では賄えない専門性が要請されることが多く、さらに、利害が複雑にからむ現代社会においては、多方面からの情報、各界各層の意見を集め、相互に検討することが必要である。そのためには、審議会が適切な場を提供するものと考えられる(近年の好例として、食品安全委員会がある)。

従来、審議会に対してときに消極的評価がなされるのは、政府の隠れ蓑という表現に現れるように、審議会委員の人選に問題があること、審議過程がオープンでないことに由来する。しかし、これらの問題点については、情報公開法等の整備による改善が可能であるので、むしろ、現段階では、審議会の合理的活用が考えられてしかるべきである。(1)

④　不服審査型審議会と事案処理型審議会については、国組法三条機関としての委員会との異同が問題となる。国家行政組織法上の形式としては、両者は全く異なる。しかし、その機能の点からすると、不服審査型審議会のうち、その決定がそのまま国家意思となる場合には、不服申立てを処理する委員会と異ならないし、決定権が大臣に留保されているとしても、それが全く形式上のものにとどまる場合にも同様である。事案処理型審議会でも、審議

会が国家意思を表示する場合は機能的には三条にいう委員会と同じである。また、当該議決の拘束力が強ければ、実質的には、同じことがあてはまる。その意味で、合議制の機関を創設する際の三条機関と八条機関の振分け基準が問題となるところである。[(2)] この点については、制定法上明確な基準を見出すことはできないが、三条機関は原則として固有の事務局を有することが挙げられる。もっとも、審議会においても固有の事務局が置かれることもあるが（情報公開法、食品安全基本法）、事務局の職員の任免権は、委員会にあっては、委員会であるのに対して、審議会においては、当該審議会が置かれる府省の長である大臣に属する（国家公務員法五五条。例外も認められる）。合議性の機関の活動を強化し省からの独立性を実質的に確保するには固有の事務局をもち、これに加えて職員の人事権を当該合議体に与えるのが合理的である。さらに、当該合議体の権限が単なる不服審査ではなく、国民に対して総合的な施策を行うものであるときには、それだけ強力な事務局が必要であることからすると、かかる合議体は審議会ではなく、委員会として位置づけるのが、国組法の趣旨であると考えられる。

⑤　国組法上の審議会と行政官庁法上の諮問機関とは組織形態、機能に類似するところが多いが、審議会には、行政官庁としての機能をもつものが含まれるので、審議会のほうが範囲が広い。

⑥　なお、政策提言型審議会と機能を同じくする会議体が、多数置かれている。大臣（総理大臣も含む）、局長等の私的諮問機関（有識者会議、研究会、懇談会、調査会等名称はいろいろである）と一般にいわれているものがこれであり、官僚組織への外部の知識・経験の導入という意味では、これらの私的諮問機関のほうが形式的な審議会よりも実質的には大きな機能を果たしている点にも注意しなければならない。これら会議体については、国組法の組織規範にその存立の根拠が存在しないので、これをもって、国組法上の行政機関として位置づけることはできない。そのことと関連するが、その構成員は、国家公務員法上の公務員（非常勤職員）としての任命行為が行われている

わけではない。そこで、国と構成員との関係は、雇用契約関係（公務員関係を含む）にたつものではなく、ある特定の政策課題に意見をのべるということで寄与することを内容とする委任契約であるとみることができる。したがって、仮に報告書等の名目で意見集約の結果が公にされても、それが合議体としての行政機関の意思という意味をもつものではない。ただ、現実には、構成員の権威性、専門性により、審議会答申と同様の政治的、社会的効果を有するという実体があり、その傾向はますます顕著である。国組法の建前からすると説明の困難な現象であるが、仮にその存在の必要性を認めるとしても、会議の透明性を図る工夫がなされなければならない。(3)

（1）この点で、中央省庁等改革基本法（三〇条）が、政策の企画・立案又は政策の実施の基準の作成に関する事項の審議会等については原則廃止の方針を示しているのは妥当でない。この方針が政策の企画・立案は原則として行政府ではなく、国会（政党）が全面的に担当するという前提をとっていれば別であるが、その前提そのものも妥当ではないと考える。

（2）証券取引監視委員会の設立に際しての三条機関と八条機関選択の具体的研究として、参照、斎藤誠「証券取引委員会・管見」筑波法政一八号（その一）（一九九五年）三〇三頁以下。

（3）「国と地方の協議の場に関する法律」に定める「協議の場」は、内閣、内閣府、各省庁等のいずれかの国家行政組織の附属機関として位置づけられていない。「協議の場」の営む実質的機能は、審議会に類するものも含まれていると思われるので、国・地方の協同行政組織として、行政組織法の視野に入れておく必要がある（なお参照、後出二一三頁）。

第三節　特別行政主体

一　序　説

現代社会においてわれわれの生活は殆ど他人の提供するサービスに依存している。その際これらのサービス、特に生活に必要なサービスを何人が提供するかは法律上当然にきまってくるものではない。もう少し具体的にいうと、あるサービスを国が提供すべきものか、地方公共団体が提供すべきものか、私企業が提供するかというのは当然にはきまってこない。もっともこの場合にもいわば直観的な国家事務なるものがあって、たとえば外交、軍事などがそれである。

これら直観的なものを除くとサービスの提供主体について官、公、私の区別を法律上概念的に導き出すのは困難である。日本国憲法は国民に人権としての営業の自由と私有財産制度を保障しており、サービスも市場によって提供されることを基本としているとみることができる。しかし、他方、憲法は、国民が等しく社会生活上の基本的サービスを享受するべく、国家が配慮することをも義務付けている。もっとも、この場合でも、当該サービスの提供主体を何人にするかは、法律上導き出すことはできない。そこには、立法者の幅広い選択の余地がある。

かつてのドイツにおける公企業の特許理論およびこれを導入した日本においては、ある事業の経営権の国家独占の思想があったわけで、国家的投資を必要とする電気、ガス、鉄道などについては、後進資本主義国であるドイツや日本ではこれらも軍事、警察、教育とならんで国家的事務と観念された。しかし、資本の蓄積がすすむと一律に国家が乗り出す実質的な理由も薄くなったために、理論的蓄積の浅い日本ではドイツより先に、公企業の特許理論から脱却したという事情がある（山田幸男・公企業法〔一九五七年〕五八頁以下参照）。それはともかく、そのようなドグマーティクとは別に、あるサービスを誰が担当することとするかの選択の問題はなお残されている。その選択の結果として、わが国においては、制定法上さまざまな組織形態が存在しているのである。このことは、一面では戦後わが国の経済がなお多くを国家に依存していたこと、福祉国家観に基づき多くのサービスを国家、公共団体に期待していたこととも関係する。また、現代社会にあっては、安定的な供給が一つの公益として要求されるサービスがあり、これについても市場原理だけにゆだねられないものがある。一方、内府法、国組法上の国の行政組織の減量、効率化の要請から、府・省の一部門を切り離し、これに民法・商法とは異なった法人として事業を行わしめることも考えられる。このようにいろいろな理由からさまざまな経営形態の組織が登場してくると行政組織法上の見地からこれを分類したいとするのが当然の要求ともなるし、さらに進んで、国家や地方公共団体のような行政主体とこれらの経営組織との関係について法的意味をさぐろうとする関心が生ずるのも当然である。

このような問題意識はすでに戦前にも存在していたわけで、当時の理論状況からするとこれを巡る論争がいわゆる公法人・私法人の区別であった（公法人・私法人論争については参照、塩野「公法・私法概念の展開」（一九七六年）塩野・公法と私法九〇頁以下）。公法・私法の区別の相対化とともに、公法人・私法人の区別論争も現在では克服されたものとみてよいが、このような公法人・私法人というカテゴリーとは別に、通常の民法・商法上の法人とは制定法上異なった取扱いを受ける法人が存在していることも事実であり、行政組織法の観点からみて、これをどのように整理するかは課題として残されている（明治期以来の行政法上の法人論の展開過程を素描したものとして、参照、塩野宏「行政法学における法人論の変遷」〔二〇〇二年〕塩野・行政法概念の諸相四〇五頁以下）。これについては、なお、行政組織法上、確立した見方は見出し難いところであるが、本書においては、国および地方公共団体のごときいわば普通行政主体とは異なった、制定法上特に行政主体としての地位を与えられ、したがって、特別の規律に服する特別行政主体と、制定法により行政権限を委任されている法人（委任行政）と、公益上の必要から、制定法上の規律に服するものとの三分類の下に、考察をすすめていくこととしたい（最後のものは、行政組織とは直接の関係をもたないので、以下の考察から除外する）。本節では、このうち、特別行政主体を取り上げる。

二　特別行政主体の意義

ここで特別行政主体とは、法令用語ではなく、講学上の言葉としても、必ずしも熟したものではない。本書では、この語により、国および地方公共団体のように、憲法上行政主体たる地位を有している法人以外で、制定法上、行政を担当するものとして、位置づけられているものを総称することとしたい。その意味では、かつての公法人と概念構成の動因として共通するが、本書では公法と私法の対概念を用いないこと、行政組織法論上の概念であることを一層明らかにすることから、端的に行政主体の言葉を用い、行政主体であることが、当然の前提とされている国、地方公共団体と対比する意味で、特別の語をこれにつけることとした(1)。

何がここでいう特別行政主体にあたるかについては、制定法上の一般的定めはない。かつて、公法人・私法人の概念論議がなされていたときには、「公法人は国家的目的の為めに存する法人であるに対して、私法人は私の目的の為めに存する法人である」、「国家目的とは単に公益の目的といふ意味ではなく、国家から与へられた目的であることを意味する」、「本来は国家の目的であったものを、国家が自己の事務として自らこれを遂行することを為さず、法人を設立してこれをその法人の目的として遂行せしめるのである」（美濃部・日本行政法上巻四六七頁）とされていたところである。

このような国家的目的と私の目的の二区分で、すべての法人を整理するのは、国家と社会の対立を前提とした公法と私法二区分論のいわば論理的帰結である。これに対して、国家と社会の複雑な相互関係を前提とすれば、国からその存立目的を与えられてはいるが、その業務それ自体は国の事務の分担遂行にあたるものではないような法人格を想定することもできるように思われる。そこで、行政主体たるには、さらに限定を必要とするのであって、つまるところ、社会的に有用な業務の存在を前提とし、それが国家事務（行政事務）とされた上でその業務を遂行するために国家により設立された法人をもって、特別行政主体ということがいえよう（参照、塩野「特殊法人に関する一考察」（一九七五年）塩野・行政組織法の諸問題二一一頁）。

以下、かかる見地からの行政主体性を有すると解される法人を類型に分けて論ずることとする。(2) なお、行政主体性論議の対象となるものとして、認可法人・指定法人があるので、これらにも言及する。

(1) 明治憲法の下で、講学上の分類として、ドイツ法を参照して地方公共団体のほかに、公共組合、法人格ある営造物が挙げられており（参照、美濃部・日本行政法上巻四七八頁以下。なお、そこでは、法人たる営造物は公の財団であるともされていた）、日本国憲法の下でも、営造物法人、公共組合などが公共団体の類型として掲げられることがある（参照、柳瀬・教科書四八頁以下。市原昌三郎・行政法講義〔改訂版、一九九四年〕三七四頁以下は、公法上の社団法人、公法上の財団法人の語を用いている）。これらの分類は美濃部がそうであるように、もともと、公法上の社団、公法上の財団、法人格のある公法上の営造物というドイツ行政組織法の概念に範をとったものと解される。ドイツにおいては、現在でも行政組織法論上の基礎概念であり、かつこの三分類は、制定法で明示的に用いられている実定法の概念でもある（ドイツ連邦行政手続法一条参照）。これに対して、わが国の制定法は、公法上の社団ないし財団なる概念を明示的に用いることなく、特殊法人、独立行政法人のカテゴリーの下にさまざまな法人を設立してきたのである。学説もこれに応じて、ドイツ法的あるいは民法的分類からは離れて、本文に示したような行政主体論の見地から問題を探る方向にある。ただ、社団、営造物、財団というカテゴリーが個別行政主体の分析視角として全く意味を失ったとは即断できないものがある（国立大学法人との関係につき、後出一一一頁）。

(2) 本書の「行政主体」の観念については、その範囲および概念それ自体についても、行政組織法論上論議のあるところである（参照、山本隆司「行政組織における法人」塩野古稀上八四九頁以下、八六五頁以下、北島周作・行政上の主体と行政法〔二〇一八年〕五七頁以下）。

三　独立行政法人

ここで、独立行政法人とは、独立行政法人通則法（平成一一年、同改正法〔平成二二年、平成二六年〕。以下、独通法と略す）および個別の独立行政法人設立法（たとえば、国立科学博物館につき独立行政法人国立科学博物館法、国立研究開発法人土木研究所につき国立研究開発法人土木研究所法など。以下、一般的には独行設立法と略す）に基づき設立された法人をさす。したがって、これは制定法上の概念であって、講学上に論ぜられることのある同名の法人ではない（講学上、本書の特別行政主体に対応する概念として独立行政法人の語を用いる例として、田中・行政法中巻一八七頁以下、佐藤・行政組織法二一四頁以下がある）。以下においては、主として行政主体論の見地からみた制定法上の独立行政法人制度の特色と問題点を指摘することとする。(1)

(1)　独立行政法人の意義と種類

独立行政法人については、独通法が定義規定を置いている。それによると概念上当然のこととして、これが個別独行設立法によって設立されるものであることを基礎とした上で、内容的には、その事務・事業が公共上の見地から確実に供給されるべきものであること、国自ら（この国とは、国という法人格の主体と解される）が直接実施する必要のないものであること、民間の主体にゆだねては実施されないおそれのあるものか、または、一の主体に独占して行わせる必要があるものであること、当該事業を効率的、効果的に行わせることを目的とするものであることである（法二条）。

独立行政法人は、当初は役員・職員が国家公務員の身分を有する特定独立行政法人と公務員の身分を有しない独立行政法人の二種に分かたれていたが、平成二六年改正法において、中期目標管理法人、国立研究開発法人、行政執行法人の三種類に分類された（法二条二項～四項）。このうち、「研究開発」、「行政執行」は抽象的ではあるが法人の業務内容を示している。これに対して、「中期目標管理」は業務の内容自体は触れるところがない。それは、具体の設立法人法によって示され（独通法一条）、実際上も、消費者保護（国民生活センター）、国際交流（国際交流基金）、博物館（国立科学博物館）、医療（国立病院機構）、年金（農業者年金基金）、基盤整備（中小企業基盤整備機構）、資源開発（水資源機構）等、業務の内容に共通性はない。また、国立研究開発法人も中長期目標・計画の設定等の仕組みが導入されているので、三種類の独立行政法人の中では、行政執行法人が異質の要素をもったものといえよう（国立公文書館、造幣局、統計センター等）。その点は、独立行政法人法制と公務員法制、行政作用法制の関係で意味をもってくる（個別独立行政法人に関する資料として、行政管理研究センター・独立行政法人・特殊法人総覧〔令和元年度版〕がある）。

(2)　独立行政法人の行政主体性

独通法および独行設立法は独立行政法人が行政主体であると文言では定めていない。その意味で、独立行政法人の行政主体性は、一義的には明白ではない。しかし、独立行政法人の意義（前出(1)参照）からすると、法はこれら業務を行政事務と把握した上で、これを独立行政法人に委ねるとしたものと解される。法人の名称が独立「行政」法人であることが、まさにこのことを示しているものである。その他にも、独立行政法人の一つとしての行政執行法人の役職員はこれに国家公務員法上の国家公務員の身分を与えているところ（法五一条）、国家公務員の要素として、「国の事務に従事していること」が挙げられていることからすると（後出二九七頁）、行政執行法人は国の業務（立法、司法が当然控除されるので行政事務）を担当する行政主体と解される。行政執行法人以外の行政法人の職員は公務員としての身分を有しないが、行政執行法人の業務が行政事務であって、それ以外の独立行政法人の業務は行政事務ではないというのは、素直ではない。さらに、その業務を確実に実施させるため、政府出資ができ（法八条二項）、かつ、その役員はその種類を問わず主務大臣の任命にかからしめられている（法二〇条）。これらは、当該業務の遂行が政府活動の一部であることを推認させるものである。以上の点から、独立行政法人は、行政組織法論上の行政主体と位置づけることができる。

(3)　独立行政法人に対する国の関与

独立行政法人に対しては国は、組織、人事、財務、業務の点について関与権を有している。独立行政法人が行政主体であることにその正当化根拠があるが、他方、その業務の効率的効果的な運用を目途とする限り、関与はむしろ、それに奉仕するものである必要がある。この点で、独通法は、独立行政法人の業務運営における自主性の配慮義務を定めるとともに（法三条三項）、当初業務関与につきこれを違法行為の是正要求に限定したことについては、独立行政法人の自立性を尊重したものと理解できるが、他方、これを是正命令とせずに、行政指導の範疇にとどめたことは、法治主義の観点から妥当性を欠くものと解されるところ、法人の分類を改めるなど制度の見直しに際して、違法行為の要件を厳しく定めた上で、主務大臣の違法行為等是正命令の導入（法三五条の三）、同条の命令違反につき役員に対する過料（二〇万円以下）の制度（法七一条一項六号）の導入により対応の措置が採られることとなった（行政執行法人に対しては、監督命令。法三五条の一二）。また、主務大臣による中期目標の設定、これに基づく独立行政法人による中期計画の作成およびその大臣認可、評価委員会による実績の評価・勧告の制度は、独立行政法人の活性化を促すことが期待されるが、これに弾力性を欠くときには、逆の効果をもつことになる。いずれにせよ、独立行政法人制度はいわば試験的な要素の多いものであるので、今後の運用に注意する必要がある。

(4)　独立行政法人における役職員の身分

行政主体を構成する役職員にいかなる身分を与えるかは、行政組織法上常に問題とされるところである。この点に関して、従来、特殊法人等、国とは法人格を異にする法人については、国家公務員たる地位を与えていなかった。これに対して、改正独通法は、行政執行法人の役職員に公務員の身分を付与している（法五一条）。国とは法人格を異にする法人に勤務する者に公務員の身分を与えることは、理論上否定されるものではなく比較法的にみても、歴史的にみても例がないわけではない。[(2)] ただ、現段階において、日本法として公務員の身分を与えることの趣旨はしかく明確でなく、結局のところは、理論的帰結というよりは、独立行政法人制度の円滑な実現を目指したものというべきであろう。行政執行法人以外の独立行政法人の役職員は、公務員法上の公務員ではない。

(5)　法典化の意義

これまで極めてアドホックに特殊法人等が設立されたことに対して、はじめて、国、地方公共団体以外の行政主体にかかる通則的法典が制定されたことは、わが国の行政組織法上、画期的なことである。もっとも、次の点に注意しなければならない。

①　本法制自体は、独通法では明示されていないけれども、もともと行政機能の減量化政策、企画と実施の分離という政策課題の手段として制定されたものである（行政改革会議最終報告Ⅳ２⑵）。そこで具体的には、独立行政法人問題は、国組法の施設等機関の独立行政法人への移行としてとらえられている。しかし、特殊法人の中にも、行政主体たる地位を有するものについて[(3)]（後出一一五頁）は、独通法が制定された以上、独立行政法人への移行が課題となるであろう。ある種の認可法人についても同様である。

②　通則的法制の整備は、国以外の行政主体の組織構造に透明性を確保するとともに、行政需要に対応した安易な法人の設立（これが現実であった）を防止することにある。しかし、他面、これは、多様な業務に統一的な規律を及ぼすことになる。通則法の硬直的適用は、かえって当該法人の活性化を阻害するものがある。[(4)] この点につき、独通法はその弾力的運用を個別の独行設立法にゆだねる趣旨であると解されるが、十分考慮された上であれば、独

通法適用外行政主体の観念を導入することも考えられる（国立大学法人がその一例である）。

③　政府の一定部門を行政主体として法人化することは、直ちに、行政機能の減量化やその効率的運用をもたらすものではない。そうであるとすれば、これまでの特殊法人、認可法人の簇生は歓迎されることとなるはずである。問題は法人化そのものではなく、法人の組織、財務、運営の内容による。

（1）独立行政法人の法的問題点については、文献参照を含めて、山本隆司「独立行政法人」（ジュリスト一一六一号一一七頁以下）が有益である。

（2）ドイツにおいて、連邦官吏たる身分は、連邦そのもの以外にも、連邦直属の公法上の社団、営造物、財団を勤務主体とする者にも認められる（塩野・行政組織法の諸問題二五五頁以下）。アメリカでは、狭義の政府関係法人の約半数には、連邦行政機関一般に適用される公務員に関する法令が適用される（宇賀克也「アメリカの政府関係法人」金子古稀下二一二頁）。日本においても、当初の国家公務員法で、公団職員は特別職の国家公務員とされていた（参照、鹿児島重治ほか編・逐条国家公務員法〔一九八八年〕五一頁以下）。

（3）情報公開法制度上の対象法人たる特殊法人も行政主体性をもつものと考えられるが、これについては後出一二七頁参照。

（4）独通法に関しては、理論的見地から独立行政法人制度自体に疑問を提示する見解として、山本隆司「行政の主体」新構想Ⅰ一〇六頁以下がある。

四　国立大学法人

従前、わが国では、国立大学は国組法上の行政機関として位置づけられていた（国組法八条の二の施設等機関）。行政改革の一環として、国立大学についても独通法に基づく独立行政法人化が問題とされたが、教育研究機関としての大学の特色に鑑み、新たに、国立大学法人法（以下、国大法人法と略す）を制定し、従来の各国立大学は、同法に定める手続によって設立された国立大学法人の設置する大学としての法的地位を得るに至ったのである（国大法人法の成立過程については、大﨑仁・国立大学法人の形成〔二〇一一年〕が資料とともに詳細に跡付けている。国大法人法に関する基本的問題点に関しては、参照、塩野宏「国立大学法人について」〔二〇〇六年〕塩野・行政法概念の諸相四二〇頁以下、市橋克哉「国立大学の法人化」公法研究六八号〔二〇〇六年〕一六〇頁以下、中村睦男「国立大学の法人化と大学の自治」北海学園大学法学研究四三巻三＝四号〔二〇〇八年〕五二三頁以下、徳本広孝・学問・試験と行政法学〔二〇一一年〕三〇頁以下。平成二六年の学校教育法及び国立大学法人法の改正について、参照、中西又三「学校教育法・国立大学法人法一部改正法（平成二六年法律八八号）の問題点」法学新報一二一巻九＝一〇号〔二〇一五年〕三八一頁以下、渡名喜庸安「国立大学改革の展開と課題」晴山一穂ほか編著・官僚制改革の行政法理論〔二〇二〇年〕八七頁以下）。

国立大学法人およびその設置する国立大学については、憲法二三条に定める学問の自由の観点の下での大学法からの考察が中心となるが、以下においては、主として行政法的見地から、法人法の下での国立大学法人につき問題点を指摘しておく。

(1)　国立大学法人（法）の意義

国大法人法と独通法とは形式的にいって、特別法と一般法の関係にたつものではなく、したがって、国立大学法人も独立行政法人の亜種ではない。また、業務運営についても独通法における自主性への配慮（法三条三項）に加えて、国大法人法では、国の義務として教育研究の特性への配慮を掲げている（法三条）。しかし、国大法人法は、業務の公共性・透明性・自主性などの基本原則、評価制度、財務会計制度、違反行為の是正制度等の独通法の主要な規定を準用するとともに（法三五条）、中期計画・中期目標、職員の非公務員化等の独通法の重要な仕組みを取り入れていることにも留意する必要がある。

要するに、国大法人（法）は、法形式および理念的には、独立行政法人（独通法）とは、異なるものであるが、法の仕組みからみた場合に、内容的には共通するものを含んでいるのであって、それだけ、その運用に注意しなければならない。

⑵　国立大学法人の行政主体性

国立大学法人を独立行政法人と区別したのは、教育研究という業務の特殊性を考慮した結果であって、その行政主体性について疑問が生じたためではない。国大法人法は、独立行政法人の業務運営の原則を準用した上で、その特殊性への国の配慮義務を定めているのである。さらに、国立大学法人にかかる情報公開、個人情報保護法制に関しては、独立行政法人とともに、独立行政法人等の保有する情報の公開に関する法律（別表第一）、独立行政法人等の保有する個人情報の保護に関する法律（別表）の適用をみる。以上の点からすれば、国立大学法人についても、その行政主体性を認めることができると解される。

もっとも、そのことが、行政作用法、行政救済法の上でいかなる取扱いをされるかは当然には定まってこないことも、国、地方公共団体、独立行政法人の場合と同様である。ただ、この点に関し、従前の国立大学の作用については、判例学説が展開されてきたところでもあるので、国大法人法の下での解釈論的問題を指摘しておくと次のとおりである。

①　国立大学法人における職員の地位に関しては、国大法人法は学長を任命権者とする（国大法人法三五条、独通法二六条）ほか、みなし公務員の規定（法一九条）、従前の職員団体から労働組合への移行に関する経過規定（労働組合法の適用等）を置いたに過ぎない（附則八条）。これは個別非特定独立行政法人法における規律の仕方にもみられるところである。したがって、職員は、国家公務員法の適用を受けることなく、個別国立大学法人とは、通常

の雇用契約法関係に立つこととなる（政策論を含めて、詳細につき、参照、晴山一穂「国立大学の非公務員化をめぐる法的問題点」室井古稀二三頁以下）。なお、職員の人事システムは従前文部科学省人事として扱われていたが、国大法人法の下では、国立大学法人間および文部科学省（関連施設を含む）間の交流人事として行われることとなった（その実態および国立大学職員の昇進および能力開発の実態研究として、文献参照を含め、渡辺恵子・国立大学職員の人事システム〔二〇一八年〕が参考になる）。

② 国立大学法人と学生との関係については、国大法人法は全くふれるところがない。従前においても、明示の規律はなかったが、国公立大学の学生に対する放学処分、退学処分は行政事件訴訟法上の処分とするのが確立した判例であった（最判昭和二九・七・三〇民集八巻七号一五〇一頁、行政判例百選Ⅰ〔四版〕二四事件、最判平成八・三・八民集五〇巻三号四六九頁、行政判例百選Ⅰ八一事件）。その際処分性を認める根拠については、いわゆる特別権力関係論によるものか、行政不服審査法四条に定める学生にあたるという制定法の解釈論によるか（同条項自体が特別権力関係論に由来しているところがある。参照、田中真次＝加藤泰守・行政不服審査法解説〔補正版、一九七一年〕五五頁以下）は必ずしも明確ではなかった。平成一六年の行政事件訴訟制度の改正に際して、行政不服審査法四条の定めはそのままに残された。しかし、同条文は、国公立の学校を前提としており、国立大学法人立および公立大学法人立の学校には当然には適用されるものではないこと、これを補うものとしての特別権力関係論は従前のような通用力を有していないこと、国立大学の作用につき処分性が認められる領域はほかにはないこと（学生の授業料についても特段の定めはないので、すべて民事法規の律するところによる。そのほか、職員については前掲参照）等に鑑みると、学生と国立大学法人との関係は、一般の学校法人立による大学と同様の在学契約関係に立つものと解される（東京高判平成一九・三・二九判例時報一九七九号七〇頁は、在学契約としたうえで、有償双務契約としての性質を有する無名契

約としている)。もっとも、公法と私法の二区分論からすると、この関係を公法上の関係とみるか私法上の関係とみるかの問題が残されているが、公法関係とした場合でも、法人の有する金銭債権(たとえば授業料)に会計法の適用をみるわけではないし、他に実体公法関係の特殊性を見いだすところはない。

③　従来、国・公立学校の教育作用に関しては、国家賠償法一条および二条を適用するのが判例の趨勢であったが(本書Ⅱ三二四頁、三六五頁)、国大法人法および関連法令は、この点に関しても特段ふれるところがなく、国家賠償法の適用は解釈にゆだねられることになる。一般的にいって、わが国では、公権力性が明確で当該作用に対する行為規範が民事作用の場合と明確に異なる場合を除くと、国家賠償法と民法不法行為法とではその要件・効果とともに相対化されている(本書Ⅱ三二五頁以下、三五五頁)。そこで、国立大学法人の作用に関して国家賠償法一条との関係であえてその拡大的適用を図る実際上の考慮も理論的要請もないように解される(東京地判平成二一・三・二四判例時報二〇四一号六四頁は、国家賠償法制における国立大学の従前の扱い、国立大学法人の業務の継続性、業務の承継(国立大学法人法附則九条)に着眼して、職員の活動は公権力の行使に当たるとしている。従前の扱いを無反省に変革後の国立大学法人に適用したものである。国家賠償法一条を適用して加害教員を被害者による直接の賠償請求から保護することの合理性も見いだし難い。参照、本書Ⅱ三五二頁以下)。

国家賠償法二条の適用に関しても実質的には同様であるが、同条の「公の営造物」には、行政主体であるいわゆる営造物法人も含まれるので、独立行政法人と同様、国立大学法人、公立大学法人も同条にいう公の営造物としてその適用を受けるものと考えられる。もっともこのあたりは、立法で整理するのが適切である。

(3)　国立大学法人の組織的特色

独通法および独行設立法は役員以外の内部組織等については各法人が定めるところに譲っているのに対して、国大法人法は、大学の意思決定にかかる主要機関を法定している。
すなわち、経営・教育研究の重要事項を決定する役員会（学長、理事。法一〇条以下）、経営に関する重要事項を審議する経営協議会（学長、指名理事・職員、学外有識者。法二〇条）、教育研究に関する重要事項を審議する教育研究評議会（学長、指名理事、教育研究機関の代表者。法二一条）の義務的設置である。

さらに、大学の最終的意思決定は、学長の権限に収斂されているとともに（ただし、重要事項については役員会の議を経ること）、その学長の選考に際しては、任命権自体は文部科学大臣が有するが、これは当該国立大学法人に設置された学長選考会議の選考による大学法人の申出に基づくものとされている。以上を前提として次の点を指摘しておく。

① 国立大学の組織に関する特別の規律は自己の意思形成過程は大学の自己決定によるべしとする大学の自治論からすると適正さを欠くようにもみえる。ただ、国立大学の改革論議の一つが、従来の大学の意思形成過程の閉鎖性に置かれていたので、外部性を法的にも確保する必要があること、法人化により経営と研究教育の関係の整理が要請されることなどに、組織の基本原理の法定化の正当化根拠を見いだすことができる（平成二六年改正法は、経営協議会委員の学外委員を過半数にするなど、その傾向をさらに進めたが、これには大学自治の観点からの異論が出されている。参照、中西・前掲論文四三一頁、四三五頁以下、渡名喜・前掲論文一〇二頁以下）。

② 国大法人法は、国立大学における教育研究に関する自己完結的な法典ではない。大学における研究教育作用の実体的規律は、学校教育法の定めるところである。さらに、学部、研究科等の研究教育の基本的単位、学長、副学長、学部長等の役職、重要事項審議機関としての教授会も学校教育法に定めがある。その意味では、国大法人法は学校教育法を前提とした上で国立大学法人に特有の定めを置いたものということができる。

③　独通法と同様、国大法人法もその組織類型について特別の規定を置いていない。そこで、従来の公法人の分類学からこれをみれば、営造物法人にあたるとみられる（参照、美濃部・日本行政法上巻四八二頁以下）。いいかえれば、ドイツにみられるような、教員、一般の職員、学生を構成員とする社団的法制は採られなかったことになる。もっとも、このことが、大学の意思形成に関して、大学構成員の観念を全く排除することにはならないのであって、現に国大法人法においても、教員の代表機関としての教育研究評議会が置かれているところである。さらに、今後、大学法人の運営に際して、社団的実質をどのように生かしていくかが、今後の課題となるところである（参照、塩野・行政法概念の諸相四三二頁以下）。

④　大学に関係する組織の点からみた国立大学法人と学校法人の違いの一つとして、国大法人法は、理事長と学長を一元的に構成していることがある（法一一条）。これは、一つには法人化に伴う経営上の課題と大学本来の業務である研究教育上の課題を総合的に判断する地位としての学長を想定したものと解されるが、同時に、その学長の選考に際して、外部の政治的意思の介入を排除する手続を採用したこととなる点にも留意する必要がある（参照、塩野宏「学長選考制度」〔二〇〇五年〕塩野・行政法概念の諸相四四一頁以下）。

⑤　右の点と関連するが、学長は、外部との関係では、国立大学法人を代表するとともに、内部との関係では最終的意思決定権者となる。そこで、大学の自治は、学長の権限行使に関する外部との関係で論議されることとなるが、内部の教員、内部機関（教授会、教育研究評議会）との関係では、それぞれの教員ないし機関の学問の自由の問題として論ずることになる。平成二六年の学校教育法改正において、国立大学を含む大学の教授会を意見具申機関とし、その対象につき学生の入学、卒業等を掲げるが、教員人事については触れるところがない（法九三条）。しかし、学問の自由、大学の自治の歴史的発展過程に鑑みれば、個別国立大学において教員人事について教授会の審

議事項とすることが排除されるものではないと思われる（参照、中西・前掲論文四一六頁。個別国立大学のかかる措置に対して、これを違法として国が介入した場合には、国立大学法人への違法な関与として訴訟の対象となると考えられる。後出(4)参照）。

(4)　国立大学法人に対する国の関与

国立大学の法人化は、憲法に定める学問の自由から導かれる大学の自治を前提としている。ただ、法人化されたことにより、公権力からの侵害の防御という意味での大学の自治は、直接には、国と法人化された大学との関係として現れる（これとは別に、大学学長と教授会、教員との関係における学問の自由の保障の問題が、顕在化することになる）。いいかえれば、国立大学法人に対する国の関与の問題は、常に大学の自治の観点から検討されねばならないのである。

国立大学（法人）に対する国の関与については、国大法人法は、独通法における国の自主性配慮義務（前出一〇三頁）に加えて（法三五条）、教育研究の特性への恒常的配慮を定めている（法三条）。さらに、学長の任免手続、中期目標策定手続、評価手続について、大学の自主性への配慮がみられる（法一二条・三〇条三項）。また、違法行為についても是正要求にとどめている（法三四条の一〇）。

このように、国大法人法は独立行政法人より以上に、国立大学法人の自主性、つまり大学の自治への配慮を高めているともみられる。ただ、もともと、政策的見地に立った独立行政法人一般の自主性の尊重と、歴史的基盤を全く異にし、憲法上の保障をも受ける大学の自治への配慮について、同じ平面でその厚薄を論ずること自体にも問題の存するところであり、具体的にも、中期目標、大学評価という仕組みが直ちに違憲の問題を生ずるとはいえないにせよ、そもそも大学にふさわしいものかどうかも今後検討が進められてしかるべきものである（ドイツにおける大学に対する国家関与の詳細な分析として、徳本・前掲書がある。国の関与による国立大学法人と国との紛争の司法的解決については、後出一三一頁以下参照)。

五　独立行政法人通則法準用法人

国立大学法人法と同様、独通法上の法人ではないが、同法の規定が準用されるほか、中期目標、中期計画等の策定およびこれらに関する主務大臣の監督等が用意されている法人として、大学共同利用機関法人(国立大学法人法)、日本司法支援センター(総合法律支援法)がある。これら独通法準用法人は総務省設置法上の所掌事務の対象として独立行政法人と等しく扱われており(総務省設置法四条一項七号・八号)、これらの法的性質も独立行政法人法に準じて整理することができる(なお、日本私立学校振興・共済事業団も助成業務に関して独通法が準用されるが(日本私立学校振興・共済事業団法)、総務省設置法上は特殊法人として整理されている)。

六　特殊法人

(1)　特殊法人の意義

特殊法人の語はいろいろに用いられてきたが、かつて行政管理庁の審査・監査の対象となる法人を対象とするとしてきた行政実務上の用語が、立法実務にもさらに学説上にも定着している。すなわち、行政管理庁設置法二条四号の二は「法律により直接に設立される法人又は特別の法律により特別の設立行為をもつて設立すべきものとされる法人の新設、目的の変更その他当該法律の定める制度の改正及び廃止に関する審査」を所掌事務としていたが、これら、審査対象法人が、特殊法人と呼ばれてきた(塩野宏「特殊法人に関する一考察」〔一九七五年〕塩野・行政組織法の諸問題五頁以下。行政管理庁の当該所掌事務は総務庁、総務省に引きつがれた〔総務省設置法四条一項九号〕)。このような用語方を前提として、学説も特殊法人を論ずるようになった(参照、塩野・前掲、田中・行政法中巻一九一頁、二〇〇頁以下、舟田正之「特殊法人論」行政法大系7二四五頁以下)。

右にみたように特殊法人概念は法人設立の手続にのみ着目し、その限りで形式的には極めて割り切れたものである。いいかえれば、この区分は当該特殊法人の担当する任務に関係するものではないのであって、特殊法人とするには、当該任務の遂行を市場原理に委ねるに相応しくない何らかの事情がなければならないが、具体の特殊法人が、市場原理に委ねられているものよりも、公益性において凌駕するということには当然にはならない。公益の度合からすると、特殊法人の一つである日本中央競馬会と純粋な株式会社である電力会社とどちらが優先するか問題となるであろう。業務の公益性が明白な日本銀行もここでいう特殊法人ではない。

なお、法人の設立には同じ手法をとる独立行政法人の概念が制定法で採用されたことに対応して、総務省設置法では独立行政法人・独通法準用法人は特殊法人に関する規定対象から除外し(法四条一項九号)、審査対象法人として別途の条文が置かれることとなった(法四条一項八号、総務省組織令五条七号・八号)という経緯がある。

(2)　特殊法人と行政主体性——政府関係特殊法人

特殊法人は、国および地方公共団体と私的自治の社会における団体との中間の存在である。あるいは国家と社会の相対化現象の一つであるともいえる。しかし、これを法律上どのように位置づけるかは見解は一致していない。

これらを一律に実質上国の一部をなす政府関係機関であるとする見方がある。その際、この政府関係機関なる観念は、当該機関が形式的には国の行政組織の一部ではないが、その設立の手続および業務の性格からして実質上その一部をなすとしており、これは特殊法人が一つの行政主体たる性格をもっているということを前提としていると思われる。

しかし、設立の手続に関する特別の定めは当該法人の果たす業務に対する政府の関心の度合を示すものではあっても、当然に当該事務を行政事務とする趣旨に読むことにはならない。また、すでに公法人論においても、かつての特殊会社（現在では、株式会社としての特殊法人）の公法人性を否定する見解があったところである（美濃部・日本行政法上巻四七〇頁）。その意味で、ある業務を行政事務とした上で、その担当主体としての法人を設立する趣旨を制定法から読み取るには、設立行為の特殊性のみならず、当該法人に対する国の出資のあり方、組織構成に対する関与のあり方にも着目する必要があると思われる。このような見地にたつならば、特殊法人は当然に行政主体になるのではなく、特殊法人に一定の限定を加えたものが行政主体としての法的地位を獲得するものというべきであると解される。政府関係特殊法人はかかる意味における行政主体性を備えた特殊法人である（以上の点につき、詳細は、参照、塩野・行政組織法の諸問題二〇頁以下。批判的学説を含めて、北島・前掲書四九頁以下）。

右に考察した政府関係特殊法人は、独立行政法人のように、制定法上明確に定義づけを与えられたものではない。また、これにつき、前記の総務省設置法（四条一項九号）以外に通則的規定があるわけでもない。ただ、民間化された特殊法人については、「特別の法律により設立される民間法人の運営に関する指導監督基準」（平成一四年四月二六日閣議決定）があり、各所管大臣はこれに沿って指導監督を行うものとされている。

(3)　特殊法人の整理・合理化

特殊法人は、戦後、一方における国家機能の拡大と他方における業務の弾力的運用の必要性に対応して、数多く設立された。しかし、その無原則な拡大傾向は、かねて行政改革の対象となり、すでに第二次の臨時行政調査会以来、整理合理化の必要性が指摘されてきたところである。

平成一〇年中央省庁改革にあたっては、それが一つの焦点となり、中央省庁等改革基本法においては、基本法の趣旨を踏まえて整理・合理化を進めることとされた（法四二条）。これに基づき、特殊法人等改革基本法が制定され（平成一三年）、その具体化として、特殊法人等整理合理化計画の閣議決定をみ（平成一三年一二月一九日）、事業の廃止・整理縮小・合理化等の事業の側面、廃止・民営化・独立行政法人への移行等の経営形態の二つの側面からの改革が行われた(1)。

特殊法人の経営形態に係る整理・合理化は、これまで、解釈論のレベルでの行政主体性論議に一定の範囲ではあるが、立法的整理を加えたものということができる。すなわち、独立行政法人化された法人は、先に指摘したように、行政主体たる地位を与えられたことになる。また、特殊会社として存続又は設立されたものは、逆に、行政主体としては扱わない趣旨とみることができる。なお、独立行政法人もその設立手続だけをみると、形式的には特殊法人である。

これに対して、若干の未整理法人および株式会社方式以外の組織形態をとる法人については、なお、個別にその行政主体性の吟味が必要であると解される。

(1) 特殊法人は前掲閣議決定時には七七法人であったが、二〇二〇年時点には三三法人となった。その中には、沖縄科学技術大学院大学学園など新たに設立されたものがあるが、多くは、整理・合理化計画に沿って、独立行政法人、公益財団等の民間法人、廃止法人とされた。

七　認可法人・指定法人

⑴　認可法人

①　意　義　行政実務では、一般に、民間等の関係者が発起人となって自主的に設立する法人であっても、「その業務の公共性などの理由によって、設立については特別の法律に基づき主務大臣の認可が要件となっているもの」を広く認可法人という（法律用語辞典）。具体的には、日本赤十字社、日本商工会議所、預金保険機構などがある。したがって、本書の見地からすると公共組合（後述）に属する各種共済組合（国家公務員共済組合連合会なども、定義上は認可法人となる。

これら、認可法人の中には行政改革の過程で特殊法人の設立が制限されていることから、その制約から免れるため設立されてきたものもあった。その際、特に、政府の出資、組織機構への関与が法定されているものは、政府関係特殊法人と実質を同じくするものがあるので、これをどうみるかの問題がある。[(1)] この点につき、すでに公法人論の時代において、ある法人に対する主務官庁の設立認可は、私法人の設立行為に対する監督作用として、その効力を補充する意思表示に過ぎないもの（講学上の認可）の他に、認可自体を国自らがその設立を決定するもので、創設的効果を有する形成行為であるとする見解があった（美濃部・日本行政法上巻四七四頁）。この見方からすると、現在の認可法人にも公法人性ないしは行政主体性を語ることが可能である。しかし、現行法において、法人に対する認可について、このような二分論をとることは無理がある。その意味では認可法人は、形式的には民間の設立する法人であって、行政主体性を欠くものと思われる（ただし、公共組合にあたるものは別である。後述）。もっとも、認可法人のうち、設立行為以外に政府関係特殊法人と共通する要素があれば、両者に共通の特別の規律を置くことは可能であると解されるが、その際、当該認可法人を一般的に行政主体と認識するか、当該法的規制に対応する特別の主体として考えるかの問題はなお残されている（後出一二七頁以下参照）。

行政改革の過程で、認可法人も整理・合理化、運営の透明化の観点から検討の対象とされた。その結果改革基本法による改革の対象とされ、独立行政法人に移行したものがあるが（平和祈念事業特別基金→独立行政法人平和祈念事業特別基金、自動車事故対策センター→独立行政法人自動車事故対策機構等）、これらは行政主体としての地位を明確化されたものということができる。他方、従前の認可法人のままとされた例（日本銀行、日本赤十字社等）もあるが、設立・定款については所管大臣の認可制度を維持しつつも、所管大臣の指導監督につき統一的な基準（指導監督基準）をもってする法人の類型、すなわち「特別民間法人」及び「特別法人」が行政実務上に定められ、これを認可法人とは別の二類型として整理している。(2) 行政主体論の見地からすれば、これらの法人も行政主体性は認められないとする原則には変わりがない。

② 業　務　認可法人の業務は、設立法において定められ、その中には研修、広報等の民法上の公益財団・公益社団の事業に類するものがあるが、検定、資格の付与・剝奪等の行政作用法上、通常、公権力の行使にあたると解されるものも含まれているので（特別民間法人、特別法人の双方に存在する）、その法的性質、さらに、当該認可法人の行政主体性が問題となる。

この点に関し、個別法において、認可法人の行う検査、登録、検定等につき所管大臣への行政上の不服申立てとしての審査請求が定められるとともに、所管大臣が行政不服審査法上の上級行政庁と「みなされる」こととされている例がある（高圧ガス保安法七七条、行政書士法六条の三、司法書士法一二条等）。また、行政事件訴訟法は、処分をした行政庁が国又は公共団体に所属していない場合もあることを想定している（法一一条二項）。

以上の仕組みからすると、立法機関（国会）は個別認可法人等に定められる登録（登録の拒否、取消し）、検定（検定の拒否、取消し）等一定の行為を国が行うべき事務とし、その事務を公権力の行使としてとらえた上で、具体の権限行使を国組法上の行政機関ではなく、認可法人に直接付与したものとみることができる。ただし、認可法人には国組法上の上級行政庁はないので、そのままでは簡易迅速な救済制度に欠けるところから、審査請求の途を開くとともに、被告適格に関してはまさにこのような制度のあることを想定して制定されたものとみることができる。したがって、当該認可法人はその業務遂行の一部に行政処分権限を発動することはあるが、法人全体としては、国組法上の行政主体とされているわけではないということができるように思われる(3)（取消訴訟の被告をめぐる学説・立法・司法の動向を行政上の主体の多様化の一場面として詳細に分析した論考として、北島・前掲書二四三頁以下がある）。

なお、国の事務の遂行は、我が国の憲法体制の下では、立法、司法、行政に分かたれ、この三権以外の作用はないという前提に立てば、認可法人の作用としての登録（除名）、検定等の公権力の行使は委任行政（後出一三二頁）と解される。

(2)　指　定　法　人

指定法人は行政実務上の用語であって、一般的には、特別の法律に基づき特定の業務を行うものとして行政庁により指定された民法上の法人と理解されている（必ずしも指定の対象から自然人を排除するものではない）。その際、特定の業務を指定するのに、その業務が行政事務であるがこれを民間に行わしめる場合（行政事務代行型指定法人〔試験・検査等を行う場合が多い。浄化槽法四三条四項〕。行政処分を行うものとして、建築基準法の建築確認を行う指定確認検査機関がある〔建築基準法七七条の一八、公物の管理・運営を指定する例として、中部国際空港の設置及び管理に関する法律四条〕）、ある行政作用法の目的を円滑に達成するために、啓発活動等を行わしめる場合（行政事務補助型指定法人〔道路交通法一〇八条の三二・全国交通安全活動推進センター〕）、ある公益的民間活動の円滑な推進を図るために行わしめる場合（民間活動助成型指定法人〔放送法第九章・放送番組センター〕）がある。これらのいずれの場合も、指定法人自体は民事法の手続によって設立された法人で、定款等の認可制もない。その意味で、認可法人とは異なり、行政組織法上の行政主体性を論ずる余地はない。また、行政事務補助型・民間活動助成型の二つの指定法人の類型は、民間活動活用型として把握できるものであって、業務自体としても行政と直接関係はない。そこで、指定法人のうち行政組織法と関連性を有するのは行政事務代行型である。すなわち、ここで、行政事務代行型指定法人というカテゴリーは、当該指定法人の行為の効果が国に帰属することを要素として構成したものであるので、行政事務代行型法人と国との基本的関係、指定の法的性質、組織的関与のあり方、作用的関与のあり方が、行政作用法上とは異なった角度からの問題となるのである。その際、具体の関与のあり方は、個別法の定めるところ極めて多様であり、かつ、個別行政領域において異なることもあり得るので、統一的な法的仕組みを提示するには至っていない。ただ、この種の法人の行為の効果が、国に帰属するという点に着目すると、行政事務代行型指定法人と国との基本的関係は委任行政とみることができるように思われる。[4] 委任行政の具体的問題については節を改めて、考察する（後出一三二頁以下）。

指定法人についても法律のレベルでの共通の定めはないが、行政の透明性、効率性、厳格性を確保する見地から「国からの指定等に基づき特定の事務・事業を実施する法人に係る規制の新設審査及び国の関与等の透明化・合理化のための基準」（平成一八年八月一五日閣議決定）がある。

（1）　なお、認可法人は特殊法人のように、その新設等についての審査対象法人ではないが、その一部（その資本金の二分の一以上が国からの出資による法人であって、国の補助に係る業務を行うもの）の業務については、総務省の調査の対象となることが挙げられる（総務省設置法四条一項一三号ハ）。

（2）　指導監督基準の適用対象となる法人として、「特別民間法人」と「特別法人」の二種類が行政実務上に採られている。

「特別民間法人」は、特別の法律により設立される民間法人の運営に関する指導監督基準（閣議決定、平成一四年四月二六日。平成一八年八月一五日一部改正）の対象となる法人で、「民間の一定の事務・事業について公共上の見地からこれを確実に実施する法人を少なくとも一つ確保することを目的として特別の法律により設立数を限定して設立され、国が役員を任命せず、かつ、国又はこれに準ずるものの出資がない民間法人」とされている。

「特別法人」は、特別の法律により設立される法人の運営に関する指導監督基準（閣議決定、平成一八年八月一五日）の対象となる法人で、具体的には、①法律により国の事務を行うことが規定されているもの、②当該法人が行った事務について、行政不服審査法又は設立根拠法に基づく国に対する審査請求、異議申出の制度があるもの、③国からの補助金等と密接な関係を有する業務を行うもの、④国が当該法人の借入等に係る債務の保証をすることができることとされているもの、が対象とされている。

行政実務上、特別民間法人・特別法人は、認可法人とは別の類型として整理されている（参照、総務省行政評価局・特別の法律により設立される民間法人等の指導監督に関する行政評価・監視結果報告書〔平成二五年一二月〕、行政管理研究センター・公的な役割を担う法人に関する調査研究報告書〔平成三〇年三月〕）。ただ、右記の概念規定は、法人の設立・定款についての認可制度には触れておらず、現実には、特別民間法人、特別法人の設立根拠法において、設立乃至定款につき認可制度が採用されているので、この二つの類型を講学上の認可法人論議の対象から外すことは疑問である。

（3）　平成一六年の行政事件訴訟法改正前（一一条二項の制定前）の事案であるが、東京高判平成一一・三・三一判例時報一六八〇号六三頁は、司法書士連合会による司法書士の登録取消行為（司法書士法六条の八第一項）に関し「国又は公共団体でない者の行為は特別の規定（例えば、弁護士法六二条）がない限り行政処分とはいえない」とし、審査請求の定め（法六条の一〇、六条の五第一項）により、「もともと行政庁ではない被控訴人〔司法書士連合会〕が行政庁になるわけでもないし、その行為が行政処分となるものでもない」としているが、行政事件訴訟法一一条二項が明定された現段階では、制度全体の仕組み解釈からすると本文前記のように解されるのではないか。本件高裁判決を含めて、国、公共団体等の典型行政主体以外の法主体と行政事件訴訟法との関係につき、立法過程、司法過程の双方に検討を加えたものとして、北島・前掲書二四三頁以下がある。

（4）　指定法人の観念、その分類等について、参照、塩野宏「指定法人に関する一考察」（一九九三年）塩野・法治主義の諸相。指定法人のうち指定機関などの行政事務代行型に関する分析として、露木康浩「委託制度と指定機関制度に関する一考察」警察学論集四二巻一二号（一九八九年）四〇頁以下、米丸恒治「指定法人等の実態とその問題点」、「指定機関による行政の法律問題」米丸・私人による行政（一九九九年）三一一頁以下、三二五頁以下がいずれも詳細にして、示唆に富む。また、金子正史「指定確認検査機関に関する法的問題の諸相」（二〇〇五年）金子・まちづくり行政訴訟二五九頁以下がより具体的論点を提示し、興味深い。

八　公共組合

公共組合は、かねて公法人の典型に挙げられ、公の社団法人として整理されていた（美濃部・日本行政法上巻六三三頁以下参照）。そのうちの農業団体、森林組合等は戦後、協同組合に改組されたが、現在でも、一般に公共組合として位置づけられるものに、水害予防組合、土地改良区、土地区画整理組合などがある。また、社会保険事業を遂行する健康保険組合、地方公務員共済組合等が戦後設立され、これらも公共組合に組み入れられている。医師会、薬剤師会なども、公共組合として説明されていたところであるが、これら、職業にかかる組合については、戦後、法的規制がなくなり、公共組合としての性格を失った。その意味では、公共組合はかつてのような実際上の比重をもってはいないが、なお行政主体性を論ずる材料を提供しているものといえる。

公共組合に共通する特色としては、次の点が挙げられる（安本典夫「公共組合」行政法大系7二八七頁以下、日暮直子「公共組合」藤山雅行＝村田斉志編・新・裁判実務大系25行政争訟〔改訂版、二〇一二年〕一三一頁以下参照）。

① 強制加入制がとられていること（土地区画整理法二五条、国民健康保険法一三条、農業災害補償法一六条）。

② 設立・解散に国家意思の介在があること（土地区画整理法一四条・四五条二項、健康保険法一五条・二六条）。

③ 国家監督があること（土地区画整理法一二五条、健康保険法二九条以下）。

④　業務遂行に公権力が付与されること（換地処分権限――土地区画整理法一〇三条、資格の確認権限――健康保険法三九条、実力の行使――水防法二一条）。

⑤　経費の強制徴収が認められること（土地区画整理法四〇条以下、農業災害補償法八七条の二）。

以上の特色については、必ずしも、ここで公共組合として掲げた法人にのみ排他的にみられるものではない。日本法では、民法上の法人でも、公益社団法人および公益財団法人となるには行政庁の認定を必要とし（公益社団法人及び公益財団法人の認定等に関する法律四条）、業務に関する国家監督は公共的事業を行う私企業にはしばしば認められるところであり、それは役員の解任命令にまで及ぶこともある（保険業法〔平成七年法律一〇五号〕第六章監督）。これらの特色は必ずしも公共組合の行政主体性を根拠づけることにはならない。

しかしながら、強制加入および事業執行における公権力性の付与については、法がこれら組合に行政主体性を与えたことを意味するように思われる。すなわち、強制加入は、結社の自由に対する重大な侵害であり、組合自体が行政主体であることは例外的措置を認める法的正当化根拠を提供する最も大きな根拠の一つである。さらに、経費の強制徴収を含む事業執行方法についての公権力性の付与は、当該法人の有する大きな特権であるが、かかる特権の付与はそれを受ける法主体が、行政主体であることによって、正当化されると解される(1)。

(1)　医師会等の職業に関する公共組合は戦後に廃止されたが、同じく、職業に関する団体について、法的規制が及ぶものに、弁護士会、弁理士会、司法書士会、公認会計士協会、行政書士会などがある。これらには、強制加入制がとられていること、入会、退会等の措置については、公権力性が与えられている点で（弁護士法八条・一六条・四九条の三、司法書士法八条・一二条・一七条）、公共組合的性格を見出すことができる。ただ、このような仕組みが作られる理由は、当該職業の公共性からするその適正さの確保と、当該職業の遂行に関する自立性の要請を調和的に解決するためにあると解され、この点からすると、これらは、行政主体たる地位を有しないものと解される（弁護士会等の法律的特色については、参照、安本・前掲論文三二〇頁以下）。日暮・前掲論文一三四頁は、弁護士法の目的規定から、その存立目的を構成員に共通する利益を維持増進するためと解している。なお、行政書士会、司法書士会等は、現行法上は認可法人（行政実務上の特別民間法人）として整理されている（前出一一八頁参照）。

九　地方公社・地方独立行政法人

(1)　地方公社

国における特殊法人に対応するものとして、地方公共団体のレベルで、制定法上、「地方公社」という共通の名称をもつ法人組織がある。地方住宅供給公社法による地方住宅供給公社、地方道路公社法による地方道路公社、公有地の拡大の推進に関する法律による土地開発公社がある。これらは、それぞれの法律により、特別の手続によって、地方公共団体が設立するもので、設立者たる地方公共団体のみが出資者となる。この点で、これら地方公社と地方公共団体は、政府関係特殊法人と国との関係と同様の関係にたち、その意味で行政主体とみることができる。

(2)　地方独立行政法人

国のレベルで特殊法人改革の一環として独立行政法人制度が発足したことに伴い、地方公共団体についても、地方独立行政法人法が制定された。基本的理念・仕組みは、国の独立行政法人に準じているが、次の点に特色がある。

① 設立者は地方公共団体であって、設立に際しては、議会の議決を経て定款を定め総務大臣又は都道府県知事の認可を受けることを要する（法七条）。

② 業務の範囲が、試験研究、水道事業等に限定されている（法二一条。同条六号に基づき施行令六条三号で博物

館、美術館等が加えられている)。

③　他方、国立大学に関して、国においては独通法・独行設立法とは別に国大法人法が制定されたのに対して(その意義等に関し、前出一〇五頁以下参照)、地方公共団体の設置・管理する大学については、地方独立行政法人の中に含めた上で(法二一条)、教育研究への特性に配慮した一般条項(法六九条)と理事長・学長等の任命(法七一条以下)、審議機関(経営審議機関・教育研究審議機関)の設置等につき特例的規定を置いている(法七七条)。なお、地方公共団体による大学の設置・管理は地方独立行政法人法の方式によらず、従来と同様の手続によって可能な点にも国立大学との違いが認められる。

このように、独立行政法人方式との関係で、公立大学法人について国立大学法人と異なった取扱いをしたのは、地方公共団体の意思を尊重するという意味で、地方自治の本旨からの正当化根拠を有する。他方において、大学の自治というこれまた憲法上の要請の見地からすると、国立大学と公立大学との関係で、内閣(主務大臣)と首長とに差をつけることの正当化根拠は見出し難い。むしろ、長期にわたり権力を集中的に握ることが制度的にも担保されている地方公共団体の長の大学への介入のおそれのほうが国の場合よりも高いものと思われる(公立大学の法人化につき、参照、人見剛「地方独立行政法人法と公立大学法人化」労働法律旬報一五八二号〔二〇〇四年〕四頁以下)。[(1)]

(1)　地方公共団体においては、地方公共団体の組合、指定管理者制度、ＰＦＩ等、各種の組織が地方行政の一環をになっているが、これらについては、地方自治法、公物法との関連で取り上げる。

一〇　特別行政主体概念の機能

独立行政法人、国立大学法人、政府関係特殊法人、公共組合、地方公社、地方独立行政法人は、認識上の問題と

して、行政主体たる地位をもつと考えられる。そこで、次にこの概念の道具性、その有用性が問題となる。それには、立法レベルと解釈論レベルの二つの観点からの考察が必要である。

① 立法レベルの問題としては、まず、特別行政主体を設立するに際しては、当該法人の設立に関する法律の根拠が必要である。

② 特別行政主体を法律に基づき設立するとして、どのような組織・運営をとるかについては、制定法上特段の定めはない。しかし、ある業務を行政事務とする以上、それに相応しいものでなければならない。また、それが行政主体であるとすれば、その組織・運営について、国および地方公共団体の行政機関におけると同様に、民主的コントロールという見地からの、立法的措置が必要であり、かつ、そのことが正当化される（独通法がその典型である）。また、行政管理の一環として、組織編成について、行政機関が関与することも許される。もっとも、当該行政主体の性格により、介入に限定が要請されることがある（たとえば、国立大学法人）。

③ 独立行政法人通則法は、各法人の業務遂行に関しては、適正かつ効率性の確保、組織・運営の透明性の確保、各法人の特性、自主性への配慮（法三条）等の基本原則を掲げているが、その趣旨は、特別行政主体一般に妥当するものと考えられる。

④ 公権力の行使は国・地方公共団体に与えられた特権である。それは、主権の発動の一形態であるが、必ずしもこれらの普通行政主体に排他的に独占されるものではない。現に委任行政においても、公権力の委任の例が制定法上みられる。しかし、それはあくまでも、例外であって、公権力の行使の必要性だけでなく、委任の合理的根拠が厳密に検証される必要がある。また、委任行政においては、委任される公権力の側にも限界があるように解される。これに対して、特別行政主体においては、当該行政主体の設立の趣旨に適合的である範囲内での、公権力の行

使の付与が認められる（かつての日本国有鉄道における鉄道公安職員の業務）。

制定法上明確であれ、解釈論上の帰結であれ、特別行政主体に公権力の行使が認められている場合には、本書ⅠおよびⅡで考察した行政過程論、行政救済論の対象となる。作用法・救済法上別段の定めがないときは、解釈問題となるが、それは国家行政組織法上の国家機関の行う業務でも生ずるところで、独立行政法人の作用であるからといって、別段の考慮をする理由はない。

⑤　新たな国の政策の実現のために、特別行政主体が、他の国家行政機関とは別に取り扱われることがある。たとえば、情報公開法制、個人情報保護法制においては、行政機関に対する法律とは別に、独立行政法人等に関し、それぞれ、独立行政法人等情報公開法、独立行政法人等個人情報保護法が制定されている（本書Ⅰ三五二頁、三七七頁）。これらの法律においては、独立行政法人を一括して適用対象法人としているほか、別表において、国立大学法人をはじめとして、個別法人を列挙するという方式をとっているが、その中には、特殊法人、認可法人も含まれている。

独立行政法人のような行政主体性の明確なものは当然として、本書の立場からすれば、対象となった特殊法人はもとより、形式的には民間人の設立にかかる認可法人も、実質的には行政主体性を有するものとして整理されたものとみることが可能である[1]（ただし、日本銀行については、その歴史的経緯もあり、行政組織法理論上の行政主体性を有するとは断定し難い。参照、日本銀行金融研究所・公法的観点からみた日本銀行の組織の法的性格と運営のあり方〔二〇〇〇年〕二六頁以下、六八頁。これに対し、櫻井敬子「日本銀行の法的性格」金子古稀下三四七頁以下は、発券機能に焦点をあてて、日本銀行の行政主体性を想定している）。

もっとも、行政手続法は、特殊法人（独立行政法人を含むすべて）、認可法人（政令指定）に対する処分については適用除外を定めている（法四条二項）。このような扱いをするについては、行政主体論からの整理ではなく、一種の内部関係論的な見地に由来するものとみられるので、政府の立法政策も必ずしも一貫しているわけではないことに注意する必要がある。(2)

⑥　右にのべたことは解釈論のレベルでも論議の対象となる。それは、行政組織法論上、国と特別行政主体との関係をいかなる関係とみるかという問題である。これについては、特殊行政組織—独立行政法人というカテゴリーをたて、これら法人と国との関係は内部関係であるとする見解がある（田中・行政法中巻二一二頁）。また最高裁判所の判決にも、日本鉄道建設公団（特殊法人）に対する国の行為（運輸大臣〔当時〕の工事実施計画の認可）を内部的監督関係上の行為とみるものがある（いわゆる成田新幹線訴訟——最判昭和五三・一二・八民集三二巻九号一六一七頁、行政判例百選Ⅰ二事件）。

しかし、ある法人に行政主体性を認めることから直ちにいかなる関係においても、内部関係であるということとするのは疑問である。最高裁判所も、恩給受給者が国民金融公庫（特殊法人）からの借入金の担保に供した恩給について、恩給裁定が取り消されたことを理由に、国が公庫に対して不当利得返還請求権に基づく払渡金返還請求をした事件について、国民金融公庫は「政府の行政目的の一端を担うものである」が、反面「政府から独立した法人として、自立的に経済活動を営むものである上、恩給担保貸付けを行うことができる者を上告人〔金庫〕……に限定した恩給法の趣旨にかんがみると、上告人は、恩給受給者に対しては一定の要件の下に恩給担保貸付けをすることが義務付けられている」ので、公庫が「公法人」であるというだけで、国に対して、「自らの経済的利益を前提とする主張をする……ことが許されなくなるものではない」としており（最判平成六・二・八民集四八巻二号一二三頁、行政法判例百選Ⅰ〔四版〕四九事件）、判旨正当と考えられる。

さらに、より一般的にいえば、独立の法人格を与えたことは、自律的活動の余地を与えたことを意味するのであるから、その間に法律の適用をめぐる紛争が生じた以上それは法律上の争訟として取り扱うべきではないかと考えられる。(3) ただ、時に一定の業務について、政府が当該機関にその事務の遂行を委任する場合があり、その限りでその法人は部分的独立性しかないと認められることがあるかもしれない。しかし、それにはより明確な法律上の根拠が必要ではないかと思われる。

⑦　特別行政主体、さらにはその上位概念である行政主体については、その法概念としての意義に関し、立法、判例、学説のいずれの分野でも一義的でない。本書の行政主体・特別行政主体論は行政主体性を当然に有する国家・地方公共団体を中核とし、その周辺に属する諸々のサービス提供主体から特別行政主体を切り出し、行政組織法原理の適用範囲および国家と特別行政主体の関係を明らかにすることを試みたものである。このような行政主体論に対して、その視野の限定性を批判する見解が披瀝されている（詳細につき、北島・前掲書五七頁）以下は、法制度的（institutional）視点に代えて機能的（functional）な見地の導入を提唱しており、山本隆司「行政の主体」新構想Ⅰ八九頁以下は、行政主体の概念に代えて、「行政の主体」という概念をたてて、これを国の組織（本書の特別行政主体の一部もここに含まれると解される）と自治組織に分かっている。行政の主体は「公的組織」とも称されるが、これら行政の主体と「私的組織」のネットワークによる公益の実現が強調されている。また、原田大樹・自主規制の公法学的研究（二〇〇七年）二六五頁以下は、公共部門法というカテゴリーをたて、ここに、国家と公的任務遂行主体を含ましめ、公的任務遂行主体の行為規範、国家との関係を論じている。

これらはいずれも、本書の行政主体の範囲外とした法主体についても、行政法的見地からのアプローチを可能にする試みとして興味深いものがあるが、本書の見地から以下の点を付け加えておく。

行政主体論につき、国・地方公共団体のほかに特別行政主体という範囲を限定することは、それ以外のサービス提供主体の提供するサービスに共通して適用さるべき法原理・法原則の探求およびその成果の存在を否定するものではない（本書I四五頁以下、塩野宏「行政法における『公と私』」〔二〇〇九年〕塩野・行政法概念の諸相九九頁参照）。ただ、その場合においても、原理・原則の適用には、当該サービスの特性および主体の法的性格を考慮する必要がある。

いずれの説にも共通する要素として、それぞれの主体が提供するサービスに着目している点が挙げられる。さらに、サービスすべてではなく（そうであれば、もはや民法、行政法の区別自体が消滅する）一定の部分を切り出している。しかし、極めて多様化しているサービスに関し、個別のサービスを取り出して論ずることは可能であるが、総合的に、一般的・理論的にでも、悉皆的・具体的にでも、行政法の対象内であるとして内容的に切り出すことが可能であるかどうかが問題である。仮に外国法制に範をもとめて、公益、公的課題、公的役務という抽象概念を持ち出しても、具体のサービスへの当てはめは不可能であることは、日本における法概念としての公益概念史を瞥見すれば明らかである（塩野宏「行政法における『公益』について」〔二〇〇九年〕塩野・行政法概念の諸相一〇二頁以下）。論者の意図するところを実定法制度として妥当させるためには、立法者の判断（一般的規律）にゆだねるか、裁判所の判断にゆだねるか（個別的規律の集積）になるであろう。その際、あらかじめ行政主体とは別のカテゴリーを一般的に想定しておくよりも、個別のサービスごとの探求を先行させるのが適切ではないかと思われる。

（1）　本書の以上の整理を「組織論的アプローチ」とし、これに対し「情報公開制度に固有のアプローチ」を提示する見解として、舟田正之「特殊法人等の情報公開制度」塩野古稀上七四一頁以下、七四八頁以下、七五三頁以下があるが、行政組織法論からすると、前者によることになると思われる。この問題を契機として、行政主体論をめぐる学説の状況を分析したものとして、北島・前掲書五七頁以下がある。

(2) 行政手続法は認可法人および指定法人のうちの指定機関等の行政事務代行型法人に対する通常の監督処分についても、部分的適用除外をしている(法四条二項・三項)。ただ、その際、認可法人については、当該法人の業務と行政運営との密接な関連性という要件を加えた上で政令指定事項とし、指定試験機関等についても、役職員の「みなし公務員」性を加えている。いずれも、国との密接な関係を前提とした政策的規定であって、行政組織法的見地から十分検討した結果の立法ではない。

(3) 国と独立行政法人との関係につき、国の監督措置に関し、出訴の可能性を認める見解が、憲法学、行政法学の双方から出されている(参照、長谷部恭男「独立行政法人」ジュリスト一一三三号(一九九八年)一〇三頁、山本隆司「独立行政法人」ジュリスト一一六一号(一九九九年)一二九頁、南博方原編著=高橋滋ほか編・条解行政事件訴訟法(四版、二〇一四年)八七五頁以下〔山本隆司〕)。独立行政法人を含む行政主体全体を視野に入れて、出訴資格につき検討を加えた論究として、松戸浩「『行政主体』の多様化と裁判所による統制(一)(二・完)」立教法学九五号・九九号(二〇一七〜一八年)がある。問題は、日本国憲法の下での法律上の争訟の理解にかかるものであってその際に明治憲法の下でとられた外部法、内部法の区別をあらかじめ措定するのは(藤田宙靖「行政主体間の法関係について」(一九九八年)藤田・行政法の基礎理論下巻六二頁以下)、今後の論議の深まりを図るには、順序が逆であると思われる(この指摘に対して、藤田・行政法の基礎理論下巻一〇四頁は、「内部関係」「外部関係」という規準は「補助線」の一つに過ぎず、その意味では「行政主体論」についても同じ批判がなされうると述べている。私が順序を問題にしたのは、法律上の争訟性を論ずるのに、直ちに内部・外部という概念を持ち出すことが、適切でないと考えているからである。藤田・行政組織法五五頁以下では、「より内部的関係」・「より外部的関係」、「より近い」・「遠い」という言葉も用いられ、次第にその鋭利さを弱めているが、であるならば、これらの概念を一度離れて考えたほうが良いのではないかと思われるからである。その結果争訟性が否定される類型を整理して、内部的・外部的、近い・遠いを分類してみることはもとより妨げられない)。なお、ドイツにおける学説・判例の展開を分析したものとして、山本隆司・行政上の主観法と法関係(二〇〇〇年)三六六頁以下。

今後この種の問題を論ずる際の重要な素材となるものとして、国と地方公共団体の関係、国と国立大学法人との関係がある。このうち、前者については、地方自治法において改めて論ずることとして、後者につき簡単にふれておくと、国大法人法の下ではこの問題は、国の関与に対する国立大学法人の提訴可能性という形で現れてくる。その際、国の関与が憲法上の保障を受ける大学の自治権の侵害を意味するものである場合には（前出一一二頁）、独立行政法人一般論に立ち返るまでもなく、その争いは、法律上の争訟性を有するものと考えられる（参照、塩野・行政法概念の諸相四三七頁以下、徳本・学問・試験と行政法学三〇頁以下は、ドイツ法研究を基礎として、国大法人法の下における国立大学法人の出訴可能性を積極的に論じている。

第四節　委任・委託

一　委　任

行政組織法上も、委任という法的道具が用いられる。その一つが行政機関相互における委任の問題である（前出三五頁、四九頁）。委任の技術は、行政機関相互のみならず、行政主体以外の個人や法人にも用いることが可能であり、行政法学上はこれを委任行政として、行政官庁法理上の権限の委任とは別に取り上げられてきたところである（美濃部・日本行政法上巻四一頁）。ここでの委任行政における委任も行政機関相互における権限の委任以外のものを対象とする。

具体的には、企業などの給与の支払義務者が、納税義務者の支払うべき税をその支払の際に徴収して国に納付するのが、その一つである。また、弁護士連合会や司法書士連合会が行う弁護士、司法書士の登録（登録拒否）も（弁護士法八条、司法書士法八条）、営業の自由に対する規制作用の委任と解される。さらに、昨今多用されているのが、指定法人による場合であって、各種の国家検定、国家資格試験等の行政事務を、国が指定した民法上の法人が行うのがこれである。地方公共団体独自のものとして、指定管理者制度（後出二五〇頁）がある。特別行政主体の活動はここでいう委任行政ではない。

二　委任の法的特色

委任行政においても、行政官庁法通則と同様の法理が働くとみられるが（ただし限界はある。参照、北島・前掲書三一頁以下）、主要な論点としては、次の事項が挙げられる（とりわけ、指定法人との関連については、前出一二一頁注（4）所掲の塩野、露木、米丸、金子論文参照）。

①　委任の効果　委任行政においては、受任者のした行為あるいは受任者に対してなす私人の行為が、委任者である国家のした行為あるいは国家に対してなした行為となる。このことを目して、委任行政の場合においては、国家と受任者の間に（公法上の）代理関係が発生するとされることがあるが（美濃部・日本行政法上巻九九頁）、厳密には代理の関係ではない。この場合でも、法律関係自体は受任者と相手方私人の間に生ずるのであって、その意味では、委任行政における委任は民法上の代理の観念ではなく、行政官庁法理における委任として理解されるべきものと思われる（制定法上、この点が明らかになっている場合として、指定法人の行為に対する不服申立てにおいて当該法人は原処分庁として位置づけられる場合〔火薬類取締法五四条の二〕、手数料収入が指定法人に帰属することとされている場合〔風俗営業等の規制及び業務の適正化等に関する法律二〇条九項〕等がある。松戸・前掲論文（二）立教法学九九号三三頁は、委任行政における委任権者と受任者との関係につき、代理関係とみるべき場合があるとして前記一三二頁の源泉徴収制度〔徴収納付制度〕を挙げている。しかし、当該制度は国の租税徴収事務の便宜のための特別の法的仕組みとして完結したもので、この制度の下においては、国と本来の納税義務者との関係は切断されている、あるいはその間には法律関係は

成立しないとされている。金子宏・租税法〔二三版、二〇一九年〕九九七頁以下、水野忠恒・大系租税法〔三版、二〇二一年〕一二〇頁以下参照）。

したがって、受任者である指定法人等がした処分については、処分をした指定法人が被告となる（行政事件訴訟法一一条二項。参照、小林久興・行政事件訴訟法〔二〇〇四年〕五頁。公権力の行使にかかる国家賠償については、本書Ⅱ三二一頁以下参照）。

② 委任の許容性　日本国憲法上、行政主体のみが行政作用を担当する、とりわけ公権力の行使をすべきである、という委任行政の絶対的禁止の原則は明示的には存在しない。しかし、公権力の行使を付託される組織それ自体は、原則として民主的コントロールの及ぶその意味での国および地方公共団体の行政機関であると解される。したがって、特に公権力の行使を伴う行政作用の委任については、その必要性の根拠が明確でなければならない。

③ 委任の法的根拠　公権力の行使の委任は法律により直接なされることもあるし（弁護士法八条以下、司法書士法八条以下）、法律の根拠に基づく指定行為による場合もある（火薬類取締法三一条の三）。いずれにせよ、委任される行政が公権力の行使にかかわる場合には、法律の根拠が必要となる。

④ 行政組織法の基本原則からすれば、受任者の組織構成についても、民主的コントロールが及ぶべきである。しかし、受任者が個人の場合には組織構成の問題は生ずる余地がないし、法人の場合においても、過度に当該組織構成に国家が介入することは、委任行政という手法をとった趣旨に反することもあり得る。ここに、委任行政の限界があることに注意しなければならない。

⑤ 国と受任者の関係　国の行政を国に代わって行わしめる点において、国と受任者は、行政組織法上の関係にある。ただ、そのことは、それが、行政機関相互としての行政組織内の関係となることを意味するわけではな

い。受任者は個人であれ、法人であれ、もともと自由な活動を憲法上保障された人格であるから、当該受任の関係においても、法律に定められた限度で、委任者の指揮監督に服するにすぎない。ただ、その監督権の行使に際して、一般の規制法上の監督よりも、介入の程度が密であったり、その手続について別に扱うことは認められる。行政手続法は、指定機関のうち、とりわけ、行政庁との関係が密接なものについては、同法二章および三章の適用除外を定めているが（法四条三項）、これも、監督権の行使が通常の行政組織内部のものと同様に取り扱われることを確認的に規定したものではない（監督処分に対して、指定法人は出訴することができると解される〔同旨、米丸恒治・私人による行政三四九頁〕）。ただし、認可法人、指定法人のした処分に対する審査請求が認容された場合は、指定法人等はその取消しを求めて出訴できないと解される。

三　委　託

委任とは別に、「委託」によって、法定の行政機関とは別の組織が行政を遂行することがある。それにも複数の類型があり、統一的法理が形成されているわけでない。

①　地方公共団体相互における委託制度がある（例えば児童の教育につき、地方自治法二五二条の一四、学校教育法四〇条）。この場合、適用法令、事務の執行権限は完全に受託先に移るという構成が採られている点で民法の委託とは異なる（参照、松本・逐条地方自治法一三二九頁、本書Ⅰ二一八頁）。事務委託は、公平委員会に関する事務、住民票の写しの交付など通常の事務処理に用いられているが（参照、地方公共団体間の事務の共同処理の状況調・総務省ホームページ）、大規模災害等の対策にも用いられている（その綿密な分析として、参照、千葉実「大規模災害等の対策と地方自治法上の事務委託」鈴木古稀一五三頁以下）。

②　庁舎の管理の一部（駐車場の整理、エレベーターの管理、電話交換等）を外部の業者に委託することがあるが、これらは請負契約等の民法的手法による。

③　公物管理法令上に管理委託の制度がとられている例がある。国の直轄工事による港湾施設に係る港湾管理者（地方公共団体等）への委託契約（港湾法五四条・五四条の二、港湾法施行令一七条）がそれで、受託業務には、使用許可等の公権力の行使も含まれる（参照、多賀谷一照・詳解逐条解説港湾法〔三訂版、二〇一八年〕四三五頁以下）。河川管理施設の地方公共団体への委託（河川法九九条、河川法施行令五四条）は、軽易な事実行為に限定し、事務の具体的内容は、協議によって決定される（河川法研究会・河川法解説五三二頁以下）。下水道法、都市公園法等には民間委託に関する特別の定めはないが、施設の設置、維持等の部分については個別的あるいは包括的に民間委託が実務上なされており、法的処理は民法によるものと解される（公共用物の民間委託事例につき、国土交通省総合政策局・公共施設管理における包括的民間委託の導入事例集〔平成二六年〕が詳細である）。

④　委託方式を広く用いるものとして制度化されたものに、民間資金等の活用による公共施設等の整備等の促進に関する法律（ＰＦＩ法）に基づくＰＦＩ事業がある。この事業には、公共施設の建設のみならず（これは、民法上の請負契約によってなされる。本書Ｉ二〇六頁）、その維持管理・運営も事業者によって行わせることができる（参照、本書Ｉ二一六頁以下）。なお、平成二三年の法改正で、公共施設等運営権制度（いわゆるコンセッション制度）が導入された。改正法の定めによると、公共施設の管理者（各省庁の長、地方公共団体の長、独立行政法人の長等）がその所有権を有し利用料を収受する公共施設（道路、鉄道、港湾、空港、河川、水道等の公共施設、庁舎等の公用施設）の運営事業につき、民間事業者（選定事業者）に施設の運営権を設定し（運営権には、施設の利用者等に対する処分権限の行使を含む）、運営権者と「公共施設等運営権実施契約」を結ぶというものである（法二条、一六条、二二条）。

通常の行政過程の方式によると、根拠法→行政行為（特許・許可）、その附款として整理されるのに対して（附款に関して、本書Ｉ一九八頁以下参照）、コンセッションにおける選定・契約方式は、行政官庁法理にいうところの権限の委任ではなく、行政事務の委託と解される（公法上の委託と呼ぶかどうかの問題は別にある）。その際、選定・契約過程においても専ら民事契約の手法が前提とされているように見える。しかし、コンセッションも行政過程の一部を構成するという観点からみると、公募の方法（法八条一項）につき手続の公正さの確保の見地からの配慮が必要と解される（地方自治法における指定管理者制度においては、行政処分としての指定に際して一定の手続が要求され、指定された管理者と地方公共団体が協定を締結するという手法が採られている。後出二五〇頁）。また、コンセッションという外国法制を導入するにあたって、日本法との整合性にも配慮する必要があると考えられる（例えば、運営権の態様が処分等の公権力の行使に当たる場合の行政救済のあり方〔行政不服審査法、行政事件訴訟法、国家賠償法の適用関係〕など）。

なお、個別具体のコンセッション方式においては個別法としてのＰＦＩ法で制度が完結するのではなく、地方空港（鳥取空港）を例にとれば、「空港法」、「民間の能力を活用した国管理空港等の運営等に関する法律」、「鳥取県営鳥取空港の設置及び管理に関する条例」、「鳥取県営鳥取空港特定運営事業等公共施設等運営権実施契約書」が制定されている。行政組織法的にも、国、地方公共団体、民間の役割分担論からみてここに興味ある素材が提供されている。[1]

⑤　ＰＦＩ法の制定と平行して、競争の導入による公共サービスの改革に関する法律（略称・市場化テスト法）においても、公共サービス（法二条四項）につき、官民競争入札又は民間競争入札に付し、民間事業者が落札した場合には、当該落札者と実施契約を締結し、その実施を委託するという制度が導入され、ＰＦＩとともに、行政過

程において、委託方式が広く採用されることとなった（国、地方公共団体における具体的事例については、総務省ホームページに掲載されている）。

（1）　改正法全体につき、参照、倉野泰行＝宮沢正知「改正ＰＩＦ法の概要（一）〜（七）」金融法務事情一九二五〜一九三二号（二〇一一年）。したがって、この場合は、行政処分と契約の二段階構成になる（このいわゆるコンセッション方式の導入の契機を含めＰＦＩ事業の動向を概観したものとして、参照、小幡純子「ＰＦＩ法のさらなる活性化に向けて」ジュリスト一四一一号（二〇一〇年）二頁以下）、久末弥生「ＰＦＩ・国公有財産有効活用」争点二三四頁以下。コンセッション方式の具体的事例は、内閣府ホームページ内の民間資金等活用事業推進室サイトに掲載されている。なお令和二年の道路法改正において、特定車両（バス、タクシー、トラック等）の停留施設を道路附属物として位置づけ、その運営につきコンセッション制度を導入した（道路法四八条の四〇以下）。

第三章　地方自治法

序　説

地方自治が具体化される地方公共団体の作用は、国家の行政作用の殆どすべての分野を同時にカバーしている。それは、規制、給付のような通常の行政活動にとどまらず、独自の財源としての税の徴収も行うし、その財政支出を通じて、地域の経済に大きな影響を与える。地域的限定はあるけれども、条例の制定という立法作用をも行使する。したがって、この領域に関心をもつのは、行政法学のみならず、憲法学、税法学を含む財政法学などの関連法律学がある。(1) さらに、法律学以外においても、行政学や財政学にとっても重要な分野である。このように地方自治は、学問分野からしても広い関心の対象となっているし、また、それらの総合的知識を背景にしてはじめて、法制度としての地方自治を十分に理解できるのである。

しかし、本書では関連法律学のすべてにわたる余裕はないので、以下では、地方自治法の領域の中で、憲法・行政法学からみた主要な論点を取り上げることとする（地方自治法制の広範・詳細な体系書として、松本・要説、宇賀・地方自治法がある。適宜参照されたい）。

（1）　地方自治法には、行政法の範囲を超えるものがあることから、大学教育でも行政法とは別の科目として提供されている例が多くなった。また、研究領域としても、独自の体系をもってきている（参照、兼子仁・自治体法学〔一九八八年〕一五二頁以下）。近年、地方公共団体の組織・運営を巡り法的処理を必要とする局面が増大している。このいわば地方公共団体の諸関係の法化現象

（参照、塩野宏「地方行政の活性化に果たす法曹の役割」〔二〇一〇年〕塩野・行政法概念の諸相三八六頁以下。吉田孝夫「自治体行政に関わる近時の最高裁判例」地方自治七六四号〔二〇一一年〕二頁以下は、最高裁レベルにおける多様な自治体関連訴訟を紹介している）に対応して、自治体政策法務論が行われている（多くの文献があるが、その一つとして、参照、北村喜宣＝山口道昭＝出石稔＝礒崎初仁・自治体政策法務〔二〇一一年〕）。論ずる内容は、行政法一般論にも関係するところがあるが、地方自治法固有の法的問題が登場している状況もみられる。

第一節　地方自治の基礎

一　地方自治の法的根拠

地方自治に関して、わが国では、かねて、住民自治と団体自治の二つの要素があるとされている。住民自治とは、地域の住民が地域的な行政需要を自己の意思に基づき自己の責任において充足することを指し、団体自治とは、国から独立した地域団体を設け、この団体が自己の事務を自己の機関によりその団体の責任において処理することをいう。これは、いずれも、地方的な事務に関する公的意思の形成のあり方に関するものであるが、前者は意思形成にかかる住民の政治的参加の要素に着目したものであり、後者は地域の団体の国家からの独立した意思形成の点に着眼したものである。二つの自治概念の出自およびその関係にはいろいろ論議のあるところであるが（芝池義一「団体自治と住民自治」法学教室一六五号〔一九九四年〕一五頁以下、飯島淳子「地方自治と行政法」新構想Ⅰ一九九頁以下参照）、地方自治の法的根拠という観点から日本の学説が問題を設定するときは、それは、団体自治の側面についてのものである。

団体自治については、固有権説、伝来説の対立がある。固有権説とは、地方公共団体の自治権（地域における支配権といってもよい）は、地方公共団体が固有するもので、他から、すなわち、国家から伝来したものではなく、前国家的に保有しているものだというのである。

これに対して、伝来説とは、自治の権能が国家から伝来したものである、というのである。ただ、この場合でも、明治憲法の下では、地方自治が憲法上保障されたものでなかったことから、まさに、通常の法律によって、地方公共団体に対して付与されたという法律構成がとられることになる。これに対して、現行憲法の下では、憲法の地方自治条項をどのように解するかは議論の余地がある。一つはこれを宣言的規定と解し、明治憲法時代と同様、地方公共団体の自治権は、国の立法行為をまってはじめて創設的に与えられたものと解釈することも可能である。他方、地方公共団体の自治権は国家から伝来したものではあるが（自治権の内容に統治権が含まれる限り、住民に対する関係では主権の発動となる以上国家主権が前提となる）、憲法によって直接に、つまり通常の法律を媒介することなく、自治権が与えられている、という解釈も可能である。

以上を前提として次の点を指摘しておく。

① 固有権の概念の出自およびその内容についてもなお論議の存するところであるが（詳細な研究として、参照、河合義和・近代憲法の成立と自治権思想〔一九八九年〕）、もともと、ヨーロッパの中世都市の自治権の存在を歴史的背景とし、それが、pouvoir municipal として、フランスの革命期に論ぜられたものであるが、フランス自体では、その後展開をみせず（そこでは、強力な中央集権体制が敷かれ、漸く、昨今に至り、地方分権化が進められるようになった）、むしろベルギー、ドイツにおいて、一種の自然法として受け継がれ、フランクフルト憲法では実定制度として取り入れられたという経緯がある。しかし、これも一九世紀の法実証主義の台頭により、否定されていったので

ある。

アメリカでも、かつて、極くわずかに判例上、地方自治体の権能が inherent power であるという inherent doctrine をとった時代があったが、現在では、地方公共団体は州、つまり国家の創造物である、というのが一般的な見解である（参照、小滝敏之・アメリカの地方自治〔二〇〇四年〕一三三頁以下、塩野宏「自主立法の範囲」塩野・国と地方公共団体二五六頁、横田清・アメリカにおける自治・分権・参加の発展〔一九九七年〕二三頁以下）。ちなみに、アメリカの連邦憲法では地方自治条項はない。したがって、地方自治をどのレベルの団体にどの程度保障するかは、もっぱら、州の憲法制定権者、つまり州の選挙民の意思によるということになる。イギリスでも、国家以前の団体自治なる観念は存在しない。それはすべて法律の認めるところのものである。(1)

これに対して、わが国では、戦後、早い時期に、日本国憲法が自然法思想に立脚していること、地方自治の重要性から、固有権説が主張され、いまでも絶無ではない。しかし、自然法というものの実証性の問題のほかに、そもそも、地方公共団体の固有権なる思想そのものが、人権ほどには西欧社会に定着したものでないし、日本国憲法がその影響を強く受けているアメリカでもかかる法思想が育っていないという意味で、自然法的な固有権は、実証性を欠くものといわなければならない。

② 地方公共団体の自治権を直接自然法に求めるのではなく、基本的人権と国民主権原理からして、ドグマーティッシュに地方自治の固有権的理解を構成する見解がわが国で主張されており、これは、新固有権説ともいわれる。つまり、基本的人権は、個人の自己決定権を意味するが、自治体も、住民の自己決定を内包した固有の団体基本権をもつ、という。また、地方自治の場こそ、人民主権的権利の憲法原理が実現し易いことが挙げられる（文献参照の意味を含めて、参照、鴨野幸雄「地方自治論の動向と問題点」公法研究五六号〔一九九四年〕四頁以下、これを敷衍

した論考として、鴨野「地方政府の憲法理論」大津浩編・地方自治の憲法理論の新展開〔二〇一一年〕三〇頁以下）。

しかし、この説では、地方公共団体は他方で「国家権力機構と並んで人権保障の不可欠の統治機構であり、そのための存在理由である」（鴨野・前掲論文・公法研究五六号六頁）とされているところからすると、国家前の存在と観念されているのではないようにみられる。(2) また、地方公共団体のほうが人民主権的理解の下における国民主権に適合的であるというのも、国家以前に存在する地域的団体の固有の権利を論証することにはならない。むしろ、この説が機能し得る場面は、地方公共団体の固有の事務領域の確定にあると解されるが（後出二五六頁以下）、それはここでの地方自治の法的根拠論とは論理的には関係がない（大隈義和「『地方自治の本旨』をめぐる理論動向」公法研究五六号六九頁以下は、固有権説に立って、日本国憲法の地方自治条項についての緻密な検討を加えているが、固有権説の実証性については論及がない点は前掲の鴨野論文〔公法研究五六号〕と同じである）。

③　以上の点からすると、わが国の地方自治の保障も、他の諸国と同様に、伝来的なものとなる。ただ、伝来説は、明治憲法時代は、通常の立法権の行使によって地方自治が認められるという内容をもっていたのに対し、日本国憲法の下では、逐次検証されるように憲法上地方自治が保障されているので、単なる法律によって、地方公共団体に自治権が与えられているわけではない。伝来説の意味が変化しているという点に注意しなければならない。(3)

④　右の点をいま少し分析的にいうと地方自治が憲法上保障されているという場合、次の二つの点が重要である。一つは地方公共団体が具体的に権能を行使するに際して、個別に法律の授権が必要であるかどうか、という観点からの問題であり、憲法による地方自治の保障の意味が、個別の法律の授権が必要でないという限りにおいて、これを自治権保障の権限付与機能ということができる。いま一つは、地方公共団体の権能の中には、法律によっても侵し得ないものがある、という問題意識にたってこれを憲法が保障しているのである、という場合にこれを自治

権保障の防御的機能ということができる。(4)

⑤　地方分権においては、従来の住民自治・団体自治に代えて、「自己決定権の拡充」が嚮導概念として用いられた（地方分権推進委員会中間報告）。しかしながら、これは住民自治・団体自治の概念を否定するものではないと考えられる。むしろ、その現時点における妥当性を認識した上で、これまでの地方自治の基礎理論が、地方自治法制の枠内にとどまっていたことから脱却し、個人生活であれ、社会生活であれ、昨今の基本的思潮である自己決定権の尊重を、国・地方公共団体関係へ投影したものである（参照、塩野宏「地方分権論議覚え書き」地方自治五六四号〔一九九四年〕一〇頁以下。なお、斎藤誠「新たな地方分権・自治の法」〔一九九七年〕斎藤・現代地方自治の法的基層〔二〇一二年〕一〇二頁はその力点を「戦術」的要素にみている）。

(1)　各国の地方制度の成立過程およびその概要については、阿部ほか編・地方自治大系1所収の各論文参照。また、地方自治法制の比較としては、アングロ型、フランコ型、北部・中部ヨーロッパ型の三分類の下に検討した、木佐茂男「連邦制と地方自治をめぐる法制度と実務の比較考察」公法研究五六号（一九九四年）三四頁以下、地方分権につき「アメリカ型」分権モデルと「ドイツ型」分権モデルを対比させて論じたものとして、薄井一成・分権時代の地方自治（二〇〇六年）一頁以下、より広範に、オーストラリアなど二〇カ国の地方自治の抱える問題を取り扱った報告集として、ヨアヒム・ヘッセ編・地方自治の世界的潮流（上）（下）（一九九七年）がある。

(2)　本書のこの指摘に対して、鴨野・前掲論文・大津編五二頁以下は、これを自治権の前国家性の説明ではなく、国家が成立した段階の説明であるとしている。本書の疑問は、国家（おそらく近代国家）と並ぶ統治機構としての自治体とそれ以前の自治体との法的同質性について問うたものである。

(3)　地方自治という制度が憲法上保障されているという見方をわが国では、一般に「地方自治の制度的保障の理論」というが、これは、ドイツのカール・シュミットの一般的制度的保障理論に由来するものである（日本に、地方自治の制度的保障理論を紹介し導入した文献として、参照、成田頼明「地方自治の保障」〔一九六四年〕成田・地方自治の保障〔二〇一一年〕三頁以下）。この説によると、地方自治とか財産権というものは、憲法が制度として保障したものであって、それゆえ憲法前に存在する人権とは異なり、憲法によって改廃することは認められる。しかし、憲法上保障されたものであるから、単なる法律によっては、その制度の本質的内容を廃止しえない、というのである。これが、現在のドイツおよびわが国の通説である。ただ、ドイツにおいては、保障の対象となる地方自治の制度は、ドイツにおいて存在している歴史的なもので、理論的、モデル的地方自治ではない。保障されるべき本質的内容は、とりわけドイツにおける市町村（Gemeinde）自治の歴史的発展過程によって規定されるものである（参照、K. Stern, Das Staatsrecht der Bundesrepublik Deutschland Bd. I S. 309f. もっとも、歴史そのままではない。参照、塩野宏「地方公共団体の長の地位に関する一考察」〔一九八七年〕塩野・国と地方公共団体二三六頁以下、大橋洋一「計画間調整の法理」〔一九九二年〕大橋・現代行政の行為形式論〔一九九四年〕二七〇頁以下、新村とわ「自治権に関する一考察（二）」法学〔東北大学〕六八巻四号〔二〇〇四年〕七一頁以下）。

そこで、仮にこの理論をそのまま取り入れると（カール・シュミットの制度的保障論の理解については、近時異論が提出されているがここでは立ち入らない。参照、石川健治・自由と特権の距離〔一九九九年〕）、明治憲法の下で存在していた地方自治制度が憲法上保障の対象となるが、それは、現在一般に描かれている地方自治像とは全く異なる。その意味で、わが国での地方自治の制度的保障理論は、抽象化されたものとなるが、それだけに、保障された制度の内容を明確化することは困難である。つまり、制度的保障というだけでは、内容は確定してこないという問題があるのである（固有権、制度的保障等の概念については、なお参照、河合義和「自治権」法学教室一六五号〔一九九四年〕一一頁以下）。

制度的保障理論のもつ限界を克服するものとして、改めて住民自治、団体自治を人民主権の原理から問い直し、その内容の具体化を試みるものとして、杉原泰雄「地方自治権論・再考（一）～（七・完）」法律時報七六巻四号・五号・七号・八号・九号・一一号・一二号（二〇〇四年）がある。市町村優先の原則、事務配分の原則をも憲法保障の内容として掲げているところに特色がある（もっとも具体的線引きまでは示されてはいない）。

（4）　権限付与機能および防御機能の区別はアメリカ地方自治法論にいう authority granting function と protective function の区別に示唆を得ている（参照、塩野宏「地方公共団体の法的地位論覚書き」〔一九八一年〕塩野・国と地方公共団体二二頁）。ドイツの制度的保障理論は直接には後者の点に力点をおいているのであるが、いずれにせよ、問題関心には共通のものがある。

二　日本国憲法の地方自治条項

右の基本的考え方を前提として、もう少し具体的に日本国憲法の地方自治条項をみておくこととしよう。憲法九二条から九五条までが、地方自治に関するものである。このうち、九五条はアメリカにおいて個別の地域に関する特別立法が多く制定され、これによって、地方自治が侵害されたというアメリカの独特の歴史的経緯を前提として作られたので、前三条とは異なった性格をもつ（参照、法学協会編・註解日本国憲法下巻〔一九五四年〕一四一〇頁）。そこでここでは、憲法九二条から九四条までに着目して、若干の問題を指摘しておこう。

①　権限付与機能という面からみると、九四条がその機能を担当している。ここにいう「行政を執行する」とは、権力的・統治的作用をいうものと解される（宮沢俊義〔芦部信喜補訂〕・全訂日本国憲法〔一九七八年〕七七〇頁）。条例の制定という立法権能も含まれていることに注意しなければならない。もっとも、具体的な行政の執行権能も、憲法上直ちに与えられたものかどうか、「法律の範囲内」（九四条）ということは何を意味するかが問題になるが、その点は、別に改めて取り上げることとして（後出一九九頁）、ここでは、九四条の広い権限付与機能に注目しておこう。これは比較法的にみても広範である。

②　憲法九二条は「地方公共団体の組織及び運営に関する事項は、地方自治の本旨に基づいて、法律でこれを定める」と規定している。この規定の趣旨は必ずしも明確ではない。(1) 地方自治の本旨は、英文では principle of local autonomy であり、これは字義どおりにいえば、自分のことは自分で律するということを意味する。そして、この原理は、他の団体たる国家の法律の介入を排するということでなければならない。ところが、この規定は法律の介

入を認めた上で、その法律は地方自治の本旨に基づかなければならない、としている点で、はなはだ難解な条項の一つである。ただ、地方自治の本旨が守られるべき価値概念であると解し、これを、権限付与機能をもつ九四条と対比すると、九二条は防御機能を果たす規定と解することができよう。現に、国家権力の地方公共団体に対する介入が問題となるときは、この地方自治の本旨がもち出されるのである。ただ、組織に関する規定が九四条にはないので、その点からすると、権限付与機能ももっているといえる（本旨条項の解釈学説につき、参照、白藤博行「地方自治の本旨」争点二〇二頁以下。学説の一つとしての「補完性の原理」につき後出二五四頁以下参照）。

③　九三条は地方公共団体の組織原理に関する規定であるが、地方公共団体の機構のあり方まで一律に憲法典に定めることが、地方自治の本旨に適合的かどうかは問題となるところであって、その意味では、この憲法自体が、日本における当時の民主化政策の一環としてつくられたものであるという、歴史的背景を考慮に入れて理解されねばならない。つまり、これは地方公共団体の内部における民主的構造を憲法自身で定めておこうという趣旨を明らかにしたものであって、一律にこれを要求するのが当時の民主化政策であったのである[2]（後出一八七頁以下）。

（1）　憲法九二条はもともとアメリカ側の提案によるものではなく、日本側から、何か総則的条文があったほうがよいということから出来上がったものというのが従来の理解である（参照、塩野宏「地方自治の本旨に関する一考察」〔二〇〇四年〕塩野・行政法概念の諸相三四五頁）。これに対して、佐々木高雄「『地方自治の本旨』条項の成立経緯」青山法学論集四六巻一＝二合併号（二〇〇四年）一五二頁以下は、同条項は、憲章制度を定めていたマッカーサー草案八七条に由来したものであることを綿密に論証している（これより先、須貝脩一「地方自治の本旨」阿部ほか編・地方自治大系２三五頁も、九二条につき実体的ホーム・ルール権を読み込んで解釈すべきことを説いていた。参照、塩野・行政法概念の諸相三四九頁）。ただ、その前提に立ったとしても、出来上がったその条文構成はアメリカ地方自治法制における憲章（charter）制度を前提としては理解し難いものとなったこと、その後の日本の学説の地方自治本旨論議の大筋は（須貝論文の指摘はあるが）、憲章の観念から離れたところで展開していったことも事実である（塩野・行政法概念の諸相三四九頁以下参照）。

（2）　現行憲法における地方自治条項が必ずしも十全でないことに鑑み、以下にみるように解釈学説、地方自治法をはじめとする立法政策でその補充が試みられているが、より直接に憲法改正を含む憲法政策論を展開したものとして、全国知事会・第七次自治制度研究会報告「地方自治の保障のグランドデザイン」（二〇〇四年）がある（全国知事会ホームページ）。

三　地方自治法制の位置づけ

明治憲法的な伝来説により、かつ、国家作用の三分説をとると、地方自治に関する事項はすべて概念上、行政に関する事柄となる。つまり、地方公共団体の存在それ自体が法律の産物であり、また、その活動もすべて、国家の通常の法律によって委任されたものであるので、広い意味での国家行政の一部をなすということになる。したがって、地方自治法制は全体として、行政法ということになる（従来の行政法教科書がそうである）。

これに対して、日本国憲法において、地方公共団体の権能が憲法自体で付与されているということになると、国家作用の三分類もさしあたりは、国家の機構にとどまり、地方公共団体の作用は当然には行政にのみとどまるものではない、ということになろう。具体的にいうと、憲法四一条は中央政府の立法権の所在について規定したものであり、憲法六五条の行政権もそうである（ただ、司法権は憲法上、地方公共団体の固有の権能としては認めていない、ということになる。後出一八六頁）。

このような見地からすると、地方自治法は行政法ではなく、まさに、地方政府の法、law of the local government ということになる。これはある意味ではものの見方、あるいは、たんに整理にとどまるが、しかしかかる見方をすることは、国と地方公共団体の関係について立法政策上の事柄を考える上で重要な意味をもつものと思われる。[1]

（1） アメリカ法では、地方自治法は行政法の一分野という見方をせずに、端的にlaw of the local governmentとして、法学教育の対象となる。これに対して、ドイツでは、地方自治法（Kommunalrecht）は、現在でも、行政法の一部である。それは、市町村（Gemeinde）の活動は条例を含めて全体として、行政に属するからとされる（大橋洋一「計画間調整の法理」、「条例論の基礎」〔一九九三年〕大橋・現代行政の行為形式論二六一頁以下、三五三頁以下）。

四 地方自治法の法源

実質的な意味における地方自治法の法源は各所に存在する。

① 地方自治の重要な法源として、憲法がある（九二条～九五条）。

② 条約上の義務として、国内法上地方公共団体の義務付けが必要とされる場合が想定される。その具体例として、国際航海船舶及び国際港湾施設の保安の確保等に関する法律では特定港湾管理者たる地方公共団体に対して保安の確保につき義務付けを定めているが、同法は、法案提案理由によれば「一九七四年の海上における人命の安全のための国際条約付属書の改正に伴」うものである。その意味で、条約は地方行政に関する法源で、グローバル化の進展とともに、この種の条約が重みをましてくることが予測される（この問題については、斎藤誠「グローバル化と地方自治」自治研究八七巻一二号〔二〇一一年〕九頁以下が詳細に論じている）。

③ 国家の制定法としては、憲法附属法典ともいうべき地方自治法（昭和二二年法律六七号）が、地方公共団体の組織・運営の基本的事項を定めている。[1] 国の独立行政法人通則法（独通法）に対応するものとして、地方独立行政法人法がある。このほか、地方財政の基本的法典として、地方財政法、地方交付税法がある。税制に関しては、

地方税法がある。公務員に関しては地方公務員法がある。さらに、地方公共団体の経営する事業などについて、地方公営企業法がある。

このほか、個別法にも地方公共団体の組織を規定するものがあるが、その代表例として、警察法、消防組織法、水防法、地方教育行政の組織及び運営に関する法律がある。

一定の地域を対象とする地域立法でも、地方公共団体の組織、運営に関する重要な規定を置いている例がある。過去の高度経済成長政策の一環としては、新産業都市建設促進法（平成一三年廃止）などがそうであるが、より地域限定的立法として、瀬戸内海環境保全特別措置法、琵琶湖総合開発特別措置法（平成九年三月三一日失効）、東日本大震災復興特別区域法がある。これらのほかに、憲法九五条の地域特別立法として広島平和記念都市建設法などがある。

その他、地方公共団体が処理する事務（事務の区分等については後出一七六頁以下参照）についても国の行政作用立法が多数存在する。(2)

以下、本書では、基本的には制定法としての地方自治法のカバーする領域を取り扱う（なお、本章では、一般的概念としての地方自治法と区別する意味で、制定法としての地方自治法を自治法と略す）。

④　地方公共団体の立法として条例、規則があるが、条例は極めて重要な法源になっている。その中には国に先駆けて制定された公害防止条例があるし、近年では情報公開条例、個人情報保護条例などが、国家法の整備よりも先行した。

近年、地方公共団体で自治基本条例が制定されている例がみられる（名称はまちまちである）。その内容は多様であるが、実体的政策理念、住民参加・情報の共有等の意思形成にかかる基本原則、具体的手続規定などが主なものである（自治基本条例については、行政学的文献を含めて、多くの先行業績があるが、文献紹介の意味を含めて、参照、斎藤誠「自治基本条例の法的考察」〔二〇〇四年〕斎藤・現代地方自治の法的基層〔二〇一二年〕三七一頁以下、北村喜宣「地方分権時代の自治体運営と自治基本条例」〔二〇〇三年〕北村・分権改革と条例〔二〇〇四年〕二四七頁以下、企画委員会シンポジウム「自治基本条例と自治体政策法務」法社会学七四号〔二〇一一年〕所収の各論考）。基本条例も法律の範囲内で定められなければならないことは他の条例と同様であるが、法源論としては、当該地方公共団体における他の条例に対する優先性が問題となる。このような論点は、国法のレベルでもいわゆる基本法とこれに関連する個別法との関係でも生ずるところであるし（参照、塩野宏「基本法について」〔二〇〇八年〕塩野・行政法概念の諸相二三頁以下）、自治法の定める役割分担原則以下の諸規定（法一条の二・二条一一項～一三項）と個別法の制定・運用にもみられる。一般論としては、後法は前法を破るの原則が自治基本条例の場合にもあてはまるが、個別条例の解釈原理として、自治基本条例の趣旨が参酌されることはありうる（木村琢麿「自治基本条例（自治憲章）の制定に向けての一考察」千葉大法学論集一七巻一号〔二〇〇二年〕二一頁以下は、解釈論として基本条例優越論の余地があることを主張するが、内容が明確に衝突する場合の基本条例優先の論拠は明確でない）。もっとも、これまでに制定されている自治基本条例の内容は、理念的・抽象的なもので、国法、他条例との衝突事例は見当たらない。したがって、現段階では基本条例の最高規範性を論ずる素材に乏しい（この点に関し、金井恵理可「自治基本条例に最高規範性を与える法解釈の可能性」都市問題二〇一一年五月号八三頁以下は、自治基本条例における条例〔自治基本条例を含む〕の制定手続の加重条項に規範性を求めているが、条例制定手続一般に住民参加手続を加重することの合理性、さらには、憲法の予定する議会の権能との衝突の可能性が問題となる）。

なお、自治基本条例とは別に、より具体的な課題について、基本条例の制定が広くみられる。議会基本条例、環境基本条例、まちづくり基本条例などで、基本法の活用は、日本の制定法一般に関する共通性と言える（個別基本条例につき、後出二一九頁、二四五頁参照。国法レベルの基本法の多様性につき参照、塩野・行政法概念の諸相二六頁以下）。

⑤　国の法律も、地方公共団体の条例も地方自治法制度の主要法源である。そこで、二つの法源が競合するときの調整が必要となる。その具体的問題は後に触れるが（後出二〇二頁参照）、法源の形式的分類の観点から、地方自治法、地方公務員法等につき、その基本法的性格、枠組み法的性格が指摘されることがある。基本法的性格については、別に記述したところに譲るとして（参照、塩野・行政法概念の諸相三四頁以下、七四頁以下）、自治法一条、一条の二に基本法的条項があるが、自治法自体に地方公共団体の組織・運営に関する詳細な定めと関係施行令を置いている一方、地方公務員法、地方財政法、地方税法等の地方自治関連諸法に関する具体的指針等は自治法には含まれていない。その意味で、自治法を基本法の一種として位置づけることは疑問である（地方自治法とは別に地方自治基本法の制定を論ずる見解として、木佐茂男・国際比較の中の地方自治と法〔二〇一五年〕一六八頁以下、同書引用の文献参照）。したがって、地方自治制度との関係では、枠組み法に、より注目する必要がある。すなわち枠組み法というカテゴリー自体は、法令用語でもなければ、講学上も、（外）枠法、準則法、標準法、基準法など一定していないが、地方公共団体の組織・運営に関して国の法律は基本的枠組みないしは大綱を定めるにとどめ、具体的規律は地方公共団体の定めるところによるとするもので、この点は、地方自治法（一条）、地方公務員法（一条）、地方財政法（一条）、地方公営企業法（一条）の目的規定にも表明されている（地方税法には、この種の規定がないが、その立法者意思は明らかでない）。その限りでは、地方自治法制に関する国のレベルにおける法源は、枠組み法とみられる。もっとも、この原理が現実の法制度および運用に実現されているか否かは、別途検討されねばならない（後出

二〇九頁。枠組み法一般につき、塩野・前掲書七四頁参照)。

⑥ 条例が憲法に根拠を有する(九四条)のに対して、規則が憲法に直接根拠をもつといえるかどうかは争いがあるが、いずれにせよ、自治法一五条は包括的に長の規則制定権を認めている。もっとも、権利・義務に関する定めは必要的条例事項であるので(法一四条二項)、規則の範囲には限定がある(規則の憲法上の根拠、範囲等につき、参照、平岡久「地方公共団体の長の規則に関する若干の考察」小高古稀七七頁以下、松本・逐条地方自治法二三〇頁以下)。

⑦ 判例が重要な意義を有することは、他の法領域と同様である。

⑧ 右に掲げた地方自治法の法源のカタログは、行政法総則のそれと基本的に共通するが、これに加えて、それぞれの地域に固有のルールの存在に着目し、これを地域ルール(礒野弥生「地域ルールの確立のための覚え書き」兼子古稀三〇七頁以下)あるいは、ローカルルール(飯島淳子「地方自治と行政法」新構想I二〇九頁、二一三頁以下)として分析の対象とする試みが展開されている。前者はその視野の中に条例・規則を含めるのに対し後者は条例・規則以外の要綱・協定等を念頭においている違いはあるが、国法の法源論とは異なった分析視角を提供するものといえる。もっともこの概念は差し当たりは、開発概念として想定されている。

(1) 地方自治法は、日本国憲法の地方自治条項に基づき憲法と同時に施行されたもので、日本における地方自治法制においてはまさに画期的である。一方、個別の概念については、明治憲法下の市制・町村制にその淵源をもつものも少なくない。その点では、地方自治法上の概念の探求にあっても、市制・町村制に遡って検討を加える必要が残されている。この点で、地方自治総合研究所監修・逐条研究地方自治法I~V(一九八五~二〇〇五年〔I改訂版二〇〇二年〕)、別巻上・下(二〇一〇年)は、研究者・実務家に好個の情報を提供している。自治法は、制定以来、何度か重要な改正を経験しているが、その概略については(平成六年の法改正まで)、参照、塩野宏「戦後法制五〇年——地方自治法制」ジュリスト一〇七三号(一九九五年)四七頁以下、平成二四年までの詳細な資料紹介・分析として、小西敦・地方自治法改正史(二〇一四年)が、明治期以降も含めた簡潔な通史として、中川剛

「日本地方自治史」中川・地方自治制度史（一九九〇年）七三頁以下がある。

（2）　現実には自治の範囲はこれら行政事務の具体的根拠を定める個別作用法によってきまってくるので、その動向は地方自治の本旨からみて重要な問題である。この点は、かねて事務配分における地方分権の問題として論ぜられ、制定法により対応がなされてきたところで、この種の法令のあり方も、地方自治の法源の一環として考察しておく必要がある。

すなわち、地方分権政策推進の観点から、地方分権推進法（平成七年法律九六号）、地方分権改革推進法（平成一八年法律一一一号）の制定をみている。これら二つの法律はいわば基本法的なものであるので、自治行政の変革に直接つながるものではなかったが、その実践という意味において、地方分権の推進を図るための関係法律の整備等に関する法律（平成一一年法律八七号）が制定され、機関委任事務の廃止など自治法自体の重要な改正を含め、関連個別行政法の改正が行われた。同法の概要および自治法改正の詳細な内容については、立案者側のものとして、佐藤文俊「地方分権一括法の成立と地方自治法の改正（一）～（六・完）」自治研究七五巻一二号、七六巻一号～三号・五号・七号（一九九九～二〇〇〇年）がある。また、改正地方自治法（以下、平成一一年改正自治法という）の新規定についての行政法学からのコメントとして、地方自治・地方分権（ジュリスト増刊）がある。法制定にいたるまでの経緯については、高木健二・分権改革の到達点（一九九九年）、西尾勝・未完の分権改革（二〇〇〇年）、斎藤誠「新たな地方分権・自治の法」（一九九七年）斎藤・前掲書七四頁以下等参照。その後もいわゆる「地方分権一括法」（地域の自主性及び自立性を高めるための改革の推進を図るための関係法律の整備に関する法律）が一〇次にわたり制定されてきた（第一次＝平成二三年法律三七号～第一〇次＝令和二年法律四一号。前掲平成一一年法律八七号も地方分権一括法と称されることもあるので、以下、同法を平成一一年一括法と呼ぶ）。地方分権一括法の主要目的は、個別法領域における国と地方公共団体の権限配分にあるが、地方自治法制にも触れているので、地方自治法の変遷過程を知るには、これら一括法の動向にも留意する必要がある。なお、一括法とは別に、平成二九年には地方公共団体の内部統制に関する整備、監査制度の充実等に関する自治法の改正がなされた（平成二九年法律五四号）。このように、自治法は、かなり頻繁に重要事項に関する改正が進められているので、その動向に留意する必要がある。

なお、平成二三年法律三七号（第一次一括法）は、当初「地域主権改革の推進を図るための関係法律の整備に関する法律（案）」

として国会に提出されたものであるが、国会審議の過程で、「地域主権」なる言葉を法令用語として用いることに疑義がだされ、「地域主権」は、法律三七号の標題だけでなく、別の言葉に書き換えられたという経緯がある（法令用語としてではなく、地域主権戦略会議〔閣議決定、平成二一年〕、地域主権戦略室〔総理大臣決定〕の組織名および地域主権戦略大綱〔閣議決定、平成二二年〕の標題として使われていたにとどまる）。なお、政府の審議会レベルにおいても、道州制ビジョン懇談会（内閣官房付置）中間報告（平成二〇年三月二四日）は、「『地域主権型道州制国家』への転換」を歴史的必然とするが、主権概念の分析、日本国憲法においての可能性については言及がない。

ちなみに、法案では「地域主権」ではなく「地域主権改革」という言い回しがなされ、これは前掲の整備法案において「日本国憲法の理念の下に、住民に身近な行政は、地方公共団体が自主的かつ総合的に広く担うようにするとともに、地域住民が自らの判断と責任において地域の諸課題に取り組むことができるようにするための改革」（内閣府設置法改正案四条一項三号の三）とされていた。この説明の限りではあえて「地域主権」なる言葉を用いるまでもないところであるし、整備法の内容自体も主権論議とは無関係に成り立ちうるものである。その意味では、「地域主権」は、現在用いられている限りでは法概念としては認められ難い（参照、塩野宏・行政法概念の諸相一頁以下の法概念の分類学）。地域主権なる用語あるいは概念の出自は明らかでなく、わが国でしばしば試みられる外国語の翻訳を示唆する文献もみあたらない。もっとも、一九四八年の連合国最高指令部民生局の報告書・日本の政治的変更（Report of Government Section, Political Reorientation of Japan, 1946）第三章日本の新憲法（Section III. The New Constitution of Japan）に次の記述がある。「『地方自治の委員会』の報告は詳細に討議され、遂に、広汎に修正された。委員会の草案に対する主な反対は、地方公共団体に残余権限を留保した一種の地方主権（a form of local sovereignty）を確立した点であった。日本はあまりに小さすぎ、州権（state sovereignty）というようなものはどんな形のもの（any form）も認められず、また、地方公共団体の保護は議会と裁判所に任せて大丈夫だと考えられた」（翻訳は、国家学会雑誌六五巻一号四一～四二頁による。挿入の英語は、原文による。なお、state sovereignty の訳語を「州主権」ではなく、「州権」としたことの理由は明らかでない）。他方、現今の、地域主権提唱者がこれを参照した形跡はない。また、報告書では、local sovereignty と state sovereignty は対立したものとは考えられておらず、むしろ、日本では連邦制をとるには至らないという程度の意味ともみられる。いずれにせよ、地域主権は、いわば、和製用語・和製概念である。これが現代法の観点からの近代法の超克としての意義を有する普遍性をもつ概念とは思われない（地域主権については、その不明確性の批判的分析として参照、白藤博行「『地域主権』の改革と法理」渡名喜庸安＝行方久生＝晴山一穂編著・「地域主権」と国家・自治体の再編〔二〇一〇年〕五五頁以下、憲法学における主権概念からの疑問として、参照、石川健治「国家・主権・地域」法学教室三六一号〔二〇一〇年〕六頁以下、一四頁以下、長谷部恭男・続 Interactive 憲法〔二〇一一年〕一四八頁以下）。以上の点に鑑み、本書では、筆者自身の言葉としては地域主権の語は用いない。

地方自治法はその後、平成二四年に議会制度（通年会期の導入等）、議会と長の関係（再議制度の拡大等）、直接請求制度（署名要件の拡大）、国による不作為の違法確認制度（創設）等、平成二九年には、内部統制、監査委員等の監査に関する規定の整備、権利放棄議決の整備等の改正をみている。改正事項に関しては、必要に応じて個別にふれることとする。

第二節　地方公共団体の意義

一　地方公共団体の要素

地方公共団体は、一定の地域、住民、法人格の三つをその要素とする。住民を要素とすることは、地方自治の観念の中に住民自治がもともと含まれていることからもいうまでもない。さらに、これが地域的な空間をもった団体であることも当然の前提とされていたところである。

(1)　住　民

①　自治法上、住民は市町村の区域に住所を有する者としている（法一〇条）。住所とは何かについては、特段の定めがないが、生活の本拠によるとするのが通説である。また、自治法上の住所は一つに限られるという前提がある（飯島淳子「地方公共団体の構成要素としての住民・区域」争点二〇五頁は、住民と区域の一対一の対応原則の揺らぎ

を指摘している）。住民となるについての特段の行政的手続はない。住民たる地位に関する正確な記録について定める住民基本台帳法（参照、自治法一三条の二）では、市町村は、住民につき、氏名、住所等を記録する住民票を作成するものとしている（住民基本台帳法五条以下）。これは、公証行為である。したがって、住民基本台帳に記載されている所が地方自治法所定の住所と推定されるが、それ以上のものではないので、争いがあるときには、裁判所の認定にまつこととなる（大阪高判平成元・三・二二行裁例集四〇巻三号二六四頁）。

② 住民たるの要件には、国籍条項がない。そこで、外国人も住民としての権利を有し、義務を負うこととなる。しかし、外国人は日本国民と全く同様の地位にたつものではなく、選挙権、被選挙権については認められていない。ここから生ずる問題については後に述べる（後出二三〇頁。外国人の住民登録に関しては、後出一八二頁注(4)参照）。法人も住民となる。

(2) 区　域

① 地方公共団体の区域については、自治法は「普通地方公共団体の区域は、従来の区域による」と定めている（法五条一項）。従来の区域とは、自治法施行当時の区域をさすので、市制・町村制の区域を意味することとなるが、その市制・町村制では「従来ノ区域ニ依ル」とされ（一条）、旧市制・町村制では「従来ノ区域ヲ存シテコレヲ変更セス」（三条）となっており、さらにその前の明治一一年の郡區町村編成法では「町村ノ区域名称ハ総テ旧ニ依ル」（二条）とされていたので、結局のところ、区域、つまり市町村の境界は徳川幕府時代のものによる、ということになる。現在の市町村は、徳川幕府時代の町村と同一でなく、これを数次にわたり合併してきたものであるが、それでも、その外延は、徳川幕府時代のものであるということになる（明治期以降の市町村合併の推移につき、参照、松本・要説一五九頁以下）。

② 市町村の区域には陸地のみならず海域も含まれるかどうかの問題があり、かねて論ぜられていたところであるが、現行自治法が、公有水面のみに関する境界変更および確定手続を定めているところからすれば（法九条の三）、海域にも市町村の区域があるとして立法上解決をみたことになろう。

③ 陸地であれ、海域であれ、市町村の境界についての紛争が関係市町村間で生ずることがしばしばある。その紛争解決の手続が自治法（法九条以下）に定められている。法は、その際、境界に争論がある場合（法九条）、公有水面のみに係る市町村の境界につき争論がある場合（法九条の三）、市町村境界が判明ではないが、なお争論のない場合（法九条の二）の三つに分けて規定を置いている。いずれにせよ、何らかの意味で市町村境界について疑義のあるときは、一連の手続を経た上での公権的解決（司法的）の制度が用意されている。その一つとしての、境界に関する訴訟（法九条八項・九項）については、それが行政事件訴訟法に定める機関訴訟にあたるか否かの学説上の争いはあるが、制度としては定着している（本書Ⅱ二九三頁は主観的訴訟と理解している。学説の動向についての詳細な分析として、小林博志「市町村の提起する境界に関する訴えと当事者訴訟」小林・自治体の出訴の歴史的研究〔二〇一八年〕一一頁以下がある）。また、境界に関する裁判所の判断が確認的なものか、創設的なものかについては、民事訴訟において争いがあるが（新堂幸司・新民事訴訟法〔六版、二〇一九年〕二〇九頁以下）、知事の裁定をめぐる訴訟は抗告訴訟、関係市町村間の訴訟は、統一的基準がないところからすると、民事訴訟法における形式的形成訴訟とみるのが妥当と解される（塩野宏「境界紛争に関する法制度上の問題点」〔一九八〇年〕塩野・国と地方公共団体二九九頁以下。なお、関連判例の詳細な分析につき、小林博志「市町村の合併及び境界に関する訴え」小林・前掲書二九五頁以下参照）。

④ 右に述べたのは、わが国の領土、領海内の土地の帰属にかかるものである。その限りで領海内であると、そ

の地先の水面もいずれかの市町村に属しているという前提がある。これに対して、公海上に新たに、島嶼ができて、これが、日本の領土となるような場合については、自治法に定める手続によることとなる（法七条の二）。

⑤　わが国の法制度は、市町村に属さない区域はないという前提をとっている。いいかえれば、日本国に住所を有する者は何れかの市町村の住民である、ということになる。その意味では市町村は、合併等によって、固有名詞は変わるけれども、市町村という制度は、日本全国にあまねく存在しているのである(1)。

(3)　人　格

自治法は明文で、地方公共団体は法人とすると定めているが（法二条一項）、これは明治憲法下の市制・町村制も同様である(2)（二条）。

その際、明治憲法下における法人の性格論としては、住民を構成員とすることを前提としつつも、社団法人としてこれを正面から位置づけることなく「特定の限られた社員だけの利益を図るのではなく、一地方の一般人民の公共の利益を図ることを目的とするのでそれは必然的に、国家目的であり、随って公法人たる性質を有する」（美濃部・日本行政法上巻四七九頁）とされていた。基本的状況は、日本国憲法の下での性格論でも変わりはない。

次の点に留意する必要がある。

①　わが国では、地方公共団体（明治憲法の下では、とりわけ市町村）は、他の公の社団、財団とは異なる別のカテゴリーとして位置づけられてきたが、この点は、地方公共団体（Gemeinde）を公法上の社団の一種として整理しているドイツ（Maurer, Allgemeines Verwaltungsrecht, 18. Aufl. S. 583.）と異なる。民法上の法人の分類（社団と財団）を等しくしながら、国法のレベルでドイツと異なった扱いがなされてきたことについては、概念的厳密性の相違として整理することもできるが、日本においては、地方公共団体が他の公法人よりも一層国家に近い存在として認識

されてきたことを反映しているという見方も可能である。

②　右に指摘したことと関連するが、一般的にいって、地方公共団体は、国家と社会の中間的団体ということができる。いいかえれば、地方公共団体は、一面では統治団体としての性格を有するが、他面、事業団体として、社会的サービスの提供者としての地位をもつ（参照、塩野宏「地方公共団体の法的地位論覚書き」〔一九八一年〕塩野・国と地方公共団体三頁以下）。しかしそのいずれに力点が置かれるかは、時代によって異なる。すなわち明治憲法の下で、地方公共団体は住民に対する公共的サービス団体としての地位を有していたと解される。すなわち、市制・町村制に定める固有事務の内容は、組織・財務というその団体の存続のためにする事務およびその団体構成員の福利増進のためにする事務（保育行政ともいわれる）とされており、行政作用的側面に関しては、地方公共団体はまさに公共的サービスの提供主体であった。この点は、当初は自治法においても同様で、名称は固有事務から公共事務に変わったが、内容的には同義のものとして理解されてきた。ところが、自治法制定後間もなく、同法が改正され（昭和二二年法律一六九号）、新たに「その他の行政事務」が地方公共団体の事務分類として挿入された。この事務は、特別の法律の根拠、あるいは、別段の委任によることなく、地方公共団体が自らの判断で処理することができるが、事務の内容は規制行政に関するものであると理解されてきたのである。行政事務の観念は日本における地方公共団体の事務分類上（後出一七七頁）重要な意義を有したものであるが、規制事務としての行政事務を地方公共団体の一般的な事務として整理したことによって、憲法上の条例制定権の明定（九四条）とあいまって地方公共団体は憲法上規制権限を有するものという理解が定着し、ここに地方公共団体の統治団体的性格が明確となったことに注意しなければならない（参照、塩野・国と地方公共団体五頁以下）。

（1）　これは、当然の常識であるようにも思われる。しかし、この常識があてはまらない国もあるわけで、アメリカがそうである。

カリフォルニアを例にとると、州は county にすべて分割されるが、これはもともとは州の行政単位として定められたものである。ところで、この county の内部には、市（municipality）の存在する incorporated area と、それがない unincorporated area がある。つまり、後者には、日本でいう、基礎的地方公共団体としての市町村が存在しない地域がある、ということになる。日本では基礎的自治体を認めないことは地方自治を尊重する日本国憲法の趣旨に反する、ということになりそうである。しかし、アメリカ人は必ずしもそのような観念論をとらないようである。つまり、municipality のない unincorporated area にも人が居住していることがあるが、そこでは本来的には州の機関である county の行政サービスを受けることになる。その場合には自らの自治という点からすると、固有の市町村よりは及ばないものがある。他方、自治体を構成すると、税金が余計にかかるのが通例である。そこで、かれらは、税金をよけいに負担してでも、自分たちの政府をもとうと考えると、法定の手続によって、自治体をつくる、つまり incorporate するのである。これに対して、そうではなくて、上部の組織のサービスを受けたままのほうがよいとなると、unincorporated area のままでいることになる。なお、たとえば、下水処理のような事業に関しては、適当なエリアごとに、一種の特別地方公共団体たる special district をつくり、そこからサービスを受けるという手法をとる。ちなみに、わが国では市町村の最も重要な事務の一つと考えられている初等・中等教育は、カリフォルニアでは、市の仕事ではなく、school district が担当する。つまり、ここでは、総合的な行政主体としての市町村があることが地方自治にとって最も重要なことではなくして、市町村をつくるかどうかが、住民の意思によってきまることこそ、住民の基本的な関心なのである。

(2)　地方公共団体の三要素に関して、自治法は、法人格の点についてのみ、地方公共団体に共通するものとして規定し（法二条一項）、住民、区域に関しては、普通地方公共団体についてだけ規定を置くとともに（法五条以下、一〇条以下）、特別地方公共団体についての直接の準用規定がない。しかし、このことは、特別地方公共団体については、住民および区域の観念がないことを意味するものではないと解される（後出一七一頁参照）。

二　地方公共団体の種類――一般

自治法は地方公共団体を大きく普通地方公共団体と特別地方公共団体の二つに分かっている。さらに普通地方公共団体として都道府県、市町村を、特別地方公共団体として特別区、地方公共団体の組合、財産区を挙げている（法一条の三）。

このうち、普通地方公共団体は、憲法上の自治権を保障されるものとして、位置づけられている。これに対して、特別地方公共団体にはそれが及ばない。具体的には特別地方公共団体の長は住民の直接公選によるものではないとか、同様に直接の公選による議会もないという具合である（ただし、東京都の特別区については、現在、長および議会の直接公選制がとられ、かつ、基礎的地方公共団体として法律上も位置づけられているが、この点については後出一七〇頁）。

以下に地方公共団体のそれぞれの類別に即して、主要論点を拾っておく。

三　普通地方公共団体

⑴　市　町　村

①　普通地方公共団体のうちで、市町村の区別については、その要件に関し、自治法（八条）に定めがあり、市としては人口三万の要件でたりるとした時代があったが、現在では五万以上である（ただし、市町村の合併の特例等に関する法律により、人口三万又は四万も認められる）。これは市となる条件であるので、市になったあと、人口が流出して五万を欠けても市でなくなるというわけではない。町と村の区別は都道府県条例による。

市と町村の区別は、単に市という名称をつけることができる、ということだけでなく、法律上、その間には組織上（法九四条・一三八条四項・一七一条一項・一九五条二項）、事務配分上若干異なった取扱いがなされる（市が管理することができる、あるいは市が管理しなければならない事務で町村がその権限を有しない事務もあり、たとえば、福祉事務所は市は必置機関であるが、町村は任意である。設置していない町村の区域については、都道府県がサービスを担当することになる。社会福祉法一四条）。

②　市の中には、指定都市、中核市の制度がある。これは、一定の規模の市については、事務配分を異にしようとするものであって、いわば、市の中での差異化である（かつて特例市の制度が設けられたが、平成二六年の地方自治法改正により廃止された。特例市制度の制定・廃止につき、宇賀・地方自治法五二頁参照）。

指定都市の制度は、これに、都道府県と同様の権能をもたせて、大都市行政を円滑にするものであって、自治法自体で特例措置を定めている（法二五二条の一九）。また、ここでは行政区を設置することとなる（後出一七四頁参照）。かつては東京市を含めて六大都市であったが、現在では東京都がここからはずれて、大阪、京都、横浜など二〇の市がある。自治法上は人口五〇万以上の都市で政令で定めるとされているが、実務上は、人口一〇〇万を基準としている。

中核市の制度は、指定都市制度よりも遅れて創設されたものであるが、人口二〇万（創設時は三〇万）以上を有する市を中核市とし（政令で指定される）、この市は、前記の指定都市の処理する事務に準ずる事務を担当する（法二五二条の二二。ただし、区は設置されない）。

③　このように、指定都市、中核市の制度があり、事務配分につき、市町村の間の差異化の方向は進められているが、基本的には、市町村について、殆ど一律的な組織構造がとられているところが日本の地方自治法制の一つの特色をなしている。

④　かつて、郡という制度が町村を包括する単位として存在していたが、これが大正一二年に廃止され、現在では地理的名称にとどまっている。ただ、実際上は県議会議員や国会議員の選挙区の確定の基準として用いられる

し、広域市町村圏の単位とか、さらに、地域の運動会の単位等、実際上の機能はなお残っている面もある（参照、松本・要説一七四頁）。

(2) 都道府県

都道府県は、市町村を包括する広域の地方公共団体である。いいかえると、都道府県の区域の中に、いずれかの市町村（都の特別区を含む）に属さない地域はない。

都道府県のうち、府と県については、沿革上の区別以外には実質的な区別はなにもない。これに対して、都は一つの一般的な制度であって、県としての機能、市としての機能の二つを併せ有しているものである。また、その区域に特別区をもっている点も都制の特色である。ただし、都は、市町村も包括する。

現在、都は東京都に限られているが、制度としては一般的なものなので（法律用語辞典）、名古屋都ができることも法律上カテゴリカルに否定されるわけではない。すなわち自治法上には、都の定義規定は置かれていないが、府や県と同様、自治法制定時における「従来の名称」（法三条）に従い、自治法でいう都とは、具体的には東京都のみをさすことになる。ただ、府や県と同様に都は一般的な制度として置かれているので、東京都とは別に他の広域の地方公共団体が都の制度を敷くことが制度的に否定されているわけではない。その際、どのような手続を経て広域的地方公共団体に新たな制度を敷くかは、いろいろな方途が考えられるが、平成二四年の第一八〇回国会に「大都市地域における特別区の設置に関する法律案」が国会に上程・可決された（平成二四年法律八〇号）。それによると、道府県の区域内に特別区の設置を認める手続を定め（法四条～九条）、この「特別区を包括する道府県は、地方自治法その他の法令の適用については、法律又はこれに基づく政令に特別の定めがあるものを除くほか、都とみなす」（法一〇条）こととしている。名称、形式の点では東京都を唯一の都とする現行制度は維持されているが、実質的には、道府県への都制の導入の道を開くものである（松本・逐条地方自治法三一頁は、同法を「当該地域が自発的に〝実質的意義の都制〟を施行することを可能にしたもの」としている）。

なお、大阪府・大阪市は同法に基づき、特別区設置協議会を設置して（法四条）、特別区設置協定書を作成し（法五条）、これを選挙人の投票（法七条）に付したが否決され（二〇二〇年一一月）、大阪都構想は実現に至らなかったという経緯がある。

道も沿革上の名称であるが、警察の組織に異なったものがあるほか（警察法四六条・五一条）、かつて北海道開発庁が置かれたことがあるなど、地域開発上の特例もある。

(3)　都道府県と市町村の関係

都道府県、市町村は、自治法上両者とも完全自治体として取り扱われている。ただ、都道府県がその市町村を包括する団体であることなどを考慮して、自治法は、それぞれが担当すべき事務の範囲について一応の整理を行って、それぞれの性格付けをしている。すなわち、市町村は基礎的な地方公共団体であって、その処理する事務の範囲は概括的である。これに対して、都道府県は、広域の地方公共団体であって、広域にわたるもの、連絡調整に関するもの、一般の市町村が処理することが適当でないと認められる程度の規模のものを処理するものとされ、その限りで、市町村との関係では、相対的にみて、補完的である（法二条三項・五項）。

ここからして、市町村を基礎的地方公共団体（自治体）、都道府県を広域的地方公共団体（自治体）という対概念で呼ぶことがある。広域的地方公共団体の語が、市町村を包括することを意味するのは明らかであるが、基礎的地方公共団体の意味内容およびその機能は必ずしも明確でない（参照、小早川光郎「基礎的自治体・広域的自治体」法学教室一六五号〔一九九四年〕二四頁以下）。わが国の地方自治制度の歴史的発展の経過からすると、府県はもともと、国の総合的出先機関の性格をもっていたのに対し、市町村が自治体としての地位をもっているので、本来的地方公共団体という意義を現すものということもできよう。そのことがいかなる意味をもつかについては次に述べる。都道府県と市町村は両者とも完全自治体であって、その間に、上下の関係があるわけではない。(1)

⑷　二層制（都道府県・市町村）の憲法問題

現行自治法上、普通地方公共団体としての市町村と都道府県は、憲法上の地方公共団体としての取扱いを受けるといっても、そのことは、市町村と都道府県のいずれも、憲法上の地方公共団体としての地位を当然に有するということにはならない。憲法は、わが国において、憲法上に権能を与えられた地方公共団体が存在することは前提としているが、いかなる団体が憲法上の地方公共団体であるかについては特段ふれるところがないからである。(2)

いずれにせよ、ある地域において、憲法上の地方公共団体が全く存在しないということは憲法の予定していないところであるので（ただし、首都の一定地域についていわば国の直轄とすることが憲法上認められるかどうかの問題は残る）、問題は、現行制度のような、都道府県と市町村の二段階構造（いわゆる、二層制）が憲法の要請するところかどうかにある。また、このような問題設定においても、歴史的、比較法的に地方公共団体としての地位を享有してきた市町村を廃止し（これを都道府県の中の単なる行政区画とする）、都道府県のみの一層制とすることは、現実的にも予想し難いし、また、それは、憲法の地方自治の本旨に反することになると解される。

そこで、実際問題としては、かつてそうであったように、府県を憲法上の完全自治体とすることをやめ、原則として、市町村のみの一層制をとることが憲法上許されるかどうかである。

二層制維持は憲法制定当時の重要な政策課題であったことはたしかである。明治憲法の下では、府県は自治体としての側面と国の総合出先機関としての性格を併せもっていた。すなわち、府県のその長は国の官吏としての知事であり、その知事の下に、これまた身分上も官吏、つまり国の職員としての補助機関が府県レベルでの国の行政を執行していたのである。一方、府県は地方公共団体としての性格を併せもっており、住民から選ばれた議員による府県会が存在し、一定の範囲での条例制定権等を有していたわけである。ただ団体の事務の執行には官吏があたることもあるし、府県の公吏があたることもあったとされる。つまり、府県は完全自治体ではなく、半自治体であった。アメリカ占領軍の対日政策の最も重要なものの一つが、この官選知事の廃止、公選知事制度の導入であり、それはわが国統治構造の民主化の一環をなすものとして評価される。しかし、憲法解釈論としては、二層制をもって憲法上の要請とすることは、文理、憲法制定過程、比較法的素材のいずれによっても、実証性に乏しいものがある（現在の自治法の下でも、二層制は完全には守られてきたわけではない。それが、東京都の特別区を巡る問題である。現在、特別区の区長は住民の公選によっているが（次項参照）、かつては公選制がとられておらず、それでも合憲とされたのである（後出注（2）の最高裁判所判決）。

他方、憲法でいう地方公共団体とするかどうかは、全く立法者の任意の判断にゆだねられるということにはならない。というのは地方自治の本旨に基づくというのはこの場合にもかかってくるからである。したがって、問題の設定は、仮に府県を廃止したとすると、地方自治の本旨に反する状態が出現するかどうかということにある。

その際、地方自治の尺度として、地方公共団体の担当する事務の範囲がある。しかし、公の行政主体が担当すべき事務のうちどの範囲の事務まで地方公共団体が担当すると地方自治の本旨に反しないものになるかは、二段階構造の問題ではない。現実問題としては、府県の廃止は従来府県が担当してきた事務を市町村と国とに振り分けることになる。その結果地方公共団体の事務の範囲が縮小することもある。しかし、事務の縮小が地方自治の本旨に反することがあるのは、二層制をとっている時にも生ずることである。そこで、この見地から問題をたてるとすると、府県を廃止したが、市町村が弱体であるので、一義的に国の事務とは考えられないものが国の行政組織にゆだねられることになったという場合とか、逆に府県を廃止し市町村の規模を一挙に拡大して事務の委譲をはかった結果、基礎的地方公共団体の実体が失われてしまうという場合であろう。しかし、これは提案されるべき府県制廃止の内容によるものであって、府県制度の廃止が直ちに地方自治の本旨に反して違憲となるというものではないであろう(以上の点についての詳細については、参照、塩野宏「府県制論」〔一九八八年〕塩野・国と地方公共団体二八三頁以下)。(3)(4)

(1)　この点は、平成一一年一括法により一層徹底された。具体的には、機関委任事務にかかる知事の指揮監督権(旧法一五〇条)、知事の取消停止権(旧法一五一条一項)、市町村長への事務委任権(旧法一五三条二項)、事務の補助執行(旧法一五三条三項)の廃止がそうである。また、いわゆる統制条例の制度も廃止された。もっとも、都道府県の市町村に対する関与制度(法二四五条以下)および(都道府県の)条例による事務処理の特例制度(法二五二条の一七の二以下)があり、その限度で、不対等の関係は存在する。

(2)　この点については特別区の区長公選に関する最高裁判所の判決(最大判昭和三八・三・二七刑集一七巻二号一二一頁、地方自治判例百選一事件)が論及している(同百選の飯島淳子解説参照)。この判決は基礎的地方公共団体である市町村に匹敵する特別区が憲法上の地方公共団体であるかどうかの問題を取り上げたものであるが、最高裁判所は、憲法上の地方公共団体とは、「事実上住民が経済的文化的に密接な共同生活を営み、共同体意識をもっているという社会的基盤が存在し、沿革的にみても、また現実の行政の上においても、相当程度の自治立法権、自治行政権、自治財政権等地方自治の基本的機能を附与された地域団体であることを必要とする」としている。判決の論理によると、立法者のほうで予め自治立法権、自治行政権、自治財政権を与えないでおく、あるいは奪っておけば、憲法上の地方公共団体としての保障を受けないのであるから、これでは、問題の解決を立法権者にゆだねてしまう結果となり、違憲立法審査権を行使したことにはならないと思われる。

(3)　以上は憲法解釈論である。しかし、このことは立法政策として、府県の廃止が妥当であるということには当然にはならない。

この点につき、かつては、府県の完全自治体としての性格を廃止し、これに代わる半官的な道州制論が主張されたことがあったが、その後の道州制論は、実質的には府県合併論であった（参照、辻山幸宣「道州制」法学教室一六五号〔一九九四年〕二六頁以下）。その意味では、府県制度自体は、相対的に安定しているといえるが、府県の存在理由、市町村と対比した場合のその特色は、常に問題となる性格をもっていることにも注意しなければならない（府県の存在理由についての分析として、参照、辻山幸宣・地方分権と自治体連合〔一九九四年〕二一三頁以下）。これに対して、第二八次地方制度調査会・道州制のあり方に関する答申（平成一八年二月二八日）の示す道州制は、都道府県事務の大幅な市町村移譲、国の実施事務（とりわけ国の地方支分部局の事務）を道州に移譲することを骨子としており、単なる府県合併の域を超えるものがある。この答申は実現をみていないが、その後、二〇〇七年に、道州制ビジョン懇談会が特命担当大臣（道州制担当）の下に開催され、同懇談会は二〇〇八年に中間報告（平成二〇年三月二四日）を提出した。同報告は「地域主権型道州制」を提言し（前出一五五頁参照）、さらにそれが「単なる都道府県の再編に矮小化すべきではなく」、「都道府県の合併を前提とする必要はない」ともしたところである。（ただ、その後二〇一〇年に同懇談会は廃止され、最終報告書は提出されないままに終わったという事情がある）。近時の道州制論議の批判的分析として、渡名喜ほか編著・前掲書（前出一五六頁）所掲の諸論文参照。さらに、かかる市町村と道州の二層制が日本国憲法の予定しているものかどうかの根本問題の論議も忘れてはならない。

（4）　本文に示した「基礎的地方公共団体」とは別に、「基礎自治体」という言葉もある。これは、第二七次地方制度調査会・今後の地方自治制度のあり方に関する答申（平成一五年一一月）で用いられているが、内容的には平成一一年の自治法改正による役割分担原則を前提としたもので、国も含む統治機構の中で、市町村を「地域における第一義的統治機構」という認識を含意したものとする見解がある（参照、山崎重孝「新しい『基礎自治体』像について（上）」自治研究八〇巻一二号〔二〇〇四年〕三六頁以下、四二頁）。したがって、「基礎的な地方公共団体」が都道府県との比較における概念であるのと異なり、一定の事務配分原則を前提とした上での市町村像である。そこで、この点は役割分担原則との関係で後に改めて取り上げることとする（後出二五四頁以下）。

四　特別地方公共団体

特別地方公共団体は、立法政策上設立されるものであるが、その共通の要素については、自治法では特段の規定がなく、現に、特別区、地方公共団体の組合、財産区、合併特例区は、それぞれに設立の趣旨、組織構成、機能、沿革が異なっている。ただ、これらが、地方公共団体として位置づけられる以上、地方公共団体の三要素、つまり、法人格、住民、区域の観念が存在するとともに、その行使する事務が、公の業務であることは、当然の前提とされているものと解される。ただ、すべての地方公共団体に共通して認められる法人格性は別として、区域、住民については、特別地方公共団体であることを理由に多少の加工がなされることは認められるであろう。その点にも注意しつつ、個別の特別地方公共団体について概観しておく(1)。

①　特別区（法二八一条～二八三条）　巨大都市における自治組織のあり方の一つであって、都の区として設置される（法二八一条）。特別区の区長は、昭和二七年の自治法改正で公選制から議会の選任制となったが、その後、昭和四九年の法改正により区長の直接公選制が復活し、さらに平成一〇年の改正で、特別区は基礎的地方公共団体として位置づけられた。基本的には市の規定が適用され（法二八三条）、普通地方公共団体としての性格を実質上強くもっている（法二八一条・二八一条の二・二八三条参照）。区長の公選制を否定していた時代には（それが憲法上許されるかどうかは別として。参照、前掲昭和三八年最高裁判所判決）、特別区を特別地方公共団体とする実益はあったが、現在では、その意義が失われている。

②　地方公共団体の組合（法二八四条～二九三条の二）　地方公共団体が事務を共同処理する手法の一つである。組合を構成するのは、関係地方公共団体である。組合のうち、一部事務組合は、個別事務（し尿処理、水道、港湾など）を共同処理するために（構成団体は市町村を通例とするが、都道府県も組織することができる。複合的一部事務組

合につき、参照、法二八五条）、広域連合は組合の一種で、広域にわたり処理することが適当な事務について広域計画を作成し、これら事務に必要な連絡調整を図ったり、総合的計画的に処理するために設けられる（平成六年地方自治法改正により新設された）。

地方公共団体の組合の構成員は、関係地方公共団体であるところから、組合には、住民の観念は存在しない、という理解がある（俵・地方自治法四二三頁、松本・逐条地方自治法一六三六頁）。しかし、事務そのものは、内容的には構成団体がもともと行ってきたまたは行うべきものと同じであるので、事務の対象となった者との権利・義務関係も同様である（松本・前掲書もこれを認める）。つまり、直接に地域住民を拘束するのである。そうだとすると、組合という法形式からみた場合の構成員は、たしかに、関係地方公共団体であって住民そのものではないが、一部事務組合においても、およそ住民の要素を除くことはできない。その限りにおいて、一部事務組合も、地方公共団体の一種ということができ、ここからして、住民の能動的権利にも、配慮されねばならないと思われる（組合は地域住民の全体から構成される地域団体でもあることは、明治憲法の下でも指摘されたところである。参照、美濃部・日本行政法上巻四九六頁。現行法の下における論議については、なお、参照、古井儔治「一部事務組合における住民の地位」自治研究五一巻一〇号〔一九七五年〕一三一頁以下。広域連合においては、議会の議員および長の選挙、直接請求に関して住民の参加権が法定されている。法二九一条の五・二九一条の六）。

③　財産区　市町村および特別区の一部が財産を有したり、公の施設を設けるものをいう（法二九四条）。具体的には、山林、用水路、温泉などがある。その沿革は明治二一年に制定された市制・町村制にさかのぼることができるが、それは、近代的地方制度導入前の村落共同体の状況を前提としていたものである。ただ、その後も、市町村合併等に際して、旧市町村時代の財産の処理が問題となり、財産区の制度が合併の障害を取り除くものとしても

用いられるようになったものである（詳細は、加藤富子「財産区の諸問題」行政法大系8二八一頁以下参照）。財産区の財産や公の施設の管理、処分等については、当該市町村等の議会および執行機関が行うが、必要があるときは、議会又は総会を設置したり、財産区管理会を設置することもできる（法二九五条～二九六条の三）。

④　合併特例区　合併市町村（市町村の合併の特例に関する法律二条二項）の区域内に、合併関係市町村（法二条三項）の一又は二の区域を単位として設けられるもので、当該合併市町村の一定の事務処理を行う。合併市町村の一体性の円滑な確立に資するための制度である。合併関係市町村の議会の議決を経た上で、合併関係市町村の協議により設置されるが、都道府県知事の認可が必要である。合併特例区の範囲、処理する事務等は規約で定められる。その長は、合併市町村の長が選任するが、合併特例区に合併特例区協議会を設置することとするなど、地域住民の意見が反映されるような仕組みが用意されている（以上につき、法二六条以下参照）。

合併特例区は、特別地方公共団体とされるが（法二七条）、この制度が市町村合併の推進（当初）、円滑（現行）のためという政策目的に特化しているところから、設立の直接の根拠を自治法にもたないこと、設置期間が最長五年であること（法三一条二項）という特徴をもっている（法律自体平成三二年三月三一日でその効力を失う〔附則二条一項ただし書。ただし、令和二年法律一一号により、有効期限が令和一二年三月三一日に改められた〕）。

（1）　特別地方公共団体には、この他、全部事務組合・役場事務組合の二つの組合と地方開発事業団があったが、いずれも、その役割を果たしたものとして、平成二三年の地方自治法改正により廃止された。

五　地縁による団体、地域自治区、指定都市の区

以上に掲げた地方公共団体とは別に、自治法は地域の事務を処理する制度を用意している。地縁による団体、地

域自治区および指定都市の区である。いずれも基礎的地方公共団体である市町村の区域内において地域的活動を行う点に共通性を有するが、法的規律の理由や法的性格はそれぞれに異なるので、以下、分けて説明する。

(1)　地縁による団体

自治法は、「地縁による団体」の観念を構成し、一定手続の下に、これに法人格を与えた（法二六〇条の二。平成三年の自治法改正による）。ここで地縁による団体とは「町又は字の区域その他市町村内の一定の区域に住所を有する者の地縁に基づいて形成された団体」と定義されるが、この定義の前提となるのは、自治会、町内会という、戦前から社会的実態として存在している団体である。これらは、法律的には権利能力なき社団としての性格をもつが、その多くが不動産等を保有し、これをめぐる紛争が多発していたところから、これらに法人格を与えることとしたのであるが、そのことは、かつてそうであったように、公の行政の末端組織として、これを活用しようとするものではない（法二六〇条の二第六項。なお、改正の趣旨等につき、参照、岩崎忠夫「地方自治法の一部を改正する法律の概要について」ジュリスト九八二号〔一九九一年〕三二頁、中川剛「地縁による団体」法学教室一六五号〔一九九四年〕五一頁）。したがって、地縁による団体は認可を受け、法人格を取得したからといって、（特別）地方公共団体となるものではない(1)（認可地縁団体と称される。法二六〇条の二第七項）。

(2)　地域自治区

市町村は、その区域を分けて、地域自治区を設けて、市町村長の権限に属する事務を分掌させることができる（法二〇二条の四）。これは、市町村規模の拡大との関係で住民自治に配慮しようとするもので、この区域には事務所と地域協議会が置かれる。住民の便宜という観点からは事務所の設定が現実の生活との関係で重要であるが、住民自治との関係では、地域協議会がより大きな意味をもつ。すなわち、その構成員は、区域内に住所をもつ者のうちから市町村長が選任するが、その選任にあたって、市町村長は区域内住民の多様な意見が適切に反映されるものとなるよう配慮しなければならず、協議会は、事務所の所掌事務につき意見を述べることができるほか、長は、市町村の施策の重要事項で区域にかかるものを実施しようとする場合はあらかじめ地域協議会の意見を聴かなければならないものとされている（法二〇二条の四～二〇二条の七）。

地域自治区それ自体は法的には法人格を有するものではなく、事務所、地域協議会を置くに際しての区域ないしは地域的単位としての位置づけを有するにすぎない。実質的に地域団体的性格を有することになるかどうかは、今後のこの制度の運用如何にかかわる（地域自治区制度法定の経緯、課題等につき、参照、石崎誠也「地域自治区の法的性格と課題」兼子古稀二〇九頁以下）。

(3)　指定都市の区

大都市としての指定都市には市長の権限に属する事務を分掌させるため、区を設け、区の事務所又は出張所を置くものとされる（法二五二条の二〇第一項）。もともとは、大都市の末端行政の円滑遂行の観点に立った制度である（長野士郎・逐条地方自治法〔第一〇次改訂新版、一九八三年〕一〇二八頁）。しかし、平成一七年の改正により、指定都市の区に区地域協議会を設け、この協議会に地域自治区の地域協議会と同様の権限が認められることとなった。組織法的には、指定都市の区は末端の行政単位であるが、住民自治の観点が導入されたことに意義があるし、指定都市の区の地域団体的性格が成長するかどうかは、今後の活用如何によることは、地域自治区と同様である。

(1)　「地域自治組織のあり方に関する研究会報告書」（平成二九年七月、総務省ホームページ）は、認可地縁団体の設立目的として、不動産の保有の予定の有無にかかわらず、地域的な共同活動に拡大することの検討を提言している。なお、同報告書の力点は「地域自治組織」として、フリーライド可能な活動について費用負担を求める仕組み、すなわち公共組合としての地域自治組織および特別地方公共団体としての地域自治組織の提言にある。地域自治組織については、アメリカ、ドイツ等に先行事例があるが、山本隆司「『新たな地域自治組織』とＢＩＤ」（地方自治八四七号（二〇一八年）二頁以下）が今後の具体的検討課題を論じている。地域自治組織構想を批判的に分析したものとして、門脇美恵「『地域自治組織』による『機能的自治』の規範的条件」晴山一穂ほか編著・官僚制改革の行政法理論（二〇二〇年）二八一頁以下、二九八頁以下参照。

第三節　地方公共団体の事務

一　問題の所在

地方公共団体の事務を問題とするときには二つの性質の違った観点がある。一つは行政主体が担当すべきものとされる事務を、国・地方公共団体、その他の団体にどのように配分すべきかの問題である（とりわけ、国と地方公共団体との間の）。これは主として政策論の問題として取り上げられ、いわば政策的事務配分論である。いま一つは、現実に市町村・都道府県等の普通地方公共団体、又はその機関が担当している事務の概念を明らかにし、さらにこれを分類してその法的性格を論ずるもので、いいかえれば、法的事務分類論とでもいうものである。そこで、まず法的事務分類論について説明を加えた後に、政策的事務配分論を取り上げることとする。

二　地方公共団体の事務の分類学

(1)　地方公共団体の事務

地方公共団体は、地方自治法上、「地域における事務及びその他の事務で法律又はこれに基づく政令により処理することとされるものを処理する」と規定される（法二条二項・平成一一年一括法による改正）。

ここで、地域とは、空間としての区域のみならず、住民を含むものと解されている（松本・要説一九五頁、佐藤文俊「地方分権一括法の成立と地方自治法の改正（二）」自治研究七六巻一号六三頁）。その意味では、地方公共団体の事務ということと同義であって、内容の無い定めのようにも読める。ただ、その趣旨は、地方公共団体は地域におけるあらゆる事務（もとより、公共性のある事務という限定はつく）を処理する、つまり、地方公共団体が包括的な総合的地域統治団体であることを宣明したことにある。

地方公共団体はおよそ地域における公共性のある事務を処理できる。さらに、従来地方公共団体の処理することのできない国の事務として列挙された規定（旧二条九項）も削除された。したがって、対象が、原子力発電という国のエネルギー政策に関するものであれ、基地という国の防衛政策に関するものであれ、外交的事柄であれ、地域における事務と認められる限りで地方公共団体の事務となる（1）。

法律により処理することとされるものとは、たとえば北方領土問題等の解決の促進のための特別措置に関する法律一一条に基づいて北方領土に戸籍を有する者に係る事務を根室市が処理している場合、東日本大震災における原子力発電所の事故による災害に対処するための避難住民に係る事務処理の特例及び住所移転者に係る措置に関する法律が定める事務の処理が挙げられている（松本・逐条地方自治法三七頁）。なお、従前、地方公共団体の事務の例示をしていた条文（旧二条三項）は削除された。これは事務の例示とされていたものの、ときに地方公共団体の具体の行為の根拠として説明されたり、さらに、条文の中に法律の包括的先占領域を画する趣旨の規定があり解釈が分かれていたものがあったので、平成一一年改正自治法でこれが削除されたことは、適切であると考える。

(2) 事務分類

地方自治法は、普通地方公共団体の事務につき、自治事務と法定受託事務の二区分制を採っている。それぞれにつき、法律上定義がなされている。すなわち、自治事務とは地方公共団体が処理する事務から、法定受託事務を控除したものである（法二条八項）。法定受託事務とは、法律又はこれに基づく政令により、地方公共団体（都道府県・市町村・特別区）が処理するものとされているものの中で、国が本来果たすべき役割に係るものであって、国においてその適正な処理を特に確保する必要があるものとして法律又はこれに基づく政令に特に定めるもの（法二条九項一号――第一号法定受託事務。都道府県と市町村・特別区との関係では第二号法定受託事務とされる――九項二号）である。必ずしも明快な条文ではないが、要するに地方公共団体が法律上処理することとされる事務であっても、その執行にあたり、地方公共団体の自主的判断に委ねるものがあるとする一方（これは自治事務になる）、これに対して、特に国の関心が高いので、そのための特別の法的仕組みを作る必要があるとされる事務と解することになろう。

以下、注意すべき点を挙げる。

① この事務の二区分は、旧制度における事務の種別（団体事務――固有事務・団体委任事務・行政事務。機関委任事務）に対する批判[2]（団体事務についてはその分類基準および分類の効果からのもの。機関委任事務に対しては、地方自治の保障の見地からのもの）に応える意味で、地方分権推進の重要な一環として、平成一一年改正自治法によって始めて導入されたものである。比較法的にも恐らく類例のない日本法独自のものである。

② 旧分類と新分類は分類基準を全く異にする。その意味で、旧分類の下での法律学的分類学上の論議および関連文献は、日本の事務分類の歴史を探るものとしての意義はあるものの、さしあたりの法解釈学上の役割は果たし終えたこととなる。

③　事務の二区分に係る定義と地方公共団体の事務そのものの定義とは連動していない。したがって、地域における事務の中には自治事務もあれば法定受託事務もある。その他の事務についても同様である。

④　自治事務も法定受託事務も等しく地方公共団体の事務である。さらに法定受託事務は、法律の定めによって、国の事務が地方公共団体の事務とされた、あるいは、地方公共団体が国の事務を受託することを法律上義務付けられたというものではない。法定受託事務という表現上の問題は残るが、当該事務がそもそも国の事務であるか、地方公共団体の事務であるかの区別をすることなく立法することとされ、それは、法律上の仕組みにも現れていると解される（松本・要説二三〇頁以下、佐藤・前掲論文（三）自治研究七六巻二号八四頁以下、鈴木庸夫「地方公共団体の役割及び事務」地方自治・地方分権六六頁以下）。

⑤　ある公共事務を全体として、国、都道府県、市町村のいずれかに専属的に（事務の種類もあわせて）割り振る方法と、細分化して、つまり多層的に割り振る方法とがある。この二つの主義のいずれを原則とするかという問題があるが（後出三）、現行法上には、一つの法律の執行事務を全体として市町村の法定受託事務に包括的に指定している例もあるし（戸籍法一条二項）、国の行政機関による直接執行と地方公共団体の法定受託事務が一つの法律の中で、混在している例もある（旅券法二一条の三、食品衛生法六九条）。

⑥　地方公共団体の事務、自治事務、法定受託事務は、それ自体としては割り切れている。しかし、この制度の導入に即応してすべての関連法令が改正されたわけでもなく、また、公共的事務の配分がすべてこの区分によってなされているわけでもない（独立行政法人、指定法人等による事務処理）。そこで、それぞれに固有の事務の概念を有する法令をいかに整合的に解釈するかの問題が生ずることがある。(3)

⑦　もっとも、国と地方公共団体の国法上の違いからして、国の事務と地方公共団体の事務について理論上の区

分を試みることはもとより妨げられない。この点に関して、すでに、本来的法定受託事務と非本来的法定受託事務の区別論が出されている（北村喜宣「法定受託事務と条例」北村・分権改革と条例九二頁、兼子仁「新地方自治法における解釈問題」ジュリスト一一八一号〔二〇〇〇年〕四四頁以下、村上順「自治体の事務処理と国の関与」行政法の争点〔第三版、二〇〇四年〕一六三頁以下参照）。ただ、条約の締結とか通貨発行のように直観的な国家事務と生活道路の整備のように直観的な地方公共団体の事務があるとしても、国（国民）の関心と地方公共団体（住民）の関心の度合いは連続的に繋がっており、その間に本来、非本来の区別が立法実務的にはつけがたいというのが、今次の立法の帰結であったと解される。また、ある事務を国の事務であるとするかどうかは政策的見地から判断される余地があることを排除することは理論的にも困難である。(4) ただ、国が本来果たすべき役割といっても、その果たすべき役割には、事務の性質上濃淡があるわけであって、関与に際して、その事務の性質に応じた判断がなされてしかるべきである、ということは、地方自治法の解釈論として主張しうると思われる。

⑧　自治事務と法定受託事務の区別の法的効果は最も直接的には国（都道府県）の地方公共団体（市町村）に対する関与の手法にある（この区別が、国家賠償法上の意義を有するものではないと考えられる点については、本書Ⅱ三七三頁以下参照）。この点については後に改めて述べる（後出二六一頁以下。なお、自治事務に対する法令の規定のあり方について、自治法二条一三項参照）。

⑨　自治法上の自治事務・法定受託事務の分類とは別の事務の概念の用語例がある。その一つは、自治法自体に定めのある事務の委託制度（法二五二条の一四）であって、これは地方公共団体相互の契約により、事務処理の委託をし、受託先の地方公共団体は当該事務につき、自己の責任において処理する（本書Ⅰ二一八頁、前出一三五頁）。このような、一般法制度とは別に、個別法の領域で、地方公共団体が国との契約により事務処理を行うものとされ

ている例がある。港湾法における国有公物の地方公共団体への管理委託の制度がそれで（港湾法五四条、五四条の二）、公物管理作用を含む権限（公物管理事務）が、委託契約により相手方たる地方公共団体にゆだねられるとされる。さらに委託契約上の権利義務関係が国と地方公共団体の間に残るとも解されている（後出四一二頁）。仮にこの解釈が妥当するとなると、一般法である地方自治法が用意したのとは異なった事務処理方式が存在することとなるが、その許容性が問題となるところである。(5)

(1)　この問題に関して、事務範囲論議が裁判過程に登場し、これを契機に、法学上の見解の蓄積をみているドイツの状況を日本の状況と対比したものとして、新村とわ「自治権に関する一考察（一）」法学（東北大学）六八巻三号（二〇〇四年）七三頁が興味深い分析結果を提示している。

(2)　ここで、簡単に旧制度における事務の種類について説明しておく（詳細は本書の初版その他の文献を参照されたい）。

①　固有事務　　部内の公共事務ともいわれる。旧市制・町村制の当時から存在していた観念で、当該地方公共団体の存立目的に関する事務をさす。具体的には、組織に関する事務、財政に関する事務、住民に対する非権力的サービス（公園の維持管理、水道の供給等）である。

②　団体委任事務　　これも市制・町村制からの沿革を有するが、当該事務はもともと他の団体、とりわけ、国の事務であるが、これが地方公共団体に委任され、委任された限りで地方公共団体の事務として執行される。委任事務の内容は限定がなく規制行政、給付行政もこれに含まれるが、固有事務および行政事務との区分は困難な場合が多い。

③　行政事務　　行政事務は日本国憲法下の地方自治法ではじめて採られた事務の種類であって、これは衛生行政等の権力的事務を指す。明治憲法の下ではもともと市町村は非権力的サービス提供団体であるという前提があったが、日本国憲法の下では、市町村も権力的事務を当然なし得るという観点から行政事務を固有事務と別個に観念する理由があった。

④　機関委任事務　　固有事務・団体委任事務・行政事務が地方公共団体の事務であるのに対して、機関委任事務は国の事務であって、これが、地方公共団体の長に委任されたものである。その際、団体委任事務と異なり、長に委任された事務は国の事務と

しての性格を保持し、その限りにおいて地方公共団体の長は国の機関（行政官庁法理によると大臣に対する関係では下級行政官庁）となる。この仕組みは明治憲法時代に存在していたが、日本国憲法になってからも維持され、むしろ、多用された。一方、これに対しては、地方自治の本旨に反するという観点からの批判が強かったところである。

（3）その一例が、建築基準法に定められる指定確認検査機関（以下、指定機関という）による確認に関する事務と行政事件訴訟法二一条一項に定める処分又は裁決にかかる事務の帰属する国又は公共団体との関係である（この問題を取り扱ったものとして、参照、最決平成一七・六・二四判例時報一九〇四号六九頁、地方自治判例百選六七事件〔原田大樹解説〕）。行政事件訴訟法二一条一項の定めは、平成一六年の改正法の対象とならなかったもので、その適用にあたり、かつては、機関委任事務、団体委任事務との関係で事務の本来的帰属の問題が解釈論の対象となりえたが、機関委任事務の廃止に伴い、その問題がほぼ解消したあともそのままに残されていたものである。もっとも、当該条文にいう公共団体に処分権限を行使した指定法人が含まれるかどうかの問題はかねて存在していたところであるが、これについては特段の整理はなされずに従前どおり解釈にゆだねられた（立案者は、問題の所在を認識しつつも確定的結論を提示しているわけではない。参照、福井秀夫＝村田斉志＝越智敏裕・新行政事件訴訟法〔二〇〇四年〕九七頁）。一方、建築基準法の指定機関の性格規定も一義的でない。すなわち、その指定は、国土交通大臣又は都道府県知事であるが（法六条の二第二項）、特定行政庁（都道府県知事、建築主事を置く市町村の区域にあっては市町村長。法二条三五号）も、当該指定機関の具体の建築確認事務に焦点を絞って、不適合認定権を有する（法六条の二第一一項）。指定機関を指定する国土交通大臣、都道府県知事も別途包括的監督権限をもつほか指定の取消権限を有する（法七七条の三〇・七七条の三五等）。

このような入り組んだ建築基準法制を前提として、最高裁判所は、建築基準法は確認事務を「地方公共団体の事務とする前提に立った上で、指定確認検査機関をして上記の確認に関する事務を特定行政庁の監督下において行わせることとしたということができる」として、指定機関の確認事務は建築主事による場合と同様に、地方公共団体の事務であるとし、行政事件訴訟法二一条一項を適用したのである。

確かに、ここには委任行政一般論からは整理しきれない仕組みがとられている。すなわち、委任行政は事務の本来の担当者を前提として、その事務を特定の者に委任し、受任者のした行為の効果が本来の主体に帰属するという構成をとる（前出一三三頁）。

ところが、ここでは委任をする者（国土交通大臣又は都道府県知事）と効果の帰属主体（地方公共団体）が異なっているのである（都道府県で一致する場合もある）。そして、最高裁判所はもっぱら、効果の帰属に着眼して判断したものとみることができる（最高裁判所は不適合認定権を監督ととらえてこれを重視しているが、特定行政庁の指定機関に対する権限が、不適合認定権に絞られていることからして、通常の監督権というよりは、建築主事が本来もっている確認事務の行使の一態様とみることもできるので、これを決め手とすることは難しい）。しかし、国法が指定確認検査機関という制度を作り、その執行について、当該地方公共団体とは別に国土交通大臣又は都道府県知事を責任者としてあてていることに着眼すれば、指定機関の行う確認行為は、建築主の建築の自由の回復という法効果を生み出すに尽きるので、（確認）「処分にかかる事務」をより包括的にとらえて、指定権限を有する者の帰属する主体をもってこれにあてるという構成もあるように思われる。

最高裁判所が建築基準法は建築確認事務を地方公共団体の事務とする前提にたって、指定機関をして、特定行政庁の監督の下に確認事務を行わせることとしたとしている点も疑問がある。すなわち、一つには、建築基準法は、建築主事による建築確認の事務を法定受託事務としていないので当該事務は自治事務となるが、そのことは当然に、抽象的な建築確認という事務を地方公共団体の事務としたことにはならないのではないか。先に指摘したように、不適合認定権限を監督とみるのは問題であるし、当該地方公共団体の事務を行わしめる者の選定権限を当該地方公共団体以外の者（国・都道府県知事）に委ねるという構成をとるのは地方自治の観点からするとすこぶる問題がある。

このようなことからすると、行政事件訴訟法一一条二項との関連からすると、文理上は無理があるが、法制度の進展に対応させる意味で、指定機関を行政事件訴訟法二一条一項の公共団体に含めて解釈する途もあったと思われる。

いずれにせよ、きれいな解答が得られない問題であって、この事件の当面の課題である被告の変更については、最高裁判所の決定で決着をみたとしても、この決定が、国家賠償法の賠償責任者のことまで想定しているとすれば、なおさら疑問があるところである。

(4)　外国人登録法は、市町村長の行う外国人登録事務を法定受託事務としていたが（法一六条の二）、出入国管理及び難民認定法等の改正に係る平成二一年法第七九号四条により廃止されることとなり（平成二四年）、外国人の登録事務は出入国管理及び難民認定法に基づき法務大臣の所掌することとされるとともに、外国人も住民基本台帳法の適用対象となった（平成二一年の法改正）。住民基本台帳法の事務は自治事務として整理される。在留外国人に係る法制度の推移は、事務の区分における政策的考慮の要素を示す一例である。

（5）　前記の制度上の分類とは別に「地域における事務」につき、「地方公共団体の固有性を示す事務」と「地方公共団体の存立目的を実現する事務」の二区分を提唱する見解として、太田匡彦「区域・住民・事務――『地域における事務』の複合的性格をめぐって」地方自治八〇七号（二〇一五年）二頁以下がある。この区分は、道具概念の提示を目途としたものではないが、事務分類論が、いわゆる義務付け・枠付け論議に傾斜している点に着眼し、地方公共団体の本来の事務の内容に焦点をあてたものである。

三　政策的事務配分論

ここで政策的事務配分論とは、具体的な事務を国、地方公共団体（都道府県・市町村・特別区）にどのように配分するかの問題である。政策的というのは、法的事務分類論とは異なり、配分自体について政策的判断が介入する余地が広いことを意味する。しかし、ここに規範的要素を組み入れることも、立法政策的には可能なことである。

この点に関し、わが国においては従来、法律上には基準が示されてこなかったところであるが、平成一一年の地方自治法改正による「役割分担」の原則が、制定法上の基準として立てられた。しかし、その中身は必ずしも明確ではない。

通常、事務配分あるいは事務の再配分は、制定法によって定められた政府活動を国、県、市町村（あるいはその機関）にどのように割り振るかというレベルでとらえられる。事務の委譲というのも、その一環である。その際、かねてその基準として参照されてきたのが、シャウプ勧告（一九四九年、一九五〇年）である。それによると、事務配分については、次の三原則が立てられている。すなわち、行政責任明確化の原則、能率の原則、地方公共団体優先および市町村優先の原則である（シャウプ勧告およびそれに引き続くわが国の事務配分論議については、参照、山下淳「事務配分・機能分担」法学教室一六五号（一九九四年）四三頁以下、塩野宏「社会福祉行政における国と地方公共団体の関係」（一九八四年）塩野・国と地方公共団体一三三頁以下）。わが国の事務配分論はこのシャウプ勧告に示された事務配分三原則を基軸として展開されることになる。

これとは別の観点からの事務配分方式のモデルとして、一元的配分方式と多層的配分方式の二つがある。前者は、事務を国であれ、都道府県であれ、市町村であれ、できるだけ一つの団体に専属的に割り振るのに対し、後者は、一つの事務を国、都道府県、市町村の複数の団体に割り振るのである。(1)

わが国では、シャウプ勧告が一元的配分方式を志向していたものとみられるが、実務的には、多層的配分方式に重点が置かれてきた。それは、明治憲法の下において、この方式が団体委任事務という形でとられてきたという歴史的事情に加えて、国家行政の増大を国の出先機関によって処理することに伴う国家行政機構の膨張の防止、現代における行政上の事務の遂行に際しては、国、都道府県、市町村の協力関係が必要であるという、機能分担論の主張（機能分担論については、山下・前掲論文参照）に由来するとみられる（なお、機関委任事務も実質的には、多層的事務配分方式の法技術的表現の一例とみてよい）。しかし、その結果、地方公共団体の事務の遂行に際して、国と地方公共団体の複雑な関係を招き、地方公共団体の自己決定の幅を狭めることとなったことにも注意しなければならない（参照、塩野宏「国と地方公共団体の関係のあり方」（一九九五年）塩野・法治主義の諸相三九九頁以下）。

この問題に対して、役割分担原則は明示的には、いずれの方式によるかは明言していない。役割分担原則が、国と地方公共団体の有機的結合関係を強調して多層的配分方式に著しく傾斜していたことに対する批判から登場してきたこと、事務配分における地方公共団体優先の原則にたっていることからして、なお、シャウプ勧告にみられる一元的配分方式に配慮しているとみることができる。しかし、他方における地域総合性の原則、法定受託事務の観念の採用は、多層的配分方式の系統にたつものと整理するのが素直である。(2)

(1)　この区分は、国と地方公共団体の関係全体の考察における分離と融合の二つのモデル（参照、西尾勝・行政学〔新版、二〇〇一年〕六三頁以下）に対応し、いわばその事務配分版ということができる。

(2)　磯部力「国と自治体の新たな役割分担の原則」西尾勝編著・地方分権と地方自治（一九九八年）九二頁は、法定受託事務は「一事務一主体」原則に反していないとするが、「中途半端」なものであることは論者も認めるところである。

四　事務配分原則の実効性確保

地方公共団体の事務の分類は、概念上一応の整理はなされ、その実行に際しての国の法令のよるべき基準も定められた（法二条一一項～一三項）。ただ、その担保の手法は明らかでない。法定受託事務に関しては、別表第一・第二に一覧を掲げることによりその透明性が図られたが、その各法令が法定受託事務に相応しいものか否かを判断する仕組みは、自治法上は存在しない。また、地方の事務一般に関する国の法令のよるべき基準（前掲）は、抽象的なものにとどまっている。そこで、事務配分原則違反、あるいはその疑いがある場合の是正方法が問題となる。この点に関しては国の関与の違法性の是正制度の活用も考えられるが（後出二七三頁以下）、現実性に乏しく、実際にも、司法過程により事務配分の原則が検証されたことはない。

一方、地方分権の推進という目標の下に、事務配分原則の実効性確保のあり方が政治過程、行政過程において進行してきたことが注目される。すなわち、すでに失効したが、地方分権推進法（平成七年）、地方分権改革推進法（平成一八年）が制定され、その際に地方分権推進委員会、地方分権改革推進委員会が設置された。現段階においては、設置法は制定されていないが、閣議決定（平成二五年三月八日）で内閣に地方分権改革推進本部が設置され、内閣府には地方分権改革推進室が置かれ、さらに、内閣府特命担当大臣（地方分権改革〔当時〕）が開催を決定した地方分権改革有識者会議が開かれている。本部と会議との関係は、政策決定は推進本部が、調査機能は有識者会議が担うとされている。そして、これまでも、事務配分、国の規律（義務付け・枠付けと称される。その分析として参照、斎藤誠「義務付け・枠付け見直しの展望と課題」〔二〇一〇年〕斎藤・現代地方自治の法的基層〔二〇一二年〕三五一頁以下）の改革が実務上構想されかつ実現したのが、数次にわたる地方自治法及び個別法律の是正に係る一括法（前出一五四頁）である。ちなみに第一〇次一括法（令和二年）は、都道府県から指定都市への事務・権限の移譲（一件）、義務付け・枠付けの見直し（一二件）からなっている。なお、作業の過程では地方からの提案についても考慮するという「提案募集方式」も採用されている。このように、政策的事務配分は、字義どおり、政策的見地から定まってくる要素が大きい分野ということができる。

第四節　地方公共団体の権能

地方公共団体がその担当すべき事務を遂行するに際して、どのような権能をもつかが問題となる。それには、自治組織権、自治行政権、自治財政権、自治立法権に分けて考察するのが便宜である。[1]

（1）　現行法制の下で、地方公共団体は司法権を行使していない。これは、一般には、そもそも日本国憲法の認めないところであると解されているが（宮沢俊義〔芦部信喜補訂〕・全訂日本国憲法七七三頁）、憲法上は可能であるとみる見解もある（参照、手島孝・憲法学の開拓線〔一九八五年〕二六八頁、鴨野幸雄「地方政府の憲法理論」大津浩編・地方自治の憲法理論の新展開四四頁以下）。

一　自治組織権

ここで自治組織権とは、地方公共団体の意思決定のあり方を含む組織構成について自ら決定する権能をいうが、これは明治憲法の下でも、固有事務の一種として理解されていたほど、自治権の内容としては重要なものである（参照、美濃部・日本行政法上巻五六九頁）。以下、留意すべき点を指摘しておく。

① 日本国憲法自体、地方公共団体の組織構成について一定の枠を設定し、地方公共団体には、直接公選による議事機関としての議会と長（その他の吏員）を置くこととしている（九三条）。これをもって、憲法がいわゆる首長主義を採用しているといわれる（ときに、大統領制ともいわれるが、アメリカの連邦制度のそれとは、かなり異なる。後出二一四頁参照）。これを受けて、自治法がそのあり方を具体的に定めているわけである（法八九条・一三九条）。比較法的にみても類似した制度はアメリカやドイツにもみられる。しかし、問題はそれらの国々においては、憲法上、一律な形でこのシステムによるべしとされているわけではなく、これ以外の組織構成原理にたつ地方公共団体もみられる点に注意しなければならない(1)。

これに対して、わが国の憲法は少なくとも文言上は甚だ固い制度を採用し、しかもそれを一律に地方公共団体に強制しているように読める。問題は一つには、なぜ憲法がこのような、自治組織権に反するような制度をとったのか、いま一つは、この固いシステムを解釈によって柔軟なものとする余地があるのだろうか、という点にある。

② 前者についていうと、アメリカの諸種の制度の中には、それだけをみると必ずしも民主主義が十分に定着していないところでは、合理的に機能しうるかどうか、明確でないものがある。市支配人制度（注（1）参照）につ

いても、民主的コントロールという点からすると、必ずしも十分でなくなるおそれがある。そこで、地方公共団体レベルでの民主主義の定着を図るため、また、日本の官僚的中央集権的システムを打破するため、首長主義を一律に要求したとみるのである（特に知事公選制）。ここには、地方自治の確保よりも、民主主義の定着が正面にでているが、これは、まさに憲法制定当時の状況を反映したものにほかならない（首長主義乃至二元的代表制の一律適用がアメリカ占領軍の意向によるものであること、その強度につき参照、小原隆治「占領改革期の二元的代表制導入をめぐる論点」法学新報一一五巻九号・一〇号〔二〇〇九年〕二八一頁以下、三〇〇頁）。ただ、かかる状況がすでに過去のものであるとすると、現段階でどの程度の弾力的解釈が可能であるか、ということになる。解釈論としては、市支配人制度を正面から取り入れることは憲法上困難であろうが、長の側で、市支配人に相当する者に大幅に権限を委任して専門的な経営をさせるといった程度のことは現行憲法の下でも可能ではないかと思われる（参照、宇賀克也「首長制」法学教室一六五号〔一九九四年〕二九頁以下。なお、宇賀・地方自治法二五五頁は、議会と長との機能分担関係につき、憲法上に議会が議事機関である点を除き明確にされていないこと、吏員の内容が規定されていないこと等、「解釈によっては、立法政策の幅は相当に広いともいえないことはない」としている。）。

③　憲法の枠とは別に自治法、地方公務員法等で地方公共団体の組織・人事のあり方が規律されている。この点に関しては確かに、法律自体において、地方公共団体の裁量の及ぶ範囲を広く認めているところがある。しかし、これは評価基準をどこに置くかという点にあるのであって、組織は自ら決めるべし、ということを基本にすると、現在の規律の仕方は細かすぎるという批判が可能である（参照、稲葉馨「自治組織権と附属機関条例主義」塩野古稀下三二三頁以下）。

④　自治組織権に関しては、平成一一年一括法による改正では、議員定数を法定主義から条例主義に変更したこ

と以外には及んでないが、その後自治組織権拡大の見地からの国法の規律の緩和がなされつつあり、もとよりこれは、憲法の定める地方自治の本旨に適合的である（個別の改正は後述する）。

（1）　たとえば、ドイツでは連邦憲法上には地方公共団体の組織に関する規定はなく、ラント間でゲマインデ（市町村）の組織構成はいろいろである。通常は、次の四つに分類される。①　直接公選制による市長をもつタイプがある。これは南ドイツ議会制と呼ばれ、市長は日本と同様執行機関であるが、議会の議長ともなる。②　議会が市長を選出するタイプであって、その場合、市長は議会の議長であると同時にゲマインデの代表者であるにとどまる。これは北ドイツ議会制度と呼ばれる。この場合、原理的には議会が執行権を含めて全権をにぎるが、実際上は市長とは別に市支配人を議会が選出し、これに執行権をゆだねるという方式をとる。③　議会が市長を選任するとともに、市長に執行権をあたえるというシステムで市長制と呼ばれる。この場合も市長は議会の議長となる。④　執行機関が議会によって選ばれる合議体の機関である参事会に与えられるという構成をとるタイプがある。参事会制と呼ばれる。参事会は市長と助役からなるが同時に議会の構成員たりうるかはラントによって異なる（参照、塩野宏「地方公共団体の長の地位に関する一考察」〔一九八七年〕塩野・国と地方公共団体二一五頁）。

アメリカでも複数のタイプがあるが、よく挙げられるものとして、次のようなものがある。①　市の機関として立法機関たる市議会と執行機関たる市長および執行部を有する、市長—市議会制がある。これはさらに市議会の議員、市長、そして執行部のいくつかの役職が選挙によって選ばれる弱市長—市議会制と、選挙で選ばれるのは議員と市長だけで執行部の役職は市長によって任命される強市長—市議会制に分かたれる。②　市の住民が数名の委員を選出し、それらの委員が合議制の立法府を構成するとともに、各委員がそれぞれ執行部の一部門の長としてその部門を監督する市委員会制がある。③　住民によって選出された議員が構成する市議会が、市支配人（city manager）を任命し、その支配人に政策の執行と市行政機構の監督を行わせる市議会—市支配人制がある（参照、森田朗「アメリカの地方制度（三）」自治研究六二巻八号〔一九八六年〕三七頁以下、宇賀・前掲解説・法学教室二九頁以下、宇賀・地方自治法一五一頁以下。なお、その利点・欠点を含めて、参照、横田清・アメリカにおける自治・分権・参加の発展〔一九九七年〕三三頁以下）。

さらに付け加えるべきこととして、ドイツにおいては、ラントでは原則として統一的であるが、アメリカではそれこそ州の中で市民に団体の組織構成の選択の自由があることである。いいかえれば、アメリカの各市においていわば試行錯誤的にとられてきたものであることであり、自治組織権とは原理的には、このような組織の自己決定権であるとすれば、この原理をわが国の憲法は採用していない（地方公共団体の組織に関する諸外国の状況については、自治体組織の多様化に関する調査研究報告書〔日本都市センター〕・自治体組織の多様化〔二〇〇四年〕が詳細である）。

二　自治行政権

自治行政権とは、自ら担当すべき事務の範囲を定め、その事務を自ら遂行することをいう。事務の範囲に関しては、明治憲法の下では、不完全自治体である府県は別として、市町村はサービス提供団体として位置づけられてきたところである。これに対して、自治法の下で、地方公共団体は警察権能も、行政事務として広く担当することとなり、現在では、「地域における事務」（法二条二項）として、事務の類別をしていない（前出一七六頁）。その際、担当する事務の遂行の方法については、憲法は特段の定めを置いておらず、地方自治の本旨に鑑みれば、地方公共団体は憲法上は自律的に事務を遂行できるものと解される。しかし、次の点に注意する必要がある。

①　給付行政が主体を占めるかつての固有事務と目される事務の遂行にあたっても、国家法はいろいろな形で介入している。たとえば、道路については、道路法が、都市公園については都市公園法が、家庭ごみの処理については廃棄物の処理及び清掃に関する法律が定めているという具合である。これらの法律の定める限りにおいて、地方公共団体は自治行政権が制限されることになる（これが、いわゆる「義務付け・枠付け」の問題である。詳細につき、後出二六〇頁参照）。

②　規制行政については、これを地方公共団体が行使する場合には、侵害留保の原則からして、条例の根拠が必

要であるがそれで十分である（法一四条二項が、この理を確認的に規定している）。

③　警察権の行使の可能性とは逆に、地方公共団体の経済的活動が地方公共団体の行政活動の範囲の問題となり得る。具体的には、地方公共団体がホテルやゴルフ場を経営することができるかどうかである。さらに、公営の鉄道、路線バス、都市ガス、病院などのように、より公共的サービスでも市場によって提供される類のものについては、地方公共団体に対する憲法の権限付与の中に入るかどうかは、各国で論議の対象とされており、ここに一定の限界を引くことが、制定法上、あるいは判例法上に試みられている（塩野宏「地方公共団体の法的地位論覚書き」〔一九八一年〕塩野・国と地方公共団体一四頁以下、ドイツにおける近年の動向につき、斎藤誠「地方公共団体の経済活動への関与」阿部古稀一八五頁以下参照）。これに対して日本においては、実際上地方公共団体がゴルフ場を経営したり、レストランを経営したりしていることがある。そして、この点についてはそれがもっぱら利潤追求のためであっても、その結果福祉行政等本来の地方公共団体の活動への助けになるから、許されるという見解も実務上とられてきた（参照、磯部力「地方公共団体と収益事業」行政法の争点〔新版、一九九〇年〕一二〇頁以下）。地方公共団体の存立目的及び自由市場経済原理からすると、利潤追求を主目的とした地方公共団体の経済活動を認めることには疑問のあるところである。もっとも、過疎町村にあっては、ゴルフ場経営は、雇用の場の創出であるという具合に具体的に線を引くのは困難かもしれない（斎藤・前掲論文・阿部古稀一九九頁以下は、この問題に関する実体要件確定の困難性に鑑み、他の事業者との競争上の関係等、他の制限法理の精緻化、手続要件の深化の必要性を掲げている）。

④　地方公共団体の行政の遂行の方法に関して、行政手続については、行政手続法が当該処分や届出が法律の根拠に基づく場合に適用されるが、条例、規則等の根拠を有する処分や届出、さらに、行政指導、行政立法については一般的に、地方自治の尊重を図る趣旨から、同法を適用しないこととされている（本書Ｉ三〇八頁以下）。これに

応じて、地方公共団体でも行政手続条例の制定がなされている（条例における規定例につき、高木光＝常岡孝好＝須田守・条解行政手続法〔第二版、二〇一七年〕五九六頁以下参照）。また、個人情報保護法制に関し、国の個人情報保護法は、国家行政組織法（国組法）の三条機関の保有する情報にのみ適用され、各地方公共団体の保有する個人情報については、地方公共団体の定めるところにゆだねられている（個人情報の保護に関する法律五条）。情報公開についても、国家法の制定に先行して、多くの地方公共団体で条例が制定されている（内容の分析を含めて、参照、藤原静雄・情報公開法制〔一九九八年〕九四頁以下）。このように、現行法制は、この分野では自治行政権の範囲をかなり広く認めているということができる。

⑤　地方公共団体の行政機関の実力の行使については制定法上かなりの制約がある。すなわち、行政代執行法により、行政上の強制執行については、全般的に形式的意義における法律の留保の下に置かれているからである（本書Ⅰ二五二頁以下）。したがって、直接強制、執行罰の制度は、条例単独では置くことができないので、この種の行政執行権を地方公共団体は当然には行使することができない。最高裁判所の判例によれば、条例上の義務履行確保のため、地方公共団体が裁判所に出訴することは許されない（最判平成一四・七・九民集五六巻六号一一三四頁、行政判例百選Ⅰ一〇九事件、本書Ⅰ二四七頁、本書Ⅱ二九八頁以下参照）。これに対し、即時執行は条例でも規定することができるし、行政調査についても同様である。

⑥　自治行政権の活動に対して、国の行政権が国家監督の見地から介入することが認められるかどうかの問題がある。この点に関しては、国と地方公共団体の関係として、別に取り上げる（後出二六一頁以下）。

三　自治財政権

自治行政を実質的に担保するものとして、自治財政権がある。本書では、地方財政法全般にわたる考察をしないが、以下、問題点を指摘しておく。

⑴　課　税

①　地方公共団体が固有の課税権をもつかどうかの問題がある。つまり、憲法における地方自治保障の権限付与機能の中に、課税権が含まれるかどうかである。この点については、憲法は直接手掛かりになる規定を置いていないが、地方税法（昭和二五年法律二二六号）は地方公共団体の課税権について詳細な定めを置いている。この制定法の規律の仕方は、地方公共団体の固有の財政権を否定している趣旨にも読めるが、そうすると、この規定の憲法適合性が問題となる。

この点についてみると、憲法の定める租税法律主義（八四条）は専ら国の課税における法律主義を規定したものと解するのが、他の権能との関係からして合理的である。そして、地方公共団体の課税権は権限付与機能の定めを一般的に有する九四条に根拠をもつとみるべきであろう（通説。九二条も援用できようが、権限付与機能は九四条でできるだけ統一的に読み込むほうが適切である）。したがって正面から地方公共団体の固有の課税権を否定する見地にたった立法があれば、それは違憲であると解される(1)。

②　地方公共団体の課税権が憲法上の根拠を有することは、一般に課税自主権と表現される。ただ、課税自主権を認めるにしても、国と地方公共団体が相互に何らの調整もなく独自に課税権を行使することは合理的でない。現に、地方税法は、「地方団体は、この法律の定めるところによって、地方税を賦課徴収することができる」（二条。自治法二二三条参照）とし、都道府県（四条・七三四条以下）、市町村（五条）が課すことのできる税目を掲げ、かつ、規定の形式を条例としている（三条）。

地方税法のこのような方式は、地方公共団体の課税権の大綱を示すもので、枠組み法（前出一五二頁）の一つである。この仕組み自体の憲法適合性を論ずることもできるが、実務的には、地方税法の定めに必ずしも即応しない課税条例が地方税法に違反しないかどうか、という形で争われている。その具体的事例が、東京都の銀行税条例、神奈川県の企業税条例である。この問題は、法律と条例一般に関係するので、後に改めて取り上げる（後出二〇五頁以下）。

(2)　その他の財源

①　税以外の手数料、分担金等についても、具体的規定を自治法自体に置いている。そこでは、分担金、使用料、加入金、手数料が列挙されており、これ以外の収入（たとえば原因者負担金、抑止的効果をもつ課徴金）を排除しているように読めるのであって、ここには自治財政権の憲法的保障の見地からして、税の場合と同様の問題がある。

②　地方公共団体の重要な財源として長期の債券があるが、これについては、自治法は、一方で、確認的に地方公共団体は、予算の定めるところにより地方債を起こすことができるとするとともに（法二三〇条）、他方で、当分の間、起債に関しては、自治大臣又は都道府県知事の許可を受けるものとしていた（旧二五〇条）。これは国および民間資金の調整、適正さの担保等の見地から加えられている制限であるが、自治財政権の観点からすると問題のあったところで、許可制度は廃止された（代わって地方財政法上に協議の制度が設けられた。法五条の三第一項。なお参照、松本・要説五二二頁以下）。

③　地方公共団体の自治財政権との関連で論議の対象となるものに、補助金がある。

補助金は、使途が限定されたいわゆるひもつき財源として、これによって地方公共団体の自治行政権が実際上制約されるのではないか、いいかえれば、各省の地方公共団体に対するコントロール手段とされているのではないか、という角度からの論議の対象となる。もっとも、補助金として一括される場合でも、その中には、道路・河川の整備事業のような公共事業、教育、福祉等の事業について、国と地方公共団体がともに負担する負担金（地方財政法一〇条～一〇条の四）と、地方公共団体独自の事業に対して国が奨励的に交付する奨励的補助金の二つがある。前者についてては、その制度よりも、国が適切に負担をしているかどうか（いわゆる超過負担）が問題となるのに対して、後者は、実質的には、国の各省の施策を実行する方法として用いられる結果、地方公共団体の自主的行政運営が阻害されるという点が問題とされ、制度そのものの存廃が論ぜられることになる。

④　交付税はこれに対して、地方公共団体固有の財源ではないという意味では依存財源であるが、補助金とは異なり、その使途について制約がないという意味では一般財源の一つである。これは、地方交付税法に根拠をもつ制度であって、地方公共団体の基準財政需要額が基準財政収入額をこえるとき（需要額、収入額の双方ともその算式が法定されている）、その不足分を交付されるのが、交付税である。したがって、財政力の強い団体には、交付されない。その財源としては、所得税および法人税の収入額の百分の三二・一、酒税の収入額の百分の五〇、消費税の収入額の百分の一九・五、地方法人税の収入額があてられる（このように算出された交付税総額が財源不足額に足りないときの処理も法律で定められる。参照、碓井光明・自治体財政・財務法〔改訂版、一九九五年〕八一頁以下）。

交付税はひもつき財源ではなく（地方交付税法三条二項は、国は、交付税の交付にあたり、条件をつけたり、使途を制限してはならないとしている）、この点で補助金と性質を異にする。また、交付税の算定方式から明らかなように、地方公共団体間の財政力の不均衡を是正するための財政調整制度であり、これにより、財政力の乏しい市町村でも、一定の行政水準を維持する仕組みがとられ、財源保障の機能も有している（もっとも、国の政策目的との関連性をもたされている面もある。参照、碓井・前掲書八六頁以下)。

しかし、自治財政権という角度からみると問題がないわけではない。すなわち、交付税は、地方公共団体が自らその財源を確保するというものではなく、あくまで、地方交付税という国の制度に依存している。また、基準財政需要額の測定単位および単位費用は国家法(地方交付税法)で定められる(法二条三号・一一条~一三条)。基準財政収入額の算定も同様である(法二条四号・一四条)。その限りで、国の立法・行政の介入の程度は高いものがあり、交付税は厳密な意味における自主財源ではないことに注意しなければならない。さらに税金を支払うものと、税金を使うものとの間が切断され、納税者意識を希薄にしたという面があることも否定できないと思われる。(2)

(3) 財政支出

自治財政権といわれる場合には、通常、財政収入に重点が置かれる(田中・行政法中巻一三八頁、碓井光明「自主財政権」法学教室一六五号三六頁)。というのも、地方財政の基本的あり方を規律する地方財政法においては、支出のあり方につき、目的に対する必要かつ最少の原則などについて規定を置いているが(法四条)、具体的費目についての財政支出の自主性の問題は、基本的には、自治行政権に吸収され、技術的な意味における財務会計制度に対する国家的規律の問題が主となるからである。地方公共団体の支出する寄付又は補助金については、自治法はこれを公益上の必要性がある場合に限定しているが(法二三二条の二)、これもつまるところは、自治行政権の範囲の問題であって、実際上、その範囲はかなり広いものがある。(3) ただ、憲法上の規律としての、宗教団体や、公の支配に属さない慈善・教育・博愛等の事業への公の財産の支出又は利用の制限(憲法八九条)は地方公共団体の財政支出にも及ぶ。

(4) 財政の公正

自治財政の公正を担保する制度としては、当初の監査委員による監査（法一九五条以下）、住民の直接請求（監査請求）に基づく監査（法七五条）、住民監査請求に基づく監査（法二四二条）、住民訴訟（法二四二条の二）に加えて、平成九年の法改正により、外部監査契約に基づく監査が導入された（法二五二条の二七）。

（1）　いわゆる大牟田訴訟に関する福岡地判昭和五五・六・五判例時報九六六号三頁（租税判例百選八事件）は、地方税法（旧四八九条一項・二項）において、電気ガス税を非課税扱いしたことにより、得べかりし収入（税額）を失ったとして、大牟田市（原告）が国を被告として損害賠償を提起した本件につき、地方公共団体の抽象的課税権は憲法上保障されているとしつつも、具体的課税権は法律の根拠が必要であるとした。裁判所は、その際、国の立法が地方公共団体の課税権を全く否定していれば、違憲となるとしているし、地方公共団体の固有の課税権を主張する説でも、国家法による規律を認めるので（後述）、具体的場合の結論はあまり変わらないことになろうが、地方公共団体は憲法上直接課税権を有するとみるのが、地方公共団体の組織権、行政権、立法権との関連からしても、適切である。

（2）　地方公共団体の財源に関しては、いわゆる「三位一体の改革」という言葉で、改革の論議が進められた。「三位一体の改革」は平成一四年六月二五日の閣議決定・経済財政運営と構造改革に関する基本方針（二〇〇二年）で示され、その後毎年の基本方針で引き継がれ、地方分権型行政システムの構築を目指し、そのための地方行財政改革手段として、補助金等の廃止・縮小、これとの関係における税源移譲、地方交付税総額の抑制で、補助金、税制、交付税を総合的にとらえていることに特徴がある（三位一体改革の顛末につき、参照、神野直彦編著・三位一体改革と地方財政（二〇〇六年）参照）。また、補助金については、地方公共団体の自由度を拡大する見地から、省庁の枠を超えて地方公共団体側の事業選択の自由を認める一括交付金制度が実現している（一括交付金制度の導入の経緯、その仕組みの詳細につき参照、大沢博「一括交付金制度の概要」（上・中・下）地方財務六八二号、六八三号、六八五号（二〇一一年））。一括交付金の対象は変遷があるが、現段階では、社会資本整備総合交付金、防災・安全交付金・沖縄振興公共投資交付金等がある（参照、国土交通省ホームページ・交付金制度の変遷）。

（3）　自治法二三二条の二の定めは、その沿革などからみて規制規範と解されるが（参照、塩野宏「補助金交付決定をめぐる若干の問題点」〔一九九〇年〕塩野・法治主義の諸相一八七頁）、地方公共団体の特定の機関に補助金支出に裁量権を認めたものではなく、およそ公益上必要がある場合に地方公共団体の支出権限を限定したものと解される。もっとも、住民訴訟の導入により、職員の損害賠償責任を問う判断の前提として、補助金支出の違法性が問題とされることとなったが、司法審査のあり方は、かなり複雑である。

判決例では、結論において裁量権の逸脱・濫用の有無を認定するという形をとるが、その審査をまさに総合的に行う場合もあれば、公益性それ自体、公益性を認定した上での当該補助金等の支出の必要性、さらにはその金額の多寡に関する社会的通念という具合に、裁量権の所在を判断要素ごとに分ける場合もある（この点につき、桑原勇進「判例解説」地方自治判例百選〔三版〕八九頁は、分節的判断方法として評価している。なお、この問題については、碓井光明・要説住民訴訟と自治体財務〔改訂版、二〇〇二年〕一八九頁以下に詳細な分析がある）。最高裁判所の判決においても、違法性の判断につき裁量権の逸脱・濫用の有無を結論とするものの、判断の過程ではカテゴリーとして公益性を否定し、かつ「県」の判断の違法を認定しているものがあるが（最判平成一八・一・一九判例時報一九二五号七九頁）、もっぱら、被告（元市長・上告人）の判断の裁量権の逸脱又は濫用を論じ、審査の過程で、市議会で特に説明が行われたことを挙げているものもある（最判平成一七・一一・一〇判例時報一九二一号三六頁）。その他、地方公共団体が締結した金融機関との損失補償契約の有効性に関し、一般論として、その認定に際しては、当該契約の締結に係る公益上の必要性に関する地方公共団体の判断につき「その裁量権の範囲の逸脱又はその濫用があったか否かによって決せられるべきもの」とした判決がある（最判平成二三・一〇・二七判例時報二一三三号三頁。参照、地方自治判例百選六四事件、北島周作・ジュリスト平成二三年度重要判例解説三八頁以下）。したがって、この問題は、諸般の事情の比較考量の必要性を前提とした上で、事案に応じた司法審査に委ねられている。

なお、本条は、地方公共団体の補助金に関する規制規範であって、根拠規範となるものではない。また、規制規範といっても、国の補助金適正化法のように、補助金の交付決定に関する行為形式の問題にまでわたるものでもない。したがって、地方公共団体の補助金の交付の法的性質については、本条とは別に、個別の地方公共団体の補助金に関する具体的制度をみて判断することを要する（塩野・法治主義の諸相一八七頁以下、本書Ⅱ一〇九頁以下）。

四　自治立法権

日本国憲法は、地方公共団体の権能として、法律の範囲内における条例の制定を明示している（九四条）。この「条例」というのは、旧市制・町村制の時代にも市町村が行う立法の形式を呼ぶものとされていたので（なお、古くは法律の資格をもつ法規にも条例という言葉を用いたものがある。東京市区改正条例）、この条文が、条例という形式による、地方公共団体の立法権を定めたものであることは明らかである（旧制度以来の日本の「条例」の語義については参照、斎藤誠「条例」〔一九九四年〕斎藤・現代地方自治の法的基層一八三頁以下）。日本国憲法の下で地方公共団体の条例制定権が保障されたことで、地方公共団体はそれぞれの行政領域で、条例という法形式を活用している。しかし、条例制定権の範囲はさまざまな角度からの論議の対象となる。なお、条例は一つの形式である。そこで、その定めの法的内容はともかく、自治法で条例という形式を指定していることがある（法三条三項・四条一項など）。公の施設の設置も条例の専管事項である（法二四四条の二）。この点からしても、条例は行政事務に限定されないことに注意しなければならない。

(1)　憲法・民事法と条例

①　憲法に定める「法律の範囲内」というのを、法律が条例の所管する範囲を定めることを規定している、したがって、まず法律の定めが必要であって、これがない限り条例単独では法規を定立し得ない、とする見解がある。そして、現行制度によると、自治法がこの所管事項を指定した法律である、というのである（小嶋和司・憲法学講話〔一九八二年〕一九三頁）。しかし、比較法的にみても、地方公共団体の自治立法権を包括的に直接憲法が認める立法例があること（アメリカ合衆国のカリフォルニアの例につき、参照、塩野宏「自主立法権の範囲」〔一九八二年〕塩野・国と地方公共団体二五六頁）、つまり、自治立法定立の権限付与の立法例があること、「法律の範囲内」を所管事

項の指定と読むのは、文言としても必ずしも一般的でなく、また、地方自治の本旨の理解からも適切でないことなどを考慮すると、「法律の範囲内」は、法律に反しない限り、と読むべきだと考える。この点からすると、普通地方公共団体の条例制定権を定める地方自治法一四条一項および二項は、確認的規定と解される（憲法九四条の「法律の範囲内」についてはかねて論議のあるところであるが、近年この点に関し焦点を当て詳細に論じたものとして、原島良成「条例制定の根拠・対象・程度」北村還暦三頁以下、一二頁以下参照）。

② このことは条例の事項的範囲に限定がない、ということにはならない。条例は地域的限界を有するとともに（本書Ⅰ六五頁）、規律事項も概念上は、法律による別段の定めのない限りは、地域における事務に限定される。しかし、地域における事務である限り、自治事務であるか法定受託事務であるかを問わず条例の規律対象となり得る（参照、小泉祐一郎「自治体の事務の区分と条例」鈴木古稀二二四頁以下、二三五頁以下。ただし、法律との関係からの限界はある。後出⑵参照）。この点で、機関委任事務そのものについては条例を制定することはできないとされた旧制度と大きく異なる。

③ 事項的範囲論とは別に、憲法の他の条項との関係での条例対象性が問題となりうる（租税法律主義との関係については、前出一九三頁）。たとえば、財産権の制限が形式的意義の法律に限定されるか、条例によることも憲法上認められるかどうかという形の問題がある。これについては、最高裁判所は財産権の制限を定める奈良県ため池条例が合憲であるとして、積極的に解した（最大判昭和三八・六・二六刑集一七巻五号五二一頁、行政判例百選Ⅱ二五一事件、地方自治判例百選二七事件）。行政事務（前出一八〇頁）に関する条例が当然に前提としてきた、自由権に対する地方公共団体の規制権能とのバランス、条例の民主的性格からして、憲法二九条の法律には、形式的意義の法律のみならず、条例も含むと解するのが妥当である（通説）。

これに対して、罰則に関しては、大阪市売春防止条例違反事件で、最高裁判所は日本国憲法地方自治保障条項の権限付与機能に含まれていないとした（最大判昭和三七・五・三〇刑集一六巻五号五七七頁、行政判例百選Ⅰ四四事件、地方自治判例百選二八事件）。この事件で、最高裁判所は、大阪市条例は合憲であると判断したが、その理由は、自治法二条三項（平成一一年法改正前）の該当事務の例示規定（一号・七号）が相当に具体的であること、同法一四条五項の罰則の範囲が限定されていること、条例の制定手続が法律に類するものであるから、授権は相当程度に具体的で、限定されていれば足りるというにある（学説の状況については、行政判例百選Ⅰの高橋雅夫解説参照）。この判決において、自治法における事務の例示規定（平成一一年法改正前）を委任の具体性として挙げている点は、当該規定がまさに事務の例示であって、地方公共団体への事務の委任規定でもないし、また、事務を限定列挙したものでもないことに鑑みると（前出一七六頁）説得的でない。その意味では、この判決は、条例制定が法律に類した手続によってなされているという点で判例としての意義をもつものと理解するべきものと思われる。それはともかく、理論上は条例の制定権を憲法が認めている以上、そのサンクションの手段を憲法が認めているのではないか、という議論の余地はあると思われる（この論点につき、原島・前掲論文二一頁は、自治法一四条一項・二項は憲法九四条の確認規定であるのに対して、自治法一四条三項は政策的配慮から自治立法の程度を調整する趣旨のものとして位置づけられ、議論の焦点は条例制定の程度が憲法上どのようにコントロールされうるかという論題に移行するとする）。

④　条例は私法秩序に介入し得ない、という問題が出されることもある。具体的には、地方公共団体の個人情報保護条例において、民間企業の保有する個人のデータについて、当該個人からの開示請求権、訂正請求権を条例で直接当該個人に与えることができるかとか、地方公共団体が株式の大部分を保有する株式会社（いわゆる第三セクター）に対して、その保有する情報につき情報公開条例で住民の開示請求権を定めることができるかどうかという

形で問題となる。しかし、私法秩序とはなにか、というとこれまた必ずしも明確でなく、むしろ、法律の先占領域論の場面として考察するのが適切と思われる（法律の先占については後出⑵②）。

⑤　地方公共団体の事務の範囲内で制定された条例であっても、憲法に反することを得ない。憲法は裁判所の条例の憲法適合性審査権を明示的には定めていないけれども、法律と同様、実質的立法作用である条例も当然憲法の下位にたち、また、裁判所はその憲法適合性を審査しうると解される（最高裁判所も当然のこととして、条例の憲法適合性を審理判断している。最大判昭和六〇・一〇・二三刑集三九巻六号四一三頁、地方自治判例百選二九事件参照）。

⑵　法律と条例──競合関係

①　法律と条例の関係に関する憲法の枠組み自体は、平成一一年改正自治法においても変更がないことはいうまでもない（同旨、芝池義一「条例」地方自治・地方分権六八頁以下）。ただ、地方自治法の定める役割分担の原則が立法実務に徹底されるならば、結果的に条例の範囲が広くなる。また、当該立法で特別の趣旨が明確でない限り、「適切な役割分担」の解釈を通じて、条例の定める範囲が広く解釈されることはあり得る（同旨、田村達久「改正地方自治法における自治立法の『位置づけ』と今後の課題」自治総研二六一号〔二〇〇〇年〕二九頁以下。北村喜宣「新地方自治法施行後の条例論・試論」〔二〇〇〇年〕北村・分権改革と条例七五頁も、徳島市公安条例にかかる最高裁判所判決の考え方は新地方自治法の下でも妥当するとしつつ、今後は、同判決を踏まえつつも、分権改革の趣旨目的に適合した法理を発展させなければならないという）。

②　法律との関係では、憲法で定める法律の範囲内の解釈問題となるが、これを法律に反しない限りと読む、という抽象的レベルにとどまる限りは学説のほぼ一致しているところである（前出⑴①）。これをもう少し分析的にいうと、法律と条例という二つの立法権限が競合している場合であって、そして、その競合的立法権限の範囲内に

おいて、両者の間に衝突が生じたときに、法律が優先的に適用される、というものである。そのような事情がある場合に、法律によって当該事項は先占されている、ともいう。かかる問題はシステム上当然に随伴することから、現に同じシステムをとるアメリカでは preemption という概念の下に論ぜられている（参照、塩野宏「自主立法権の範囲」塩野・国と地方公共団体二五八頁、南川諦弘「ホーム・ルール・シティにおける自治立法権について」〔一九九三年〕南川・「地方自治の本旨」と条例制定権〔二〇一二年〕二五頁以下、三四頁以下。鴨野幸雄「地方自治論の動向と問題点」公法研究五六号一三頁は「法令の先占論」の存在自体を否定するが、問題は先占の範囲の確定の方法にある）。条例にも法律の留保の及ぶドイツのシステムではこのような問題すら生じない点に注意しなければならない（大橋洋一「条例論の基礎」〔一九九三年〕大橋・現代行政の行為形式論三五一頁、三七〇頁。ドイツにおける学説・判例の詳細につき、参照、薄井一成・分権時代の地方自治〔二〇〇六年〕六八頁以下）。

先占の概念枠組みは明確であるが、いかなる場合に preemption があるかの判定は困難なことがある。ある事項について、法律の定めがあれば、単純に先占を認めるとなると、条例の制定範囲ははなはだしく狭まり地方自治の本旨にそぐわない結果が生ずるおそれがあるし、それは、当該制定法の立法者意思に沿うものとも当然にはいえない。また、先占領域の拡大的解釈は、地域の実情に応じた条例による規律に対する桎梏となる。この点につき、最高裁判所は、いわゆる徳島市公安条例事件判決で、条例が国の法令に違反するかどうかについては、それぞれの趣旨、目的、内容および効果を比較することが必要であること、目的が同一であっても、国の法律が「普通地方公共団体において、その地方の実情に応じて、別段の規制を施すことを容認する趣旨であると解されるときは」「条例が国の法令に違反する問題は生じえない」としており（最大判昭和五〇・九・一〇刑集二九巻八号四八九頁、行政判例百選Ⅰ四三事件、地方自治判例百選三一事件）、一般論としては、首肯し得るところである（南川諦弘「条例制定権に関する研究」（一九八四年）南川・前掲書一三一頁以下、一五〇頁は、判旨のこの部分に着目して、これを「特別意義論」として評価する）。

ただ、法律と条例の関係は多様で、具体的場合における解釈の必要性は残る。以下、若干の事例をあげる（法律と条例の関係については、数多くの文献があるが、文献紹介の意味も含め、解釈論上の論点を整理するとともに、立法論に及ぶ論考として岩橋健定「分権時代の条例制定権」北村ほか・自治体政策法務三五三頁以下参照）。

③　同じ目的で規制方法も同じであるが、単純に規制の程度が強い条例の制定、いわゆる上乗せ条例の制定が認められるかどうかの問題がある。国の法律が汚染物質の排出基準を定めている場合において、それが、全国一律の最低基準を定めたものにとどまるのか、基準の程度まで、先占しているのかという形で、わが国ではこれが公害規制との関係で強く意識されたところであったが、問題としては普遍性をもつところであって、アメリカでも判例の認めるところである（参照、塩野・国と地方公共団体二六二頁）。日本法の解釈としても、徳島市公安条例にかかる昭和五〇年最高裁判所判決はより厳格な条例規制の可能性を認めていると解される（地方自治判例百選三二事件の山下解説参照）。その際、当該国の法令が全国最低基準を定めたにとどまる趣旨であるかどうかについては、規制事項の性質、関連する人権が一つの手掛かりを提供するが（参照、高田敏「条例論」行政法大系8二一四頁以下、小林武「自治体の裁量権」公法研究五五号（一九九三年）二〇二頁）、人権序列が確定しない限り、これをもって唯一の基準とすることはできないと思われる（国の法律との関係でこの種の条例として横出し条例などがある）。

なお、仮に上乗せ規制の可能性が認められるにしても、当該条例自体について比例原則その他の法原則に適合していなければならない（条例の比例原則違反を判示したものとして、福岡高判昭和五八・三・七行裁例集三四巻三号三九四頁、地方自治判例百選〔三版〕三〇事件。分権改革後は、上乗せ条例の可能性よりも、比例原則等の憲法適合性の問題が、実務上、理論上の問題になっている。参照、岩橋健定「条例制定権の限界」塩野古稀下三七五頁以下、武田真一郎「条例制定権と比例原則」成蹊法学九二号〔二〇二〇年〕二二頁以下）。

④　憲法原理に照らし、別途の考慮が要求されるのが地方税法と地方税条例の関係である。地方税法は地方公共団体の課税権の行使を地方税法の定めによるべきこととしているが（法二条）、それは、憲法の定める課税自主権に鑑み、枠組み法乃至準則法と解される（前出一九四頁、金子宏・租税法〔二三版、二〇一九年〕九九頁以下は準則法という）。ただ、この原則の具体的当てはめは必ずしも明確ではない。その具体例として、神奈川県が定める企業税条例事件がある。これは神奈川県が地方税法の定める法人事業税（法定税）とは別に企業税条例を定め、その課税標準である所得の算定において、法人事業税と異なり、欠損金の繰越控除を認めないという措置をとったものである。第一審判決（横浜地判平成二〇・三・一九判例時報二〇二〇号二九頁）は条例を違法としたが、第二審判決（東京高判平成二二・二・二五判例時報二〇七四号三二頁）は最高裁判所徳島事件判決を参照した上で、地方税法が準則であり、条例の適法性の判断は「法律が条例の上位に位置することを理由に、同法の定めを偏重するのではなく、同法の明文の規定に違反している場合を別とすれば、地方公共団体が憲法上の課税権を有していることにかんがみて、慎重に行うべきである」として、結論的にこれを適法とした。これに対して、上告審判決（最判平成二五・三・二一民集六七巻三号四三八頁、地方自治判例百選三二事件）は憲法九二条および九四条を引き、地方公共団体は国とは別個に課税権の主体となることが憲法上予定されるとしたが、本件条例は地方税法の法人事業税に違反するものとして原判決を破棄した（地方自治判例百選三二事件・碓井光明解説、租税判例百選〔六版〕七事件・宍戸常寿解説参照）。

しかし、判決の考え方には、以下に示す問題点がある。

ⓘ　判決は、地方公共団体が国と別個の課税権の主体であることを認めるが、国民全体の税負担、国と地方、地

方公共団体相互の調整が必要であることを立法事実として認識している。そのことから、地方税についても憲法八四条の租税法律主義の原則が適用されること、国の法律としての「準則」の制定権、当該準則の範囲内での地方公共団体の課税権の行使原則が導き出されている。憲法八四条が地方税制に及ぶとしている点はかねて論議のあるところであるが、この点については、地方自治法（一条）、地方公務員法（一条）、地方交付税法（一条等）のように目的規定を置き、地方自治の本旨にも言及しているものがあるのに対し、地方税法は目的規定を置かず、用語の定義（一条）、課税権の付与（二条）としている点とも平仄が合っているとも解される。

ⅱ　判決がしばしば用いている「準則」とは、租税法学説が依拠する Rahmengesetz を意味しているとも読める（金子・前掲書九九頁。山田晟・ドイツ法律用語辞典〔改訂増補版、一九九三年〕は Rahmengesetz の訳語として「大綱的法律」と訳している）。しかし、その後の判決の論理は前掲学説上の「準則」とはかなり隔たったものとなっており、実質的にはむしろ法律の先占領域を示しているようにも読める。いずれにせよ、判決は、準則に関する概念規定をすることがないので、本件条例が準則たる地方税法に拘束される理由及び程度を改めて説示する必要があることになるが、その際、判決は、該当地方税法の規定の仕方と立法事実の趣旨目的の双方から準則の拘束力を認めている。(1)そして、本判決に特徴的なことは、地方税法の「詳細かつ具体的な規定」の仕方につき、何ら疑問を提出することなく、規定の仕方から強行規定であるとし、地方税条例はこの準則に拘束されるとしている。また、立法事実の趣旨目的、法人税政策についてもそのままこれを前提とし、この政策に対する条例制定権者である地域の側の個別の利益状況に配慮するところがない。かくして、課税自主権の入り込む余地は解釈論上はなく、課税自主権の拡充の推進は、「国政レベルで、そうした方向の立法の推進に努める」（前掲最高裁平成二五年判決における金築誠志裁判官の補足意見）べしとするのは、判決全体に通ずるものがあるが、これでは、個別地方公共団体の課税自主権

の否定につながるように思われる。(2)

⑤　形式的にみると、国の法令の規制対象外であっても、解釈上、条例の規制を許さない場合があるかどうかの問題がある（アメリカ法でいう implied preemption の存在）。これについても、制定法の視野の範囲の確定という解釈操作が必要となるところであって、最高裁判所は高知市の普通河川条例に関して、普通河川条例の制定自体は許されるとしたが、当該条例の規制が河川法適用河川よりも強力な管理の定めをすることは違法であると判示した（最判昭和五三・一二・二一民集三二巻九号一七二三頁、地方自治判例百選三三事件。同百選の南川和宣解説参照）。これに対して、青少年保護育成条例については、最高裁判所は条例におけるいわゆる「淫行禁止」条項の合憲性を肯定したが（最大判昭和六〇・一〇・二三刑集三九巻六号四一三頁、地方自治判例百選二九事件）、むしろ、この場合においてこそ、implied preemption の観念を働かせるべきではなかったかと思われる。

⑥　法律の先占論との関係で、法律が地方自治の本旨に反するような形で国の立法権限を先占させる法律の憲法適合性の問題が生ずるが、その点は、自治権の防御的機能の問題として、後に述べる（後出二五六頁以下）。

(3)　法律と条例――委任関係

法律で知事、市町村長等の許可権限を定め、その許可要件等の基準を条例の定めによるとしている例があるが（旅館業法四条二項、公衆浴場法二条三項）、これらは、政省令等と同じく国家法令の制定権限の委任とみることができる。このことは、従前、政省令で定めるとしていたものが、平成二三年に条例で定めると改正されている場合のあること（介護保険法九二条一項二号、興行場法二条二項）からも推認される。これら委任条例においては、当該条例の内容が委任の範囲に収まっているかどうかが問題になるが、通常の法律と政省令との関係よりも適法性審査の基準はゆるいとみるのが、地域の自主性の理念に合致する（斎藤誠「条例制定権の限界」〔二〇〇四年〕斎藤・前掲書二八九頁以下、二九二頁以下は、分権改革後においてはこの種の条例は法律の委任によるのではなく、国の立法権限の一部の授権とみて、「法律規定条例」として把握すべきとする）。

なお、墓地、埋葬等に関する法律には、掲記の法律にみられるような委任条項がないが、実務においては許可基準に係る条例・規則が制定されており（たとえば、神奈川県墓地等の経営の許可等に関する条例、小田原市墓地等の経営の許可等に関する条例など。国の所管部局も必要な場合における条例・規則等の制定に期待している。参照、平成一二年一二月六日厚生省生活衛生局長通知「墓地経営・管理の指針等について」〔生活衛生法規研究会監修・新訂逐条解説墓地、埋葬等に関する法律（三版、二〇一七年）一八一頁〕）、判例もこれが有効であることを前提として判断している（最判平成一二・三・一七判例時報一七〇八号六二頁。東京地判平成二二・四・一六判例時報二〇七九号二五頁）。

このように、実務上は法律の明示の根拠なくしても許可要件に関する条例の制定は有効であることに固まっており、これは墓地埋葬法に限定されないと解される。学説上は、これを条例の形式による裁量基準の設定とみる見解（小早川光郎「基準・法律・条例」塩野古稀下三八三頁以下。裁量基準条例一般につき、参照、中嶋直木「裁量基準の条例化に関する諸論点」北村還暦五〇頁以下）と、要件が開かれているとすれば、条例で法令の目的と違背しない要件を定めることも可能であるとする見解がある（斎藤・前掲書二九四頁、同「条例制定権の限界」争点二〇八頁）。前者によれば条例の定めによる処分は法令上の裁量権の行使にとどまるのに対し、後者によれば条例で覊束要件を置くことも認められることになる。ただ、後者に立っても、当該制定法の趣旨・目的に反する要件を定めることは認められないし、法目的の範囲内での一般条項を置くことで、条例の違法問題は回避できるように解される。

法律の定めが先行し、それを充足するようにみえる条例のすべてが委任条例ではないことに注意しなければならない。たとえば、基本法は多くの場合、地方公共団体の責務規定を置き、これに対応する条例が制定されても、それは、あくまでも当該地方公共団体の独自の条例であって基本法の委任条例ではないことはいうまでもない（参照、川﨑政司「基本法再考（六）」自治研究八三巻一号（二〇〇七年）六七頁以下）。

枠組み法の系列に属する法律と条例の関係でも、地方税法と各地方公共団体の税条例は授権・委任の関係に立つのではなく、各地方公共団体はそれぞれ包括的税条例を定め、そこで、地方税法とは別に改めて課税標準を自ら定めるという方式がとられている（参照、東京都都税条例第一節　通則〔課税の根拠〕第一条　東京都都税（以下都税という）及びその賦課徴収については、法令その他に別に定があるものの外、この条例の定めるところによる）。

他方、同じく枠組み法の系列に属するとみられる地方公務員法制では、税条例のように包括的根拠法規ではなく、地方公務員法の個別の条文ごとに個別の条例が定められている。さらに、その際、地方公務員法の個別条文の引用に基づくという制定文が付されている（東京都の「職員の懲戒に関する条例」「地方公務員法（昭和二十五年法律第二百六十一号）第五条第一項及び第二十九条第二項並びに地方教育行政の組織及び運営に関する法律（昭和三十一年法律第百六十二号）第四十三条第三項の規定に基きこの条例を定める」）。このことは、実務においては、地方公務員法制に関する条例は、一種の委任条例として理解、運用されていることを思わせるものがある。

いずれの場合においても、当該条例が枠の範囲にとどまっているかどうかの問題は残されているが、法律と条例の関係は、立法実務上必ずしも理論的に整理されているのではないことを示しており（この点は平成二三年の法改正後も変わりはない）、これは国と地方公共団体の関係が立法レベルにおいても制度的に相互に割り切れているのではなく、有機的関係にあるとされてきた名残りともいうべき事象であろう。

⑷　都道府県条例と市町村条例

法律と条例の関係に類似する問題を提起するものとして、都道府県条例と同一都道府県内の市町村条例の関係があるが、法律と条例の関係とは異なった検討課題がある（以下、便宜、県と市の呼称を用いる）。

問題自体としてはかねて存在するところであったが、それは主として県条例により市行政事務を規律することを認めるいわゆる統制条例（平成一一年改正法前と市町村条例の関係）についてであった（秋田周・条例と規則〔一九七七年〕一六二頁以下参照）。ところが、地方分権施策の一環として統制条例の制度が廃止される一方で、実務レベルにおける市の条例制定の範囲の拡大・規律密度の深化の動きのなかで、県条例と市条例の関係の整理の必要性が現実の問題としても登場してきている（参照。田村達久「都道府県条例と市町村条例」北村ほか・自治体政策法務五七三頁以下、具体例として、宇那木正寛「暴力団排除事務をめぐる都道府県条例と市町村条例の関係（一）（二）」自治研究八八巻一号、二号〔二〇一二年〕）。この点については、統制条例関連を除いては具体的な訴訟が提起され、判決が出されているわけではないこともあって、必ずしも十分検討材料が備わっているわけではないが、以下、留意すべき点を掲げておく（包括的文献として、田村・前掲論文および澤俊晴・都道府県条例と市町村条例〔二〇〇七年〕がある）。

まず、国家法は、地方自治の本旨の限界はあるとしても地方公共団体の組織・運営に関し法律をもって規制することができるが（憲法九二条）、憲法においても、現行地方自治法においても県は区域内の市についてそのような権限はないことが挙げられる。その意味で、県条例との市条例の齟齬の問題は、法律で別段の定めのない限りカテゴリーとして生じない（仮に生じた場合は県条例は無効である）。

地方自治法は、都道府県の事務と市町村の事務の区分について定めている。この区分に反した条例が制定された場合には紛争が生ずるが、区分違反の条例は当然無効となるので、法律と条例の関係で論じた競合の問題ではない。もっとも、この区分は明確に線引きがなされるものではなく、境界領域さらには、共通領域が存在する。その場合でも衝突にはいたらない場合もある。給付行政の多くの場合がこれに当たる。給付を受ける側にとっては、県と市双方から同種の給付を受けても不利益の問題は生じないからである。

これに対して、規制行政にあっては、被規制者から見た場合二重の危険にさらされるので、その合理性が問題となりうる。これを地方公共団体の二層制の問題として割り切ることもできる。しかし、規制条例によって、規制の対象者が二重の危険にさらされることは、人権保護の見地から望ましいことではなく、国法で都道府県条例と市町村条例の関係につき一定の整理をしても憲法違反の問題は生じないと思われる。

この点に関して地方自治法二条一六項、および一七項が参照される。二条一六項は直接には県条例と市条例の関係につき定めたものではないが、先に指摘したようにこの問題で論ぜられるのが規制行政で、市としては地方自治法一四条二項により、当該市の条例によらなければ当該事務を処理できないので、結局は市条例の実効性が確保できない、つまり実効上無効になる結果となる。

それでは県の規制行政条例であれば結果として、常に県条例が市条例に優先する、つまり法律と条例の関係における先占の概念がここにそのまま妥当するかというと、即断しがたいものがあり、県条例による広域処理の合理性、市条例による二重規制の合理性が考慮要素となると解される（近年の包括的研究として、宇那木正寛「都道府県条例および市町村条例の競合・抵触とその適用関係（一）～（三・完）」自治研究九二巻五号・六号・八号〔二〇一六年〕がある。この問題に関する各都道府県の担当部署への質問と回答が載せられており〔八号〕、興味深い。なお論者は、自治法上に都道府県条例と市町村条例との適用関係を定める直接の規定がない〔法の欠缺〕ので、自治法二条一六項後段・一七項を都道府県条例と市町村条例の関係に類推するという解釈手法を提示している）。

(5)　規　則

地方公共団体の定立する法規として、条例とは別に長の定める規則がある（法一五条）。条例の場合と同様、自治法で規則の専管事項として指定されているものがある（法一五二条三項・一七一条五項）。他面条例の専管事項について、規則が定められないことは当然である。これに対して、それぞれの専管事項でない事柄については、双方が規定することができるが、競合した場合には、条例が優先するとみるのが、妥当であろう。実務上、法律と命令の関係と同様、条例で規則に委任するのが通例となっているが、かかる方式には異論がない。

(1)　行政法においては、法源の一つとして「準則」という言葉は一般的に用いられていないし、概念論議の対象ともなっていない。ただ、法令用語としては、公務員法制における職階制との関連で、公務員の給与は、法律としての「給与準則」で定めることとされていたが（平成一九年改正前国家公務員法六三条）、職階制に代わって定められた一般職の職員の給与に関する法律でも、給与は同法別表に詳細に定められており、昇任、降任等につき裁量の余地はあるが、給与（準則）法は機械的に適用される。要するに、行政法上に「準則」という言葉が用いられていても、いずれかの定まった内容を持つものではなく、判決も「準則」から何らかの意味を導き出そうとしたものではないと解される。

(2)　本企業税条例事件は、行政法解釈学一般に関しても興味深い資料を提供している（参照、塩野宏「ある行政訴訟事件からみた行政法学の役割」〔二〇一〇年〕塩野・行政法概念の諸相七二頁以下）。

五　参加権

ここで参加権とは、地方公共団体が国の立法、行政に際して、その意見を表明するなどして、参加する権能をさす。この点に関しては、日本国憲法自体明文で定めていないが、近年、個別法で、関係地方公共団体の申出や意見聴取（国土利用計画法五条三項、湖沼水質保全特別措置法三条三項、大気汚染防止法五条の二第五項）を定める例が多くなってきたところ、一般的制度として、地方公共団体の関係機関の全国的連合組織（具体的には知事会、都道府県議長会、市長会、市議会議長会、町村会、町村議会議長会。いわゆる地方六団体）には地方自治に影響を及ぼす法令等に関し、内閣に対する意見具申権、国会に対する意見書提出権、内閣の回答義務等が平成一一年一括法により定められた（法二六三条の三第三項・四項）。

これらの地方公共団体が、国の意思決定に参加する具体的必要性には、いろいろのものがあり得るが、統一的には、地方公共団体の実体的自治権の手続的保障として理解するのが、適切ではないかと考える（塩野宏「地方公共団体の法的地位論覚書き」塩野・国と地方公共団体一九頁。その他の諸説については、由喜門眞治「自治体の国政参加」争点二一四頁以下参照）。

これに対して、平成二三年に国と地方の協議の場に関する法律（法律三八号）が制定され、地方自治に影響を及ぼす国の政策の企画、立案、実施について、関係各大臣と地方公共団体の機関の連合組織が協議を行う場が設定された。当該法律の目的には、地方分権の推進、国及び地方公共団体の政策の効果的かつ効率的推進を図ることが掲げられている（法一条）こと、協議の結果に係る参加者の尊重義務が定められている（法八条）ことからすると、地方公共団体の国政への参加というよりは、中央政府と地方政府の調整の場と位置づけるのが妥当とも思われる（「協議の場」の組織法上の位置づけにつき、参照、前出九六頁）。

第五節　地方公共団体の機関

一　基本構造

わが国の地方公共団体の機関の基本構造については日本国憲法に定める首長主義（二元〔的〕代表制と称される。「的」に意味をもたせる見解もある。参照、牧原出「『二元代表制』と『直接公選首長』」地方自治七六八号〔二〇一一年〕

二頁以下、九頁以下）（九三条）と、自治法上の原則である執行機関の多元主義（法一三八条の二以下）の二つの面から考察する必要がある（参照、田中・行政法中巻一四一頁以下）。

(1)　首 長 主 義

地方公共団体の組織構成における首長主義が、憲法上動かし難い原則として妥当しているか、若干の弾力的適用が解釈上可能かどうかの問題があるが（前出一八七頁）、仮に憲法が議会と長の二元的対立を前提としているとしても、その内容について、次の点に注意しなければならない。

①　長と議会の権限の分配について、憲法は議会を議事機関としているが、長についてはは憲法レベルでは特段の規定がない。そこで、自治法は長を執行機関に位置づけるとともに（法一三八条の二）、当該地方公共団体を統轄・代表するものとしている（法一四七条）。

②　憲法にいう議事機関とは議決機関であるというのが一般的理解であるが、議会の議決事項が法規の定立以外になにを含むかは当然には定まるものではない。この点につき、自治法は、議会の議決を重要事項に限定するという方向で整理をしている（法九六条）。

③　自治立法権は、長にも限定はあるが認められている（法一五条。前出一五三頁）。また、長には、条例案の提出権もある（法一四九条一号）。

④　長と議会の間には、議会の不信任議決、長の解散権があって（法一七八条）、相互独立というわけではない。

⑤　以上の点からすると、この制度をアメリカ連邦の組織になぞらえて、大統領制と理解するのは不正確である点に注意しなければならない（ここでは、両者の所管事項を中心に考察し、詳細は、議会と長の関係の項目で取り上げる。後出二二六頁以下）。

(2) 執行機関の多元主義

首長主義は、憲法上の要請であるのに対して、執行機関の多元主義は、自治法上の原則である。憲法は法律で定める吏員の公選を定めているが（九三条）、ここから多元主義を導く見解はなく、かつ、現在のところ、長以外に公選による職員はない。それはともかく、自治法は長以外にも複数の執行機関の存在を予定しているところから（法一三八条の四・一八〇条の五）、現行自治法における執行機関の多元主義を語ることができる（なお、ここでいう執行機関とは行政官庁法理論でいう、行政官庁、地方公共団体の機関であるので、正確には行政庁である。前出三〇頁）。以下留意すべき点を挙げておく。

① 執行機関の多元主義は、戦後、アメリカの占領政策の下での国のレベルでの行政委員会の導入と連動していることは確かである。しかし、アメリカの地方公共団体における行政委員会制度の活用とも関係しているかどうかは明確でないし、それこそアメリカはいろいろなタイプがあることに注意しなければならない。

② 外国法制との関連とは別に地方公共団体レベルでも、人事、選挙のような、政治的中立性が強く要求される分野には、委員会制度の正当化根拠がある。さらに、行政委員会制度には住民参加の一手段であるという色彩が、地方公共団体レベルでは一層強く出てくることになるであろう。

③ 住民参加のモーメントを強調すると、これら委員の住民による直接公選制が適切であることになろう。しかし、現行法制上は、関係者が限定されている海区漁業調整委員会の委員にのみ、選挙が認められているにすぎず（農業委員会委員の選挙制度は廃止された。その批判的分析として、参照、後藤智「自治体行政委員会、公共組合の変容と地方自治」晴山一穂ほか編著・官僚制改革の行政法理論〔二〇二〇年〕二五八頁以下）、その他は、選挙管理委員会のような議会による選挙のほか、議会の同意に基づく長の任命、というのが多い。さらに、教育委員会が、かつて住民

の直接公選によっていたが、政治的中立性が害されるという理由で、一九五六年に廃止され、議会の同意による長の任命という具合に制度改正をみて現在に至っている（なお注（1）参照）。

④　執行機関の多元主義はしかし、各執行機関が無秩序に並立していることを意味するわけではなく、長の所轄の下に、一体として、行政機能を発揮することが自治法上にも期待されている（法一三八条の三）。さらに、事務論上に強調される行政の総合性（前出一七六頁）が執行機関の多元主義のこれ以上の発展を抑えているということもできよう。

⑤　執行機関の多元主義は、首長主義と緊張関係に立つ。そこで、自治行政の総合性の要請が首長のリーダーシップの強調と結合することにより、必ずしも憲法上の明確な根拠をもたない多元主義は、脆弱な立場に置かれる。しかし、地方分権の正当化根拠の中に、権力の分散の観点が含まれていると考えれば、多元主義の縮減の要請にも限度があると解される[(1)]。

（1）　平成二六年の地方教育行政の組織及び運営に関する法律の改正により、教育長の任命、職務権限が定められた。すなわち、教育長（常勤）は、議会の同意を得た上で地方公共団体の長が任命し（法四条一項）、任期は三年とする（法五条）。教育長は教育委員会の構成員であって、教育委員会の会務を総理し、教育委員会を代表する（法一三条）。教育長は特別職で（地方公務員法三条三項）、常勤である（法一一条四項・五項）。さらに、長は総合教育会議を設けるものとし、教育等の大綱の策定、長と教育委員会の調整を行う（法一条の三、一条の四）。この改正は、教育委員会制度そのものの改廃ではないが、「教育委員会の活性化」から、首長、教育長、教育委員会が協力しあって行う「教育行政の活性化」に舵を切ったものと評価する見解がある（小野元之・教育委員会の活性化〔二〇一九年〕）。他方現行法制においては合議制機関の良さを生かすには、執行機関と補助機関等の役割を見直す必要、つまり地方自治法自体の改正の必要性を指摘する見解も出されている（村上祐介「教育委員会改革からみた地方自治制度の課題」自治総研四三〇号〔二〇一四年〕七五頁以下、八九頁）。なお、小野・前掲書においては、地方教育制度の変遷、教育委員会制度の創設等につき、資料とともに詳説している。

二 議会

自治法の採用する議会の基本構造および関連する問題は次のとおりである。(1)

① 議会の具体的議決事項は、自治法を始めとする制定法の定めに委ねられるが、自治法では、一般的に条例の制定・改廃のほか、予算・決算の決定のように、中央政府レベルと同じく、公選議員の決定にまつことが当然なもののほか、契約の締結、財産の交換、信託、財産の取得・処分等、国会にはみられない個別処分についての議決権を行使することも定められている(法九六条一項)。また、規定上は議決事項は例示ではなく列挙であるが条例で議決事項を定めることもできる。法定受託事務も限界はあるがその範囲内である(法九六条二項)。ただ、明確に法令上、長等の執行機関の専属的権限として定められている事項および事柄の性格上執行機関の権限とされている事項は議決権の対象外と解されている(松本・逐条地方自治法三六七頁参照。具体例として地方自治七七五号二三頁以下所掲の資料)。自治法はほかにも、国政調査権に対応する調査権を議会に与えるほか(法一〇〇条)、市町村の廃置分合(法六条~九条の五)、組合の設置(例、法二九〇条・二九一条の一一)等の重要事項を議決事案としている。

これを要するに、議会は確かに立法権を行使することをもって主要な任務の一つとするものであるが、むしろ一般的には、当該地方公共団体の重要な案件に関する最高の審議議決機関であり、その中には立法事項を含むが行政的意思決定も含まれる、というのが、適切な認識であろう。議会の議決権に関するこのような規定の仕方は、明治憲法下の市制・町村制に淵源があり(入江俊郎＝古井喜実・逐条市制町村制提義〔一九三七年〕八四一頁以下、地方自治総合研究所監修・逐条研究地方自治法Ⅱ〔二〇〇五年〕一八〇頁以下。後出二四一頁以下参照)、日本国憲法における長と議会の二元代表制という概念構成から、地方公共団体の機関関係のあり方につき、国家レベルの立法権と行政権の区別を単純に類推することはできない。なお、その他に調査権等（法一〇〇条）を通じて、長を始めとする執行機関の業務の監視機能を果たす役割も大きい。

② 議会の議事は当該地方公共団体の事務の範囲に限られる。ときとして、地方公共団体の議会が国政に係る問題（核兵器、消費税）について決議することがあるが、これは、政治的効果はともかく、法的には特段の意味をもつものではない。また、議会の議決が法令に違反するときは、長に審査の申立権、裁判所への出訴権が認められている（後出二二六頁以下）。これは、議会の議決についても法の枠があることを前提としているが、その枠が具体的にどのようなものであるかは、個別の議決事項ごとに判断されることになる（法九六条一項一〇号の権利放棄については、住民訴訟との関係で論議のあるところである。後出二三九頁以下）。

③ 議会には、条例で常任委員会、議会運営委員会、特別委員会を置くことができる（法一〇九条）。

④ 議会の議員は住民の直接公選による（憲法九三条二項。ただし、現行法上は日本国籍を有する者である。外国人の問題に関しては後出二三〇頁）。選挙は公職選挙法の定めによってなされる。投票価値の平等が問題となる点は、国会議員の場合と同様であるが、地方公共団体の選挙区における特色として特例区の観念がある。これは、当該選挙区の人口が、当該都道府県の議員一人あたりの人口の半数よりも少なくなった場合（つまり、本来は一人の議員も選出できなくなった場合）でも、選挙区とすることができるとされているものである（公職選挙法二七一条）。ただし、特例区の設置が認められたからといって、投票の価値の平等性が問題にならないことになるのではなく、特例区を含めた上で、投票価値の格差が審理されるのである（参照、最判平成元・一二・一八民集四三巻一二号二一三九頁、最判平成一二・四・二一判例時報一七一三号四四頁、地方自治判例百選七二事件〔大山礼子解説〕）。

⑤　議員の定数は条例事項である（法九〇条・九一条）が、かねて簡素化の見地からの論議がある。しばしば引用されるアメリカの地方公共団体においては、五名という場合が多いし、また、一〇人前後であることもある（参照、小滝敏之・アメリカの地方自治二四〇頁以下）。住民の意見の代表という見地からは、議員の数の多さが重要であるが、機能的活動という点では、少数のほうがよい。ただ、アメリカでは、個別決定における住民参加の手法があることにも注意しなければならない。

⑥　自治法は、議会制度に関しては、多くの事項につき条例の定めを予定して、いわば枠組み法の構造をもっており、適宜改正が加えられてきたが、この構造自体は定着してきている。しかし、昨今、地方レベルおよび国政レベル双方で現行法制に関する新たな動きがみられる。

(ア)　地方レベルにおいては、数多くの市町村および県において、議会基本条例の制定がなされ、議会の改革・活性化の試みが実行に移されている。その先駆的な事例として、北海道栗山町議会基本条例がある（参照、北海道栗山町議会・栗山町議会基本条例の誕生と展開〔平成二九年度版〕）。また、県レベルでも多くの議会基本条例が制定されている（その一例として、三重県議会基本条例につき、岩名秀樹＝駒林良則「議会基本条例の可能性──三重県議会基本条例を例に（一）（二・完）」名城法学五六巻四号一頁以下、五八巻一＝二号一頁以下〔二〇〇七〜八年〕が同条例制定の経緯、その意義と評価、その個別的問題点を詳細に論じている）。

議会基本条例の内容は、自治法における首長と議会の二元的統治構造の枠組みを維持しつつ、例えば、栗山町議会基本条例においては、住民に対する町内各地での住民を対象とした議会報告会を開催するなど、住民参加の充実が図られているとともに、基本条例の最高規範性を定めている。それに対して、三重県議会基本条例においては、二元代表制の実質化を重視する観点から議会の機能強化を強調し、その制度的方策として、議会に付属機関および調査機関を置くこととしている点に特徴があるが、最高規範性条項は規定されていない。

議会基本条例は、地方公共団体の議会の活性化を志向し、地方自治の本旨に適合的な手法の一つとして評価されるが、他方、以下に指摘するように、地方議会の存立それ自体が問題とされる事象が生じている点に留意する必要がある。

(イ)　小規模市町村における議員のなり手不足が指摘されており（平成二七年統一地方選挙における無投票当選者町村数二〇％）、さらに、これらの市町村議員の高齢化、女性議員の割合の低さ、多様性の不足等がみられる。このような状況に鑑み、「町村議会のあり方に関する研究会」（総務省自治行政局）が設置され、その報告書が提出されている（平成三〇年三月、総務省ホームページ）。報告書は、小規模市町村の議会のあり方につき「集中専門型」と「多数参画型」の二つを提案している（報告書には「無投票当選の状況」等多くの参考資料が登載されている）。前者・集中専門型は、「少数の議員によって議会を構成」し、「議員に専業的な活動を求める」もので、後者・多数参画型は「非専業的な議員活動を可能」とし、「議会の権限を限定する」とした上で、「議員定数を増加する」というものである。いずれの型を選択するかは条例の選択によるものとしている（報告書一一頁参照）。

いずれの「型」を採用するにせよ、現在の一律的市町村議会の見直しが必要であろう。

⑦　地方議会および議員の地位に関する紛争およびこれに対する裁判所の判断は、自治法の解釈に対してだけでなく、行政法一般理論に対しても、重要な素材を提供している。公権属性論―議員の報酬請求権の譲渡性（本書Ⅰ三八頁）、部分社会論―議員の懲罰と裁判権（本書Ⅰ四〇頁）、住所論―選挙法上の住所（本書Ⅰ三七頁）、不服申立適格―議員資格決定と不服申立権者（本書Ⅱ二四頁）、訴えの利益―議員の任期満了と除名処分取消訴訟の許否（本書Ⅱ一五一頁）、機関訴訟―議会議員の議決無効確認の適否（本書Ⅱ二八二頁）などがそれである。

(1) 平成一一年の自治法改正に際しては、議会に関する大きな改正はなされていない。その後、地方分権の進展に対応した議会のあり方も検討の対象となり、議会と長との関係に関する規定の整備のほか、学識経験者による専門的知見の活用(法一〇〇条の二)、委員会の議案提出権(法一〇九条六項等)議員定数の条例化(法九〇条・九一条)、議決事件範囲の拡大(法九六条二項)等の改正がなされた。また、平成二四年の法改正で、通年会期制度(法一〇二条の二)、本会議における公聴会の開催、参考人の招致制度の導入等が図られた(法一一五条の二)。なお、戦後地方議会の法制度の展開については、駒林良則・地方議会の法構造(二〇〇六年)二一九頁以下に詳細である。

三　執行機関

日本国憲法は地方公共団体の長(その他の吏員)についてふれるだけで、執行機関それ自体としては特段の定めを置いていない。そこで、長その他の執行機関の具体的あり方は、自治法以下の制定法によって定められることになる。自治法の採用するシステムについては、次の点に留意する必要がある。

① 自治法は執行機関の多元主義を採用しているが、その中でも、長が最も重要な役割を果たしている。この点は制度上は、他の執行機関が長の所轄の下に置かれ、執行機関相互の間の権限上の疑義につき調整義務(権)を有していることに現れている(法一三八条の三。もっとも、このことは、長が他の執行機関に対する指揮監督権を有するものではない(法一三八条の二参照))。

② 長の権限につき自治法は、これを分かって、当該地方公共団体の統括・代表権(法一四七条)、事務の管理・執行権(法一四八条)、担任事務(例示)(法一四九条)としていた。ところが、地方公共団体において不正経理処理等の事実が明らかになったこと、民間(株式会社)において内部統制システムの構築が先行していることに鑑み

て、内部統制に関する方針の決定と体制の整備が長の権限とされた（法一五〇条。二〇二〇年四月一日施行）。具体的には、財務関係事項等の適法性確保の方針の制定、方針および体制整備に関する報告書の作成、当該報告書の監査委員の審査、報告書並びに監査委員の意見の議会への提出である。この条項は権限規定というよりは義務規定と理解した方が適切とも解される（松本・逐条地方自治法五三七頁参照）。

③　自治法は執行機関の観念を文言上にも使用しているが、同時に、長に対する補助機関、委員会・委員に対する職員ないし事務局の観念があること（法一六一条以下・一九一条・二〇〇条、地方教育行政の組織及び運営に関する法律一八条等）から、執行機関は行政官庁法理論上の行政庁に対応するもので（前出三二頁）、自治法はその点で包括的機関概念による国組法と異なった行政機関概念によっていると解される。もっとも、自治法の中でも、包括的機関概念を用いている部分もある（法一三八条の三にかかげる執行機関の原則は国家行政組織法的書き方であるし、包括的機関概念を行政機関の用語とともに採用しているところもあり〔法一五六条〕、必ずしも一貫しているわけではない〔前出二三頁〕）。

④　長と他の執行機関の違いの重要な点は、他の執行機関が、教育委員会であれ、選挙管理委員会であれ、特定事務のみを処理するのに対して、長は包括的な事務処理権限を有していることにある。さらに、議会の権限が列挙的であるのと対比すれば、地方公共団体の事務処理における長の比重の大きさが明らかになる。

これを要するに、地方公共団体の区域内においては、長に対する権力の集中がみられるのであって、国家行政組織におけるいわゆる縦割り現象との大きな差異があることに注意しなければならない（塩野宏「自治体と権力」〔一九九三年〕塩野・法治主義の諸相三六五頁以下参照）。

⑤　長は住民の直接選挙によって選ばれる（憲法九三条）。このことは、別にいえば長は直接住民に責任を負うと

いうことであって、これと住民の解職請求、つまりリコールが対応していることになる（後出二三四頁）。さらに議会も長に対する不信任議決権をもっているが（後出二二八頁）、これは議会と長との関係における長の政治的責任追及の手段である。

これに対して長が一般職の地方公務員であると懲戒処分にあたるような行為をしたときの責任の追及の方法としての長に対する懲戒処分手続はない（地方公務員法では長は特別職であり、特別職に対する一般的な分限・懲戒規定は制定されていない）。リコールも不信任の場合も限定がないので、汚職、病気などの、懲戒・分限事由にあたるときにリコールや不信任の制度を用いることはもとより可能であるが、それは懲戒・分限処分手続ではない。懲戒処分手続がないことには、日本の内閣総理大臣も同様であり、それはそれで一つのあり方である。

長が公選の職であるから懲戒制度はおよそ働かないとみることはできないのであって、現に、ドイツでは、国家の監督庁による懲戒処分手続がある（参照、塩野宏「地方公共団体の長の地位に関する一考察」塩野・国と地方公共団体二一四頁以下）。ただ、ドイツにおいては、市町村にあたるゲマインデの活動は行政であり、長も身分上は官吏であるという前提がある。これに対して、わが国では、地方公共団体の作用全体を行政としてとらえることはできないし、一般的国家監督庁を想定することもできない。しかし、地方公共団体内部での懲戒・分限手続が全く構想されえないものではないように思われる。

⑥　執行機関が行政官庁法理で形成されているので、補助機関のあり方が問題となる。自治法は長のそれについて、同法理と同じく補助機関と名付け（第二編第七章第二節第三款）詳細な規律をしている。すなわち、副知事、副市長村長の設置、選任の方法、任期、職務等、会計管理者等の設置、選任の方法、職務等、主要役職員についての定めがある。[1]また、都道府県に関しては、当初、局部の名称、所掌事務が法定されていたが、その後、局部数の制

限へと緩和され、さらに長の内部組織の設置の編成権および設置に際しての条例主義のみを定める（法一五八条一項。この定めは都道府県、市町村に共通である）という変化がみられる。いかなる内部組織を形成するかは自治組織権の根幹をなすことを考えると適切な対応と考えられる。

⑦　自治法は執行機関の多元主義を定めるとともに、行政委員会の法定主義も定めている（法一三八条の四、一八〇条の五）。これを法律事項とした趣旨として、執行機関の設置は地方公共団体の基本的組織にかかることである（松本・逐条地方自治法五〇四頁）とされる。これは憲法自体が、地方公共団体の組織運営にかかる定めを法律事項としていることにもよるかと思われるが、その場合でも地方自治の本旨に基づくことを要し、その見地からすると、委員会という組織構成のみを国家法で定め、具体的な設置は、地方公共団体に委ねるという方式のほうがより適切であると考えられる。

⑧　審査会、審議会、調査会等の附属機関を条例により執行機関に置くことができる（法一三八条の四第三項）。附属機関は、執行機関でなく、したがってそれ自体としては、外部に意思を表示することがない、ということになる。もっとも、この点は法律自体で必ずしも徹底しているわけでない。たとえば、固定資産の評価について不服審査にあたる固定資産評価審査委員会は、執行機関として法律上も設置されているが（法一八〇条の五第三項二号）、都市計画法上の不服審査機関である開発審査会は不服審査に関する限り行政庁であるが（法五〇条）、これが、自治法上は附属機関として整理されているのである（附属機関は、国組法上にも存在するが、同法上の試験・研究機関は、ここでは、公の施設又は内部部局として整理されるなど、内容的に多少の違いがある）。

この附属機関条例主義は、立法当時の事情等に鑑みると（昭和二七年の自治法改正により導入され、それは附属機関乱立の防止であったとされる。参照、稲葉馨「自治組織権と附属機関条例主義」塩野古稀下三四八頁）、審議会的機能を有する機関の設置は必要的条例事項を意味するようにも解される。しかし、現実には、職員以外の外部の者を構成員とする機関が置かれている（参照。稲葉・前掲論文三四六頁以下）。同様の現象は国のレベルでも認められるが（前出九五頁）、自治法における行政組織条例主義（内部部局の条例主義は、法一五八条）に鑑みると、国組法におけると同様、この種の条例外審議会は行政機関ではなく、情報・政策立案への助言委託先とみるべきものと思われる（前掲神奈川県企業税条例〔平成二一年三月に失効〕は、神奈川県地方税制等研究会の最終報告書の提言を受けて制定されたものであるが、当該研究会の設置根拠は要綱である）。その意味では、これを自治法に反する違法の組織とみることはできないと考えられる（前出九六頁参照。稲葉・前掲論文三五〇頁以下は、長の組織権の問題として取り上げている、委員に対する報酬の問題を含めて、附属機関条例設置主義に関する包括的研究として、碓井光明「地方公共団体の附属機関等に関する若干の考察（上・下）」自治研究八二巻一一号・一二号〔二〇〇六年〕、同「地方公共団体の附属機関の組織に関する法律の規律密度」自治研究九三巻五号〔二〇一七年〕二五頁以下がある）。

⑨　執行機関としてであれ、附属機関としてであれ、さらに、補助機関としてであれ、法律上、地方公共団体が置かなければならない機関（行政機関又は施設、職員、附属機関等）がある。このような制度を機関の必置規制（地方分権推進法五条にも用いられている）あるいは必置機関という。これは、従来福祉関係に多くみられ、福祉関係業務の専門性の点から根拠づけられてきた。しかし、必置規制は自治組織権から問題となるとともに、行政改革の観点からも検討の対象となるところである（詳細につき、参照、塩野宏「社会福祉行政における国と地方公共団体」塩野・国と地方公共団体一七三頁以下）。今次の分権改革においても、検討の対象とされ（参照、森田朗「必置規制の見直しと地方公共団体の組織」西尾勝編著・地方分権と地方自治一八一頁以下、推進法五条、地方分権推進委員会第二次報告第３章Ⅰ）、平成一一年一括法により、一部の必置規制整理の実現をみた（参照、佐藤文俊「いわゆる地方分権一括法」ジ

ユリスト一一六五号〔一九九九年〕三九頁）。

（1）副市町村長、会計管理者の職は、トップマネージメント体制見直しの見地から平成一八年の自治法改正により導入され、従前の助役、出納長、収入役の職は廃止された。同時に、吏員に関する定めも削除された。これにより市制・町村制以来のなじみのある職名は自治法上は姿を消したことになる（ただし、個別法では、徴税吏員、消防吏員、吏員などの用語例がある。参照、鵜養幸雄「『公務員』という言葉」立命館法学三二七＝三二八号〔二〇〇九年〕一三五頁以下）。

四　議会と長との関係

議会と長とは基本的には議事機関と執行機関として区分されるが（前出二一三頁以下）、ここでは、それぞれの権限行使におけるチェック・アンド・バランスという観点から両者の関係をみておくこととしよう。

①　自治法上、長は議案の提出権を有するが（法一四九条一号）、議会への出席については、議会の要求による出席義務だけが定められている（法一二一条）。この点で国のレベルでは憲法上内閣総理大臣およびその他の国務大臣の議院出席権を認めている（法六三条）のと異なる。議院内閣制と首長主義の建前上の差がここに示されているわけである。

②　自治法は長の拒否権の制度を採用した（法一七六条・一七七条）。これには一般的拒否権と特別拒否権とがある。一般的拒否権は、長が議決につき異議があるときにされるものであるが、長がこの権限を行使したときでも、条例の制定・改廃、予算に関するものについては議会の三分の二の多数があれば、その議決が確定することになる。逆にいうと、三分の二の多数がないと、これらの議案は成立しないことになる（法一七六条一項〜三項）。特別拒否権には四つの種類がある。その一つは、長が再議に付すのが義務的な場合であって（法一七六条四項）、

越権・違法な議決があったときである。議会と長との間で決着がつかないときは、長は審査の申立て（知事の場合は、総理大臣、市町村長の場合は都道府県知事）をすることができ、知事は、紛争処理委員の審理を経て裁定をし（法二五五条の五）、これになお不服があるときには、裁判所によって最終的解決がなされることになる（法一七六条七項。具体例として、名古屋地裁平成二四年一月一九日判決〔平成二三年（行ウ）第三三号〕がある〔D1-Law.com 判例体系 ID 28180256、裁判所ウェブサイト、地方自治判例百選一二七事件（木佐茂男解説）〕。なお参照、後出二八一頁注（1））。これは、機関訴訟の典型例の一つである（本書Ⅱ二九三頁）。

特別拒否権のいま一つのものは、歳出に比べて歳入が不足する予算の議決があったようなときである。この場合は、再議に付した結果、なお議会が従前の議決を維持するとそれで確定する。したがって、これは厳密な意味での拒否権ではない（法一七七条一項）。

三つ目は原案執行といわれるものであって、義務的経費について議会がこれに反する議決をしたときは、結局のところ長は義務的経費にかかる費用を予算に計上することができるとするものである（法一七七条一項一号・二項）。四つ目は非常災害等のための経費について議会がこれに反する議決をしたときであって、再議後の議決も同じときには、長はこれを不信任議決とみなすことができるものとしている（法一七七条一項二号・三項）。

このように、自治法は、議会の議決の性質ごとに長の拒否権の効果を変えている点に特色がある。

なお、拒否権の制度は、議会の議決そのものに対する長の側のチェック機能であるが、執行機関としての長は、議会の議決に対する不作為という形で、議会の意思に従わないこともできる。議会はこのような長の行動に対して、直接対抗する手段をもっていない。

右に記したように、長の特別拒否権の制度は、現在では、長と議会の関係としてとらえられるのが通例である。

しかし、これについては、その沿革がドイツに淵源をもつ市制・町村制にさかのぼることから、ドイツの近年の論議を参照して、これを議会の議決の適法性を確保するための自治体内部における統制制度の側面をもっているとする見解があるが、正当な指摘と思われる（駒林良則「地方自治法一七六条の長の特別拒否権について――ドイツにおける異議権との比較」小高古稀九七頁以下。なお、同論文の引用する雄川一郎「機関争訟の法理」〔一九七四年〕雄川・行政争訟の理論四五八頁以下も参照）。

③　議会の側でも、次にみる不信任議決の制度（④参照）以外にも、執行機関としての長に対するチェック機能を自治法上に有している。検閲、検査、監査の請求、などがそれである（法九八条以下）。また、議長の臨時会請求権もある（法一〇一条二項）。さらに、副知事などの補助機関や、諮問機関の委員等についての人事の同意権も、長に対するチェック機能を有する。

④　議会の長に対する最終的対抗手段として、不信任議決があり、長はこれに対して議会の解散権を有する（法一七八条）。不信任議決の内容的要件については、法は特段に定めるところがなく、もっぱら、議会の政治的判断に委ねているものと解される。不信任議決の成立には、議員数の三分の二以上の出席と四分の三以上の同意（解散後の場合は過半数）を必要とするので、要件としては、かなり厳格である。不信任議決が成立すると、長は、議会の解散権を有するが、不作為のままでいると、その職を失う。

⑤　専決処分という制度がある。これは長と議会の紛争にかかわるものではなく、一定の場合に議会の権限を長が行使するもので（したがって、専決・代決制度の専決とは異なる）、法律の定めのある場合（法一七九条。第一項は、複数要件の一つとして議会が議決をしないときを掲げており、その具体的適用につき、住民訴訟が提起された例がある。詳細な分析として板垣勝彦・地方自治法の現代的課題〔二〇一九年〕一二七頁以下）、議会の委任による場合がある（法一

八〇条)。これには、軽易な事務、たとえば、契約に関し一定金額以下のものがある。これに対して、議会の行う選挙、議会の同意など、法が専ら議会をして行わしめる趣旨と解されるものは委任できない。

⑥　以上の議会と長との制度的関係は、全体としては、比重が長の側にあるとみることができる。もっとも、このことが、現実の地方自治行政、あるいは、地方政治における、議会と長との実際上の力関係にそのまま反映されるかどうかは、一概にはいえないけれども、長のほうにウェイトがかかっている場合が多いといえよう(参照、今村都南雄「地方公共団体の組織編成」行政法大系8七二頁以下。駒林良則「ドイツ地方自治法の緊急決定権に関する考察」西埜＝中川＝海老澤喜寿三五七頁以下は、ドイツ地方自治法を参考に、日本の専決処分制度に関し、議会が立法機関であることを示す方策〔議会による事後承認制度の導入〕を示唆する)。特に、長の任期が長年に及ぶと、その知識や経験がまさに、当該地方公共団体随一ということにもなるのである。また、長にはその補助部局が日常的業務のみならず、政策立案から立法までそれこそ専門職業として従事しているものがいる。これに対して、議会の側にはそれだけの専門スタッフが用意されていないことに注意しなければならない(議会側として、議会事務局の体制整備〔栗山町議会基本条例一三条〕、議会附属機関・調査機関の設置〔三重県議会基本条例一二条・一三条〕などの対応策が示されている)。

第六節　住民の権利・義務

地方自治の要素として、住民自治と団体自治が挙げられるが(前出一四〇頁)、明治憲法下においては、法解釈学の見地からは国家との関係における団体自治(法律上の観念)に重点が置かれ、住民自治(政治上の観念)は、公民と住民の区別を前提とした制度の説明が主で、自治の担い手である公民の権利（公民権）も基本的には選挙権、被選挙権にとどまるものであった（参照、美濃部・日本行政法下巻四八三頁以下、五一三頁以下。渡邊宗太郎・地方自治の本質〔一九三五年〕一頁以下）。これに対して住民自治と団体自治の双方が備わっていることが、日本国憲法の下における地方自治の要件を充たすものであることが強調され、住民（住民と公民の区別は廃止された）の権利も選挙権以外に直接民主主義の制度が広く認められるようになったことが指摘されるようになった（田中・行政法中巻七三頁、九六頁以下参照。なお、協働の観念を含めて、住民自治と団体自治の新たな関係を探るものとして、飯島淳子「地方自治と行政法」新構想Ⅰ一九三頁以下、二三〇頁以下がある）。

そこで、地方分権推進論が進行する過程で、住民自治の観念も概念・内容ともに可変的状況にあることに留意しつつ、以下に現行制度の概要を記述することとする。

一　選挙権

議会の議員および長の選任は住民の選挙によることは、憲法上の要請である（九三条）。ただ、選挙権を有するのは、日本国民（日本国籍を有する者）であって、外国人には選挙権は認められていない（自治法一一条）。これは、公務員の選定および罷免権を国民固有の権利とする憲法（一五条）に直接由来するものであって、ここからして、地方公共団体の議会の議員および長の選挙権を有する住民とは、地方公共団体の区域に住所を有する日本国民であるとする考え方から、説明されてきたところである（松本・逐条地方自治法一四五頁）。しかし、この点に関しては、少なくとも外国人のうちでも永住者等については、地方公共団体の議会の議員や長等に対する選挙権を与えることが憲法上否定されるものではなく、また、政策上も推進されるべきであるという意見が有力になりつつある（参照、岡崎勝彦「外国人の地方参政権」公法研究五六号〔一九九四年〕一〇五頁以下、斎藤誠「国際化と地方自治の法システム」〔二〇〇七年〕斎藤・現代地方自治の法的基層一四七頁以下）。

この点につき、最高裁判所は、憲法における公務員を選定罷免する権利保障は、日本国民のみを対象とし、地方公共団体の議会の議員および長の直接公選の権利を有する地方公共団体の住民も憲法上は、日本国民であると判断している（最判平成七・二・二八民集四九巻二号六三九頁、地方自治判例百選一四事件）[(1)]。住民投票資格につき、同趣旨の最高裁判決がある（最判平成一四・九・二七判例時報一八〇二号四五頁）。

選挙権の年齢要件、居住期間等は、公職選挙法の定めるところによる。

(1)　最高裁判所は傍論としてではあるが、立法政策上、外国人でも永住者等については、議会の議員・長に対する選挙権を与える措置を講じても違憲ではないとした。その論拠は、公務員の選定罷免権、議会の議員・長等の選挙権は、日本国民に対する権利保障であって、直ちに、外国人にも選挙権を与えることを一律に否定しているものではないということを前提とした上で、憲法に定める地方自治条項は「住民の日常生活に密接な関連を有する公共的事務は、その地方の住民の意思に基づきその区域の地方公共団体が処理するという政治形態を憲法上の制度として保障しようとする趣旨」にでたものであるから、永住者等「地方公共団体と特段に緊密な関係を持つに至ったと認められるものについて、その意思を日常生活に密接な関連を有する地方公共団体の公共的事務の処理に反映させるべく」、彼らに選挙権を与えることは違憲ではない、というにある（なお、園部逸夫・最高裁判所十年〔二〇〇一年〕一四〇頁以下は、右に引用した部分も判例部分〔判決要旨〕の理由づけであるとしているが、この部分がなくとも判例部分は十分にして必要な理由づけがなされているし、この部分と判例部分の論理的関係は希薄である）。

ここで最高裁判所は、国政選挙についても、外国人の選挙権を憲法上認める理論的余地があるとしているのかどうか必ずしも明確ではない。仮に、国政選挙の場合は主権者である国民固有の権利であるが、地方公共団体の場合は別であるとしているとすると、最高裁判所の論理は必ずしも説得的ではない。すなわち、わが国の地方公共団体は、単に公共的サービスを提供する事業主体ではなく、統治団体であり、かつ、法律の範囲内という限定をもつが、住民のみならず、地方公共団体の管轄が及ぶ限り、およそすべての人の人権に直接かかわる条例制定権を憲法上に有しているのである（前出一九九頁）。その意味では、国政選挙と地方選挙とを区別して考えるには、単に、住民自治に依拠するのでは十分でない。また、住民自治論からは、選挙権を認める外国人を永住者等に限る理由に乏しい（最高裁判決でいう「永住」者が、当該地方公共団体との関係のみを指しているのか、日本国との関係〔したがって、日本国内で住所を変更してもかまわない〕）を念頭に置いているのか判然としないのも問題である）。

そこで、外国人にも選挙権を認めるには、地方公共団体は統治団体であり、条例制定権が認められても、それは、結局、国家の立法権の管轄下、つまり、地方公共団体の行政事務の執行、その前提となる行政事務、条例制定権も国家の立法権に由来することを自認しなければならない（これは、原理的には、地方自治の明治憲法的理解である）。さらに、地方分権には自ずから限度がある、ということが前提とならなければならないはずである。しかし、このような結論は地方公共団体の法的地位論についての十分な検討を必要とするのではないか。

外国人の選挙権を認める根拠は、このような地方公共団体の地位論だけでなく、わが国が置かれた、歴史的、国際的状況の下では、選挙権の行使については、日本国籍を有するものと同様に扱うことが立法政策上適切な外国人がいる場合に（たとえば、永住者）、日本国憲法は、これらの人々に選挙権を与えることを一概に否定していない、という見地からの検討を加えることが必要と考えられる。

二　直接請求

憲法は地方公共団体に議事機関としての議会と執行機関としての長を置き、それぞれを住民の公選によらしめている。つまり、憲法は、地方自治のレベルにおいても代表民主制をもって基本的構造としていると解される。しかし、地方自治の基本の一つに住民自治があるとすると、憲法が直接民主主義的制度を否定しているものとは考えられないとするのが、一般的見解である。制定法上も、議会にかえ、町村においては、選挙権を有する住民の総会、つまり町村総会の設置が認められている（法九四条。沿革としては旧町村制三八条である）。ただ、この制度は、議事機関としての議会の存在そのものを否定するのではなく、その構成員を選挙人とすることにある。また、制度としては、町村にのみ認められるのであって、地方公共団体の住民に共通するものではない。

これに対して、議会とは別の場で住民が地方公共団体の意思形成にかかる一般的なものとして、直接請求の制度がある。これによって、住民は直接請求権を行使するのである。

直接請求として自治法が用意しているのは、条例の制定や改正・廃止を求める条例の制定改廃請求権、当該地方公共団体の事務処理の適正を図る事務の監査請求権、議会と住民の意思が乖離した場合の議会解散請求権、長を始めとする特定職員の解職請求権の四つである（法一二条・一三条）。また、市町村の合併の特例等に関する法律には合併協議会設置の請求の制度がある（法四条）。以下、これら五つの直接請求に共通する論点を中心に説明を加えておく。

① 直接請求の主体は日本国民である住民であり、さらに具体的には選挙権を有するものとされている。つまり、これは住民であっても、外国人は直接請求の権利を与えられないことを示す。公職の選挙、条例の制定・改廃にかかるものは、選挙権をもっているもののみに認められるということが素直にでてくるが、事務の監査請求になると、その他の住民の関与を否定する理由に乏しいものがある。

② 請求には一定数の署名が必要であって（請求の種類によって違いがある）、この点で、住民監査請求・住民訴訟と異なる。この数が合理的かどうかは、議論のあるところであるが、特に解散・解職の請求にかかる三分の一条項（法七六条一項・八〇条一項）については大都市での実行困難性（逆にいえば、長の職の安定性）が指摘されていたところ、平成二四年の法改正により、総数が四〇万を超え八〇万以下の場合と八〇万を超える場合とに分けて必要署名数の緩和が図られた（法七六条以下）。

署名に瑕疵があったとき等の処理については、自治法は、立法による解決を図っている（法七四条の三第一項・二項、施行令九五条。本書Ⅰ四〇六頁参照）。

③　直接請求の効果については、請求の種類によって異なる。議会の解散、議員および長の解職請求においては、その請求が成立すると、住民投票が行われ、解散ないしは解職が決せられる（法七八条・八三条）。つまり、ここでは、最終的決定権者は住民である。いわゆるリコール制である。事務の監査請求はこれが成立すると、監査委員の監査義務が発生する。これも請求の成立で目的が達成される（法七五条）。

これに対して、条例の制定改廃請求権、長以外の役職員の解職請求の場合には、請求が成立しても、当該請求にかかる条例を制定改廃するかどうかは議会が決定することになるのである（法七四条三項）。その意味では、住民の意思が最終となるいわゆるイニシアティブとは厳密にはいえない。また、長以外の役職員を解職するかどうかも議会の判断による（法八六条三項・八七条一項）。合併協議会設置の請求においては、協議会を設置するかどうかは、関係市町村の長および議会の判断に委ねられる（市町村の合併の特例等に関する法律四条）。このような限定は当該直接請求の性質上当然に加わるというものではなく、政策的判断によるわけであって、これを別の面からみると、わが国の制度は直接民主主義の実現といっても、かなり中途半端である。また、地方税、分担金等に関する直接請求はそもそもその対象からはずされている（法七四条一項）。

④　直接民主主義の制度として、外国の地方自治法制によくみられるものとして、レファレンダムの制度がある。これは、決定権者の側で、ある意思決定をするときに、住民の意思を直接聞くものである。日本の制度としては地方自治特別法における住民投票が憲法上要求される（憲法九五条）。都道府県の区域の変更は法律でこれを定めるものとされるが（自治法六条）、その法律は憲法九五条の法律と解されるので、住民投票に付されることとなる。

これに対して、基礎的な地方公共団体である市町村に関しては、自治法ではこの種の制度はなく、たとえば、区域の変更、つまり合併なども、住民全体の利益に関係するものについても、代表民主制の枠の中にとどまっている。

⑤　右に述べたことと関連して、条例で、正式のイニシアティブ、またはレファレンダムを制定することができるかどうかの問題がある。法律と条例の関係をめぐる問題の一つであるが、憲法が基本的構造として議会と長による首長主義を規定していること、自治法自体がこの点につき消極的態度をとっていることからすると、一般論としては地方公共団体が単独で条例により、これらの直接民主主義的制度を導入することは違法であると解される（なお後出**四**参照）。

⑥　直接請求のうちで、解散、解職は請求の目的自体が明確である。これに対して、条例の制定改廃請求に関しては、その対象範囲が問題となる。まず、自治法自体で、範囲に限界を置いているが（前出③参照）、日本の場合はイニシアティブでなく、議会によるチェックが可能なので、このような限定を付すことは、議会不信をも示すもので適切でない。

⑦　法律に反したり、地方公共団体の事務の範囲外にわたる事柄については、この制度によっても条例を制定できないことはいうまでもない。ただ、手続的にみて、かかる法律違反の条例の制定改廃請求がなされたときに、どの段階でこれをチェックするのか、という問題がある。この点に関して、かつて、実務では、代表者証明書の申請段階における長の判断によっていた（自治法施行令九一条）が、その違反が一見明白でない限り、長は判断権がなく、議会の判断によらしめるべきであるとする裁判例がある（東京高判昭和四九・八・二八行裁例集二五巻八＝九号一〇七九頁、地方自治判例百選二三事件）。直接請求は、通常の場合住民と長又は議会との間に意見の不一致があるときになされるのであるから、代表者証明書の段階で長の判断に委ねたのでは、制度の趣旨に合致しない、というの

である。なお、長は、手続段階で、意見を述べることができる（法七四条三項・一七六条）。

三　住民監査請求・住民訴訟

直接請求の一つとしての事務の監査請求とは別に、自治法は住民の能動的権利として、住民監査請求および住民訴訟の制度を採用した（法二四二条・二四二条の二）。

住民監査請求・住民訴訟の要件、対象等については、解釈論上各種の問題のあるところであるが、ごく大まかにいえば、住民（国籍、年齢、自然人、法人を問わない）であると誰でも（単独でも）、長などの職員の財務会計上の不当性、違法性を指摘して、当該違法・不当行為の事前の防止の措置、損害補填の措置等を求めて監査委員に対して監査請求をし、監査の結果請求に理由があると認められるときは、監査委員は議会、長等に必要な措置を講ずべきことを勧告する（法二四二条）。監査の結果や勧告に対する措置等に不服がある場合には、住民は、さらに、訴訟によって、当該行為の差止め（法二四二条の二第一項一号）、行政処分の取消し・無効確認（二号）、怠る事実の違法確認（三号）、職員に対する損害賠償等の請求をすることを執行機関等に求める請求（四号）（以下、四号請求という）をすることができる、というものである。

これは、もともと、アメリカ占領軍の要請により、アメリカで判例法上発展していた納税者訴訟を日本にも取り入れることとしたものである（アメリカ法および日本の制度に関する先駆的研究業績として、成田頼明「いわゆる納税者訴訟について」〔一九五三〜五四年〕成田・地方自治の保障〔二〇一一年〕三三九頁以下、成田「監査請求及び納税者訴訟について」〔一九五七〜五八年〕成田・前掲書三九五頁以下がある）。制度の導入は昭和二三年の自治法改正によるが、その後、昭和三八年の自治法改正により、制度の整備がなされた。ただ、その際、日本的な変容が加えられた。監査請求が前置されたこと、請求権者、出訴権者の要件を納税者でなく住民として、客観訴訟の形で制度を構築したことである（名称も、住民訴訟と明記された。参照、成田頼明「住民訴訟（納税者訴訟）」〔一九六五年〕成田・前掲書四五七頁以下。さらに、平成一四年の改正により、前記四号請求の被告が、従来は当該職員等であったのを執行機関とし、この訴訟で損害賠償等を命ずる判決が確定した場合に、今度は、当該地方公共団体の長が損害賠償金の支払請求等をしなければならないとしたので〔法二四二条の二第一項四号・二四二条の三〕、客観訴訟としての性格を一層強めることとなった）。このうち、住民訴訟は民衆訴訟の代表例として取り上げられるところであるので（本書Ⅱ二八七頁以下）、ここでは、地方自治制度としての特色という面から留意すべき点を挙げておく。

① この制度はアメリカの taxpayer's suit を範としたものであるとされる。しかし、監査請求前置、客観訴訟化という日本的変容が加えられたことにより、行政活動に対する司法的コントロールとして判例上発展してきたアメリカ法における主観訴訟としての納税者訴訟とは、法律の仕組みとしては異質なものとなったもので、正確にいえば、住民訴訟をしてアメリカ法の導入とはいえない。

② 住民監査請求・住民訴訟の制度は、直接には、地方公共団体の職員のなした不当、違法な（ただし、当・不当問題は訴訟では取り上げられない）財務会計上の行為をただして、地方公共団体の財務行政の適正な運営を図るものであるが、この制度は一般に、直接請求制度とならぶ直接民主主義的制度の一つと解されている（田中・行政法中巻一一四頁。当初からそうである。金丸三郎・地方自治法精義下巻〔一九四八年〕二〇一頁は、これを直接請求のあらたな一環を形成するものとしている）。最高裁判所も、かねて住民訴訟を地方自治の本旨に基づく住民参政の一環としてとらえてきたところである（最判昭和三八・三・一二民集一七巻二号三一八頁、地方自治判例百選〔三版〕九一事件、最判昭和五三・三・三〇民集三二巻二号四八五頁、行政判例百選Ⅱ二一四事件、地方自治判例百選九五事件）。

もっとも、概念的にはこれを直接民主主義制度の一つとしてとらえることには問題がある。一つには、公務の適正な遂行の確保のための民衆争訟の制度は、公職選挙法にもみられるところであるが、これについては、国政選挙に関すると地方選挙に関するとを問わず、直接民主制の一環であるという理解は一般にはされておらず、選挙訴訟は、司法的コントロールと考えられているところである。また、直接請求は、それが直接民主主義の制度であることからして、請求権者は日本国民たる住民（それも選挙権を有する者）に限られているのである。これに対して住民監査請求・住民訴訟が住民であれば選挙権を有するものでなくとも、外国人もさらに法人も提起できることにおいて、少なくとも、主権の行使への民衆の直接参加という意味における直接民主主義とは性格を異にするし、現行法の体系とは合致しないものがある。さらに、住民監査請求・住民訴訟は、個別非違行為の是正という意味で、地方公共団体の運営全般にかかる直接請求としての監査の請求（法七五条）と質的に異なるものがある。

以上の点からすると、住民監査請求・住民訴訟をもって直接民主主義の制度として整理することは適切でない。しかし、これを単に財務会計の司法的コントロール手段として理解することや、地方公共団体が被る財産的損害の補塡（特に四号請求の場合）の制度とみることもできないように思われる。住民訴訟に先行する住民監査請求においては請求人は単に違法・不当行為の是正に止まらず、住民の側からして広く必要な措置を請求することができることに注意しなければならない。住民訴訟は訴訟制度の限界からして、違法行為の是正に限定されるが、それは切り離されて考察されるべきではない。このような見地からすると、住民監査請求・住民訴訟は直接民主主義の制度の一環ではないけれども、地方の財務行政に対する住民の参加を求めて、財務行政の適正化をはかろうとするものであって、これは、その限りで住民の能動的権利の一つとして位置づけることができるように思われる。最高裁判所の判例においても、「地方自治の本旨に基づく住民参政の一環」という説示があるとともに、他方では、より制度に即して「その訴訟の原告は、自己の個人的利益のためや地方公共団体そのものの利益のためにではなく、専ら原告を含む住民全体の利益のために、いわば公益の代表者として地方財務行政の適正化を主張するものである」とも述べているところである（前掲最高裁判所昭和五三年判決）。

③　以上のような住民監査請求・住民訴訟の位置づけからすると、住民監査請求について厳格な要件をたてることは、単に裁判所への出訴を妨げるというだけでなく、住民参加の見地から疑問である（最高裁判所は、差止請求〔一号請求〕に関する住民監査請求については、対象行為の特定性について厳格に解したが〔最判平成二・六・五民集四四巻四号七一九頁。なお、本書Ⅱ二八八頁参照〕、住民訴訟の段階では、緩やかな基準をたてている〔最判平成五・九・七民集四七巻七号四七五五頁、地方自治判例百選A23事件〕）。監査請求前置についても同様である（最判平成一〇・一二・一八民集五二巻九号二〇三九頁、地方自治判例百選九七事件）。

④　住民訴訟制度の運用上の特徴の一つとして、かねて、訴訟類型の中で職員の損害賠償にかかる訴訟（四号請求）が多く提起されていること、そのこととの関連での問題点が指摘されてきた（参照、曽和俊文「住民訴訟制度改革論」法と政治（関西学院大学）五一巻二号〔二〇〇〇年〕七一八頁以下。平成一四年の改正〔前出二三七頁〕もこの点に関係する。参照、成田頼明「住民監査請求・住民訴訟制度の見直しについて」〔二〇〇一年〕成田・前掲書）。この点と裏腹の関係に立つわけではないが、四号請求において訴訟の途中さらには住民側が勝訴したにもかかわらず、法九六条一項一〇号の権利放棄の議決がなされたことから、当該議決の有効性が住民訴訟として裁判上争われる事例が生じた。下級審裁判においては事案の多様性を反映して、必ずしも理論的に整理されていなかったが（学説・判例の動向につき、参照、石崎誠也・ジュリスト平成二二年度重要判例解説六九頁以下）、最高裁判所が判断枠組みを提示する運びとなった。

すなわち、市の外郭団体派遣職員への人件費支出の違法を理由とする住民訴訟（損害賠償・四号請求、不当利得請求）において、原告の請求の一部を認容する第一審判決の控訴審の審理中に市議会が条例の改正案を議決し、その附則（五項）には当該事案にかかる債権放棄の条項があった。このような状況の下で原審は、権利放棄の市議会議決を無効として、一部認容判決を言い渡した。これに対して最高裁判所は普通地方公共団体がその権利を放棄するに当たっては、「その適否の実体的判断については、住民による直接の選挙を通じて選出された議員により構成される普通地方公共団体の議決機関である議会の裁量権に基本的に委ねられているものというべきである」とした上で、「住民訴訟の対象とされている損害賠償請求権又は不当利得返還請求権を放棄する旨の議決がされた場合についてみると、このような請求権が認められる場合は様々であり、個々の事案ごとに、当該請求権の発生原因である財務会計行為等の性質、内容、原因、経緯及び影響、当該議決の趣旨及び経緯、当該請求権の放棄又は行使の影響、住民訴訟の係属の有無及び経緯、事後の状況その他の諸般の事情を総合考慮して、これを放棄することが普通地方公共団体の民主的かつ実効的な行政運営の確保を旨とする同法の趣旨等に照らして不合理であって上記の裁量権の範囲の逸脱又はその濫用に当たると認められるときは、その議決は違法となり、当該放棄は無効となるものと解するのが相当である。そして、当該公金の支出等の財務会計行為等の性質、内容等については、その違法事由の性格や当該職員又は当該支出等を受けた者の帰責性等が考慮の対象とされるべきものと解される」との判断枠組みを提示した（最判平成二四・四・二〇民集六六巻六号二五八三頁、行政判例百選Ⅰ五事件、地方自治判例百選一一三事件。なお、基本的に同趣旨の判断枠組みを提示する判決が同一の法廷〔第二小法廷〕で出されている。参照、最判平成二四・四・二〇判例時報二一六八号四五頁、最判平成二四・四・二三民集六六巻六号二七八九頁。以下、この三つの判決を議会権利放棄三判決と呼ぶ）。

そして、本件への当てはめにつき、「本件附則に係る議決の適法性に関しては、住民訴訟の経緯や当該議決の趣旨及び経緯等を含む諸般の事情を総合考慮する上記の判断枠組みの下で、裁判所がその審査及び判断を行うのであるから、上記請求権の放棄を内容とする上記議決をもって、住民訴訟制度を根底から否定するものであるということはできず、住民訴訟制度の趣旨を没却する濫用的なものに当たるということはできない」として、住民訴訟提起中の権利放棄議決は当然無効とする考えをとらないことを明らかにしている。

今後、判例実務上はこの議会権利放棄三判決の判断枠組みに従っていくことが予測されるが、具体的事件における当てはめは、それぞれの事案の特色、個別考慮要素に関する裁判所の解釈態度により必ずしも一義的な結果をもたらすものではないことにも留意する必要がある。

なお、議会権利放棄三判決のいずれにおいても言及されていないところであるが、地方自治法解釈論の観点から次の点を付け加えておく。すなわち、権利放棄の議決の制度の起源は、その他の財産処分議決と等しく市制・町村制に遡る（地方自治総合研究所監修・逐条研究地方自治法Ⅱ一八〇頁以下）。これは、公民の代表機関である市町村議会に、当該団体の財産の処分権限をゆだねたものと解される（その際、処分権限に関する具体的要件は示されていない）。この制度は議会が公民代表から住民代表に変化したが、憲法上の要請としての二元代表制の下でもそのまま引き継がれた。他方、これに加えて新たに納税者訴訟制度が導入され、さらに先に指摘したように日本的変容が加えられて現在に至っているという経緯がある。まさに、日本の地方自治法制におけるモザイク現象（塩野宏「地方自治法制」〔一九九五年〕塩野・法治主義の諸相三八〇頁以下）の興味深い一例をここにみることができる。問題はこのモザイクの組合せが制定法上に明確に定められていないところにあるが、住民訴訟制度の導入により、住民訴訟の対象となる債権（さらに絞って、住民訴訟継続中の債権、さらには勝訴判決確定債権）については議会の議決による権利放棄制度は働かないとする明確な理論的根拠はないし、また、住民（納税者）訴訟の導入時点、さらには制度改革過程においてかかる結論を導き出す資料は見当たらない。要するに在来（議決による権利放棄）と外来（住民訴訟）の二つは、明確な制度的連結のないままに併存していると思われる。以上の制度的考察によれば、諸般の事情を考慮した議会の権利放棄議決が現行法上住民訴訟制度とは独立して存在することを前提とした上で、その権利放棄の有効性判断の要素として、住民訴訟を含む財務会計制度の適正な運用が阻害されたか否かが重要な考慮要素となると解される。さらに住民訴訟制度により、内部的効果にとどまっていた財務会計に関する規範が外部化したことにも照らした裁量判断の統制がなされるべきである。

以上の整理に従えば、権利放棄議決により、財政的損失の補塡という四号訴訟の目的は達することはできない。一方、仮に議決有効の確定判決が出された場合でも司法による当該財務行為の違法確認は制度的に担保されているし（本件事案でも最高裁判所は外郭団体派遣職員への人件費支出の違法性を認定している）、将来にわたる財務運営の適法性の確保という機能は、議会の債権放棄議決プラス住民訴訟の現行のモザイク模様でも維持されていることにも留意する必要がある。ただ、二つの制度の関係の有り様は、議会権利放棄三判決の千葉補足意見に示唆されているように、住民訴訟制度の再検討の中で、立法的に組み立てられることが必要であると思われる（議会権利放棄三判決に対しては、学説の対応は一様ではない。阿部泰隆・住民訴訟の理論と実務〔二〇一五年〕四七四頁以下が詳細に本書の見解を含めて、学説の紹介・コメントを加えており参考になる）。なお、平成二九年の地方自治法改正（法律五四号）において、議会の債権放棄議決の前にあらかじめ監査委員の意見を聴くべき旨定められた（法二四二条一〇項）。これは、「住民訴訟制度の見直しに関する懇談会取りまとめ」（総務省、平成二九年一月）に即したもので、放棄議決禁止制度の導入までにはいたらなかった（「取りまとめ」では今後の検討に委ねられている）。なお、同自治法改正に際し、条例による長等の一定額以上の損害賠償責任の一部免除制度も導入され、条例の制定についても、監査委員の意見の聴取を要することとなった（法二四三条の二）。今後の実務上の動向が注目されるところであるが、制度論議としてはなお、安定したものではないと解される（改正の経緯及び運用上の課題につき参照、板垣勝彦・地方自治法の現代的課題九六頁以下）。

⑤ 損害賠償請求、不当利得返還請求（四号請求）に偏っているのは、この制度の正常な運営とは必ずしもいえないように思われる。当初の発想は腐敗行為の事前防止であったし（鈴木俊一政府委員説明・地方自治庁編・改正地方制度資料第五部〔一九五一年〕一六二頁以下）、住民参加の点に着眼すれば、現行法の理解としても、その方向で制度の運用を図るべきである。事前の防止の方法についてもより迅速な方法をとることが考えられてよい。平成一四年の改正で、それまで、第一号の差止請求に際して、回復の困難性が要件として定められていたのが削除されたので、制度の改善が図られた（ただし、公共の福祉阻害等の消極要件が付加された）。

四 住民参加・協働

行政法一般理論（行政法総論）において、私人の地位の現代的局面として、私人の行政過程への参加・協働（公私協働）が指摘されるようになった（本書Ｉ四〇〇頁以下参照。行政法一般理論としての公私協働論に対する筆者なりの見解については、参照、塩野宏「行政法における『公と私』」〔二〇〇九年〕塩野・行政法概念の諸相九五頁以下）。これは、国家行政と国民の関係でも看取されるが、現実の素材は、むしろ、地方公共団体と住民の間に蓄積され、その上に立った、理論的研究が進められてきている（参照、飯島・前掲論文・新構想Ｉ二〇一頁以下、山口道昭「市民参加の政策法務」北村ほか・自治体政策法務五〇〇頁以下、原島良成「市民協働の政策法務」北村ほか・前掲書五一三頁以下）。

実務的にも理論的にも生成過程の概念であるので、研究方法としても、ドイツ法学に範を求めたドグマーティッシュな研究、法政策論的研究等多様である。以下においては、参加と協働の発展過程を概観し（①～③）そこにおける法解釈論上の問題点を指摘する（④～⑤）にとどめる。

① 自治法上の住民参加の制度とは別に、地方公共団体のレベルでさまざまなかたちの住民参加のあり方が問題となった（とりわけ、一九六〇年代において）。これは、議会の機能が十分発揮されていないということの反映でもあるが、高度成長に伴う住民の要求の高度化、時間的余裕、他方における生活環境の悪化などの諸事情が関係しているところがある。さらに地方自治法改正の嚮導概念としての地域の自己決定は、地域住民の自己決定であることからすれば、それは住民参加の動きに一層の理論的根拠を与えることになる。その際、参加のタイプとしては、市政全般への参加、あるプロジェクトへの参加、そしてより狭い範囲での近隣における参加などいろいろである。これらの住民運動については、各地方公共団体がそれぞれ工夫をこらしているところである。

さまざまな住民参加形態の中で、一般法としての自治法制と密接な関係をもつものが、地域における建設プロジェクトに係る住民投票条例である。嚆矢となったのが、高知県窪川町の原子力発電所設置についての町民投票に関する条例（一九八二年）である。その後さらに、同じく原発設置にかかる新潟県巻町の住民投票条例（これに関してはその経緯を含めて、秋田周「地方自治における住民参加の研究（一）～（三）」法政理論〔新潟大学〕二八巻四号、二九巻四号、三一巻三号〔一九九六～九九年〕に詳細な法的分析がある）、米軍基地の整理縮小にかかる沖縄県の住民投票条例が制定され、これらは実行に移された。さらにその後自治基本条例では、個別プロジェクトを超えた総合的な市民参加条例へと展開してきている（初期の考察として参照、小林博志「市民参加条例と和光市市民参加条例について」東洋法学四七巻一号〔二〇〇三年〕一頁以下、一〇頁。近年の詳細な動向調査及び拘束力に関する分析として、小田直樹

「条例に基づく住民投票――データから見る現状と課題」芝池義一＝見上崇洋＝曽和俊文編著・まちづくり・環境行政の法的課題〔二〇〇七年〕一八三頁以下、武田真一郎「日本の住民投票制度の現状と課題について」行政法研究二一号〔二〇一七年〕一頁以下がある。政策法務の観点から、条例制定過程への市民参加のあり方を理論的に整理したものとして、小林明夫「自治立法過程への市民参加のありかた試論」鈴木古稀二三九頁以下参照）。

以上の住民参加は、地方公共団体（具体的には、議会又は長）の意思決定過程において、その原案作成又は最終決断に際して住民側のいわば情報提供の機能を有するものである。さらに、いわゆるまちづくりにあっては、住民の合意形成の過程もこれに組み込まれることがある（参照、大田直史「まちづくりと住民参加」芝池＝見上＝曽和編著・前掲書一五四頁以下）。

② 時期は参加運動よりも遅れるが、住民が地方公共団体（主として執行機関）とあい協力して行政上のサービスを行う、あるいは決定を行う動き（一般に協働と呼ばれる）がわが国にも登場した（参加から協働への過程をたどるものとして、参照、人見剛「住民参政・参加制度の歴史的展開」〔二〇〇〇年〕人見剛＝辻山幸宣編著・協働型の制度づくりと政策形成〔二〇〇〇年〕四頁以下、三九頁以下、江藤俊明「地域事業の決定・実施をめぐる協働のための条件整備」〔二〇〇〇年〕人見＝辻山編著・前掲書二四二頁以下。その具体的事例についても、参照、江藤・前掲論文）。さらに参加の場合と同様に、協働について定める条例も登場しつつある。それぞれに工夫が施されており、協働に特化した条例として横須賀市市民協働推進条例（平成一三年）、参加と協働に特化した条例として、狛江市の市民参加と市民協働の推進に関する基本条例（平成一五年）、重点を協働に置いた条例として、弘前市協働によるまちづくり基本条例（平成二七年）、自治基本条例において、参加と協働をそれぞれ別に規定する条例として、川口市自治基本条例（平成二一年）などがある。

③　参加と協働は、前者を法定の制度的決定機関（地方公共団体の場合は議会と執行機関）の意思決定に住民が参画すると把握し、後者を住民が制度的決定機関と対等に協働して一つの意思決定乃至は決定の実施をすると把握するならば、両者はその中核部分においては性質を異にする（飯島・前掲論文・新構想Ｉ二〇四頁は参加をコントロール、協働を任務をともにする遂行と解し、両者を峻別する）。また、実務的には、参加が当該地方公共団体の重要な意思決定に用いられ、協働が特定の公益的プロジェクトに関し、執行機関とＮＰＯの協働実施という具合に両者は機能を分担して併存することが考えられる。

④　住民の参加を認める以上、そこで提供された情報が制度的決定機関の決定にあたり十分に斟酌されべきことは当然であるが、さらに進んで住民の意見が制度的機関を拘束する参加制度が認められるかどうかの問題がある。それは、とりわけ住民投票制度で顕在化する。この点に関しては一般論としては消極的に解すべきものと思われるが（前出二三四頁参照）、住民投票制度の導入はすべて法律の留保に置くとすることの合理的根拠は必ずしも見当たらないので、投票の対象領域によっては、条例独自の導入の余地を認める方策を考慮することも検討すべきものと思われる（学説の分類を含めて参照、小田・前掲論文・芝池＝見上＝曽和編著・前掲書一九五頁以下、武田・前掲論文・行政法研究二一号二三頁以下）。

これに対して、協働に関して地方自治法は、直接請求制度のような形での制度を置いていないので、その許容性はもっぱら、個別具体の協働のあり方と関連法令の関係の解釈問題となる。具体の協働（事業）に対応する法が決定及び執行を行政庁に指定している場合には（とりわけ行政処分の行為形式を指定しているとき）、協働による処理の可能性は当該条項の解釈問題となり、従来の法律の支配論からすれば認められる余地は狭いと思われる。一方、法令の定めがない場合、とりわけ、侵害行政以外の場面においては、協働の具体的仕組みにもよるが、許容性の範囲は広いと思われる。

⑤　参加においては、結果の責任は制度的決定機関としての議会又は執行機関が負うことになり、参加した住民が何らかの法的責任を問われることはない。これに対して、たとえば、協働事業に際して第三者に損害が生じた場合、協働した団体が如何なる責任を負うことになるかは、まだ、必ずしも十分に検討されていないところであるが、協働（事業）の具体的仕組みによっては、協働事業者たる住民（団体）が結果に対して法的責任を負うことも考えられる。

五　公の施設利用権

地方公共団体の住民は、当該地方公共団体のサービス（役務）の提供をひとしく受ける権利を有する（法一〇条）。この一般的な住民の権利が、具体的な制度の中に定められているのが公の施設利用権である。

公の施設とは、自治法の定めるところによれば、地方公共団体が住民の福祉を増進する目的をもってその利用に供するための施設であって（法二四四条一項）、住民にはその平等利用が権利として保障されている（同条二項・三項）。住民の福祉増進のためのサービスの提供は、明治憲法の下における地方公共団体の本来的事務、つまり固有事務の中心をなしていたのである。日本国憲法の下で地方公共団体は統治団体の性格を獲得したが、施設の提供は地域住民に対する地方公共団体の最も重要な仕事の一つであることには変わりない。その適正な利用を確保すること、いいかえれば、住民の公の施設利用権を国法のレベルで保障しようとするのが、公の施設の制度であるということができる（保障は、住民に準ずる地位にある者〔別荘の住人〕にも及び得る〔最判平成一八・七・一四民集六〇巻六号二三六九頁、行政判例百選Ⅱ一五五事件〕）。

自治法の定める公の施設の制度は具体的には、公の施設の平等利用権に関する実体規定（法二四四条）、施設の設置・管理・廃止に関する規定（法二四四条の二）、公の施設の区域外設置（法二四四条の三）、公の施設の平等利用権に関する救済規定（法二四四条の四）に示されている。

ここには、自治法上の問題と行政法一般理論上の問題との二つの面があるが、重要な点を拾っておく。

① 公の施設は、かつて営造物として規定されていたが、営造物の用語方が必ずしも一定していないこと、施設というハードを備えるものに限定する趣旨から、自治法上に新たに作られた概念である（昭和三八年の自治法改正による）。具体的には、地方公共団体の設置する道路、公園、文化会館、学校、病院等である（公物法上の公共用物に対応するものが多い。公物であっても、公の施設ではないものもある。庁舎の一部開放につき、参照、東京高判平成一三・三・二七判例時報一七八六号六二頁。もっとも具体的選別は困難なことがあり得る）。

② 公の施設にあたる施設に関しては、別に道路法、学校教育法、都市公園法などが制定されている。これら個別法と自治法の関連規定との関係は必ずしも明確でなく、個別法がある場合でも、当該施設には自治法の規定が当然に排除されるわけではないと解され、具体的規定に対応して考える必要がある。

③ 自治法は公の施設の設置について、条例主義をとっている（法二四四条の二第一項）。その際、条例実務においては、個別の事務ごとに条例の制定を行う例（個別設置管理条例）と一般的横断的条例による例（一般的指定手続条例）の二つの方式があり、関係地方公共団体それぞれの対応がなされている（参照、稲葉馨「公の施設の指定管理者制度と条例」鈴木古稀一〇六頁以下）。しかし、観念上公の施設にあたるものはすべて条例によることを要するのかどうかは必ずしも明確でない。たとえば、民有地の空地を所有権者の了解をえて児童の遊び場として一定期間供する場合などまで、条例によらしめている趣旨とはみられない。

④　公の施設の平等利用権に関する救済の規定として、自治法は、利用の権利に関する処分についての特別の規定を置いている（法二四四条の四）。これは利用関係の設定・廃止がすべて処分によるものとしている趣旨ではないことに注意しなければならない。たとえば、水道利用関係は水道法上は契約関係であって、水道が公の施設として提供されたからといって、水道の利用拒否が処分となるわけではない。その意味では、自治法は利用関係の設定が処分と解されるものについての不服審査法の特例規定とみるべきであろう（個別法に特別の定めがあるときは、それによる〔道路法九六条三項、都市公園法二四条〕）。そこで、利用関係の設定・廃止等が処分であることについての明示の規定が個別法にない場合の処分性の判断には困難が伴う。講学上の公物にあたる場合は公物法一般理論の適用により判断されることになるが、バスなど一般の便益施設に類似の施設については、利用契約として理解されることとなろう。公立の文化会館、市民会館等の利用関係の設定・廃止が処分であるとするのが判例である（会館等の施設の利用拒否、取消しの違法を前提とする損害賠償事件であるが、これらの行為は処分であることを前提としているものとして、参照、最判昭和五四・七・五判例時報九四五号四五頁、地方自治判例百選〔二版〕八八事件、最判平成八・三・一五民集五〇巻三号五四九頁、地方自治判例百選五七事件）。

⑤　公の施設の管理は、職員が行うほか、地方公共団体の出資法人、公共団体（他の地方公共団体、土地改良区等）、公共的団体（生活協同組合、ボランティア団体）に委託することができるものとされていたところ、包括的な委託の根拠規定であるので、委託可能な範囲ついては、見解が分かれていた（参照、稲葉馨「公の施設法制と指定管理者制度」法学〔東北大学〕六七巻五号〔二〇〇三年〕四五頁以下）。このような状況の下で、規制緩和政策の一環として公の施設の管理のあり方が検討の対象となり、管理者の範囲および管理の対象の範囲の拡大を内容とする指定管理者の制度が平成一五年の自治法改正により、管理委託の制度に代えて導入された（法二四四条の二。参照、成田

頼明監修・指定管理者制度のすべて〔改訂版、二〇〇九年〕)、板垣勝彦「指定管理者制度一五年の法的検証」板垣・地方自治法の現代的課題四三六頁以下)。

指定管理者制度は、公の施設の管理運営という地方公共団体の事務を指定管理者を指定して行わせるものであるから、行政組織法上の委任行政にあたると解される。指定の法的性格については、自治法は明文の規定を置いていないが、地方公共団体の指定という一方的行為によって管理者の管理権限が生まれること、法定の要件の下での当該地方公共団体の取消権の定めがあること(同条一一項)などからすれば指定は処分にあたると考えられる。なお、指定に際しては、条例の定めるところにより、一定の手続をふむことが要求されている(その具体的対応は、地方公共団体により工夫がなされている。碓井光明「指定管理者制度における指定等の手続と紛争の処理」西埜＝中川＝海老澤喜寿一五五頁以下に具体の条例を参照した詳細な分析がある)。また、地方公共団体と指定管理者との間で、協定等を締結することが予定されており(松本・逐条地方自治法一一〇八頁)、行政行為(本体)と附款に代わる、行政行為(本体)と契約の結合方式がとられている点において、行政過程論からも注目されるところである(行政過程論からするとPFI方式よりは指定管理者制度の方が日本法制に適合的と思われる)。

指定によって生ずる地方公共団体と指定管理者の法的関係については、基本的には、委任行政の法理が適用される。したがって、指定の結果、公の施設の利用許可といった処分権限も委任されたとすると、その利用許可の行政庁は、指定管理者となる。一方、国家賠償法二条の適用関係からすると、公の施設を公衆の用に供しているのは地方公共団体で、当該施設は公の営造物であるので、地方公共団体は、その設置管理の瑕疵から生じた損害についての賠償責任を国家賠償法二条によって負うことになると解される(その点で、指定法人が公権力を行使して国家賠償法第一条の賠償責任に任ずる場合〔本書Ⅱ三二二頁〕と異なる)。

公の施設の指定管理者制度は、ＰＦＩ事業と結合することが可能である。そこで、施設の建設をＰＦＩで行いその管理を指定管理者に行わせるということも起こりうる。これが徹底した場合には、従来の意味における地方公共団体の存在理由にも変化をもたらす可能性がある。

六　住民の義務

住民の義務については自治法は役務の提供を受ける権利に続いて、その負担を分任する義務を負うとのみ規定している（法一〇条）。ここで、負担の分任とは、公課（税、分担金、加入金、使用料、手数料、受益者負担金等）を指す。

住民の義務はしかし、負担の分任に止まらない点に注意しなければならない。日本国籍を有する住民については選挙権、直接請求権を有するが、これら参政権は単なる権利ではなく義務と裏腹の関係にたつことはいうまでもない。

さらに、住民の責務を理念的に掲げる法律、条例がある点に注意しなければならない（たとえば、都市計画法三条二項、都市緑地法二条三項、杉並区自治基本条例五条、横須賀市市民協働推進条例四条等）。住民自治の理念からすれば、地域住民にも重大な責務があるのは当然である（斎藤誠・現代地方自治の法的基層三八四頁以下は自己決定の前提からすると義務規定ではなく、参加・協働に向けての支援の仕組みを構想すべしとする）。

第七節　国と地方公共団体の関係

一　序　説

国と地方公共団体の関係については、すでに、本書においても、地方公共団体の権能という角度から考察した(前出一八六頁以下)。これは、憲法との関係でいえば、憲法における地方自治保障の権限付与機能である。国と地方公共団体との関係においては、これに加えて、憲法上与えられた地方公共団体の権能が、国家の介入についてどの程度に保障されるか、つまり、憲法における地方自治保障の防御的機能が問題となるところである。さらに、憲法違反の程度に至らないまでも、国家の介入がどのような方法によってなされるか、それに対する地方公共団体の救済方法を考察することによって、国と地方公共団体の関係は総合的に把握されることになる。

この点に関しては、平成一一年一括法によって、大きな変革をみたが以下、国の立法権、行政権、司法権、紛争処理制度のそれぞれに分かって考察することとしたい(1)。

その際、国と地方公共団体が、わが国における広い意味での政府活動においてそれぞれがいかなる役割を担当するかについての原則についてあらかじめ考察しておく必要がある。もとより、憲法九二条に定める地方自治の本旨はその原則に他ならないが、それはなお、抽象的なものにとどまる。そこで、これをさらに具体化する原則の定立が望まれるところであるが、自治法一条の二(平成一一年改正法により新設)はこれを制定法の形で明らかにしている。それによると、地方公共団体は地域における行政を自主的かつ総合的に実施する役割を広く担うこと(一項)、国は、国が本来果たすべき役割、具体的には、国際社会における国家としての存立に係わる事務、全国的に統一して定めることが望ましい国民の諸活動や地方自治に関する準則に関する事務、全国的規模・全国的視点に立ってなされるべき施策および事業の実施等を重点的に行う（二項）というのである。このことを受けて、自治法は地方公共団体に関する法令の規定、解釈運用が適切な役割分担を踏まえたものでなければならないことも同時に定めている（法二条一一項・一二項）。

このような規定が置かれたことは、わが国の地方自治立法において前例をみないものであるが、以下、留意すべき点をあげておく。

① 役割ないし役割分担という言葉は、法令用語としては、地方分権推進法にみられるが（法四条）、それ以前にも、地方分権推進関係文書にも用いられていた。言葉自体は価値的要素をもっているものではないが、これが用いられるようになった経緯からすると、一定の内容を含有している。すなわち、役割分担は、事務配分における機能分担の観念が、相互依存と協力を強調した結果として、国と地方公共団体の関係を複雑・不透明にしたという経緯から（前出一八四頁参照）、国の関与を限定するとともに、国・地方関係を透明な割り切れたものとする方向をも目指したものと解される。他方、役割分担の原則の前提としての地方公共団体、とりわけ市町村の総合行政主体の観念、現地性の観念はかねて、わが国の実務を支配してきたものであることにも留意する必要がある（塩野宏「地方自治の本旨に関する一考察」〔二〇〇四年〕塩野・行政法概念の諸相二〇三頁以下。明治憲法時代の論議につき、斎藤誠「地方自治基礎概念の考証――総合行政と全権限性」〔二〇〇五年〕斎藤・現代地方自治の法的基層三頁以下、二七頁以下〔補注〕、平成二一年の法改正における「総合性」概念につき、金井利之・自治制度〔二〇〇七年〕一一頁以下参照）。

② 役割分担原則にかかるこの規定は、執行段階における原則を示すにとどまらず、国の立法についての配慮義務を定めている。その意味では、形式的にはいわゆる基本法の形をとっていないけれども、実質的には役割分担に

かかる基本法的定めである。基本法という法形式一般に通ずるところであるが、これによって、直ちに、法的義務が国の側に生ずるものではない。また、仮に後に本条の定める役割分担原則に抵触する立法がなされたとしても、その効力が問題となるわけではない。役割分担原則は、憲法の定める地方自治の本旨を現時点においてさらに具体化しようとしたものであるが、地方自治の本旨それ自体は必ずしも時間的空間的に固定的なものではないので、この準則に反する立法が直ちに憲法違反ということになるものではない。ちなみに、役割分担原則の前提となる地方公共団体の「地域における行政を」「総合的に実施する役割」（法一条の二）は、必ずしも地方自治の保障に内包される普遍的な原則ではないと考えられる（斎藤誠・前掲書三頁以下、白藤博行「地方分権改革と憲法原理——とくに新しい『基礎自治体』論を素材にして」民主主義科学者協会法律部会編・改憲・改革と法〔二〇〇八年〕一二九頁以下、後出④参照）。しかし、本条項が存在する以上、これに正面から反する立法をするには、立法者の明示的な意思と説明が必要であり、その意味では、事実上、大きな効果をもつ[2]。

③　役割分担原則が、執行段階における国の関与の限定、透明化原則を含むとしても、その具体的な実現のシステムが、自治法に定められているもの（事務分類、関与システム、紛争処理システム）に限定されるという趣旨まで含むものとは解されない。これらについては、今後とも改善の方法が考えられるべきである。

④　役割分担原則との関係で留意する必要があるものに、補完性の原則（原理）がある。それは、政府関係文書においては、「国と地方の役割の原則等にのっとり、市町村、都道府県、国との間の事務事業を不断に見直し、補完性の原理や近接性の原理に基づいて、事務事業の移譲や関与の廃止・縮減をさらに推進する必要がある」（第二八次地方制度調査会答申）という文脈で用いられる。補完性の原則は、学説にも登場している。たとえば、「その地方自治の体制は、『市町村最優先の事務配分』を原則とする（『補完性の原則』・『近接性の原則』）」（杉原・前掲論文

（六）〔前出一四五頁〕・法律時報七六巻一一号六八頁）、「事務配分論を例に言えば、憲法〔日本国憲法のこと。塩野注〕は、市町村→都道府県→国といった『補完性の原理』を要求していると解釈できる」（白藤博行「地方自治の本旨」争点二〇三頁）という具合である。

これらの文献に共通するのは、補完性の原則は、わが国におけるシャウプ勧告に始まる市町村優先の事務配分論を現代の要請に対応させせつつ再確認し、これをヨーロッパで近年提唱されている補完性の原理（Subsidiaritätsprinzip, principle of subsidiarity）によって、普遍的な原理として位置づけているところにある（杉原・前掲論文（三）・法律時報七六巻七号一一八頁、一二号六一頁）。ただ、ヨーロッパにおける補完性の原則の内容およびその射程は一義的でない。わが国においても、一方において、補完性の原則から事務移譲、市町村行財政の充実を抽象的に描くまでは見解の一致するところであるが、ここからさらに進んで、市町村規模の拡大（合併）まで補完性の原則から導くこと（山崎重孝「新しい『基礎自治体像』について（上）」自治研究八〇巻一二号〔二〇〇四年〕四九頁以下）には、同じく補完性論を基礎として異論が出されているところである（杉原・前掲論文（六）・法律時報七六巻一一号六八頁）。補完性の原理の発祥といわれるヨーロッパにおいても事情は同様で、少なくとも日本におけるような補完性の原理に立った基礎的自治体の合併論議は普遍的でない。ヨーロッパの法律上の概念が往々にしてそうであるように、補完性の原理も語源をたどればかなり古くさかのぼることができるし、用いられる場面によっては働き方は多様である（補完性の原理については、文献紹介の意味を含めて、参照、全国知事会自治制度研究会報告書・地方自治の保障のグランドデザイン三六頁以下）。さらに、補完性の原理はヨーロッパ諸国を中心とする概念であることからも普遍性を字義どおりに語ることはできない(3)。

なお、わが国においては、補完性の原則、役割分担の原則は、現代社会における地方分権、地方自治の本旨の実現の一つの手法として位置づけられている。しかし、その具体的現れが、事務移譲―地方公共団体への事務の割当て（随意事務であれ、義務的事務であれ）、規模の拡大―合併であるとすると、それは、地方分権ではあっても、地方自治ではないのではないかという疑問が生じてくる。それは、地方自治の本旨の理解にかかわることであるが、自らの政府は自ら設計するところに自律性の基本をみるとすれば、地方分権と地方自治は同義に理解するべきものではないと思われるのである（参照、塩野・行政法概念の諸相三五八頁以下）。

（1）事務配分を含む国、地方関係の展望につき参照、山下淳「国と地方の関係に関するノート」香川法学一一巻三＝四号（一九九二年）一四三頁、塩野宏「国と地方公共団体との関係のあり方」（一九九五年）塩野・法治主義の諸相三九一頁以下。

（2）磯部力「国と自治体の新たな役割分担の原則」西尾勝編著・地方分権と地方自治八九頁以下は、「あるべき地方自治の本旨の中に、国と自治体の役割分担の明確化の原則を読み込んでいくことは、憲法規範の極めて正当な解釈である」とするが、仮に、そうであるとしても、憲法解釈論であるから、それは役割分担原則が制定法上に定められたこととは関係がない。

（3）日本における「補完性の原理の転用・誤用・悪用」につき参照、白藤・前掲論文・渡名喜ほか編著・「地域主権」と国家・自治体の再編（前出一五六頁）六一頁以下。ちなみに、Subsidiaritätsprinzip はドイツ福祉国家思想における基礎的概念でもあるが（参照、木村周市朗・ドイツ福祉国家思想史（二〇〇〇年）一二頁、五〇頁等。同書では補助性原理と訳されている）、それは、たとえばモールにおいては、「国家政策的干渉の内容にはかかわらぬ形式性において、自由主義的法治国家の干渉主義的側面の存立を保障するのである」（木村・前掲書三三七頁）という具合に機能したのである。日本の法解釈学が外国法を参照するに際して、歴史離れした抽象的レベルでとらえることがままあるが、補完性の原理についてもその轍を踏まないことが肝要である。

二　国の立法権との関係

(1)　一　般　論

憲法は地方公共団体の組織運営については地方自治の本旨に基づき法律によって定めるものとし、条例は法律の範囲内で制定することができるとしている。これに対応して自治法を始めとする国の制定法は、一応すべての事項について、国家法の介入ができることを前提としているようにみえる。地方選挙についても、公職選挙法が適用されているし、組織一般についてはかなり詳細な規定が自治法に置かれている。また、都市公園、道路のような住民サービスにかかるものについても、都市公園法とか道路法にそれぞれ個別法がある、という具合である。要するに、自治事務であるからといって、国家法の介入が憲法上カテゴリカルに排除されるということではない。また、法定受託事務は、概念上当然であるが、まさに国家法の規律するところである。しかし、国家法の及ぶ範囲に限定がなければ、憲法の地方自治に関する権限付与条項を空文化するおそれがあるわけであって、ここで、憲法の地方自治に関する防御的機能に配慮する必要がある。憲法の文言に従えば、国の立法権も地方自治の本旨に服するということである。憲法は、立法権の制約原理について、これ以上にふれるところがないので、具体的な作業は解釈に委ねられることになる。そこでまず、地方公共団体の組織運営のすべてに国法の網をかぶせることができるが、当該国法の内容には一定の限界が憲法上存在するというシステムが考えられ、これを地方自治の内容的保護システムということができる。これに対して、一定事項に国法が立ち入ることを認めない、認めるにしてもこれに競合する条例が制定されたときは、条例が優先するという保護の法制を考えることができ、これを地方自治の事項的保護システムということができる（参照、塩野宏「地方公共団体の法的地位論覚書き」塩野・国と地方公共団体二二頁以下）。

この点に関し、国家法の介入についての限界を事項的にたて、その内部では、条例が優先する、というういわば逆先占論がみられる（原田尚彦・環境権と裁判〔一九七七年〕二四八頁以下、同・地方自治の法としくみ〔全訂二版、一九九五年〕六六頁）。そのいわば「固有の自治事務」としては、地域の環境保全と住民の健康な生活環境の保持がその例として示されている。これは、環境に着目した事項的保護システム論である。

もっとも、この考えには、環境の保全がなぜ条例の優先的領域になるのか、その範囲はどのようなものか必ずしも明確ではなく裁判規範にはなじみにくいものがある。

さらに、この見解は、国の公害規制に対するいわゆる上乗せ条例の適法性を対象とする限り、地方自治の本旨にも、健康・生命という人権保障にも適合的である。しかし、この立場は、国家立法がナショナル・ミニマムとして規律することを当然のように認めているように解され、そうだとすると、国と地方公共団体が同一対象について規律している場合には、より厳しい規律が妥当するということになる（塩野・国と地方公共団体二六頁では、これを二重濾過理論と表現した）。その意味で、この種の地方自治の事項的保障理論は、厳密な意味における地方自治保障法理ではないことに注意しなければならない。

そこで、憲法の地方自治条項を、もう一度、文理に即しつつ考察すると次のような解釈も可能であろう。すなわち、まず、憲法九二条においては、法律は、地方自治の本旨に基づくものであるべきであるから、地方自治を制約することは本来認められないはずである。その意味で憲法九二条で想定される法律とは、一つは事務配分に関する定めのような当然存在しなければならない法律であって、しかもそれが、地方自治の本旨に基づく形で制定されるというのが、憲法の趣旨であろう。いま一つ、地方公共団体の内部組織について、地方自治の本旨を実現する意味から必要とされる基本的枠組みを示すことも、憲法でいう地方自治の本旨に基づいた法律ということができよう。地方公共団体の意思決定のあり方は、住民の意思にすべてを委ねることが地方自治の本旨に合致するところであろう。しかし、憲法自体が議会の設置とその議員および長の公選制を定めるなど、住民自治に関する事項について規律しているところから、わが国の地方制度の発展段階に鑑み、なお、住民自治確保のため、国の立法者が一定限度介入することを憲法自身が認めていると解するのである。

一方、憲法九四条では、憲法九二条に比し、よりひろく、地方公共団体に権限付与をしているが、条例については、法律の範囲内という制約を置いている。そしてこれは、いわゆる立法権限の競合を認め、かつ先占理論を前提としているとみてよいであろう。ただ、その場合の先占については地方自治の本旨に基づいた解釈が必要であることはいうまでもない。この点については、すでに、国家法の規律の方法に一定の限界があるのではないかという指摘がなされている。「自治事務（固有事務、委任事務、行政事務のすべてを含む。塩野注）とされているものは、地域の実情に即した行政の要請されるものが多いのであって、その基準たるべき条例の制定を許さず、したがってまた、地域の実情に即した行政措置を否定するような国の法令は、地域住民を十分納得させるに足りるだけの合理的理由がない限り、国の法令そのものが、不当に自治事務に介入し、地方公共団体の自治権を侵害するものであって、その限りにおいて、国の法令自体の効力が問題とされなければならなくなる」というのである（田中・行政法中巻一三五頁）。これでも、具体的な基準をたてることは困難であろうが、立法に際しての重要な考慮事項であることはいうまでもない（ドイツでもかような議論がなされていることについて、大橋洋一・現代行政の行為形式論二七六頁）。

(2) 具体的あり方

平成一一年改正自治法で自治法上に、地方公共団体の自主性・自立性の発揮についての国の配慮義務（法一条の二第二項）、法令における地方自治の本旨・適切な役割分担原則が定められた（法二条一一項）。この規定は右に記した憲法における地方自治の防御機能に関する学説に対しては中立的（又は無関係）であると解されるが、いずれにせよ、地方公共団体に関する法令の制定にあたり、憲法との関係に一層留意されねばならないことが確認されたとみることができる。(1)

その具体的手法としては、従前より枠組み法の類型があるが、これは必ずしも成功していない（前出二〇九頁）。これに対して、新たな取組みとして、義務付け・枠付けの見直し作業結果による一連の個別作用法の改正がある。たとえば、社会福祉法の一部改正（法六五条）、生活保護法の一部改正（法三九条）等が挙げられる（これら個別法改正は、実務上一括法と称される「地域の自主性及び自立性を高めるための改革の推進を図るための関係法律の整備に関する法律」〔平成二三年法律三七号〕で行われている（前出一五四頁注（2）参照））。

ここで、義務付け・枠付けとは、実務上の用語で、義務付けは、「一定の課題に対処すべく、地方自治体に一定種類の活動を義務付けること」、枠付けは「地方自治体の活動について手続、判断基準等の枠付けを行うこと」を指すものとされる（地方分権改革推進委員会第二次勧告〔二〇〇八年〕。ただし両者は「義務付け・枠付け」として一体的に取り扱われるので、以下、本書では義務付けと略称する）。この義務付け見直し作業の特色は、地方自治法自体の改正を伴わないまさに個別法の義務付けに係る条文の見直しに関するものである。したがって、国の立法的関与の具体的にして直接的効果をもつもので、時に通則的法典による規律が宣言的意義を有するものと異なる。また、一括法の名に値するように、横断的な作業であるところにも特殊性がある。

他方、この法律も憲法の当然の具体化とまではいえないものであること、内閣提案に係る場合は、何らかの調整措置が予定されるが、新たな義務付けが議員立法でなされるときには制度的予防措置が採りがたいという限界を持った手法であることにも留意する必要がある（義務付け法の問題点につきなお参照、斎藤誠「義務付け・枠付け見直しの展望と課題」〔二〇一〇年〕斎藤・現代地方自治の法的基層三五一頁以下）。

以上のいわば実体作用法的立法的関与の限界付けとならんで、国と地方の協議の場は、立法的関与の手続的統制を図るものという位置づけが可能である。この場面では、議員立法についても協議が可能であるので、ある意味では、実体的規制よりも効果的であるということができる。

（1） 金井恵里可「条例の先占（一）（二）」六甲台論集四〇巻四号、四一巻一号（一九九四年）はカリフォルニア州における「市の事務」に関する判例の動向を分析した上で、日本法の問題としては、カリフォルニアにみられるような事項的保護システム（これについては、本文および塩野宏「自主立法権の範囲」塩野・国と地方公共団体二六六頁以下、二七六頁以下、塩野宏「地方公共団体の法的地位論覚書き」塩野・国と地方公共団体二二頁以下参照）によるのではなく、同州の近年の判例の傾向である利益衡量の手法によるべきことを主張している（四一巻一号一三七頁以下）。私の主張するところも、全面的な事項的保護システムの採用ではなく（カリフォルニアでもそうではない）、それは自治組織権に着目したものであり、それ以外においては、地方自治の本旨にたった個別法の解釈論に委ねられることは本文にも述べた通りである。利益衡量論では、組織に対する国家法の介入への保護の適切な理論は立て難いと解される。また、この点で、斎藤「条例制定権の限界」斎藤・現代地方自治の法的基層二九一頁が、地方自治の内容的保護システムを前提とした上で、国の法令によってカバーされうる範囲は、憲法上の地方自治保障と自治法二条諸規定によって画されるとし、より具体化された判断基準を提示しているので、参考になる。

三　国の行政権との関係――行政的関与のあり方

地方公共団体の自治権と国の行政権の関係は、国家関与の最も重要な部分として位置づけられ、そのあり方が論ぜられてきたところである。平成一一年の自治法改正に際しては、関与システムについて、地方自治の本旨に即した根本的ともいえる変革がなされた。

以下、まず、その概要を説明し、そこにおける問題点を指摘しておくこととしよう。関与は国と地方公共団体のみならず、都道府県と市町村との関係でも生ずるが以下の説明では原則として、国と地方公共団体に限定する（現行法制に関する初期の文献として参照、塩野宏「地方公共団体に対する国家関与の法律問題」〔一九六六年〕塩野・国と地方公共団体四四頁以下、国家関与に関するドイツ学説の詳細かつ綿密な検討を試み、現段階における日本法の課題を探究した文献として、参照、金崎剛志「国家監督の存続理由（一）〜（九・完）」法学協会雑誌一三三巻二号・三号・五号〜一一号〔二〇一六年〕）。

(1)　関与の意義

地方公共団体は、国との関係において、各種の法的地位にたつが、その際、大きく、地方公共団体が、私人と同様の立場で活動する場合（たとえば、公営のバス、鉄道、ガス事業等の経営）と規制行政に典型的にみられるように私人と異なる固有の立場にたつ場合を分かつことができる（地方公共団体の地位分類については、参照、塩野宏「地方公共団体の法的地位論覚書き」塩野・国と地方公共団体一頁以下）。その際、前者においては地方公共団体は私人と同じく当該事業の事業規制法に服し、その限りで国の監督下に置かれるので、国家関与の問題を特に地方自治法制の中で論ずる必要はない。そこで、ここでの問題は、行政主体としての地方公共団体の固有の資格に対する国家関与のあり方であるということになる。

この点に関し、自治法は関与法制を地方公共団体の固有の資格に係るものであることとするとともに、関与の行為の類型を列挙している（法二四五条）。

これによると、助言・勧告、資料の提出の要求、是正の要求、同意、許可・認可・承認、指示、代執行（以上一号）、協議（二号）、その他一定の行政目的を実現するための具体的個別的に関わる行為（三号）である。ここから明らかなように、関与の種類は一応列挙的であるが、最後に包括的条項があることに注意しなければならない。なお、ここで、予定されているのは、検査、監査、立入検査等であるが、地方公共団体の事務処理と並行して、国の行政庁が自ら行うことが認められているいわゆる並行権限の行使（たとえば、建築基準法一七条七項・一二項）もそれが関与にあたる限りここに含まれると解されている（参照、佐藤文俊「地方分権一括法の成立と地方自治法の改正（四）」自治研究七六巻三号〔二〇〇〇年〕五三頁以下、小早川光郎「並行権限と改正地方自治法」金子古稀下三〇二頁。反対、本多滝夫「並行権限の法的統制の課題」室井古稀四五一頁以下、四六六頁以下。並行権限の行使は、関与制度とは別の国の事務処理とみるのがすっきりするが、国の権力的介入を争う場としては、現行法の下では、関与制度に統一したほうが便宜と考えられる）。

(2)　関与の法定主義

自治法は、関与をするに際して、法律又は政令の根拠を必要とするとしている（法二四五条の二）。これは関与類型すべてに及ぶので、勧告・助言等の私人に対する場合の行政指導にあたるものも、法律の根拠を要することになるのが特徴的である。ただ、技術的な意味での助言・勧告、資料要求については自治法上に包括的な根拠規定がある（法二四五条の四）ので、実質的にはそれ程徹底したものではない。さらに、是正の要求、是正の勧告、是正の指示、代執行等についても、要件を限定しているが、自治法で、一般的に根拠規定を置いている（自治法の定める関与については後に述べる）。

(3)　関与の基本原則

関与手段の一定の類型のものは、私人に対する公権力の行使に匹敵するものがあるので、これについては、比例原則の適用があることを自治法は関与の基本原則として確認的に定めている（法二四五の三第一項。関与に関する比例原則の運用については、なお参照、須藤陽子「地方自治における比例原則、補完的原理」〔二〇〇七年〕須藤・比例原則の現代的意義と機能〔二〇一〇年〕一七二頁以下）。これに加えて、自治事務の処理については、代執行によることのないようにしなければならないなど、国の立法にも配慮要請をしている点に特徴がある（法二四五条の三）。

(4)　関与行為の法的性質

関与の法的性質については、自治法は定義的に明らかにしているわけではない。しかし、その仕組みからすると、事実行為にとどまるものと、法的効果をもつものとに分かたれる。

①　助言・勧告、資料の提出の要求は事実上の行為であって、これに応ずるかどうかは当該地方公共団体の判断にゆだねられる。その意味では私人に対する行政指導に匹敵する。

②　これに対して、是正の要求、指示については、地方公共団体の側にこれに対応した作為、不作為をする義務が発するものとして法は取り扱っていると解される（後出）。同意、許可・認可・承認はそれぞれ国の関与行為がなされない限り、地方公共団体の行為が効力を発しないという意味での法的効果をもつ。協議は、合意を要件とするものであれば、同様に法的効果を有する。また、これらの義務および法的効果が、関与する側の行政機関の一方的決定によって、法律上当然発するものであるという意味で、私人との関係にみられる法的行為形式としての行政行為と同様であると解される（本書Ⅰ一二三頁以下参照）。

(5)　関与の要件・内容（自治法上の）

自治法自体の定める関与はその種類ごとに、これを用いる場合、つまり要件を異にしている点が特徴的である。

①　助言・勧告・報告要求は、自治事務であると法定受託事務とを問わず、することができる（法二四五条の四）。なお、これとは別に、組織・運営の合理化に係る総務大臣の助言等の定めがある（法二五二条の一七の五）。

②　是正の要求は、各大臣により都道府県の自治事務について行使される。その要件は「法令の規定に違反していると認めるとき」または「著しく適正を欠き、かつ、明らかに公益を害していると認めるとき」である。内容は違反の是正又は改善のための必要な措置である（法二四五条の五）。是正の要求については、「違反の是正又は改善

のための必要な措置を講じなければならない」（法二四五条の五第五項）とされているので、相手方に義務が生じているると解されるが、どのような措置をとるかは、一次的には都道府県の判断にゆだねられる。市町村の事務に対しても各大臣は、自ら又は都道府県の執行機関を介して、その是正等を求めることができる（法二四五条の五第二項・四項）。

③　是正の勧告は、都道府県の執行機関が市町村の自治事務について行使することができるもので、要件、内容は是正の要求に等しい（法二四五条の六）。ただし、これは勧告であるので市町村の側に法律上の義務が課されるわけではない。

④　是正の指示は、各大臣により都道府県の法定受託事務についてなされる。その要件は是正の要求と等しいが、是正のために構ずべき必要な指示であって、是正の要求の場合よりは、内容が特定されている（法二四五条の七）。市町村に関しても、是正の要求とほぼ同様の制度がある（法二四五条の七第二項～四項）。指示は、命令が上級下級の行政機関間の指揮であるのに対し、下級機関だけでなく、関係機関等に対しても行われるもので、相手方に義務を生ぜしめるものとして法令上用いられる（法律用語辞典）。

⑤　代執行は、都道府県、市町村の法定受託事務に関し行使することができる。その要件は、代執行によらなければ是正が困難で、かつそれを放置することにより著しく公益を害することが明らかである場合になされる。これについては、勧告→指示→訴えの提起（高等裁判所）→裁判→代執行という手続が用意されている（法二四五条の八）。

(6)　処理基準

関与とは別に自治法が国からの地方公共団体に対する行為として予定しているものとして、処理基準の設定がある（法二四五条の九）。これは法定受託事務に関してなされるもので、字義どおり都道府県が処理するにあたりよるべき基準であるが、それは、内容的には解釈基準でもあるし、裁量基準であることもある。

(7)　関与の手続

自治法の用意する新たな関与制度は、関与の実体的規定のみならず、その手続についても行政手続法（以下、手続法と略す）に準じた手続を用意している。これを、手続法と対照して列挙すれば、以下のとおりである。

①　助言等における請求による文書主義（法二四七条・二四八条・二五〇条—手続法三五条）。
②　是正の要求等、許認可の取消しにおける理由の書面の交付（法二四九条・二五〇条の四—手続法一三条・一四条）。
③　許認可等の基準の設定・公表（法二五〇条の二—手続法五条）。
④　許認可等の標準処理期間の設定・公表（法二五〇条の三—手続法六条）。
⑤　届出（法二五〇条の五—手続法三七条）。
⑥　並行権限の行使の通知（法二五〇条の六—手続法には対応する規定なし）。

(8)　関与法制の意義と問題点

新たに定められた関与法制は、日本の地方自治法制にとり画期的なものである。しかし、そこには解釈論、立法論の双方にわたり、全く問題がないわけではない。以下、注意すべき点を指摘しておく。

①　関与の法定主義は、地方自治に関するわが国の憲法構造からすると、創設的な規定ではなく、確認的なものと解される。すなわち限定はあるにせよ、地方公共団体は国家の定立した法律の範囲内において行動する。その意味では、国と地方公共団体は全く対等な関係ではない。しかし、そのことは、国家法の執行過程における関係でも、中央行政庁と地方公共団体が上下の関係、組織法的にいう指揮監督関係にたつわけではない。モデル的には、

両者を併立的協力関係として整理することももとより可能である。日本国憲法はこの点について必ずしも明確ではないが、憲法が、明治憲法の下における国と地方公共団体の全面的監督関係の脱却を意図しているものとみることができるように思われ、従来もかかる見地からの規定を置いてきたところである（参照、塩野・国と地方公共団体五九頁以下、一一三頁以下）。

さらに、認識論としてであるが、憲法における法律の留保の法的根拠については、地方公共団体自体が、かつてのサービス提供団体たる地位に基づいた自治的団体であるのみならず、統治団体としての地位を憲法上有しているところからすると、この法律の留保を国民に対する関係の単なる延長、つまり、侵害留保の適用としてのみ理解するのは適切でない。むしろ、ここでは、憲法上に併立的協力関係にたつ国（国家行政官庁）と地方公共団体の関係について、特に国家に関与権を認めるには、民主的正当化根拠、つまり、法律の根拠が必要であるという観点にも立脚すべきものと思われる。最高裁判所も、泉佐野市ふるさと納税事件において、関与の法定主義を開発概念ではなく法（道具）概念と位置づけている（最判令和二・六・三〇民集七四巻四号八〇〇頁）。さらに、根拠法としての地方税法と委任立法としての平成三一年総務省告示一七九号との関係につき、法文の文理、委任の趣旨、与党税制改正大綱にまで遡る立案過程、国会審議の過程につき検討し、告示（争点部分）が委任の範囲を超えているとしており、これは、委任の範囲に関し、規律の対象となる権利利益を評価基準とする最高裁判所の判例（本書Ⅰ一〇七頁以下）を、地方公共団体の自治権に及ぼしたものとして位置づけることができる。

なお、国と私人間にわたる行政指導については、一般的には法律の根拠が必要とされないところ（本書Ⅰ二二八頁以下）、関与法制においては、概括的授権ではあるものの、勧告・指導について法律の留保の下に置いたことが注目される。これは従来、指導の名の下に、実質的には監督的行為が行われてきたことを反映したものと解される。

② 関与のうち、是正の要求、（是正の）指示ともに、これを受けた地方公共団体の側にはこれに対応した行動をとるべき義務が生じている。このように事務の種類を問わず、行政的な手段により中央政府が地方公共団体にコントロールを及ぼす制度は、ドイツにおける「自治監督」（参照、塩野・国と地方公共団体五三頁）にその例をみることができる。そして、この自治監督法制は原理的には、併立的協力関係にたつ日本の地方自治法制とは異質のものであり、現に改正前の地方自治法には、整備された形での「自治監督」制度は存在していなかった。そこで、新たに導入された関与法制が「自治監督」そのものを意味しているとすれば、それは、地方自治の本旨の観点からして、大きな疑念の生ずるところである。この点はなお、今後の検討に待たなければならないところであるが、事務の種類のあり方、条例制定権の範囲、関与の要件、関与の実効性確保手段のあり方など、全体の仕組みを考察するならば、新たな関与法制も併立的協力関係の枠内に辛うじて止まっているとみることができるように思われる。もっとも、運用の過程において、関与が、とりわけ、自治事務に関しては合法性の確保に限定されることが肝要であると考えられる。

③ 他方、関与制度自体としては、実効性の確保の観点からすると、完結的でない。すなわち、是正の要求・指示を受けた地方公共団体がこれに不服であれば、審査の申出等の手続により、逆に関与の是正を求めることができ、最終的には裁判によって黒白がつけられる（その手続については後出**五**参照）。ところが、地方公共団体が是正の要求等に対応することも審査の申出もしないでいるときは、住民等が何らかの法的措置をとらない限り、当該地方公共団体の事務処理の適法性に関する争いが続く状態が生ずる（自治事務については代執行の規定が働かない。なお、この問題については後出**五**⑶④参照）。

④ 手続法に定められた諸手法を、ここに取り入れたことは、関与の公正、透明性の確保の見地から極めて注目

すべきことであるが、財政的に国と複雑な関係にたつ地方公共団体が、この手続的権利を積極的に活用することが重要である。なお、手続法に定める行政指導の基本原則（法三二条以下）が明文では定められていないが、これは法の一般原理とでもいえるものであるので、この分野でも妥当するものと考えられる。

⑤　解釈基準、裁量基準としての処理基準は、下級行政官庁ではない地方公共団体に対し、直ちに法的義務を課するものではないと解するのが、併立的協力関係論からの帰結である。ただし、各大臣は、処理基準に反していると認めるときは、是正の指示をすることがあるという関係にはある（参照、松本・逐条地方自治法一一七五頁）。なお、処理基準には、手続法上の審査基準・処理基準に該当するものもあるが、意見公募手続の対象とはならない（手続法四条四項六号の適用除外規定参照）。

⑥　地方公共団体のした私人に対する処分につき当該地方公共団体に不服申立てがなされた場合に、総務大臣（市町村の処分については都道府県知事）が審査庁又は再審査庁として審査するという制度がある（自治法二四四条の四第一項、二五五条の二）。これは、地方公共団体の行為に対する私人の簡易迅速な救済制度として位置づけられる。しかし、これが地方公共団体の行為のコントロール手段としても機能するので、学説上は、これを裁定的関与と把握して、関与手段の一類型として論議の対象とし、地方自治の本旨からそのあり方が問題とされてきたところである（塩野・国と地方公共団体三七頁以下、六六頁以下、包括的な研究として、人見剛「地方自治体の自治事務に関する国の裁定的関与の法的統制」〔一九九五年〕人見・分権改革と自治体法理〔二〇〇五年〕二七三頁以下）。さらに機関委任事務については、主務大臣は当然、行政不服審査法上の上級行政庁として審査機関として位置づけられていた。

平成一一年の自治法改正においては、この問題は制度上の関与の手段として取り上げられなかったが（法二四五条三号）、機関委任事務の廃止に伴う若干の変更はあったにせよ、基本的構造はそのままに残された。すなわち、自治法上の個別条文の裁定的関与に係る規定は存置された。一方、新たな事務の種類についての法定受託事務については、一般的に裁定的関与法制が導入された（法二五五条の二）。ただし、従前存在した、裁定的関与前置主義（旧二五六条）は一般的制度としては廃止された。

このような状況については、一方において、これが地方公共団体の処分に対する私人の権利利益の簡易・迅速な救済手段の整備であること、前置主義が廃止されたことはそのことを一層示すものであること、審査庁は上級行政庁としての地位に立つものではないこと、などから、そもそも、国家関与法制にはあたらないという説明も可能である（この面からの立論として、参照、佐藤文俊「地方分権一括法の成立と地方自治法の改正（三）」自治研究七六巻二号九八頁以下）。しかし、その審査に際して、国家の行政機関があたることは、併立的協力関係の理念に適合的でないことはいうまでもない（佐藤・前掲論文も立法論として、事務の種類を問わず処分庁への異議申立てにとどめるのが、今回の改革の理念に沿うとしている）。さらに、審査庁の裁決に対して、処分庁（地方公共団体）側の出訴が法律上明示的に保障されていないこと（解釈論としてはなお、残された問題である）も、地方自治の保障の観点からして、かねて問題が提起されていたところである。

今後、地方自治の本旨の観点から見直されるべき制度であると考える（同様に疑問点を提示するものとして、石森久広「法定受託事務に係る審査請求」地方自治・地方分権九四頁以下、新行政不服審査法〔二〇一四年〕制定後の時点における裁定的関与法制の批判的分析として、山本未来「行政不服審査法改正後の裁定的関与の現状と課題」鈴木古稀四〇四頁以下がある）。

四　司法権との関係

地方公共団体と国の司法権との関係については、立法権および行政権とは異なった側面がある。わが国の場合、もともと、地方公共団体には独自の司法権が与えられていないところから、地方公共団体の司法権の国の司法権による干渉ないし統制の問題は生じない。そこで、問題となる局面を拾いだすと、地方公共団体の立法ないし行政について、司法統制が行われる場合に、特別な配慮が必要となるかどうか、憲法の地方自治の保障を確保するため、つまり、地方自治保障条項の防御的機能の実現の見地から、国の地方公共団体に対する関与について、司法権の果たすべき役割が問題となる。このような観点からすると、国の関与に対する紛争処理に関する行政過程における方式も併せて考慮することが便宜であるので、次項（五）で両者を統一して記述することとする。

五　国と地方公共団体の間の紛争処理

地方公共団体が、法形式的にみて、一般の私企業と同様の事業主体として行動する場合は、地方公共団体も私人と同様に、司法権に服するとともに、裁判所の救済を求めることができる。それは純粋な民事紛争と目される場合のみならず、国が事業主体としての地方公共団体に対して違法な監督権の行使をした場合に、地方公共団体も行政事件訴訟法に基づき、抗告訴訟を提起することができることについては、異論のないところである。

これに対して、地方公共団体が、一般の私企業とは異なり、固有の資格を有するものとして、国の公権力の行使の対象となる場合があり、行政不服審査法（法七条二項。本書Ⅱ二四頁）、手続法（法四条）もこれを前提とした規定を置いており、地方公共団体が、私人と異なった取扱いを受けることは、行政法上にも先例がある。

そこで、国が一般私人に対するのと異なった意味で地方公共団体に対して関与権を行使する場合に生ずる国と当該地方公共団体との間の紛争処理手続が問題となるが、これには行政過程と司法過程の二つのレベルの手続が、平成一一年の改正地方自治法によって用意された。以下分説する。

⑴　行政過程における紛争処理手続——国地方係争処理委員会による審査の手続

従前、国の地方公共団体又はその機関の行為に対する関与に関して紛争が生じたときの一般的な処理手続は、行政過程にも司法過程にも存在していなかったところであるが、平成一一年の自治法改正にあたり、行政過程における紛争処理の手続として、国地方係争処理委員会による審査の手続が用意された。その骨格は次のようなものである。

①　紛争処理にあたる特別の機関として、国地方係争処理委員会（以下、委員会と略す）が置かれる（法二五〇条の七）。これは、総務省に置かれる国組法上の審議会（いわゆる八条機関）である（総務省設置法八条二項）。

②　委員会の処理する対象は、国の地方公共団体に対する関与のうち、是正の要求、許可の拒否その他の処分その他公権力の行使にあたるものである（法二五〇条の一三第一項）。ここで、（是正の）指示は処分にあたるが、助言・勧告は対象とならない。なお、その他にも、国の側の不作為、協議も審査の対象となる（同条二項・三項）。

③　手続は、地方公共団体（執行機関）からの審査の申出によって開始されるが、申出期間が法定されている（原則三〇日以内）。

④　委員会は審査の結果、自治事務については、当該国の関与が違法でなく、かつ、地方公共団体の自主性および自立性を尊重する観点から不当でないと認められるときは、その旨を当該地方公共団体の執行機関等に通知し、これを公表し、逆に、国の関与が違法であり、または、上記の観点から不当であると認めるときは、国の行政庁に対して必要な措置を講ずべきことを勧告する（法二五〇条の一四第一項）。

⑤　法定受託事務においては、国の関与が違法でないと認めるときは、その旨を地方公共団体の執行機関に通知

し、これを公表し、逆に、違法であると認めるときは当該国の行政庁に対して、必要な措置を講ずべきことを勧告する（法二五〇条の一四第二項）。

⑥　国の不作為、協議不調においても、委員会は勧告、審査結果の通知をすることとされている（法二五〇条の一四第三項・四項）。

⑦　勧告を受けた行政庁は勧告に則して必要な措置を講ずる（法二五〇条の一八）。

⑧　委員会は職権による調停の手続をとることもできる（法二五〇条の一九）。

⑨　以上は国の委員会による紛争処理手続であるが、都道府県による市町村への関与については、事件ごとに、総務大臣が任命する自治紛争処理委員による処理手続が、上記の手続に準じて用意されている（法二五一条、二五一条の三）。なお、自治紛争処理委員の制度自体は従前から存在していたものであるが（名称は自治紛争調停委員）、（後出二八一頁）上記の事務も担当することとされたものである。

(2)　裁判過程における紛争処理手続

従前、関与手段に地方公共団体が不服であるという意味での紛争が生じた場合には、統一的な制度は存在しなかった。また、機関委任事務については、国の側の職務執行命令に関しては、地方公共団体は直接これを争うのではなく、執行命令に不服従の地方公共団体の機関に対して、国の側から職務執行命令訴訟を提起するというものであった（旧一五一条の二）。

これに対して、平成一一年の自治法改正は、行政過程における国地方の紛争処理になお地方公共団体が不服であるときに、裁判所による司法審査の手続を制度上明確に用意した。それによると次のとおりである。

①　係争処理委員会の審査の結果又は勧告に不服があるとき、勧告に対応した国の行政庁の措置に不服があると

き、行政庁が勧告に応じた措置をしないとき等には、当該地方公共団体の執行機関は、高等裁判所に国の関与の取消し又は国の不作為の違法の確認を求めることができる（二五一条の五第一項・三項）。この訴訟は、委員会の通知等があってから三〇日以内に提起しなければならない（二項）。なお、委員会の審査を経ないで、地方公共団体が直ちに訴訟を提起できるかどうかについて、法は明言はしていないが、全体の仕組みからするとこれは認めていない。その限りで、係争処理委員会の審査前置主義が採られていると解される（参照、法二五一条の五第一項）。

② この手続は行政事件訴訟法上は機関訴訟として取り扱われる（二五一条の五第八項・九項）。

③ 裁判所のした取消判決は関係行政機関に対しても拘束する（二五一条の五第七項）。

④ 都道府県のした関与に対しても同趣旨の訴訟の途が用意されている（法二五一条の六）。

(3) 若干の留意点

右にみた国の関与に対する紛争処理にかかる手続の法定は、地方自治制度上、画期的意義を有するものといえる。泉佐野市ふるさと納税事件にみられるように現実的にも一定の機能を果たし得るものといえよう（前出二六七頁）。しかし、問題がないわけではない。以下、留意点を指摘しておく。

① 紛争処理手続の整備は、関与の法定主義、その手続的整備とならんで、国と地方公共団体の関係の透明・公正さを担保することに奉仕するとともに、地方公共団体の防御権を全うさせる意味で地方自治の本旨の観点から極めて重要な意義を有する。

② 法定の紛争処理手続は、これ以外に地方公共団体が関与の法的効果を否定する主張を認めない趣旨に解される。また、そうしたからといって、憲法に定める地方自治の本旨に反するとまではいえないであろう。その意味において、この手続の対象となる関与については、公定力と同様の効果が与えられていることとなる（兼子仁「新地

方自治法における解釈問題」ジュリスト一一八一号〔二〇〇〇年〕四六頁は、代執行訴訟における指示に対する違法の抗弁の可能性を理由に、是正の指示に公定力がないとするが、この訴訟にのる指示と是正の指示とは制度上の仕組みを異にする。もっとも、是正の指示に不服従の場合に国の側が改めて代執行制度上の指示の手続をとることがあり得、その場合には、地方公共団体の側の法令違反の抗弁を認めることになるかどうかは、新たな制度の下における解釈問題として残る）。

③　委員会による審査の結果について、これに裁決としての法的効果を与えるか、現行法のように勧告にとどめるかは、論議のあるところである。これに裁決的効果を与え、かつ行政庁の側からも出訴の途を開くことが日本法としても立法上可能と考える（参照、塩野宏「国と地方公共団体の関係のあり方再論」〔一九九七年〕塩野・法治主義の諸相四三五頁以下）。ただ、自治権の防御という角度からは、地方公共団体の側からの出訴の途を開くことがより根本的であると思われる（二つの制度の比較検討として、参照、小早川光郎「国地方関係の新たなルール」西尾勝編著・地方分権と地方自治〔一九九八年〕一三七頁）。

④　右に説明した国・地方間の紛争処理システムでは、国の是正の要求または指示に対して、地方公共団体側がなんらこれに対応しない場合には紛争は解決しない。仮に、関与が適法であるとすると司法的判断を受ける機会がないままに違法状態が継続することになる。かかる場合に、国の側からの司法的是正措置の必要性がかねて論議されてきたが（参照、小早川・前掲論文・一四〇頁、第二八次地方制度調査会答申）、現実にもこのような事態が発生したので、新たに、自治法を改正し、「普通地方公共団体の不作為に関する国の訴えの提起」、並びに「市町村の不作為に関する都道府県の訴えの提起」制度を創設することとされた（平成二四年第一八〇回国会・地方自治法改正案二五一条の七、二五二条）。これは、国の是正の要求、是正の指示に従わない場合に（そもそも係争処理委員会への審査の申出をしない、申出後の審査結果に対応した措置をとらない）、当該地方公共団体の行政庁を被告として、是正の要

求等を行った各大臣が訴えをもって高等裁判所に当該地方公共団体の不作為の違法の確認を求めることができるとするもので、同趣旨の訴えが市町村と都道府県についても定められた（制度立案過程における参考資料として、国・地方間の係争処理のあり方に関する研究会報告〔平成二一年一二月、総務省ホームページ〕、上仮屋尚「国・地方間の係争処理のあり方について（報告）」地方自治七四七号〜七四九号〔二〇一〇年〕がある）。

この制度によって、国の関与の適法・違法の司法判断は得られることになる（その一例として、沖縄県における公有水面埋立をめぐる国と県の紛争に係る最判平成二八年一二月二〇日民集七〇巻九号二二八一頁がある。稲葉馨・ジュリスト重要判例解説平成二九年度五三頁以下参照）。もっとも不作為の違法確認判決が確定しても、当該地方公共団体が不作為である状態が継続すれば、判決の執行力の確保手段の創設の検討が必要となろう（判決の執行力については、諸外国の例を含めて、前掲研究会報告参照。なお、この立法政策に対する論評並びに新たな提言を試みるものとして、阿部泰隆「国家監督の実効性確保のために国から地方公共団体を訴える法制度の導入について（一）（二・完）」自治研究八八巻六号・七号〔二〇一二年〕がある）。

⑤　現行法は紛争の裁判的処理に関しては、これを立法技術上、機関訴訟として整理している。しかし、国家関与（裁定的関与〔前出二六九頁〕を含め）に対する地方公共団体の訴訟が一般の抗告訴訟であるのか、機関訴訟としてしか認められないかは、論議のあるところであり、今回の立法技術上の整理も、この点に関しては中立である（参照、村上裕章「国地方係争処理・自治紛争処理」地方自治・地方分権八四頁）。主観訴訟か機関訴訟かの論議、その現実の利用度に関する論議はあるにせよ、国と地方の紛争の処理につき、司法過程が存在することの意義は大きい。また、機関訴訟であるから、実体法の解釈、審理の方法につき、一般の抗告訴訟と異なるものではないことに注意する必要がある（泉佐野市ふるさと納税事件における最高裁判所の審理方法参照。前出二六七頁）。

この点につき、学説上には地方公共団体の抗告訴訟の許容性につき、消極的見解が提示されることがあるが、監督権の違法な行使は、地方公共団体たる法人が国に対して有する自治権の侵害にあたるのであって、日本国憲法の地方自治の保障の充実の見地からすると、これに対して、地方公共団体は裁判所に救済を求めることができ、その訴訟は、現行法では行政事件訴訟法の抗告訴訟に該当すると解される（詳細につき、参照、塩野宏「地方公共団体の出訴資格」〔二〇〇九年〕塩野・行政法概念の諸相三六一頁以下。金崎・前掲論文〔前出二六二頁〕に、ドイツにおいては自治監督をめぐる客観訴訟論議は存在しないことが跡付けられている）。もとより、この見地にたったとしても、改正自治法のような特別の定めを置くことは十分考えられる(1)（積極説を展開するものとして、白藤博行「国と地方公共団体との間の紛争処理の仕組み」公法研究六二号〔二〇〇〇年〕二〇七頁以下、本書Ⅱ二八三頁、二八五頁参照。国と地方公共団体の紛争処理のあり方につき、具体例を沖縄県と国との紛争に求めて多角的に論じたものとして、紙野健二＝本多滝夫編・辺野古訴訟と法治主義〔二〇一六年〕がある）。

⑥　右に記述したのは、国が特定の地方公共団体に対して介入する場合である。これに対して、処分の第三者が当該処分の取消しを求める原告適格を有する者として、地方公共団体を想定することができるかどうかの問題がある。この点は、かねて理論上の問題としては取り上げられたところであったが（参照、塩野宏「地方公共団体の法的地位論覚書き」〔一九八一年〕塩野・国と地方公共団体三八頁以下）、現実の訴訟としても登場するようになった。すなわち、自転車競技法に基づく場外車券発売場設置許可処分に対する地元地方公共団体の取消訴訟がそれで、裁判所は、訴えを却下した（大分地判平成一五・一・二八判例タイムズ一一三九号八三頁）。その理由とするところは最高裁判所が採用してきた法律上保護されている利益説（ただし、平成一六年行政事件訴訟法改正前。本書Ⅱ一三三頁以下）にたった上で、許可処分が直接当該地方公共団体の権利侵害、受忍義務を生ぜしめるものではないこと、許可処分

の根拠法規から利益保護の趣旨を読み取ることはできないこと、自治法、憲法の諸規定は、根拠法規と目的を共通するものではないことを指摘している。ここで特徴的なことは、裁判所は、行政主体としての地方公共団体の原告的適格をカテゴリーとして否定していることではない点である。その点からすれば、改正行政事件訴訟法の下で、この種の訴訟の原告適格に新たな展望を描くことは可能なように思われる。その際、地方公共団体の包括的事務処理権限ではなく、より具体化された利益論が展開される必要があることはいうまでもない（ドイツにおける展開の状況につき、参照、薄井一成「地方公共団体の原告適格」〔二〇〇四年〕薄井・分権時代の地方自治一九七頁以下）。なお、最高裁判所が従来の考えに固執し（参照、最判昭和四九・五・三〇民集二八巻四号五九四頁、行政判例百選Ⅰ一事件、地方自治判例百選一一九事件、最判平成一三・七・一三判例地方自治二二三号二二頁、行政判例百選Ⅱ一四二事件、地方自治判例百選一一八事件、最判平成一四・七・九民集五六巻六号一一三四頁、行政判例百選Ⅰ一〇九事件、地方自治判例百選四六事件）、法律上の争訟性を否定する可能性は残されていることに注意しなければならない。

（1）　条例が法律に違反している場合の条例違法確認訴訟については、この種の訴訟は現行法の一般的解釈では法律の定めがなければ認められないところ、特段の手当てがなされていない。しかし、条例制定の活性化とともに法律と条例の衝突が生ずる可能性は大きく、早期に裁判所によってその適法・違法が判断されることの重要性は高いと考えられる（参照、塩野宏・法治主義の諸相四三九頁以下）。

第八節　地方公共団体相互の関係

一　事務の共同処理

地方公共団体の相互関係それ自体は、もともとからある問題であるが、昨今はとりわけ広域行政の必要性という角度から取り上げられている。これに対処するため、自治法はいろいろな手法を用意している。

具体的には、協議会（法二五二条の二の二）、議会事務局、委員会等の共同設置（法二五二条の七）、事務の委託（法二五二条の一四）、職員の派遣（法二五二条の一七）がある。また、事務の共同処理につき、特別地方公共団体方式をとるものとして、地方公共団体の組合（一部事務組合、広域連合）もある。なお、法律上の制度ではないが、複数の市町村が広域市町村圏を設定して広域行政需要に対応することも試みられた。ただ、このような既存の制度だけでは、今後の人口減少社会においては不十分であるとの認識のもとに、平成二六年の自治法改正で新たに連携協約の制度が設けられた（法二五二条の二）。制度の骨格は、関係地方公共団体が協議により、連携して事務を処理するにあたり、その基本的な方針及び役割分担を定めるものである（地方公共団体間の連携制度の骨格につき、参照、駒林良則「広域連携」争点二一六頁以下）。その後、地方制度調査会は、法定の広域連携制度を前提とした上で、定住自立圏・連携中枢都市圏については一定の評価をし、市町村間の広域連携に関しては、関係市町村間の十分な参画を担保する仕組みの必要性を指摘した一方で、制度化については今後の検討に委ねている（地方制度調査会答申〔令和二年六月〕第四の一（三）④。参照、田中聖也「市町村間の広域連携について」地方自治八七四号〔二〇二〇年〕二頁以下）。

二　条例による事務処理の特例

具体的な事務配分については、指定都市、中核市等の制度により、事務配分に一定の差異を設けているが、これによってもなお地域の実情に対応するには必ずしも十分ではない。そこで、平成一一年の法改正により、従前機関委任事務に関して存在した、都道府県知事の市町村長に対する事務の委任の制度（旧一五三条）の廃止に伴い、これに代えて、都道府県の条例による事務処理の特例の制度が設けられた。

すなわち、都道府県は条例により、知事の権限に属する事務の一部を市町村が処理することとすることができ、その際、この事務は市町村長が管理執行するものとされるとともに、この事務についての定めは当該市町村に関する規定として適用をみることとなる（法二五二条の一七の二・二五二条の一七の三）。関与制度についても、都道府県は各大臣の指示がなくとも、是正の要求をすることができる等の所要の規定が置かれている（法二五二条の一七の三・二五二条の一七の四）。

この制度は、事務をできるだけ住民に近い団体に行わせるという地方分権の理念に柔軟に対応するものといえるが、なお、次の点に留意すべきである。

① 本制度により市町村が処理する事務は、法律上都道府県の事務として配分されたものを、都道府県の意思により市町村に再配分するというのであるから、法的には行政法上の委任とみるのが素直である。その意味では、事務の本来的帰属を問わないとする整理（前出一七九頁）とは異質のものである。

② 地域で処理する事務の範囲は自ら決定するのがむしろ地方自治の本旨に合致するという立場に立てば、本制度においても、関係市町村との協議ではなく同意を要件とすることが考えられるし、逆に、市町村の条例による事務処理（市町村の事務を都道府県ないし国に行わせる）の制度も考慮されてよい。

三　紛争処理

地方公共団体相互の紛争処理としては、一般的には自治紛争処理委員の行う自治法上の自治紛争調停の制度（法二五一条の二）がある。(1) 具体的には、地方公共団体相互間又は地方公共団体の機関相互の間に紛争があるときに、当事者の申請（一方でも可）又は職権により都道府県レベルの紛争にあっては総務大臣、その他の場合には都道府県知事がその都度任命する自治紛争処理委員（三名）の調停に付される。調停は、当事者のすべてから調停案の受諾の意思表示（文書）があったとき成立する。調停案の作成、調停の打ち切り等については紛争処理委員の合議による（具体例として、佐賀県と長崎県の間の砂利採取業者の認可に係る管轄境界に関する紛争の調停成立〔平成二四年三月二六日〕がある。参照、総務省ホームページ〔自治紛争処理委員〕）。

個別的には、境界紛争に関して、自治法に所要の規定を置いている（法九条）。また地方税法には、課税権の帰属に関する地方公共団体の紛争処理に関する規定があるが（法八条九項・一〇項）、これが、機関訴訟かどうかの問題がある。自治権の一つとしての課税権の帰属を争うものなので、通常訴訟の一種と考えられる（参照、雄川一郎・行政争訟法〔一九五七年〕一一九頁）。

（1）　自治紛争処理委員の調停制度は地方公共団体の機関相互の紛争の調停とともに昭和二七年に自治紛争調停委員制度として発足したものであるが、その後、事務の範囲が順次拡大され（法二五一条に包括的事務処理規定がある）、現在では、当初の調停（法二五一条の二）の他、都道府県の関与に対する審査手続（法二五一条の三）、連携協約に関する紛争処理手続（法二五一条の三の二）、長等の失職に関する審査請求、地方自治法の定めによる審査の申立て審決自治法上の審査請求、審査の申立ておよび審決の申請等に係る審理手続（法二五五条の五）にも用いられている。これらは、それぞれ導入の時期を異にするだけでなく、機能も異なる。委員を事件ごとの任命方式にしたこと、合議体ではなく独任制としたこと（ただし、結論など、合議による場合につき定めがある。法二五一条の二第一〇項）等事案の多様性に対応したものとなっているが、他面、調停制度として発足した歴史的由来に依拠している面もあること、紛争が多発しないことを前提としていることなどからすると、制度論としては再検討の余地があるものと思われる（参照、宇賀克也「自治紛争処理委員について」ジュリスト一四一二号〔二〇一〇年〕七〇頁以下）。

第二部　公務員法

序章　公務員法制の理念とその展開

公務員の厳密な概念規定はのちに述べるとして（後出二九〇頁以下）、ごく大雑把にいえば、それは、国・地方公共団体等の事務を現に担当する自然人であり、公務員法制はその自然人の公務員たる身分の得喪、公務員としての権利・義務に関する法制度である。公務員法制についても、他の行政法上の制度と同様、近代国家としての普遍的要素をある程度描きだすことは可能である。公務員が国家の組織の構成員であって、時の権力者に人的に隷属するものでないこと、公務と私生活が分離されていること、公務員たる地位が世襲的でないこと（鵜飼・公務員法一頁以下）が挙げられることがある。他方、そこには、各国の歴史的事情、政治体制が、より強くみられることも、公務員法制の特色の一つである（政治学及び行政学の見地からみた各国〔米英独仏〕の公務員制度改革の比較研究として、村松岐夫編著・公務員制度改革〔二〇〇八年〕、同・最新公務員制度改革〔二〇一二年〕、同・公務員人事改革〔二〇一八年〕が、法学研究にとっても有益である）。

これを、日本の公務員法制の歴史的発展過程について簡単にみてみると次のとおりである。

① 明治憲法時代においては、行政作用法では、市民的法治国原理の下に、近代的制度の整備が進められたが、公務員制度においては、天皇に対して人的な服従関係にたつとともに、人民に対しては特権的な階層を構成すると

いう、前近代的な要素が強く残っていた。すなわち、明治憲法は「天皇ハ行政各部ノ官制及文武官ノ俸給ヲ定メ及文武官ヲ任免ス」（一〇条）として、公務員、当時の官吏の任免権が天皇にあることを定めていた。また、官吏服務紀律（勅令）も「凡ソ官吏ハ天皇陛下及天皇陛下ノ政府ニ対シ忠順勤勉ヲ主トシ法律命令ニ従ヒ各其職務ヲ尽スヘシ」（一条）としていた。ここでは、法律遵守義務という近代的な行政法を前提としているが、官吏の忠誠義務は天皇にあった。この点は第二次大戦後の昭和二二年に官吏服務紀律が改正され、「凡ソ官吏ハ国民全体ノ奉仕者トシテ誠実勤勉ヲ主トシ法令ニ従ヒ各其職務ヲ尽スヘシ」とされたのと比較すると、その特色が一層明らかとなるであろう。さらに、官吏服務紀律には「官吏ハ職務ノ内外ヲ問ハス廉恥ヲ重シ貧汚ノ所為アルヘカラス　官吏ハ職務ノ内外ヲ問ハス威権ヲ濫用セス謹慎懇切ナルコトヲ務ムヘシ」（三条）という規定があり、ここには、職務とは別に官吏の私生活にまで規律が及んでいたのである。

他方、官吏は当時の民間の雇用条件からみると、種々の特権をもっていた。一定の事由のみにより、また、一定の手続によってのみ懲戒に服するという意味での身分保障があった。これは当時私人間の雇用契約においては解雇の自由の原則が妥当していたのと比較すると大きな特権であった。また、民間には年金の観念がなかったが、官吏には恩給の制度によって老後の生活が保障されていた。さらに、こと皇室との関係では、叙勲、宮中席次の関係で別の扱いをされていたのである。

明治憲法の下での公務員法制の特色として、公法上の勤務関係にたつ官吏・公吏と私法上の、したがって通常の雇用関係に立つものとの二つの身分階層があり、公務員法制とはつまりはこの特別の関係にたつところの、官吏公吏法制であった、ということも付け加えておく必要がある。その際、官吏・公吏に関する規律の基本が、法律ではなくして、勅令（文官任用令、官吏服務紀律）によっていたこと、公吏においては、府県制、市制、町村制に定められていたことも、当時の公務員法制の特徴を表現していたということができる。

② 日本国憲法の下での公務員法制の理念は憲法自ら「公務員を選定し、及びこれを罷免することは、国民固有の権利である」「すべて公務員は、全体の奉仕者であって、一部の奉仕者ではない」（一五条一項・二項）と定めているところであるが、具体的制度の構築においても、明治憲法体制に結合した要素を取り除くことと同時に、現代的な行政を遂行するにたる能力を有する公務員集団を確保することが必要であった。これは、次のような原則としてまとめることができる。

第一に、民主的公務員法制の原理である。これは、憲法一五条一項に宣言されているところである。ただ、ここから具体の一人ひとりの公務員についても国民の選挙によるべしということまでも導き出すことはできない（通説）。

第二に、政治的中立性の原則である。これは憲法一五条二項から導き出される。

第三に能率性、公正性の原則である。科学的人事行政ともいわれる。これは現代行政の遂行との関係からでてくるものである。

第四に、公務員の基本的人権の尊重がある。憲法の人権条項は公務員にも基本的には適用される。これは、明治憲法の下で、特別権力関係の典型例として、官吏が私生活を含めて特別の義務を負っていたことからの脱却である。

③ 以上四点を日本国憲法の下における公務員法制の基本原理として挙げることができるように思われる。しかし、原理、あるいは理念が複数あるときには、大体においてそうなのであるが、これら四つの原理も相互に衝突することなく達成されるものではない。たとえば、公務員の基本的人権の尊重と能率性の確保、民主性と能率性の確

保、民主性と公務員の人権尊重など、それぞれの概念の理解の仕方にもよるが、多くの場面で緊張関係がみられる。また、これらの諸原則は、ここから直ちに具体的な法的効果を生み出すような法道具概念性をもつものではなく、立法、運営の指針的性格にとどまる。さらに、公務員法制全体に通ずる原則であるので、まとまった形で制定法化されるのではなく、それぞれの個別制度の中で具現される。本書においても、人事行政機関のあり方、任用、服務等の中で触れることとする（もちろん、研究対象として、たとえば、行政の中立性を包括的にとらえて検討することはありうるし、有意義である。参照、村松岐夫「公務員の政治的中立性」村松編著・最新公務員制度改革〔二〇一二年〕七三頁以下）。

④　憲法具体化としての国家公務員法制は、昭和二二年法律一二〇号の国家公務員法に始まる。制定に際しては総司令部の主導の下になされたところ、当初のフーバー顧問団の勧告がなされたが、日本側としてこれをそのまま受けいれることが憚られ、フーバー氏の帰国後に総司令部民政局担当官との折衝に努め、法律一二〇号が制定されたという経緯がある。ただし、フーバー氏が再び来訪するに及び、昭和二二年法の改正作業が同氏の下で進められた。期を同じくして、官公労の運動が発展し、その規制を求めるいわゆるマッカーサー書簡が発出され、それにも対応する国家公務員法草案が日本側に示された。その後、政府は総司令部との折衝をした上で改正法案を国会に提出し、昭和二三年に国家公務員法の第一次改正が行われた（以上の経緯につき、浅井清・新版国家公務員法精義〔一九七〇年〕一頁以下、逐条国家公務員法九頁以下に詳細である）。

その後の国家公務員法自体の改正としては、ＩＬＯ八七号条約の制定に伴う改正（昭和四〇年）、定年制の導入（昭和五六年）、人事評価の導入・職階制の廃止（平成一九年）が挙げられる。これらは重要であるが、いわば国家公務員法の部分的改正である。

一方、より根本的な公務員法制の改革が行政改革の一環として志向される。すなわち、すでに中央省庁等改革基本法において公務員制度改革の検討が要請され（法四八条・四九条）、平成一三年に公務員制度改革大綱が閣議決定された。それは、従来の制度の抜本的改革を目指したものであったが、そのままの形では直ちに法案化の運びとはならず、次のステップとして、能力・実証主義の人事管理および再就職の適正化に絞った平成一九年の国家公務員法改正がなされた。その際、戦後公務員法制の理念を体現する制度であった職階制の廃止、公務員の退職管理事務の（人事院ではなく）内閣総理大臣への一元化など、戦後体制からの脱却を象徴する改正も含まれていたが、公務員法制全体からすればなお、部分的改正であった（平成一九年改正法につき、参照、特集・公務員制度改革・ジュリスト一三五五号〔二〇〇八年〕二頁以下）。

これに対して、より明確に抜本的な改正の方向を示したのが国家公務員制度改革基本法（平成二〇年）である。同法は、「基本法」のカテゴリーに属するもので、制度改革の基本理念、基本方針を定めるとともに、改革推進のための行政組織の設置をするにとどまる。ただ、その基本方針において、政治主導強化の観点から特別職国家公務員として国家戦略スタッフ・政務スタッフの設置をすること（法五条一項）、内閣の人事管理強化の観点から、幹部職員・管理職員を区分し、幹部職員の人事につき内閣一元化をはかること（五条二項）、政官関係透明化の諸措置をすること（五条三項）、慣行上のいわゆるキャリア制度に代わる幹部候補育成過程を整備すること（六条三項）、人事院、総務省の人事管理機能の一部移管を含む内閣人事局を内閣官房に設置すること（一一条）等を定める点において公務員法制に新たな要素を導入するものである（参照、西尾隆「国家公務員制度改革基本法」ジュリスト一三六三号〔二〇〇八年〕四四頁以下）。

この基本法の下で平成二一年に自由民主党・公明党連立政権下で、政権交代後の平成二二年および二三年には民主党ほかによる連立政権下で、国家公務員法改正に関する法案が提出されたが、いずれも廃案となり、政権に復帰した自由民主党・公明党連立内閣により、平成二五年に内閣総理大臣・内閣官房（長官）の権限の拡大を主眼とする改正法案が提出され、翌二六年に可決された。国家公務員法制の一つの転機とみられる（その詳細につき、逐条国家公務員法二三頁以下、人事院編・人事院七〇年人事行政の歩み〔二〇一八年〕三一五頁以下、高橋滋「公務員制度の現状と課題」行政法研究三〇号〔二〇一九年〕一六七頁以下）。

⑤　地方公務員も憲法上の公務員に属することから、戦後の早い時期から、地方公務員法制の整備が試みられたが、国家公務員法制の整備を先行させる総司令部の意向、地方公務員にも関連するマッカーサー書簡への対応等の事情が介在したため、ようやく昭和二五年に地方公務員法の制定となった（制定過程の詳細な分析として、坂弘二「地方公務員法制定時の経緯」総務省自治行政局公務員部編・地方公務員制度の展望と課題〔二〇〇一年〕三頁以下がある）。地方公務員法制は憲法上の公務員として、国家公務員と等しく規律を受けるが、地方自治の本旨条項との関係で、自治体の自律的処理を認めている点に特色がある（参照、田中・行政法中巻二八五頁。個別事項は、適宜後述する）。

地方公務員法は国家公務員法にみられた制定直後の大きな改正はなく推移した。職員団体に関する規定（昭和四〇年）、定年制（昭和五六年）、人事評価制度（職階制の廃止）（平成二六年）等が地方公務員法本体の主要な改正で、基本的には、国家公務員法改正の動向に即している。住民に直結した地方行政の性格が地方公務員法制に反映している点にも注意する必要がある（たとえば、会計年度任用職員の創設。後出二九六頁）。なお参照、橋本・逐条地方公務員法三三五頁以下。

⑥　国家公務員、地方公務員双方に係る基本的問題として、労働基本権の保障のあり方がある。この点に関して

は、国家公務員法に先んじて地方公務員法は制定当初から職員団体につきその結成を認めていたところ（法五二条以下）、国家公務員法においては、労働基本権としてではなく行政措置要求制度が置かれ（法八六条）、現在に至っている。これに対して、日本国も加盟しているＩＬＯの八七号条約との関係が問題となり、結局のところ昭和四〇年に至り国家公務員法にも職員団体に関する規定が置かれた（法第三章第一〇節職員団体〔法一〇八条の二～一〇八条の七〕）。ＩＬＯとの関係における職員団体設立法制の制定過程については、逐条国家公務員法一一〇〇頁以下に詳しい）。すでに職員団体制度を保有していた地方公務員法においても、改正法の制定をみたところである。ただ、日本法としてこれ以上に争議権、協約締結権を認めるまでには至っておらず、今後の論議の対象として残されている。

⑦　公務員法制は、憲法一五条に定める全体の奉仕者としての公務員にかかる制度の具体化である。その限りにおいて、民間の雇用法制とは、憲法的基礎を異にする。しかし、現実の公務員法制は、民間の雇用法制と無関係では存在しえず、すでに、給与、年金等においては、両者の近似化は著しい。さらに、わが国における近年の雇用法制の変化が、国家公務員法制に対しても、種々の影響を及ぼしている。また、民間との人事交流の要請も高まっている（後出三三一頁）。一方、公務員の倫理性については、わが国の通常の社会的情報交換とは質的に異なるものが要請されているし（後出三六二頁以下）、公務員の違法行為に対する行政罰の適用もみられる（後出三七三頁）。このように民間との近似化と民間からの距離の確保の二つが、公務員法制の課題となっている点にも注意しなければならない。

⑧　戦後わが国の公務員法制の特徴を形成してきた、終身任用の原則の下における一般職の公務員に関する画一的規律に対して、勤務形態の多様化、柔軟化を目指す改革が行われつつあることにも注目する必要がある。この動向はまだ部分的かつ流動的であるが、さしあたり、次の点が重要である。一つは、このような施策をとることにつ

いての検討の過程において、比較法的にみて、わが国公務員法制の画一性がより明確になったことである（参照、山本隆司「ドイツにおける公務員の任用・勤務形態の多様化に関する比較法調査」自治研究八〇巻五号〔二〇〇四年〕二〇頁以下、下井康史・公務員制度の法理論〔二〇一七年〕二二八頁以下）。多様化は比較制度的には必ずしも現代的現象ではないようである。いま一つは、多様化、柔軟化はまだごく一部にとどまるが、わが国の公務員法制の基礎をなす身分保障の原則（常勤・終身任用）との関係につき理論上興味ある問題を提示していることである。全体の奉仕者は常に論争概念であるが、多様化現象はそれに新たな素材をもたらすものである（以上につき、参照、下井・前掲書二八五頁以下、塩野宏「地方公務員制度改革の諸問題」〔二〇〇一年〕塩野・法治主義の諸相四七五頁以下、塩野宏「地方公務員制度改革の一局面——任用・勤務形態の多様化」〔二〇〇四年〕塩野・行政法概念の諸相四六八頁以下）。

第一章　公務員法制の基本構造

第一節　公務員の観念と種類

一　公務員の観念の相対性

日本国憲法は単に公務員と規定しているが（一五条参照）、公務員とは何かは一義的にきまってくるものではない。たとえば、国および地方公共団体と勤務関係にたつものは常識的にいってこれに入るとしても、それでは独立行政法人や特殊法人の勤務者はどうか、という問題がおこる。また、勤務関係にたつという場合でも、審議会の委員などもこれに含まれるのかどうか、いわゆるアルバイト的な者の地位はどうであるかなどの、限界事例が数多く登場する。また、具体的に公務員法制を作っていく場合に、国又は地方公共団体に勤務するものに一律に特別の公務員法制を適用すべきかどうかも、問題となるところである。さらに、観点をかえてみると、国家賠償法とか、刑法とかそれぞれの法目的に対応したかたちで、公務員の観念があってしかるべきである、という議論も成り立ちうるところである。これを要するに、公務員の観念をいかに定めるかには、立法政策上広い裁量の余地があることになる。以下に法領域ごとに瞥見しておく。(1)

①　憲法上の公務員　憲法における公務員への言及（一五条）から直ちに一定の法効果が生ずるものでなく、それは、明治憲法における官吏と異なった公務員の理念を明らかにしたものであること、その限りで立法の指針を示したものであると解するならば、その範囲は必ずしも厳密にあるいは限定的に解する必要はないことになる。

「広義で国または公共団体の公務に参与することを職務とする者の総称である」（宮沢俊義〔芦部信喜補訂〕・全訂日本国憲法二一八頁）としているのもその故である。

②　刑法上の公務員　刑法にも公務員の観念があり、「この法律において『公務員』とは、国又は地方公共団体の職員その他法令により公務に従事する議員、委員その他の職員をいう」とされる（法七条一項）。ここでは、国会議員もこれに加えられていることからも推測されるように、刑法上の公務員概念は、必ずしも国家公務員法や地方公務員法上の一般職の公務員とは一致するものではない。この点について、最高裁判所は、郵便局の外務担当の事務員（郵便集配人）に対する暴行が公務執行妨害罪にあたるかどうかが問題となった事件において、当該職員の公務員性を認めたが、一般論として、法令により公務に従事する職員とは、「公務に従事する職員で、その公務に従事することが法令の根拠にもとずくものを意味し、単純な機械的、肉体的労務に従事するものはこれに含まれない」という限定を付した（最判昭和三五・三・一刑集一四巻三号二〇九頁、公務員判例百選三事件）。これに対して、国家公務員法、地方公務員法上の公務員にはこのような限定がないし、また、現代行政を前提としてかかる限定をつけることができるかどうか問題があるが、他方町営レストランの職員（このような場合があり得ることには、前出一九一頁参照）に対する暴行が公務執行妨害罪となることも疑問のあるところである。

なお、個別法で、「法令により公務に従事する職員とみなす」とされる、いわゆるみなし公務員の観念があり、これは、その限りで、刑法の適用があるが、国家公務員法、地方公務員法の適用を受けるものではない（日本銀行法三〇条、独立行政法人国立青少年教育振興機構法一〇条、国立大学法人法一九条等参照）。

③　国家賠償法上の公務員　国家賠償法でも公務員の観念があり（法一条）、損害賠償事件にあたって、国家賠償法を適用するかどうかで意味をもってくるように読める。しかし、解釈論的には、原則として、当該不法な行

為をした者の身分ではなく、当該行為が公権力の行使であるかどうかで適用関係がきまってくることに注意しなければならない（本書Ⅱ三二二頁以下、名古屋高判昭和五六・一〇・二八判例時報一〇三八号三〇二頁、公務員判例百選四事件および稲葉解説参照）。

④　国家公務員法・地方公務員法上の公務員　刑法の適用あるいは国家賠償法の適用という問題とは別に、公務員という身分を規律する意味での公務員法制における公務員の観念が問題となる。これについては、わが国は、国家に勤務する者を国家公務員、地方公共団体に勤務する者を地方公務員として、規定を置く主義をとってきた。前者を規律するのが、国家公務員法（昭和二二年法律一二〇号）、後者を規律するのが、地方公務員法（昭和二五年法律二六一号）である。国家公務員と地方公務員は、勤務主体が国家と地方公共団体の違いであり、それは原則として、勤務する組織によって判断される。しかし、たとえば、警察の場合は、警察という組織は、都道府県の組織であるが、警察職員のうち警視正以上の階級にある警察官は一般職の国家公務員となる（警察法五六条）という例外がある。

ただし、この主義についても、独立行政法人のうち、行政執行法人の役職員が国家公務員とされたことにより（前出一〇四頁）、例外が生ずることとなった。(2)

本書で取り上げるのは、このような実定公務員法制の対象とする公務員である（以下では、単に公務員という）。

（1）　法令上の「公務員」の用語およびその定義は、刑法典（明治四〇年）の制定時に遡る（法七条）。その後の各法上の用語例につき、参照、鵜養幸雄「『公務員』という言葉」立命館法学三二七＝三二八号（二〇〇九年）一二二頁以下。

（2）　もっとも、かつて、公団職員が国家公務員法上の特別職の公務員とされていたことがある（前出一〇五頁注（2）参照）。

二　公務員の種類

(1)　一般職と特別職

国家公務員法、地方公務員法のいずれも、公務員の職を特別職と一般職に分け、これらの法律が適用されるのは、一般職の公務員に限られる（国公法二条四項・五項、地公法四条）。特別職については、それぞれ特別職ごとに特別の法律の定めを形式的な意義における国家公務員法および地方公務員法とは別に置くという方式をとっている（裁判官・裁判所職員については裁判所法三九条以下、防衛省の職員については防衛省設置法三九条以下、自衛隊法三一条以下）。

(2)　特別職

国家公務員法の特別職は具体的には国家公務員法二条、地方公務員法三条に列挙されているが、特別職の範囲の定め方に若干の相違がある。

国家公務員法の特別職については、政治的任用原則によるもの（内閣総理大臣、国務大臣、副大臣、政務官等）と、国家行政組織法（国組法）上の行政機関の職でないもの（国会職員、裁判所職員）など、いくつかのグルーピングをすることは可能であるが、これら特別職とされた職に関する上位の共通する特色を見いだすことは困難があり、強いて挙げれば、国家公務員の場合、人事院の人事行政に服せしめることになじまない、という程度のネガティブな整理しかできない（この点を指摘するものとして、山内一夫「一般職と特別職との区別の関係」〔一九六五年〕山内・新行政法論考〔一九七九年〕二一四頁以下がある〔人事院が廃止されれば、この種の説明も難しくなる〕）。なお、特別職制度一般に関する研究報告として、特別職の国家公務員に関する法制研究会・特別職の国家公務員に関する法制の現状と問題点〔一九七一年〕、大野卓「幹部公務員の給与の在り方について――『幹部公務員の給与に関する有識者懇談会』報告書」季刊行政管理研究一〇八号〔二〇〇四年〕四二頁以下がある。後者は、特別職である幹部公務員の給与のあり方を中心とする検討結果の報告であるが、服務規律のあり方についても、一覧表にまとめてあるので、参照に便宜である）。(1)(2)

地方公務員の特別職に関しても、地方公務員法上に列挙されており（法三条三項）、地方公共団体の長、議会議員、選挙管理委員の職など国家公務員の特別職に類似するものが含まれているが、顧問、参与、調査員、嘱託員なども概括的に掲げられている（法三条三項三号。ただし、平成二九年の改正により、「専門的な知識経験又は識見を有する者が就く職」とする限定が付された）。さらに、地方公共団体に特殊なものとしては、非常勤の消防団員および水防団員の職がある（なお、実務上、任用の形式と勤務の実態が必ずしも法令の規定に対応しない場合など、解釈論上の問題が提起されることがあり、平成二九年の法改正前の事件であるが、特別職の職員として採用されていた者が、勤務日数および勤務時間が常勤職員と同一である場合において、特別職の職員と認定された例として、最判平成二七年一一月一七日判例地方自治四〇三号二三頁がある〔原判決破棄〕）。

(3)　一　般　職

一般職は、特別職として国家公務員法および地方公務員法に列挙されていない職のすべてである。したがって、その範囲は実際上きわめて広い。たとえば、事務次官、局長も一般職であり、その車を運転している運転手も彼が国家公務員である限り、一般職である。次の点に注意しなければならない。

①　この広い一般職の国家公務員に、国家公務員法の規定が原則として一律に適用される。この点は明治憲法における身分制的、封建制的官僚制を打破するために有効であったし、また、その機能を十分果たしたといえる。すなわち、明治憲法の下では、国の場合には、特別の公務員法制に服するのは、官吏であり、当時の公務員法制とは官吏法であった。これ以外の者は、雇員つまり事務職員と、傭人つまり単純労働的職務に従事するものとに分かた

れていた。このように等しく同一の勤務主体に勤務する者の間に身分上の区別をすることは、比較法的には決して珍しいことではないが、日本のそれはドイツのそれを模範とした（ドイツにつき、参照、塩野宏「西ドイツ公務員法制の現代的諸問題」〔一九六九年〕塩野・行政組織法の諸問題二〇六頁以下）。つまり、Beamte、Angestellte、Arbeiterの区別である。Beamteのみが公法上の勤務関係として特別のカテゴリーを形成し、他の二つのグループは私法上のつまり通常の雇用契約として理解されたのである（AngestellteとArbeiterの区別は現在では労働協約や公務員代表委員会法制では用いられていない。参照、根本到「ドイツ公務労使関係法制の現況と日本との比較」ジュリスト一四三五号〔二〇一一年〕五六頁以下）。そして、ドイツでは、これが、君主との身分的関係の差から、より抽象化された制度へと昇華し、したがって、帝国憲法からワイマール憲法への移行に際しても、また、現在のドイツ憲法の下でも維持された。日本では、これが、天皇への近接度の違いとしても大きな意味をもつとともに、官吏の特権が強調されたのである。現行の日本法制におけるような画一的な処理は、この前近代的な要素を取り除くことには大きな意味をもつものであった。地方公共団体では、これが公吏という特別のカテゴリーの廃止、ということで示されているところである（憲法には官吏・吏員の言葉があり〔七三条四号・九三条二項〕、自治法でも吏員の言葉が用いられていたが〔平成一八年改正前の法一七二条〕、いずれも、明治憲法下の官吏、公吏の身分制を前提としているものではなく、現行法の用語では公務員に等しい。現在でも、地方税法に徴税吏員の用語がみられる〔法一条一項三号〕。地方公共団体において実務上専門化した職員として扱われていることを考慮したとみられるが、任用等につき、地方税法上に特段の定めはない）。

② 一般職の公務員には、常勤職員と非常勤職員の区別がある。国家公務員法においては期間業務職員（人事院規則八－一二第四条一三号。事務補助員、技術補助員等）、委員・顧問・参与（例として、人事院参与〔人事院規則二－八第二条五項〕）等が非常勤の職員とされるが、任用、給与、服務、人事評価等につき常勤職員とは異なった特例が人

事院規則等により定められている（逐条国家公務員法七五頁以下参照）。

地方公務員法においては、従前、法一七条を根拠とした一般職非常勤職員のカテゴリーがあったが、平成二九年の法改正により、これに代わる「会計年度任用職員」の制度を採用した（法二二条の二）。名称は異なるが一般職の非常勤職員を対象とすることには変わりがない（パートタイム職員〔一項一号〕とフルタイム職員〔一項二号〕の別がある。なお参照、高橋滋「地方公務員の勤務形態を考える」地方公務員月報六六四号〔二〇一八年〕二頁以下、河合亮「会計年度任用職員制度」自治実務セミナー六九七号〔二〇二〇年〕二四頁以下。橋本・逐条地方公務員法三三五頁以下）。本制度においても、非常勤職員の存在それ自体の解消効果が期待されるわけではなく、かつ、同一職員の採用の余地が残されているので、会計年度任用職員の常勤化の事態が生ずることも予測される（橋本・逐条地方公務員法三三六頁は、「常勤的会計年度任用職員」として問題点を指摘している）。

③　一般職においてはかねて制度上は終身任用が採られていたが、その後、勤務形態の多様化の一環として、任期付任用制度が国および地方の双方に導入された（後出三三一頁）。また、定年制度も採用された（後出三三一頁）。

④　画一性の緩和について法律は全く配慮していないわけではない。たとえば、教育公務員については教育公務員特例法が、外務公務員については外務公務員法が、検察官については検察庁法に若干の特例規定を設けている。ただ、基本的な規律は同様である。争議行為、政治的行為等で戦後問題となった重要な事件もこの画一的規律と関係がある。

(4)　公務員の範囲

一般職の公務員の外延については、行政執行法人を除き特殊法人など法人格を異にする団体に勤務する者を除外したことで、一定の割切りをしているのであるが（かつては公庫・公団の職員も特別職とされていた）、それでは、国家公務員とは何か、地方公務員とは何かということは、問題としては残る。国家公務員法はこの点に関して、明確な定義規定を置かず（この点は、地方公務員法も同じ）、ある職が国家公務員の職に属するかどうかを決定する権限を人事院が有するとしているが（法二条四項）、これは、人事院に最終的判断権を付与したものではなく、職の概念は客観的に定まっており、具体的に国家公務員の職かどうかが問題となるときは、裁判所の判断による（具体的事件で問題となった事例としては、司法研修所の司法修習生の公務員性であるが、最高裁判所は、司法修習生は国の事務を担当する者ではないとして、これを否定している。最判昭和四二・四・二八民集二一巻三号七五九頁、その第一審・東京地判昭和三七・六・一行裁例集一三巻六号一二〇一頁、公務員判例百選一事件）。

その際、判断基準として、人事院は、国の事務に従事していること、国の任命権者によって任命されていること、原則として国から給与を受けていることの三要素によっているところである(3)（逐条国家公務員法六五頁。公務員の種類等の詳細については、なお、中西又三「公務員の観念、種類、範囲」行政法大系9三七頁以下参照）。

(5) 本書の対象

国家公務員法および地方公務員法上の公務員には、特別職の公務員も含まれるといっても、この二つの法律が適用されるのは、結局のところ、一般職の公務員に対してであり（国公法二条五項、地公法四条）、特別職の公務員については、それぞれ個別の法律が制定されている。その際、特別職の公務員に関する規律は、特別職の種類が多様であることからして、統一的な叙述に適しないものがあるし、一般職の職員に類するような職（たとえば、国会職員の職、裁判所職員の職）については、規律の基本的あり方は共通するところがあるので、以下、本書においては、国家公務員法および地方公務員法の各本条が適用される一般職の公務員に関する規律のみを考察の対象とする。

（1）　なお、国会議員が、国家公務員法上の公務員（特別職）に含まれるかどうかにつき、解釈上争いがあったが、実務は、含まれるという解釈の下に、立法を行っている（情報公開法五条一号ハの公務員には、国会議員を含むことが前提とされている。なお参照、逐条国家公務員法七〇頁以下）。

（2）　特別職の中には、内閣官房に置かれる内閣危機管理監、内閣官房副長官補など副大臣のような国会議員ではない者の任用を予定しているものがある（参照、大野・前出・行政管理研究一〇八号五四頁表八）。これらは現在のところ各省に配属されるものではなく、内閣の交代とともに当然に職を辞するものではないので、諸外国におけるいわゆる政治任用制度という程度には至っていない。幹部職員の特例制度が創設されているが（後出三二四頁）、政治的任用の導入には至っていない。

（3）　なお、国家公務員法二条七項は、一般職・特別職にあたる国家公務員とは別に、外国人との間では、契約に基づく勤務関係の成立を認めている。この場合には、国家公務員法の適用はなく、雇用契約法理によって処理される（具体的事例として、東京地判平成一一・五・二五労働判例七七六号六九頁以下）。

第二節　公務員法の法源

一　憲　法

日本国憲法は、公務員法制に関しても若干の規定を置いている。すなわち、直接に言及するものとして、公務員の全体の奉仕者性および普通選挙の保障を定めている（一五条）。明示的ではないけれども公務員は憲法二七条の勤労者に含まれるし（判例・通説）、公務員も基本的人権を享有する（その制限が問題となるが）。さらに、公務員法制の基準は法律の形式で定めるものとされる（七三条四号）。

このように、日本国憲法は明治憲法と異なり、公務員法制の内容、形式について民主的理念、人権尊重の理念に基づく規定を有しており、公務員法制の法源たる地位を占めている（その他の憲法の関連条文〔一六条、一七条、九三条二項、九九条等）を含めて、公務員法制の法源としての憲法の重要性につき、参照、晴山一穂「公務員法の理念と課題」専修法学論集一三〇号（二〇一七年）二六三頁以下）。しかし、同じく第二次大戦後に新たな憲法の制定を見たドイツ基本法において、伝来的な職業官吏制度を維持するものと定められているところと比べると公務員法制のあり方について具体に示唆するところは少ない。(1)

(1) ドイツ基本法三三条五項「公勤務法は、職業官吏制度の伝統的諸原則を考慮して規律し、かつ持続的に発展させなければならない」。ドイツ法に関する近年の詳細な研究成果として、早津裕貴「ドイツ公勤務者の法的地位に関する研究（一）〜（四・完）」名古屋大学法政論集二七一号・二七三号〜二七五号（二〇一七年）がある。なお、同論文（四・完）（二七五号）においては、ドイツ法制における制度的アプローチと労働法的アプローチの日本法への示唆を論じており、日本法における公務員法制の多様化論議（前出二八九頁）との関係につき参照される。

二　国家公務員法・地方公務員法の性質

一に指摘したところからすれば国家公務員法・地方公務員法のいずれも憲法の負託に基づくもので、基準法たる性格をもつ。(1) もっともそこには、二つの意味がある。

① 国家公務員法・地方公務員法が規律の大枠を定め、細部の点を人事院規則ないしは条例・規則・人事委員会（公平委員会）規則にゆだねているという点に基準法的性格（地方自治法制の観点からすれば枠組み法的性格である）をみることができる。その際、国家公務員法においては、規律を政治的に中立の機関である人事院に委ねることに重点があるのに対し、地方公務員法の場合には、基準法たる性格は直接には、地方自治の本旨からして、地方公共団体の判断に委ねるという意味において条例で定めることとしている点にみられる（法五条。条例によるとされている

主要事項―給与、勤務時間その他の勤務条件（法二四条五項）、分限・懲戒の手続（法二八条三項・二九条四項）、定年（法二八条の二第二項）、職員団体の登録（法五三条））。

② 人事院規則、条例等が国家公務員法、地方公務員法を基準とするというにとどまらず、法律もまた、その基本的考え方を破ってはならない、という意味での基準性が語られることがある。それは、国家公務員法自体において「この法律の規定が、従前の法律又はこれに基く法令と矛盾し又はてい触する場合には、この法律の規定が、優先する」（法一条五項）、「……この法律の特例を要する場合においては、別に法律又は人事院規則（……）を以て、これを規定することができる。但し、その特例は、この法律第一条の精神に反するものであってはならない」（附則一三条）と定めている。地方公務員法においても、「地方公務員（……）に関する従前の法令又は条例、地方公共団体の規則若しくは地方公共団体の機関の定める規程の規定がこの法律の規定に抵触する場合には、この法律の規定が、優先する」（法二条）、「……特例を必要とするものについては、別に法律で定める。但し、その特例は、第一条の精神に反するものであってはならない」（法五七条）という規定がある。

このような規定を前提として、国家公務員法、地方公務員法の根本基準性、優先性などといわれることがある（田中・行政法中巻二三七頁）。ただ、解釈論的にいえば、前掲の国家公務員法一条五項、地方公務員法二条の定めは、後法は前法を排するという一般原則を確認しただけであろうと思われる。また、附則の規定も法律的効果は認め難い。法律論としては、議会における以前の多数が現在の多数に優先するということはいえず、これは、戦前の官吏法制の打破を目的とした当時の立法者、あるいは占領軍の意気込みを示したものであろう。法技術的には、国家公務員法附則一三条、地方公務員法五七条に拘束されることはないとしても、実際上は、具体の法が本法の精神に反するかどうかというかたちで議論の対象となりうる（法律自体で、国家公務員法の優先性を規定している例がある

〔一般職の職員の給与に関する法律一条二項、教育公務員特例法附則一条二項〕)。

③　国家公務員法制と地方公務員法制は、憲法上の規律対象である点では、共通の基礎に立つ。しかし、他方において、国家と地方公共団体というそれぞれ異なった行政主体における公勤務者を規律するものであるところから、国法の地方公務員法制への介入のあり方が問題となる。その一つが、国法の介入の仕方であって、この点は地方公務員法の枠組み法的性格として取り上げたところである(前出二〇九頁)。いま一つは、枠組み法としてであれ、国法が地方公務員法制を形成するに当たって、国家公務員法制との内容的異同が問題となる。各国において国と地方では、公務員制度のあり方を異にする例もみられる(参照、村松編著・公務員制度改革〔二〇〇八年〕の各国地方公務員法制紹介)。この点に関しては、地方公務員法は、国家公務員法制に対する自主性を志向すると同時に、現実には国家公務員法改正と連動する傾向が看取されるとともに、民間雇用法制の動向にも意を払っていることが窺われ、雇用法制における地方公務員法制の位置づけを示したものとなっている(参照、塩野宏「地方公務員法制の変遷」〔二〇一〇年〕塩野・行政法概念の諸相四八〇頁以下)。

④　憲法二七条は勤労の権利等につき定め、公務員も同条の適用対象となることは異論のないところである(逐条国家公務員法八五二頁、橋本・逐条地方公務員法七三七頁参照)。そこで、公務員法制を形成するに際して、民間の労働法制との関係が問題となり、国家公務員に関しては、国家公務員法により包括的に定めることとしている。一方、地方公務員については、労働基準法の適用を前提としたうえで、適用除外規定を置いている(地方公務員法五八条三項)。この違いは、地方公務員法制定過程における総司令部内、日本の関係部局の見解の調整の結果によるもので、憲法二七条の解釈上当然に導き出されるものではないように思われる(橋本・逐条地方公務員法一〇七三頁は、立法論として、国家公務員法に準じて地方公務員法に労働基準の基本原則を設け、詳細は条例で定めることとするのが

適当とする。なお、地方公務員に対する労働基準法適用条項につき、本書では逐一触れることをしないので、橋本・前掲書一〇七八頁以下に詳細に記述されているところを参照)。

(1)　公務員法制に関しては、基本法と称する「国家公務員制度改革基本法」があるが(前出二八六頁)、同法の定めは政府の措置に関してであり、直接であれ間接であれ、公務員の権利・義務に関する規定はないので、個別措置法令の解釈に当たり基本法の理念を考慮することはあるとしても、同法を公務員法制の法源として位置づけることにはならない。

三　附属法令

国家公務員法の附属法令的意味をもつものとして、給与に関しては一般職の職員の給与に関する法律、勤務時間等に関しては一般職の職員の勤務時間、休暇等に関する法律、退職手当に関しては国家公務員退職手当法、退職年金等に関しては恩給法・国家公務員等共済組合法、公務災害に関しては国家公務員災害補償法など別に定めを置いている。また、特例的定めを置くものとして、教育公務員特例法、外務公務員法、外国人教員法、行政執行法人の労働関係に関する法律がある。

地方公務員に関しては、自治法が根本的規定を置くほか、任用、人事評価等についてはすべて地方公務員法の定めるところとしている(法一七二条)。そこで、実質的には、地方公務員に関しては、地方公務員法が国家公務員法と同じ役割をもつとともに、附属法令的なもの、特例的なものがある。前者に関しては、人事院規則に対応するものとして、給与、勤務時間等を含めた各種の条例のほか、退職年金等に関しては地方公務員等共済組合法が、災害補償に関しては地方公務員災害補償法がある。また、特例的な定めとして、地方教育行政の組織及び運営に関する法律、教育公務員特例法、地方公営企業法、地方公営企業等の労働関係に関する法律、単純な労務に雇用される一般職に属する地方公務員の範囲を定める政令などがある。

これら附属法令は、国家公務員法・地方公務員法の実施法とも位置づけられるが、両法とも全体として実施法を前提としているわけではなく、人事院規則、条例等を含めれば完結した部分が主体であるので、具体的規律を実施法にまつ基本法とは異なる（参照、塩野宏「基本法について」〔二〇〇八年〕塩野・行政法概念の諸相三五頁以下）。

第三節　人事行政機関

一　人事行政機関の基本的あり方

公務員法制において、規律の対象となる公務員の範囲をどのように定めるかという問題と並んで重要なのが、人事行政機関のあり方である。もっとも、人事行政の範囲も、個別職員に対する服務の監督のような日常的人事管理から、任用、懲戒、不服審査、規則制定等に広くわたっており、人事行政機関をどのように構築するかは必ずしも一義的に定まるものではない。ただ、一般的にいえば、人事行政に関して、政治的中立性を確保するとともに、科学的人事管理をすすめようとするには、直接の服務監督者以外の者に、権限を適切に配分し、しかも、人事行政の専門性を確保する工夫をすることが必要である。

このような観点から、わが国では、次のようなシステムがとられている。

① 個別公務員の任免、服務監督等の直接の人事管理は、国においては各省、各庁の長が行い（国公法五五条・八四条等）、地方公共団体においては、知事、市町村長等がその権限を行使する（地公法六条）。

② 人事行政の政治的中立性、科学的人事管理の遂行のため、独立の人事行政機関を設ける。国のレベルでは、

人事院（国公法三条）、地方公共団体では、人事委員会・公平委員会（地公法七条）がこれにあたる。さらに、人事院等は、公務員の労働基本権制限に対する代償措置を行使する機関としても重要な地位を占めている点に注意しなければならない（参照、最大判昭和四八・四・二五刑集二七巻四号五四七頁、公務員判例百選八一事件）。

これら人事行政に関する委員会は、行政組織法一般理論からいうと、人事院等は試験の実施などの行政的機能のほか準立法的機能、準司法的機能を担当する行政委員会の一つとして位置づけられ、また、行政審判の法理の観点からも注目されるところである（前出八四頁、本書Ⅱ四四頁）。

③　人事行政もそれに含まれる行政の最終責任を全うする必要がある、という趣旨で、内閣総理大臣も人事院とならんで中央人事行政機関とされてきたが、国家公務員の人事行政に係る、人事院と内閣総理大臣との役割分担のあり方は、かねて論議の対象となっており、平成二六年の国家公務員法等改正法により、幹部職員人事の一元管理、内閣官房への内閣人事局設置等、内閣総理大臣の権限の拡張の方向で一応の決着を見た（平成二六年法改正における審議経過および人事院の対応につき、人事院編・前掲人事行政の歩み三八七頁以下、後出三〇六頁、三三四頁参照）。

二　人事院

(1)　構　成

人事院は内閣の所轄の下に置かれ（国公法三条）、人事官三人をもって組織される（法四条）。人事院は、形式的には、内閣の補助部局として位置づけられ、国家行政組織法の適用を受けないが、実質的にみれば、それは、行政委員会である（前出八〇頁以下参照）。人事官の任期は四年である（法七条）。資格要件において、政党性の排除の定めがあるほか、同一の大学学部の卒業生であることも消極要件としていることが特徴的である（法五条）。固有の内部機構をもつが、これらについても、国家行政組織法の適用を受けず、すべて国家公務員法の定めるところによる（法四条四項）。

(2)　機　能

人事院は行政的機能のほか、準立法的機能、準司法的機能を行使する。以下に、人事院の主要な機能を略説する。

①　国家公務員法が定める人事院の行政的機能のうち主要なものとして、給与勧告（法二八条二項）、試験の実施（法四八条）、研修計画の樹立（法七〇条の六）、兼業承認（法一〇三条二項）がある。

②　人事院は法律を実施するため、又は法律の委任に基づいて人事院規則を制定するものとされている（国公法一六条）。これは、法規命令のうちの執行命令と委任命令の区別に対応していること（本書Ⅰ一〇五頁）、人事院規則の範囲が広くかつその規律密度が高いこと（逆にいうと法律の規律の程度が薄い。国家公務員の政治的行為の禁止との関連で、参照、本書Ⅰ一〇七頁）から、人事院の規則制定権は行政委員会における準立法的権能の典型とされている。人事院規則はたしかに、法律との関係では、委任および執行の形式をとっているが、その元となる国家公務員法の規律対象がすべて法律によって規定されるべきもの、つまり法律事項であるとは限らない。たとえば、勤務条件に関する人事院規則は、国家公務員法が勤務条件法定主義（後出三二七頁）をとったことの結果であり、試験についても、法律およびその委任に基づく人事院規則の形式をとらなければならないものではないと解される。その意味では、人事院の準立法的権限は、公務員関係の規律の仕方に関する法政策上の所産であって、通常の法規命令の限界論が当然に妥当する場面ではないことに注意しなければならない。

人事院規則のうち主要なものとしては、職員の任免（人規八－一二）、職員の定年（人規一一－八）、不利益処分についての審査請求（人規一三―一）、勤務条件に関する行政措置の要求（人規一三―二）、政治的行為（人規一四―七）、職員の育児休業等（人規一九―〇）などがある。人事院規則も、定義上、行政手続法の命令にあたるので、公務員の勤務条件に関するもの、公務員の礼式、服制、研修等に関するものを除き、意見公募手続の対象となる（法二条一号・三条二項五号・四条四項三号・三八条。なお、意見公募手続については、本書Ⅰ三四四頁以下参照）。

③　人事院は、行政処分に対する不服申立ての審査機能を有する。具体的には、不利益処分の不服申立ての審査（国公法九〇条以下）、株式所有の関係等に関する人事院の通知に対する異議申立ての審査（国公法一〇三条五項・六項）である。また、職員団体の登録取消し権限を行使するに際しては、公開による審理を行う（国公法一〇八条の三第七項）。

人事院のこのような機能に着目して、とりわけ、人事院の行う不利益処分の審査は行政審判であり、その手続は準司法的手続とされるのが通例である。ただ、手続の結果としての人事院の裁決については、実質的証拠法則等の特別の効力が及ばないので、準司法的手続といっても、限界がある（本書Ⅱ五〇頁）。

三　内閣総理大臣

国家公務員法では、中央人事行政機関として人事院のみが置かれていたが、昭和四〇年にＩＬＯ八七号条約の締結に伴い、内閣総理大臣もこれに加えられた。その後、平成一九年、平成二六年の法改正において、内閣総理大臣の職務権限は著しく拡大された（法一八条の二）。

その事務の主要なものとして、標準職務遂行能力に関する事務（法三四条）、採用昇任等基本方針に関する事務（法五四条）、幹部職員の任用等に係る特例および幹部候補育成課程に関する事務（法六一条の二～六一条の一二）、人事評価、研修等に関する事務（法七〇条の二～七〇条の四、七〇条の五～七〇条の七）が示されている（後出三二四頁以下、三三二頁参照）。

なお、国家行政組織法上、これらの内閣総理大臣の職務権限を補佐する組織として、内閣官房（長官）、内閣人事局（長）が置かれている（内閣法一二条、二一条）。

四　人事委員会・公平委員会

地方公共団体においても、中立的な人事行政機関として人事委員会又は公平委員会が置かれる。人事委員会は都道府県および指定都市に、公平委員会は人口一五万未満の市町村および地方公共団体の組合に、人口一五万以上の市および特別区は条例で人事委員会又は公平委員会を置くものとされている。公平委員会は小規模の市町村に置かれるものであるので、行政の簡素化、合理化の見地から、公平委員会の共同設置、人事委員会への事務の委託の制度がある（以上、地公法七条）。

人事院が、国組法の適用を受けないのに対して、人事委員会、公平委員会は、自治法上の執行機関の一つとして位置づけられている（法一八〇条の五第一項）。しかし、人事委員会・公平委員会も規則制定権、不服申立てに対する裁決権等の準立法的機能、準司法的機能を行使することによって、行政委員会としての性質を有する点においては、人事院と同様である（ただし、公平委員会においては、人事委員会の有する給与の勧告権は認められていない。地公法八条）。

第二章　勤務関係総説

第一節　勤務関係の性質

公務員関係には、公務員の側における職務専念義務とか、逆に俸給請求権といったような個別の権利・義務が存在するが、それを束ねた基本的な地位の存在を語ることもできる。その意味で公務員関係は基本的関係と派生的関係の双方によって成り立つ。法解釈学の観点からは、この基本関係の法的性質をどのように理解するかが、かねてより関心の対象となってきた。

明治憲法の下では、この関係をドイツ公法学の理解にならって、公法上の特別権力関係としてとらえることに異論のなかったところである（美濃部・日本行政法上巻一三四頁）。これに対して、日本国憲法下では、特別権力関係一般に対する批判的学説が登場し、公務員関係＝特別権力関係説もその過程で批判の対象となった（勤務関係の性質をめぐる学説については、村井龍彦「公務員の勤務関係の性質」行政法の争点〔新版、一九九〇年〕一二六頁以下が詳細である）。次の点を指摘しておく。

① かつての特別権力関係説をそのまま維持する見解はない。公務員の人権にかかることであっても、勤務主体が自由に、法律の根拠なく制限でき、またこの間の紛争については、裁判所への出訴は認められない、というのが特別権力関係の要点であるが（本書Ⅰ三八頁）、それは、すでに憲法自体否定するところである。すなわち、公務員は一面においては全体の奉仕者であることは日本国憲法の定めるところであるが、他方、勤労者として、また、一

人の人格として、人権保障の対象となる（参照、最大判昭和四八・四・二五刑集二七巻四号五四七頁、公務員判例百選八一事件、最判昭和四九・一一・六刑集二八巻九号三九三頁、行政判例百選Ⅰ〔四版〕二二事件、公務員判例百選六八事件。ただし、いずれも、現行法制における人権制約規定の合憲性を認めている。後出三五三頁、三五六頁）。制定法である国家公務員法、地方公務員法も公務員の勤務関係の内容については、詳細にわたる規定を置き、不利益処分については出訴の途を明確に開いている（後出三四一頁。なお、公務員関係＝特別権力関係的把握に対する裁判所の動向については、塩野宏「公務員法における判例の機能」〔一九七二年〕塩野・行政組織法の諸問題一八五頁以下参照。時点は古いが、判例の基調は同じである）。

② 特別権力関係と正面から対立する説として、公務員関係＝労働契約関係説がある（室井力・特別権力関係論〔一九六八年〕三八一頁以下）。この説は公務員が憲法にいう勤労者であって、その限りでは、一般の労働者と変わりがないことに焦点をあてたものであるが、国家公務員法および地方公務員法は給与、勤務時間その他の勤務条件を契約方式ではなくして、法令によって定めることを原則とする、勤務条件法定主義をとっているので、これを憲法違反と断じない限り、解釈論的意義に乏しいものがある。

③ 勤務関係について、法令の支配が広く及んでいる現行法制の下では、特別権力関係説であれ、労働契約関係説であれ、解釈論としては、機能する余地は余りない。その意味では、勤務関係の性質については、これを端的に、制定法によって規律された関係としてとらえ、個別の解釈論に際しても、その制定法の趣旨目的の合理的理解に努めれば足りるということになる（田中・行政法中巻二四三頁）。もっとも、その際においても、公務員関係が、全くの一般市民関係とは異なる部分社会を形成していることも、前提されねばならないであろう。公法という形容詞をつけること（田中・同書は「特別の公法上の関係」という）には問題があるが、アプローチの仕方としては、こ

れでよいと考えられる。つまり、現行法の解釈論の基礎としては、法令によってひろくカバーされた関係であることを前提として、法律の趣旨目的の合理的解釈でこと足りると思われる。解釈論の場面においても、特別権力関係とか労働契約関係というカテゴリーではなく、労働者性、公益性という価値原理によるので十分と思われる。ドグマーティクは、立法の場面でむしろ機能することがあるが、この場合でも、どちらかに割り切らずに、立法政策をたてることが可能であろう。最高裁判所の判例も基本的にはかかる考え方にたっていると思われる（最判昭和四九・七・一九民集二八巻五号八九七頁、行政判例百選Ⅰ八事件、公務員判例百選五事件）。

第二節　勤務関係の変動

勤務関係の変動は、行政法一般理論に引きなおしていえば、行政法関係の成立・変更・消滅を意味するが、そこには、公務員法制の特有の問題がある。以下においては、行政法一般理論上の観点と公務員制度論（行政学にいう人事管理。各国の状況につき村松岐夫編著・公務員人事改革〔二〇一八年〕参照。時点はやや遡るが、大河内繁男・現代官僚制と人事行政〔二〇〇〇年〕所収の論考〔日本の人事行政〕が日本の人事管理の特色につき分析を加えている）の観点の双方から、主要な問題点を拾っておくこととする。

一　基本構造

ある人を公務員に採用したり、あるいは昇任させるという具合に、勤務関係を変動させるのには、単位が必要である。これにも、いろいろの方法があり、旧官吏制度の下では、身分的階層方式をとっていた。すなわち、官吏には高等官と判任官の区別があり高等官は勅任官と奏任官に分かたれ、勅任官のうち天皇自ら親任式を行う者を親任官とした。親任官を除く高等官はさらに等級に分かたれた。この場合には、担当する官職は別に観念されていたので、具体の職務を担当させるために、補職という観念があった（美濃部・日本行政法上巻六九五頁以下参照）。

日本国憲法の下でこのような身分制的単位は廃止され、アメリカで発達した職階制がこれに代わるべきものとされた（平成一九年改正前の国公法二九条、地公法二三条）。職階制とは、官職（一人の職員に割り当てられる職務と責任——国家公務員の職階制に関する法律〔職階法〕三条一号）を職務の種類および複雑と責任の度に応じ分類整理する計画である（職階法二条一項）。これにより、すべての官職は職種と職級によって分類され、昇任等の人事の基本的単位として用いられることとされた。

職階制は人事行政に合理性、科学性をもたらすものとして導入が企図されたが、現実には、その分類作業、具体の官職の格付け作業に困難をきたし、実施されるに至らず、平成一九年の国家公務員法改正法附則二条で廃止された。そして、職階制に代わり、職制上の段階ごとに定められる標準的官職（法三四条二項。政令で定められる）と標準職務遂行能力（法三四条一項五号。内閣総理大臣が定める）の二つの要素の組み合わせによって、人事の異動がなされることとされた。その際具体の人事においては能力の実証および適性の保有が要件とされるが（法四五条・五七条・五八条）、昇任、降任、転任に際しては新たに定められた人事評価制度（法七〇条の二以下）、人事評価の基準、方法などの具体的なあり方は政令により定められる。

これらの新たな制度は、一方において公務員人事制度における日本的スタイル（終身採用、ジェネラリスト）に配慮するとともに、能力実証主義を現実化することを目指すものとして、戦後の公務員制度改革における科学的人事行政にも配意しているものということができる。また、人事行政の基本原則としては、従前より平等取扱いの原則が定められていたが、平成一九年の法改正において新たに人事管理の原則として、採用試験の種類や採用年次中心主義という人事慣行からの脱却と人事評価原則が謳われたことも（法二七条の二）このことを裏付けるものである。[(1)] ただ、問題は人事評価制度の今後の運用如何による。

地方公共団体においても、職階制は未実施のままに推移していたが、平成二六年の地方公務員法改正において廃止され、代わりに、人事評価制度の導入をみた（法二三条）。

(1)　職階制度がわが国に定着しなかった経緯については、鵜養幸雄「職階法へのレクイエム」立命館法学三三〇号（二〇一〇年）四〇七頁以下に詳細な分析がある。職階法に関する文献についても、同論文四五〇頁以下参照。新たな人事評価制度の解説として、参照、新人事制度研究会編著・国家公務員の新たな人事制度（二〇一〇年）。

二　成立——採用

(1)　成立行為の法的性質

公務員関係の成立については、一般行政法関係との関連において、当該法律関係を成立させる行為の法的性質が問題となる。国家公務員法および地方公務員法はいずれもこの成立行為を採用と名付けているので（国公法三五条、地公法一七条）、これに従えば、採用行為の行為形式の問題である。この点については、採用行為が契約であるのか、行政行為であるのかが、かねて論議の対象となってきた。公務員関係の基本関係について労働契約説をとるならば、採用行為も契約と解することになるが、特別権力関係説も関係の内容としての権力性をいっているので、その関係を成立させる行為が権力的行為形式とは当然にはならない。その意味で、官吏任命行為の法的性質は明治憲法の時代でも一つの問題たりえたのである。

この点に関し、明治憲法の下で、相手方の同意が成立の要件となるという意味において、官吏任命行為を契約とする説があったが、当時における公法・私法の区別を前提として、これは公法上の契約とされていたところであった（美濃部・日本行政法上巻二四三頁）。現行法制では、「国会の定めた一定の枠の中で、使用者と公務員とが、個別的に、もしくは団体的に、勤務条件について協定を結ぶことの可能性」があることを加えて、公法上の契約関係であることを主張する見解がある（鵜飼・公務員法七七頁）。

これに対して、明治憲法の下でも、勤務関係の内容について、当事者の合意による形成の自由のないことを前提として、ここに、契約的要素を認めず、むしろ、同意に基づく行政行為として官吏任命行為を理解しようとする考え方が存在し（田中二郎「公法契約論序説」〔一九三三年〕田中・行政行為論〔一九五四年〕二八〇頁）、それは、現行法制でも維持されている（田中・行政法中巻二四五頁以下、田中二郎・行政法総論〔一九五七年〕二九七頁）。

相手方の同意がない限り、公務員関係が成立しない、という点では、いずれの説をとっても同様である。また、当事者の合意形成の余地が僅かに残されていることを前提として、公務員関係の成立を契約とするのも観念的にすぎるし、行政行為説をとったところで、派生関係における当事者の合意の余地が完全に否定されるわけのものではない。その意味では、この問題は現在でも多分に観念的なものにとどまるところがある。ただ、現行法制においては、かつての官吏関係におけると異なり、公務員関係の成立・消滅についての紛争が法律問題となる限り裁判の対象となるのであるから、その争いの仕方という点で、論議の実益があるということになる。

具体的にいえば、ある公務員が採用された場合にこれを争う第三者がいるときに、その者がどのような訴訟を提起すべきか、という形で問題となる。その裏返しとして、採用が拒否されたときにも、これを争うための訴訟形式が検討されねばならない。この点に関して、制定法には直接の手掛かりがない。ただ、勤務関係の消滅（免職）に関しては制定法上に処分的構成が取られていること（後出三四一頁）からすると、制定法は、この関係の早期安定性の確保を期待していると考えられ、その意味では、消滅行為と同様に成立行為も処分として構成していると解するのが素直であろう。

(2) 成立の時期

勤務関係の成立の時期については、行政法一般理論との関係からは、採用行為の方式の問題として取り上げられ、辞令書の交付又はこれに準ずる行為とするのが通説・判例である（鵜飼・公務員法一〇一頁以下、名古屋地判昭和五四・三・二六労民集三〇巻二号四七八頁、名古屋高判昭和五五・五・一労民集三一巻三号五七一頁）。公務員法固有の問題としては、就職内定という実務の扱いとの関係における勤務関係の成立の時期がある。最高裁判所は、地方公務員への採用内定およびその取消しを採用発令の手続を行うための準備手続としてなされる事実上の行為と判断し、公務員法制独自の成立時期の観念を認めることをしていない（最判昭和五七・五・二七民集三六巻五号七七七頁、公務員判例百選六事件）。これによると、採用内定は特段の法律効果、とりわけ、任命権者を拘束するという効果をもたないものとなる。ただ、他の就職内定を断っていることもあるのでこの点をいかに考えるかの問題があるが、最高裁判所の立場からするとそれは損害賠償の問題として処理すべきものとなる。

なお、民間の労働関係の成立に関しては、かねて、採用内定の法的性格をめぐり論議のあったところであるが、現在では、採用内定通知は労働者による労働契約の申込みに対する承諾であって、両者の間に解約権を留保した労働契約が成立したとみるのが、労働法における判例・通説とみられる（参照、菅野・労働法二三二頁）。

さらに、職員の採用に関しては、条件付任用期間の制度があり、これによると、職員が六か月間その職務を良好な成績で遂行したときに当該採用は正式なものとなる、つまりその要件に該当しなければ、免職処分が下されるという仕組みである（参考法令、国公法五九条、人規八－一二第三二条二項、人規一一－四第一〇条四号、地方公務員法二二条・二二九条の二第二項、鳥取市・条件付採用期間中の職員及び臨時的に任用された職員の分限に関する条例）。実務においてもこの措置が執られ、分限処分の取消訴訟が提起されることがあるが、条件付任用期間制度自体を前提としたうえで、処分の裁量過程統制を行うのが判例の動向である（参照、中尾祐人「判例評釈」自治研究九三巻一〇号一二六頁以下）。長期にわたる民間の労働関係においても試用期間制度をとることがあり、「解約権留保付労働契約」として、その行使の要件が問題とされている（菅野・労働法二三八頁以下）。法関係からみた場合には、公務員関係と労働関係の差異はあるが、人材の確保の観点から両者は競合関係にあることに留意する必要がある。

(3)　国籍要件

日本国憲法は明示の条項を有していないが、国民が公務員選定の権利を有することの中には、日本国民は公務員となる一般的能力を有すると解することができる（鵜飼・公務員法一一六頁）。

これに対して、外国人の公務員就任能力についてはかねて論議があったところであるが、平成一七年一月二六日の最高裁判所大法廷判決（民集五九巻一号一二八頁、地方自治判例百選八〇事件）で実務的には一応の整理がなされた。すなわち、東京都の管理職試験において、外国人の受験資格が認められなかったことを理由とする損害賠償事件で、最高裁判所は一般論として「国民主権の原理に基づき、国及び普通地方公共団体による統治の在り方については日本国の統治者としての国民が最終的な責任を負うべきものであること（憲法一条・一五条一項参照）に照らし、原則として日本の国籍を有する者が公権力行使等地方公務員（「地方公務員のうち、住民の権利義務を直接形成し、その範囲を確定するなどの公権力の行使にあたる行為を行い、若しくは普通地方公共団体の重要な施策に関する決定を行い、又は、これらに参画することを職務とするもの」塩野注〕に就任することが想定されているとみるべきであり、……外国人が公権力行使等地方公務員に就任することは、本来わが国の法体系の想定するところではないものというべきである」とした。

これにより、従前、政府見解として示され、実務に広く援用されてきたいわゆる当然の法理（「公権力の行使又は国家意思の形成への参画に携わる公務員となるためには、日本国籍を必要とする」〔参照、前田正道編・法制意見百選（一九八六年）三六七頁以下〕）が、概念内容を敷衍した形で（もっとも、これでも限界領域の判定の問題は残るが）最高裁判所判決により、法規範として定立されたことになる。

以下、公務員法制の見地から、次の点を指摘しておく（判例分析としては憲法論的には、長谷部恭男「外国人の公務就任権」法学教室二九五号〔二〇〇五年〕七九頁以下が興味深い視点を提示している。最高裁判所判決を前提とした地方公務員を中心とした実務的課題につき、猪野積「公務員任用と国籍（上）（下）」自治研究八一巻四号・五号〔二〇〇五年〕参照）。

① 本件により、公務員法制上整理されたとみられるのは、公権力行使等地方公務員の職は原則として日本国籍を有する者に限られ、この点を考慮した管理職任用制度を構築することは地方公共団体に許されるということである。この理は、当然に国家公務員法制にも妥当するものと解される。以下、これを国民主権の原則という。

② 国民主権の原則が例外を許すものかどうか、例外が認められるとして、それには限定があるかどうか、例外を認める法形式は何かについては、判決は明示していない。しかし、判決もこの原則が例外を全く認めないという趣旨ではないように解される。行政処分権限（たとえば、公の施設の利用許可権限）の行使およびそれへの参画が、憲法上日本国籍を有する者以外に認めることは国民主権の原理から一切認められないというのは、実証的根拠を欠

くとともに、概念運用的に無理がある。この例外は法律を必要とするか、法律の根拠なく条例単独で、たとえば、公の施設の長は外国人を任用できると公の施設の設置条例で定めることが許されるかの問題がある。この点については、例外措置についての言及がない判決の中に直接の解答を求めることはできないが、わが国の法体系の想定しない例外を、地方公務員法制の下で認めるには、条例だけではなく法律上の根拠（必ずしも詳細である必要はない）を要するものと思われる。

③　本判決は、国民主権の原則に立った外国人の公務員就任能力に関するもので、任用に際して、国民主権以外の原理により外国人の公務員就任能力を否定したとしても、それが合理的理由がある限り違憲、違法とするものではない。もっとも、国民主権の原理と同じような程度で、外国人排除の原理を認めるものとしてどのようなものがあるかは、いまだ論議のないところである（国民主権ではなく、国家主権に制限の根拠を求めるものとして、山本隆司・判例から探究する行政法〔二〇一二年〕一三〇頁以下参照）。

④　国民主権の原則が、現実には広く外国人の公務員就任能力を否定することになるのは、日本の公務員法制の特色を反映しているところがある。すなわち日本では、公務員の中に身分的差別がなく（前出二八四頁）、公務員に採用されれば、管理職への登用は開かれており（いわゆるキャリアとノンキャリアの区別はある。参照、西尾勝・行政学〔新版、二〇〇一年〕一四二頁以下）、管理職登用の特別の制度もあまりない（係争の東京都の管理職試験制度は例外である）。さらに現実の意思決定は組織的、集団的になされることが多い。このような制度では、国民主権の原則だけでも、外国人が排除される範囲は実際上広くなる。

⑤　国民主権の原則は、国家公務員、地方公務員を対象としている（ただし、一般職、のみならず特別職を含む）。したがって、国、地方公共団体、行政執行法人以外の行政主体に勤務するものについては、従来の論議の射程外で

ある。むしろ、職員が非公務員化されたことによって外国人の人材登用の途が開かれたとみるのが通常の理解であるとも解される。しかし、独立行政法人等の職員は憲法上の公務員ではないかというような問題があるほか、独立行政法人のうちには、公権力の行使や国家の重要施策の策定に携わるものがカテゴリーとして存在しないわけでもないので、これらの事例が生じたときにどのように考えるかの問題が残されている（同様の問題は指定法人の職員にもあてはまる）。現段階でこれを処理するとすれば、法人化ないし委任法制が作られた段階で当該法制において、国民主権の原理の例外が含意されているとみることになろうと思われる。

⑥　外国人に関しては、別に、契約上の勤務者の存在が予定されている（国公法二条七項、その要件につき人規一－七）。日本人と同じ処遇によっては必要な人材の確保が困難であることによるとされている（逐条国家公務員法八四頁）。

(4)　その他の要件

公務員関係の要件には、その他、次のものがある。

①　公務員となる要件のうち、消極要件は、公務員法制上は欠格条項として整理されており、それは、具体的には、成年被後見人又は被保佐人、禁錮以上の刑に処せられその執行を終わるまで又は執行を受けることがなくなるまでの者、懲戒免職の処分を受け当該処分の日から二年を経過しない者、人事院の人事官又は事務総長の職にあって国家公務員法一〇九条から一一二条までに規定する罪を犯し刑に処せられた者（地方公務員については、人事委員会委員又は公平委員会委員の職にあった者）、日本国憲法又はその下に成立した政府を暴力で破壊することを主張する政党その他の団体を結成し又はこれに加入した者（国公法三八条、地公法一六条）である。

②　積極要件としては、能力主義（成績主義）の原則があり、その者の受験成績、人事評価、その他の能力の実

証による（国公法三三条、地公法一五条）。能力主義・成績主義はそれとしては法令用語ではなく、実務乃至講学用語である。また、主義ではあるが必ずしも字義通りには運用されてこなかったことがあり、それが平成一九年の国家公務員改正法（二七条の二）に端無くも確認されている（前出三一二頁。成績主義の語源、その用方等につき、参照、鵜養幸雄「成績主義——公務員制度（改革）の中で」立命館法学三二五号〔二〇〇九年〕一頁以下）。

三　変　更

①　採用後の公務員関係の変更としては、昇任、降任、転任（国公法三四条一項二号〜四号、地公法一七条一項）がある。また、人事院規則では、これに配置換えを加えている（人規八−一二第四条五号）。転任と配置換えはいずれも同等の官職間の移動であるが、前者では任命権者が異なることになるのに対して、後者では、同じ任命権者ではあるが他の官職につくことをいう。

②　これらの勤務関係の変更に際しても、採用と同じく、能力の実証を基礎とする能力主義の原則が妥当するが（国公法三三条・五八条）、これに加えて現行国家公務員法では人事管理の原則として、採用年次および合格した採用試験の種類等にとらわれることなく、人事評価に基づいて行われるべきとしている（法二七条の二）。これは従来の人事慣行の反省によるものである。なお、従前、昇任の方法も競争試験によるものとされていたが（旧国公法三七条）、現実には実施されておらず、現在では人事評価に基づくものとされている（地方公共団体によってはかねて管理職試験制度を採用しているところもある―東京都）。

③　裁判上、ときに問題となるのが、転任および配置換えの措置の法的性格であるが、行政処分であるとするのが判例の傾向である（最高裁判所の判例はないが、下級審判決の一つとして、参照、東京地判昭和四九・五・二七判例時

報七五二号九三頁、公務員判例百選九事件。その他の裁判例の動向については、同事件の阿部泰隆解説参照）。公務員関係の成立・消滅の任免権者の側からみた行為形式が行政処分であること、転任および配置換えが不利益にあたるときには、免職処分等の不利益処分と同じく行政上の不服申立てとしての不利益審査が認められることなどからすると、転任、配置換えを全体として行政処分とみるのが素直であろう。

実体法的には、配置換えなどにあたって、当人の同意を要件とするかどうかの問題がある。この点については、教育公務員特例法においては、公立大学の学長、教員等は大学管理機関の審査の結果によるのでなければ、その意に反して転任されることはないと規定し、手続的な定めを置いているが（法五条）、これは同時に、転任についても、当・不当ないし適法・違法の限界があることを含んでいる。教育公務員特例法の規定は、一面では、教員の特殊性に由来するところがあるが、一般に転任についても、任免権者の裁量に限界があることがこの特例の前提となっていると解される。

これとの対比において、通常の職員については、転任、配置換えには同意を必要とするものではないが、裁量権には限界があるとみるべきものと解される。通常の労使関係についても、その論理構成はいろいろであるが、一般的に完全な同意が必要とされていないと同時に、使用者の完全な自由にゆだねられてもいないところである（菅野・労働法七二七頁以下参照）。

④　公務員関係の変更の一種として、併任の観念がある。これは、現に官職を有する職員をその官職を保有させたまま、他の官職に任用することをさす（人規八－一二第三五条以下）。この場合、元の官職を失う場合（免職）は、併任された官職を失うこととなると解される。

⑤　実務上しばしばみられる人事上の措置として派遣がある（参照、渡邊賢「職員の交流・派遣」争点一九二頁以

下）。これは、国家公務員又は地方公務員としての身分を保有させつつも、他の団体等の職に従事させるものであって、国や地方公共団体が、他の団体と密接な関係をもつに至っている現在の状況を反映したものである。これにも、地方公共団体や国への派遣制度によるもの（自治法二五二条の一七、災害対策基本法二九条以下。派遣職員）、同じく法令に基づく公共機関への派遣（地方公務員災害補償法一三条一項等）、国際機関への派遣（国際機関等に派遣される一般職の国家公務員の処遇等に関する法律、外国の地方公共団体の機関等に派遣される一般職の地方公務員の処遇等に関する法律）などがある。

さらに、近年の公務員法制の動向を反映する二つの派遣制度が創設された。すなわち、一つは、国家公務員に関する国と民間企業との間の人事交流に関する法律（平成一一年法律二二四号）である。同法は、国と民間の相互の人事交流の推進をはかるものである。これは、国の側からすると、人材の育成、行政運営の活性化に資するものであるが（法一条）、民間の側においても当該企業の人材の育成、組織の活性化に繋がることが期待されているのであって、公務員法制の新たな動向を示すものである。また、この制度における特徴として、国から派遣される者は国家公務員としての身分を有したまま、民間企業との間で締結した労働契約に基づき民間企業の従業員としてその業務に従事することが挙げられる（法二条三項）。したがって、交流派遣職員は、国家公務員法上の服務規定、国家公務員倫理法の規定の適用を受ける。

いま一つは、公益的法人等への一般職の地方公務員の派遣等に関する法律（平成一二年法律五〇号）である。これも、民間の団体との連携という現代的課題に対処するものであるが、問題の発端は国家公務員との場合と異なる。すなわち、かねて地方公共団体では、当該団体の事務と関連のある公益法人や株式会社に職務専念義務の免除（後出三四四頁）等の形で職員を派遣してきたところであるが、これについてはその適法性について疑問を提示した最高裁判所の判例も出されたところである（最判平成一〇・四・二四判例時報一六四〇号一一五頁、行政判例百選Ⅰ〔六版〕四事件、地方自治判例百選〔三版〕六九事件）。そこで、法的疑義を立法的に解決すべく掲記の法律が制定されたものである。この制度の特徴としては、身分を有したまま公益的法人等（条例で定められる）へ派遣される場合（法二条以下。この場合、派遣職員に対しては原則として給与を支給しないものとして整理されたが、一定の業務につき条例で定めるところにより給与を支給することができるとされた。条例の制定等の手続によらず補助金の方法による措置は、無効である。参照、最判平成二四・四・二〇民集六六巻六号二五八三頁、行政判例百選Ⅰ五事件〔白藤博行解説〕、地方自治判例百選一一三事件）と特定法人（当該地方公共団体が出資している株式会社で条例で定められる）への退職派遣（法一〇条以下）の二つの種類を用意していることである。さらに後者の場合において、派遣期間が満了したときには「その者を職員として採用するものとする」（同条一項）としていることが公務員法制上注目されるところである。これは、任命権者の行為規範として定められているところであるが、これは、派遣退職者の権利としてみることができ、したがって、任命権者が違法に採用しないときには、不採用処分の観念が介在すれば当該処分に対する取消訴訟を提起することができると解される。これは、公務員の採用が任命権者の広い裁量の下にある現行法の原則からすると大きな例外を認めたものといえる。

⑥　実務上、勤務関係を異にする人事異動の手法として、出向がある。出向は一般の労働契約関係にみられるが（菅野・労働法七三五頁以下参照）、公務員関係については、出向元の退職、出向先の任命の手続を採ることとなる。関係者の合意により行われ、国家公務員法、地方公務員法上の規定はない。国家公務員が地方公務員として出向する（その逆）等の事例が多くみられる。国立大学の法人化に伴い、従来国家公務員法上の転任、配置換えの手法に依っていたものが、現在では、文部科学省と国立大学法人の間の人事交流の手段乃至は関係事務職員のキャリア形

成の手法として出向が用いられている（行政学からの実態分析として、参照、渡辺恵子・国立大学職員の人事システム〔二〇一八年〕二四八頁以下、二五五頁以下、地方公務員につき、参照、橋本・逐条地方公務員法二六九頁以下）。関係者間に一定期間後には、元の勤務主体に戻るという暗黙の了解がある場合が多いと思われるが、制度的には透明性を欠くものがある。

四　消　滅

公務員関係の消滅は公務員法制上は離職にあたるが、具体的には、失職（欠格事由にあたり当然離職する場合、国公法三八条・七六条、地公法二八条四項。私企業労働者については国法上かかる規律はないが、憲法一五条等に照らし、不当な差別ではないとした判決として、最判平成一九・一二・一三判例時報一九九五号一五七頁がある）、免職、辞職などいろいろのタイプがある。

①　失職はいわば、当然退職で、国家公務員法、地方公務員法は特例を認めているところ、国家公務員に関しては特例に関する人事院規則は制定されていないが、地方公務員に関しては特例を定める条例が制定されており、その内容も多様である（下井康史「地方公務員の失職特例条例について」西埜＝中川＝海老澤喜寿三〇九頁以下参照）。

このほかにも、当然退職となるものとしては、定年による場合（国公法八一条の二、地公法二八条の二）、公務員が公職選挙に立候補した場合（公職選挙法九〇条）、任期付職員の任期満了の場合などがある。

②　免職については、分限免職（後出三二九頁）、懲戒免職（後出三六七頁）の二種類がある。

③　辞職とは、当該公務員の自発的意思に基づく退職であり、一般にいう依願退職がこれである。公務員関係の特色としては、辞職の意思表示ではなく、辞職願いを任命権者が承認することによって、始めて関係が消滅するこ

とがある。この点は、法律のレベルでは必ずしも明確ではないが、人事院規則はこのことを前提として、書面による辞職の申出があったときは、特に支障のない限り、これを承認するものとするとしている（人規八－一二第五一条。地方公務員法には特段の規定がない）。これは行政法関係において、行政行為によって成立した関係の消滅も行政行為（行政法一般理論における行政行為の撤回）によるという一般的了解の公務員関係への適用とも考えられるが、公務の突発的停廃を防止するのがその趣旨であろう。

公務員の辞職（退職）願いおよびその撤回の可否については、その時期、事由等をめぐり、一般行政法理論上の素材が提供されている（参照、本書Ｉ四〇六頁、四〇九頁）。

④　懲戒免職処分の効力は、行政法一般理論により、被処分者に到達することにより生ずる。ただ、被処分者が所在不明のときなどは、法令の定めがあればこれによる（国家公務員については人規一二－一〇）し、そうでないときには、具体的状況に照らして到達の有無を判断することとなる。自ら出奔した県職員に対し、所在不明の職員につき行ってきた従来の懲戒処分手続（同居の家族に対する通知書の交付、県公報への掲載）と同じ方法によった事案に関し、当該職員はこの方法によることを十分了知し得たものと判示した最高裁判所の判決がある（最判平成一一・七・一五判例時報一六九二号一四〇頁、行政判例百選Ｉ五八事件）。

五　幹部職員の特例

従前、次官・局長・部長等のいわゆる幹部職員の任用、昇任等について、公務員法上特段の定めはなかったが、平成二六年の国家公務員法改正において、幹部職員の任用等に係る特例が定められた（国公法第三章第二節第六款・第七款）。

具体的には、幹部職員（法三四条一項六号の定義規定参照）の任用は従来同様、大臣の権限に属するが、任用に際して、任命権者による人事評価等の情報の提供等→官房長官（内閣総理大臣による委任〔法六一条の二第五項〕）による適格性審査→官房長官による幹部候補者名簿の作成→任命権者への名簿の提示→内閣総理大臣・官房長官と任命権者との協議→任命権者による任命という過程をたどる。なお、適格性審査の過程において、人事院は審査の基準設定につき意見を述べるものとされている（以上につき、参照、法六一条の二、六一条の三、六一条の四、六一条の七）。また、公務外の者については、実務上人事官等の意見を聴くことが想定されている（幹部職員の任用等に関する政令三条三項、逐条国家公務員法四四二頁）。なお、人事行政の公正さの重要性に鑑みれば、幹部職員の任用動向につき、人事院が見解を披瀝する場を設けることが必要と解される。

この特例の趣旨は、従前の官僚システムのセクショナリズムの弊害の是正、縦割り行政の是正、適材適所の人事の確保にあるとする見方もあるが（逐条国家公務員法四四一頁）、幹部職員の身分保障の低さとも関連し、その実態が政治主導、より実態的には官邸主導に傾斜していることにも留意する必要がある（幹部職員に係る法制度の比較として逐条国家公務員法四五一頁以下にまとめてある。幹部職員も含めた公務員制度に関する研究として、村松岐夫編著・公務員人事改革——最新米・英・独・仏の動向を踏まえて〔二〇一八年〕が参考になる）。

なお、将来幹部職員の候補となりうる人材育成の要請に応えるため、平成二六年国公法改正において、幹部候補育成課程が導入された（法六一条の九）。これは、幹部職員の候補となりうる管理職員を育成するための制度であって、採用後三年以上を経過し、かつ勤務期間一〇年を下回らない範囲の職員から任命権者が選定し、民間企業、在外公館における勤務、海外留学の機会の付与等をするものである（参照、逐条国家公務員法四七〇頁）。従前もいわゆるキャリアシステムとして行われていたものであるが、この過程においては、当該職員の採用の種類を問わないことが注目される。なお、ここでも基準の設定、運用の管理、任命権者間の調整等、内閣総理大臣（内閣官房、内閣人事局）に広い権限が認められていることに留意する必要がある。

第三章　公務員の権利・義務

序　説

以上に考察したのは公務員関係の中の公務員の地位そのもの、いいかえれば、基本関係にかかるものである。そこで、次に考察するのが、この基本関係から派生する個別の権利関係である。

公務員の権利・義務は、通常の雇用関係においては雇用契約の内容ということになるが、個別の内容に入る前に、次の二つの点に留意しておく必要がある。

① 雇用契約と異なり、ここでは、権利・義務の内容が、法令によって大幅に定められている。つまり、勤務条件法定主義がとられていることが、大きな特色である（国公法二八条、地公法二四条五項）。

② 一方当事者たる国又は地方公共団体は、労使関係における使用者としての地位を占めるが、この関係においても、統治権の主体としての地位として公務員に対することが、制定法上認められることがあり得る。①に指摘したように、それは規律形式においてすでに明瞭に現れているところである。従前は、この側面からしてこの関係が特別権力関係として把握されてきたわけであるが、特別権力関係論が否定されたとしても、制定法の仕組み自体を無視することはできない。

公務員の権利・義務の内容としての勤務条件の範囲は必ずしも確定したものではないので、以下、そのうちの主要なものを適宜、権利又は義務に振り分けて説明することとする。

第一節　公務員の権利

公務員が勤務主体である国又は地方公共団体に対して有する権利としては、大きくこれを、職務遂行権、財産的権利、労働基本権などの実体的権利およびこれを保障する手続的権利（保障請求権）に分かつことができる。

一　職務遂行権

⑴　意　義

公務員は、その官職をみだりに奪われない権利を有する。この権利は、公務員法制の理念である、成績主義に基礎を置くものである（鵜飼・公務員法一一六頁は公務員就任権から導き出している）。したがって、これは単に既得権の擁護ではなく、一方で公務の能率性の確保に奉仕するものである。

現行公務員法制はこれを身分保障ないしは分限として定め、具体的には、職員は、法定の事由によらなければ、その意に反して、降任、休職、免職をされないこととしている（国公法七四条・七五条、地公法二七条。地方公務員には条例による降給もある。国家公務員法、地方公務員法における、身分保障や分限の語彙、両者の関係につき、参照、鵜養幸雄「公務員の『身分保障』」立命館法学三二九号（二〇一〇年）一一一頁以下）。身分保障というと、なにか、公務員という身分ないしは職業を保障するという感じがするが、そうではなく、職員が保持している官職そのものを保障するというのである。

身分保障のこの規定は限定列挙であるので、転任、配置換えなどには、適用がない。しかし、これについても、裁量権の恣意的な行使は違法となる場合がある（前出三一九頁）。さらに、公立大学の学長、教員等は、その職務の独立性を考慮して、大学管理機関の審査を経なければ、その意に反して転任されないので（教育公務員特例法五条）、手続的ではあるが、これらの者には、転任についても身分保障がおよぶ。

(2) 分　限

分限は、同じく官職の変動を伴うがその原因が職員の非行による責任追及の制度として定められる懲戒（国公法八二条以下、地公法二九条）とは性質を異にし、責任追及の要素を含まない（降任、休職、免職、降給の四種類。国公法七五条、地公法二七条）。具体的には、法律で定める事由としては、免職および降任においては、勤務実績がよくない場合、心身に故障がある場合、官職に必要な適格性を欠く場合（この点につき、最高裁判所平成一六年三月二五日判決〔判例時報一八七一号二二頁〕は、「当該職員の簡単に矯正することのできない持続性を有する素質、能力、性格等に基因してその職務の円満な遂行に支障があり、又は支障を生ずる高度の蓋然性が認められる場合」と定式化している）、廃職・過員が生じた場合（したがって、公務員に身分保障があるからといって、いわゆる人員整理が行われないわけではない）、休職においては、長期の休養を要する場合、刑事事件に関し起訴された場合である（国公法七九条、地公法二八条）。人事院規則（あるいは条例）で定めるものとしては、研究休職、共同・委託研究休職などがある（人規一一―四第三条）。

休職は法律の定めによると、職員の意に反する場合になされるが、ときに職員の側で休職することを望むことがある。右の人事院規則の場合も、必ずしも職員の意に反するものではない。また、裁判例の中には、依願休職をあえて無効としなかった例もある（最判昭和三五・七・二六民集一四巻一〇号一八四六頁、公務員判例百選二二事件）。社会生活の広がりに応じ、官職を保持しつつも一定期間職に従事しないことが容認される事例もありうるので、依願休職の制度の検討が必要なところであるが職員の側の意思を正面から認める制度としては、休職とは別に、休業が広く用いられてきている（後出⑷）。

降給制度は永く実施されてこなかったが、国家公務員法改正の一環として平成二一年に人事院規則（一一–一〇〔職員の降給〕）が制定された。降給は「降格」と「降号」に分かたれるが（三条）、人事評価制度の全体評語が考慮要素に加えられ（四条一号イ、五条）、平成一九年改正における人事評価制度（前出三一二頁）に対応したものとなっている点が特徴的である（降級制度の詳細につき、参照、新人事制度研究会編著・国家公務員の新たな人事制度〔二〇一〇年〕一八九頁以下）。

分限処分に対しては行政上の不服申立前置主義が置かれていることなどから、これが行政事件訴訟法にいう処分であることは明らかである。その司法審査との関係で、要件の認定、処分の発動および選択について、任命権者に裁量があるかどうかの問題がある。最高裁判所は、枠を設定しつつも、任命権者に要件裁量、効果裁量のいずれも認めている（最判昭和四八・九・一四民集二七巻八号九二五頁、行政判例百選Ⅰ〔五版〕七七事件、公務員判例百選二〇事件）。懲戒処分につき要件裁量が存在しないとしていることと異なっているが、分限処分については、被処分者の外形的行為の評価のみならず、心身にわたる全体的判断と当該職についての専門的判断が必要とみていると解される（要件裁量、効果裁量については、本書Ⅰ一三九頁以下参照）。

⑶　定　年

定年は、一般に人が一定の年齢に達すると、それまで占めていた地位を退くことを意味する。民間企業においては、かねてこれを取り入れていたところである。これに対して、公務員法制では、一般職では検察官や大学の教員など特別の職を除いては存在しておらず、その導入について長く論議の対象となっていたが、昭和五六年の法改正で、昭和六〇年から国家公務員および地方公務員の双方に定年制が実施されることとなった（国公法八一条の二、地公法二八条の二）。

定年制度は、個別の職員の資質を問題にしない点で、一般の分限とは異なるが（過員を生じた場合の分限免職処分も被処分者を特定するに際して、個々の職員の資質を問題とする）、身分保障の原則との関係で、法律は分限の中でこれを処理している。

国家公務員の定年は六〇歳であるが、地方公務員のそれは条例で定める（定年退職者については、一年を超えない範囲での再任用の制度がある〔国公法八一条の四、地公法二八条の四〕。なお定年延長の方向での検討が進められている）。

身分保障および定年制度は、別の面からいえば、任期付採用を禁ずる趣旨に解される。しかし、民間の雇用形態の変化に対応して、公務員制度においても、多様な勤務形態の導入の傾向がみられる。すなわち国家公務員において、一般職の任期付研究員の採用、給与及び勤務時間の特例に関する法律（平成九年法律六五号）がまず制定されたが、その後、一般職の任期付職員の採用及び給与の特例に関する法律（平成一二年法律一二五号）の制定をみた。地方公務員でも、少しおくれたが、地方公共団体の一般職の任期付研究員の採用等に関する法律（平成一二年法律五一号）および地方公共団体の一般職の任期付職員の採用に関する法律（平成一四年法律四八号）が制定された。わが国の一律的公務員法制の弾力化施策の一環であるが（参照、前出二八八頁）、その任用が特定の政治的課題の遂行と密接な関係を有するものである場合には、政権の交代等の場合の措置についての配慮が必要となると思われる。

(4)　休業・部分休業

休職制度とは別に、職員の側のより積極的な意思を前提として職は保有するが職務に従事しない制度として、休業ないし部分休業の制度が採用されてきている。それには、民間企業と同じ育児休業制度（国家公務員の育児休業等に関する法律〔平成三年法律一〇九号〕、地方公務員の育児休業等に関する法律〔平成三年法律一一〇号〕〕があるほか、地方公務員に関し新たに、国に先駆けて、修学部分休業（地公法二六条の二）、高齢者部分休業（地公法二六条の三）の制度が導入された。前者は、研修が職務命令としてなされ、その間の給与は支給されるのに対して、公務員の発意に基づき任命権者の承認によってなされること、給与は減額されることにしている点に特色がある。また、後者は、定年前の高齢者に、申請に基づき一週間の勤務時間の一部につき勤務しないことを承認するもので、高齢者の側の都合のほか、地域にけるボランティア活動への参加、地域における若年層の雇用機会の増大（任期付短時間職員制度との結合）などが考慮されている。その後、自己啓発・国際貢献活動について休業制度（給与不支給）が、国・地方それぞれに創設された（国家公務員の自己啓発等休業に関する法律、地公法二六条の五）。

(5) 研　修

職員がその職務を的確に遂行するためには、当該職員の能力の開発が必要である。これについては、職員自身の努力が前提であり、それは、むしろ職員の義務として位置づけられる。他面、公務の適正さ、効率性の確保は職員の勤務主体である、国・地方公共団体の重要な課題である。国家公務員に関する研修制度については、人事院が中央人事行政機関としてその任に当たることとされてきたが、平成二六年の国公法改正において、内閣総理大臣もその所掌事務に係る研修をそれぞれの役割分担に応じて行うものとされた（法七〇条の六）。内閣人事局がその任に当たっている（内閣人事局が実施する研修の概要〔令和二年度〕参照）。地方公務員に関しては、任命権者が行うものとされているが（地公法三九条）、実務上はこれに限定されていない（外部委託を含めた全国調査として自治大学校・地方公務員研修の実態に関する調査〔平成三一年二月〕がある。研修機関で全国レベルのものとして自治大学校〔総務省施設等機関〕、市町村職員中央研修所・全国市町村国際文化研修所〔公益財団法人全国市町村研修財団〕がある）。この点からして、職員の能力開発については、行政主体も一定の責務を負うことになり、国家公務員法および地方公務員法のいずれも、職員に対する研修の実施を任命権者等に課している（国公法七〇条の六、地公法三九条）。研修の方法等については、専門技術的な種々の問題があるが、ここでは次の点を指摘しておく。

① 国・地方公共団体の機関の実施する研修が的確に行われることについては、職員自身にとっても重要な関心事である。したがって、このことについて、職員は具体的な請求権まで有しているわけではないとしても、勤務条件の措置要求の対象となりうるものと思われる。

② 教育公務員に関しては、職務の性格上、研修の必要性が高いところから、他の公務員とは異なった取扱いがなされている。具体的には、教育公務員特例法に定められるところであるが（法二一条〜二五条の二）、教員は授業に支障のない限り、本属長の承認を受けて、勤務場所を離れて研修を行うことができるものとして（法二二条二項）、自主研修の権利を保障している点が注目される。もっとも、その際、法は、本属長の承認を前提としているところから、その承認（不承認）の要件の存否をめぐり争いが生ずることがあるが、最高裁判所は、承認に際しては授業以外の校務の円滑な執行への支障、研修の特別の必要性などを要件として判断することを認め、学校長の裁量的判断を容認している（最判平成五・一一・二判例タイムズ八七〇号九四頁）。なお、外務公務員法一五条にも、特例が定められている。

③ 地方分権の推進の過程においては、地方公共団体の職員の人材確保およびその養成が是非とも必要であり、研修制度の拡充、とりわけ、法学的研修の充実が強く要請されるところである（参照、塩野宏「地方分権と受け皿」地方公務員月報三八二号〔一九九五年〕七頁以下）。この点は、地方公共団体における、いわゆる法化現象の増大との関係でも留意する必要がある（参照、塩野宏「地方行政の活性化に果たす法曹の役割」〔二〇一〇年〕塩野・行政法概念

の諸相三九一頁以下。その実践的研究として、出石稔「自治体法務知識の標準化と人材育成」鈴木古稀八七頁以下参照)。

二　財産的権利

公務員の財産的権利は、具体的には、給与、退職金、退職年金、公務災害補償等を受ける権利である。これらについては、国家公務員法および地方公務員法に基本原則が定められ（国公法六二条以下・一〇七条、地公法二四条以下・四三条）、これを前提として、個別の法律で具体的定めを置くという方式がとられている（個別法として、国家公務員に関しては、一般職の職員の給与に関する法律、国家公務員共済組合法、国家公務員災害補償法が、地方公務員に関しては、各地方公共団体の給与条例、地方公務員等共済組合法、地方公務員災害補償法などがある）。本書では、これらの制度の詳細に立ち入ることをしないが、行政法一般理論との関係から、次の点を指摘しておく。

① 給与は、一般の労使関係においては、基本的には、当事者間の契約によって定められる。これに対して、公務員法においては、勤務条件法定主義の一環として、給与法定主義が厳格に定められている（国公法六三条、地公法二五条）。すなわち、国家公務員については、一般職の職員の給与に関する法律において、給与の準則、これに基づく給与表が定められるほか、特別手当も法律で定められる。そして、この給与の格付けにおいて、勤務評定の段階で任命権者の判断が加わるが、これも、裁量権の行使として行われ、契約的な取決めは許されない。給与法定主義に反する給与の支給は違法である。

地方公務員に関しては、給与法定主義は給与条例主義として定められている（地公法二五条一項、自治法二〇四条三項）。この理は、常勤職員、非常勤職員に及ぶ（参照、前者につき最判平成七・四・一七民集四九巻四号一一一九頁、地方自治判例百選八三事件、後者につき、最判平成二二・九・一〇民集六四巻六号一五一五頁、地方自治判例百選八四事件)。

このように、一般の労使関係と異なる厳格な給与法定主義については、労働基本権との関係で問題となるところである(後出三五一頁以下)。

② かつての官吏法の下では、給与の性格について民間の雇用契約との違いが強調され、労働の対価ではなく、生活扶養的なもの、つまり、官吏が安んじて職務に精励することのための財産的給付であるとされたのである。しかし、現行の法制においては、給与は、勤務の対価としての性格をもつものとして取り扱われており(一般職の職員の給与に関する法律四条)、それがいわゆる職務給の原則である(国公法六四条、地公法二四条)。

③ 給与の性格に関する従前の議論の中には、俸給請求権は公権であるから、放棄は許されない、などと、公法上の権利の特殊性を示すものがあり、行政法一般理論としても取り上げられてきたところである(田中・行政法上巻八六頁。美濃部・日本行政法上巻七四五頁は、官吏の俸給の公益性を強調している)。判例上もこの理によっているものがあったし(大判昭和九・六・三〇法律新聞三七二五号七頁)、戦後の裁判例の中でも、原則としての放棄不能説を維持しているものがある(仙台高判昭和三二・七・一五行裁例集八巻七号一三七五頁、公務員判例百選四九事件)。最高裁判所は地方議会の議員の報酬請求権の譲渡性についてその可能性を認めたが、その際、議会の議員の特別職としての特殊性を強調しているので(最判昭和五三・二・二三民集三二巻一号一一頁、行政判例百選Ⅰ〔四版〕一四事件、地方自治判例百選A21事件)、一般職の公務員については消極的に考えているという推測も成り立つ。

これに対して、現行法の給与の対価的性格を基本にこれを原則として認めるべしとする見解がある(鵜飼・公務員法一二〇頁以下)。ただ、給与法定主義からみると、給与請求権のあり方についても、まず、制定法上の規律に即して考える必要がある。このような観点にたってみると、俸給請求権の放棄については、現行法のとる給与法定主義の下では、給与の決定に際して職員の放棄という主観的意思を考慮すべきではないものと解される。また、そのことによって、職員の側に不利が生ずるわけでもない。次に、俸給請求権の譲渡については、給与の直接払いの原則（人規九‐七第一条の二第二項）との関係からすると、給与自体は当該職員に対して支払われなければならないことになるわけで、ここからすると、結局、法は、俸給請求権の譲渡性を否定しているとみるのが素直であろう（逐条国家公務員法四一七頁、四九七頁は、俸給請求権の譲渡・放棄と職員の生活・公務遂行との関連性を指摘する）。なお、給料に対する差押えについては、民間の賃金と同様、一定限度以上は禁じられる（民事執行法一五二条、国税徴収法七六条）。

④　退職年金については、官吏法制時代から恩給法に基づく恩給制度が存在し、天皇の恩恵によるものとして、民間の被用者と比較した場合の官吏の特権の一つとなっていた（明治憲法当時からの恩給の推移については、高塩純子「恩給制度の概要と変遷（一）～（四・完）」自治研究九〇巻一一号、九一巻二号・七号、九二巻四号〔二〇一四～一六年〕に詳細である。対象者の類別も公務員法制の一環として興味深い）。恩給制度は戦後も一定期間存続したが、昭和三四年に保険数理を基礎とした社会保障制度としての現在の退職年金制度が確立した（国家公務員については国公法一〇七条、国家公務員共済組合法、地方公務員については、地公法四三条、地方公務員等共済組合法。なお、恩給法の適用を受ける者は現在もいる）。さらに、昭和六〇年の法改正では、公的年金の統合一元化政策により、公務員の退職年金は、民間勤労者と同一の計算方式による厚生年金相当部分と独自の職域年金相当部分を合算したものに、さらに国民年金制度の基礎年金が給付されることとなった（地方公務員の退職年金も、基本的には同様の経緯をたどっている）。

要するに、公務員の退職年金については、職域年金としての独自性はあるにせよ、民間の勤労者の退職年金制度と極めて近似化し、社会保障制度の一環としての地位を占めるに至っている点に注意しなければならない。

⑤　退職手当については、国家公務員退職手当法が民間の退職金に相当する金員の支給制度を定めている。その性質についても、退職金と同じく、勤続報奨的、生活保障的、賃金後払い的な性格を有しているとされてきた。一方、退職手当給付については、在職中に、懲戒免職、禁錮以上の刑に処せられたことを要件として、退職手当の支給制限・返納・差止制度があった。ところが、近年、退職後に懲戒免職処分相当事案、禁錮以上の刑相当事案が発覚したところから、公務員に対する国民の信頼を著しく損なう事態が生じた。そこで、平成二〇年に国家公務員退職手当法の改正がなされ、当該非違行為を行った者に対する退職後返納の制度の設定（返納事由の拡大〔法一五条〕）、当該者が死亡している場合にはその遺族・相続人との関係における支給制限・返納制度の創設が行われた（法一二条・一六条・一七条）。この新たな制度は、いずれも退職手当制度における勤務報奨的要素に着目した上で、懲戒免職処分相当等の公務員は退職手当を受給する地位がないものとして、すでに支給された場合には不当利得を構成するし、遺族・相続人の場合も同じ法律構成が可能であるという理解のもとに定められたものである。

このような、改正退職手当制度は、退職後の発覚事案につき返納制度を導入する点で民間準拠の方向を示すとともに、民間雇用法制では存在しない遺族・相続人の返納制度を創設するという意味においては、公務員に対する信頼確保という政策的考慮が働いたもので、現在の公務員法制の一般的傾向に対応するものといえよう（参照、前出二八八頁。退職手当制度改正につき、国家公務員退職手当の支給の在り方等に関する検討会報告書〔平成二〇年六月、総務省ホームページ〕）。退職手当法制全般に関しては、退職手当制度研究会編著・公務員の退職手当法詳解〔第六次改訂版、二〇一五年〕がある）。地方公務員の退職手当は条例事項である（自治法二〇四条二項）。

⑥　公務災害補償についても、すでに戦前に官吏法独自の制度が存在したが、戦後、国家公務員および地方公務

員それぞれに、災害補償制度が整備された（国家公務員については、国家公務員災害補償法、地方公務員については地方公務員災害補償法）。労働の提供に伴う災害補償については、民間にも同様の問題があり、労働者災害補償保険法がその制度的対応である。公務災害補償と労働災害補償の間には、給付の方法（請求主義か否か、不服申立ての方法等）など、細部の法的仕組みに違いはあるが、給付内容は両者に共通するものがあり（国家公務員災害補償法二三条は均衡の原則を定めている）、ここでも、いわゆる官民の差異は縮まっているといえる。

三　基本的人権

公務員も勤労者として、憲法上の労働基本権を享有する（最大判昭和四八・四・二五刑集二七巻四号五四七頁、公務員判例百選八一事件）。公務員はこれに限らず、一人の人格として、思想・表現の自由などの基本的人権の主体である。通常の雇用関係において、被用者の自由に対する使用者側の規律は、通説・判例に従えば憲法の人権保障規定の間接適用の問題として処理されるが（最大判昭和四八・一二・一二民集二七巻一一号一五三六頁）、公務員の場合には、その規律の仕方とも関係して、基本的人権の直接適用の問題として取り上げられることになる。

これら労働基本権を始めとする公務員の基本的人権は、現実には、公務遂行の過程で各種の制約に服する。公務員法は公務員が基本的人権を有することを前提にして、服務つまり義務のサイドからこの問題を取り扱っているので、その制限の態様は後に述べる（後出三四二頁以下）。

四　保障請求権

職務行為請求権、財産的請求権、労働基本権およびその他の基本的人権については、使用者たる国又は地方公共団体の侵害を受けるならば、最終的には裁判所による救済が認められる。しかし、これによっては、必ずしも十分な権利保障とは成り得ないところから、公務員法制では、勤務条件に対する行政措置要求権と不服審査の二つの制度を用意している。国家公務員法はこれに公務災害補償を含めて保障という観念をたてているが、以下では、右の二つの手続的保護の制度を保障としてまとめて取り上げることとする。

(1) 勤務条件の措置要求権

勤務条件の措置要求権は、公務員の勤務上の諸利益（その中には実体法上の請求権にまで高められているものもあるが）を満足せしめる特別の手続である。職員が勤務条件に関し、人事院・人事委員会・公平委員会等の人事機関に対し、当局がしかるべき措置をとることを要求すると、人事機関が当該事案を判定し、これに基づき人事機関がみずから実行するか、当局にその実行を勧告する、というものである（国公法八六条～八八条、地公法四六条～四八条）。

① この制度は、職員の勤務条件の適正さの確保の重要性を前提とし、民間では、そのために労働組合による団体協約の締結等の制度があるのに対し、公務員には、労働組合法の適用がないので、これに代わるものとして規定されているのであり、この理は最高裁判所の認めるところである（最判昭和三六・三・二八民集一五巻三号五九五頁、公務員判例百選四四事件）。その意味では、この制度は、労働基本権が公務員にも保障されているという基本的認識の下に作られたものといえる。措置要求は個別の職員に限らず、人事院に登録された職員団体を通じて申立てをすることもできる（人規一三―二第一条。これはしかし、職員団体自体に申立権を付与したものではない。地公法上はこの制度はない）。

② 措置要求の対象は、俸給、給料その他あらゆる勤務条件である。これは一般の労働条件に対応する。これに

対して管理運営事項については対象事項とならないとされることがあるが（逐条国家公務員法七四二頁）、法律上これを明確に定めるところがないし、管理運営事項の概念自体も明らかでないので、勤務条件にあたるにもかかわらず、管理運営事項であるという理由で要求を排斥することはできないように思われる。

③　措置要求の制度は、団体協約締結の否定の代償措置であるという意味で、職員の権利保護のための重要な制度であるとすれば、職員個人に、この制度の利用権が認められなければならない。最高裁判所も、勤務条件の判定（棄却・却下）は行政処分であるとしている（前掲最判昭和三六・三・二八）。これにより、違法な却下処分、違法な手続による棄却処分について、措置要求をした職員がその取消しを求めることができるが、それ以上に棄却処分の内容的違法が処分取消し事由になるかどうかは問題である。判定に実体的違法が生ずる場合には、職員には不利益審査あるいは民事訴訟による裁判所の救済が認められることになり、法的問題はこのルートで決着することになると解される。(1)

(2)　不利益な処分に関する不服申立て

公務員の身分保障や給与等の財産権の承認は、その侵害に対する防御装置が必要である。また、懲戒処分に際しても、これが公正に行われるような措置がなければならない。

この点に関して、公務員法は、分限、懲戒を含むその意に反する不利益な処分一般につき、当該職員への処分の事由説明書の交付を定めるほか、人事院又は人事委員会・公平委員会への不服申立ての途を開いている（国公法八九条以下、地公法四九条以下）。以下に留意すべき点を指摘しておく。

①　人事院等において行われる不利益処分の審査は、行政不服審査法による不服申立てとして位置づけられるが（国公法九〇条、地公法四九条の二）、審理機関の独立性が保障されていること（国公法八条・九条、地公法九条の二第

六項・七項)、審理が口頭の公開審理による対審構造に近い手続で行われていること(これは、法律の委任に基づく委員会規則によって定められている)に鑑み、この制度は行政審判で、その手続は準司法的手続として位置づけられている(本書Ⅱ四七頁)。

② 審査の結果、人事院等は処分の承認、修正、取消しの判定をすることとなる。これに不服のある者は取消訴訟を提起することができるが、その際、不服申立て前置主義(本書Ⅱ一〇二頁)がとられている(国公法九二条の二、地公法五一条の二)。人事機関の判断の専門性を考慮した規定と解される。

③ 行政審判の最も大きな特色をなす、実質的証拠法則、裁決主義が認められていないところから、裁判所の審理は原処分を対象として行われることとなるので、準司法的手続の意義がはなはだ減殺されていることにも注意しなければならない。

④ 職員の権利利益に対する任命権者による侵害の防御装置としては、処分との関係で、事前手続と事後手続、さらに裁判手続と行政手続に分かつことができる。

日本国憲法においては、職員に対する処分がその権利利益を侵害する限りにおいては、裁判的救済の途が開かれていなければならない。したがって、立法政策上の問題として取り上げられる可能性があるのは、行政過程のいずれの段階で、処分に対する手続的規制を加えるかである。この点については、国家公務員法および地方公務員法は、明文では、事後手続を用意しており、事前手続としては、処分事由説明書の交付にとどまっている(国公法八九条、地公法四九条)。また、行政手続法においては、公務員に対する不利益処分を適用除外としている(法三条一項九号)。このように、制定法の定める手続的統制に関する限りでは、事後手続中心となっている。処分に対する公正行政手続の要請は、事前・事後の総合的考察を必要とするが、わが国では不服申立ておよび訴えの提起に執行停止効果がなく、執行停止要件も厳格な法制をとっていることからすると、免職処分等の侵害度が強いこともあるので、現行法のような事後手続の形式的適用で適正手続の要請を満たしているとみることはできない。処分事由説明書に加えた聴聞（必ずしも行政手続法の聴聞の形式をとる必要はないにせよ）の機会を事前に与えることが憲法上要請されると解される（判例の多くは消極であるが、学説上は多数説である。参照、晴山一穂「公務員の不利益処分手続をめぐる法的問題点」専修大学法学研究所紀要三四『公法の諸問題Ⅶ』〔二〇〇九年〕一一九頁以下。明治憲法の下でも、官吏分限令、官吏懲戒令における免職処分については懲戒委員会の議決を経た後に処分をする、つまり、事前手続がとられていた。もっとも、これに対する裁判的救済は閉ざされていた）。

（1）　勤務条件のような制度的問題にとどまらず、人間関係を含む職場の苦情について、より簡易な相談手続が望まれているところから、人事院においては、離職者を含めて、職員からの勤務条件その他の人事管理に関する苦情相談（当該職員に係るものに限る）の制度を設けて、これに対応することとしている。相談には、人事院の職員から指名された職員相談員が応ずる。職員相談員は助言、指導、あっせん等を行う（人規一三－五〔職員からの苦情相談〕）。

第二節　公務員の義務

一　義務のカタログ

公務員は全体の奉仕者（憲法一五条）として、公共の利益のために勤務し、職務の遂行にあたっては、全力を挙げてこれに専念しなければならない（国公法九六条、地公法三〇条）。これが現行公務員法に定める服務の根本基準である。これを基礎として、各種の服務上の義務が存在しているわけであるが、その具体化の形式として、国家公務員法は、公務員法それ自体および人事院規則を挙げ（国公法九六条二項）、現に、国家公務員法はその義務のカタログを示している（国公法九七条～一〇四条）。地方公務員法は、国家公務員法のような存在形式に関する一般的規定を有しないが、法律自体で同じく義務のカタログを示している。この義務のカタログについては次の点に注意する必要がある。

①　義務のカタログの内容は、国家公務員および地方公務員にほぼ共通している。すなわち、服務の宣誓、法令および上司の命令服従義務、争議行為の禁止、信用失墜行為の禁止、秘密保守義務、職務専念義務、政治的行為の制限、私企業からの隔離である。もっとも、地方公務員に対する政治的行為の制限は、当該地方公共団体の区域外には及ばない（地公法三六条二項ただし書）とか、私企業からの隔離については国家公務員と比較して緩和した取扱いがなされている等の若干の区別がある。義務のカタログの個別の内容については、後に概観する。

②　義務のカタログは、それとしては、限定的にみえる。しかし、上司の職務上の命令に従う義務に関しては、法は上司が具体的な命令をするについて、別の法律の根拠によることを要求していない。そこで、職務上の命令の対象範囲が広ければ、それだけ、義務の範囲が広いことになり、義務のカタログの限定列挙の意義は薄くなる。たとえば、職務の執行に直接関係する命令（調査命令、出張命令）以外にも、勤務時間中の服装に関する命令（制服着用、名札着用）も職務上の命令の範囲に入るという具合である。もっとも、あくまでも、職務執行との関係がなければならず、職員の私生活をコントロールする類の命令は職務上の命令の範疇ではない（参照、鵜飼・公務員法二二八頁）。なお、このように職務上の命令の範囲を拡大するならば、部分社会の概念、さらには特別権力関係の概念を用いて、カタログ以外の義務を根拠づける必要はないことになる。

二　服務の宣誓

服務の宣誓は、戦後の公務員法制で初めて取り入れられたものである。宣誓の方式は政令又は条例によって定められている（国公法九七条、地公法三一条）。

宣誓は新たに職員となった者が行うことになっているが、宣誓をしなかったことが、任命行為に直ちに影響を及ぼすものではない。

三　職務専念義務

(1)　内　容

職員は、法令で定める例外を除いて勤務時間および職務上の注意力のすべてをその職責遂行のために用いなければならない（国公法一〇一条、地公法三五条）。これは、公務員の職務上の義務の基本であって、私企業からの隔離も（後出三六一頁）その適用例である。

具体的な事案としては、組合活動の一環としての勤務時間中のプレートやリボン着用がある。判例はこれらの着用は、身体活動の面からみたときはともかく、精神活動の注意力のすべてが職務の遂行に向けられなかったことを理由に義務違反としている（最判昭和五二・一二・一三民集三一巻七号九七四頁〔ただし、これはかつての電信電話公社時代のもの〕。大阪高判昭和五一・一・三〇労民集二七巻一号一八頁、公務員判例百選六三事件）。かかる判断はしかし、本来何人にも判断できない人の内心の問題に立ち入るものであって、むしろ、職場の秩序維持の観点からの職務命令違反として問題にすべきものと考える。

職務専念義務の例外は職務専念義務の免除として実務上取り扱われるが、具体的には、休職や停職のほか、職員団体等への専従の許可などがある。

⑵　勤務時間

職務専念義務は勤務時間中の問題であるから、勤務時間の定めが重要な意味をもつ。勤務時間は勤務条件の一つであって、勤務条件法定主義から、現在では、一般職の職員の勤務時間、休暇等に関する法律および条例（地公法二四条五項）で定められる。それによると、職員の勤務時間は、休憩時間を除き一週間当たり四〇時間で（五条）、月曜日から金曜日まで一日につき八時間の勤務時間が割り振られる。しかし、研究教育的職務については、必ずしもこれにより難いことから、任期付研究員については、職員の裁量による勤務が認められている（一般職の任期付研究員の採用、給与及び勤務時間の特例に関する法律八条）。この理は、大学の教員にも及ぼすことが十分可能であり、またそうすることが実態に適うもので、法人化前の国・公立大学でいわゆる裁量勤務制の導入が望まれていたが（参照、大学教官の勤務の在り方に関する研究会〔人事院〕・大学教官の勤務の在り方に関する研究会報告〔平成一一年一一月〕一〇頁以下）、その後国立大学法人では教員も非公務員化されたので、この問題は、労働法制の下における裁量労働制の適用として処理されることになった（参照、菅野・労働法五四四頁以下）。

勤務形態の多様化は、勤務時間にも及んでいる。すなわち、定年退職者の再任用で、短時間勤務の職への採用が認められていたが（国公法八一条の五、地公法二八条の五）、地方公務員については新たに、任期付短時間勤務職員制度が導入された（地方公共団体の一般職の任期付職員の採用に関する法律五条）。これは、任期付職員について、公務運営の能率的運営を確保するために認められるほか、住民に直接提供されるサービスについてその提供時間を延長するような場合などが想定されている。

四　法令および上司の命令に従う義務

(1)　意　義

公務員の法令遵守義務は、法治主義にその究極の根拠を有する。すなわち、法治主義は直接には、行政が法律に適合すべしとするもので（本書I七七頁）、その行政は行政組織の単位である行政機関によってなされる。しかし、さらに現実には、当該行政機関は、公務員法上の職員によって構成されるのであるから、これら公務員に職務義務としての法令遵守義務を課すことによって、法治主義は達成されるのである（国公法九八条一項、地公法三二条）。

なお、地方公共団体の職員においては、ときに、法律と条例の関係から、困難な立場に立たされることがありうるが、地方公務員だからといって、法律よりも条例を優先適用すべし、ということにはならない。

これに対して、上司の職務上の命令に従う義務は、組織体の統一的効率的運営の確保にあり、法治主義とは直接の関連性はない。そこで、法令遵守義務と命令服従義務との関係が問題となる余地がある（後出(2)②参照）。

(2)　職務命令の問題点

①　対象　　職務上の命令は、職務執行に直接関係するものだけでなく、服装等も対象範囲に入る。しかし、職務との関係を離れて、公務員の私生活にまでわたることは許されない。

②　職務命令の効果　　行政法学上好んで論ぜられるものとして、職務命令に対する服従義務の問題がある。すなわち命令に対する服従義務そのものは、法律に定められるところであるが、これに対して、相手方公務員は、それが違法な場合には従わないことができるかどうかである。より実際上の見地にたっていえば、職務命令に反したがため不利益処分を受けるとき、その不服審査の過程で当該職務命令は違法であった、という違法の抗弁が出せるかどうか、さらにすすんでいえば、違法な職務命令に対して、抗告訴訟で争うことができるかという問題もある

（なお、犯罪行為を示唆する職務命令服従義務の問題は刑法にも登場するが、やや性格を異にするのでここでは公務員法上の制裁との関連だけで考えていく）。

この点、かつては、違法の抗弁は出せない、したがって、職務命令が刑法にふれるなどして無効でない限り、職員は職務命令に服従しなければならないというのが通説であった。その際、服従を要しない場合の要件として重大明白なる言葉が用いられていることもあって（田中・行政法中巻二五七頁）、職務命令の公定力などといわれることがある。しかし公定力は相手方が適切に訴訟を提起する限りこれを否定することができるものであるのに対し（本書Ⅰ一五九頁以下）、職務命令は先のように考える限り、相手方としてはそもそも攻撃できないのであるから、職務命令の相手方との関係でみる限り公定力の問題でないことは明らかである。その意味で職務命令の公定力というのは表現の仕方としては正確でない(1)。

それはともかく、職務命令の中には二つのものがある。一つは訓令的なもの、つまり行政組織間の指揮監督権としてなされるものである（前出四〇頁以下）。より正確にいうと、訓令の名宛人は、直接には、行政機関である（たとえば、本郷税務署長）が、実際にこれに従って行動するのは、当該行政機関の職を占める公務員（本郷税務署長〇野〇夫）である。いま一つは、職務命令がもっぱら公務員自身に関する規律としてなされるような場合である（この二つを区別して論ずるべきであるとした最初が、今村成和「職務命令に対する公務員の服従義務について」杉村古稀上六九頁以下である。本書の以下の考えもこの今村説によっている。上記今村説を詳細に分析した論考として、松戸浩「訓令・職務命令の服従義務」立教法務研究九号〔二〇一六年〕三三三頁以下がある。なお、同論文〔三四二頁〕は、本書第四版〔三一六頁〕が、職務命令が訓令的内容をもっている場合には、公務員は「適法性審査権は原則としてもたない」としていることに、今村説とは懸隔のある枠組みであるとしているが、拙論は、当該職務命令全体を意味しているものではない。その他の学説については、村上博「職務命令と服従義務」争点一九四頁以下参照)。

職務命令が訓令的内容をもっている場合には、公務員はかかる職務命令には適法性審査権は原則としてもたないとみるべきである。そうでなければ、行政組織の統一性は確保できないし、上司の命令服従義務はまさに組織運営の観点にたっていることは、先に指摘したとおりである。これに対しては、法治主義の観点にたつ法令遵守義務が優越すべきであるとする反論(浜西隆男「行政機関の指揮監督権限と公務員の服務についての覚書(一)」自治研究八八巻四号〔二〇一二年〕四八頁以下、六四頁参照)の余地があるが、法令遵守義務は職務命令の介在とは直接関係のないものであること、職務命令の結果としてなされる行政作用の相手方が法治主義の是正を求めることができること(たとえば、違法な解釈通達に従った税務処分は納税者がこれを争う)に注意しなければならない。

これに対して、行政機関への訓令の意味をもたない公務員自身に対する命令(服装の指定、居住地域の指定、出張命令、論文執筆の制限)などについては、職員の勤務条件、さらには、基本的人権に関係するものであり、これが違法になされたときには、これをチェックする適切なものとしては当該職員以外にはいない。この場合には対外的処分がなされるわけではないからである。なお、チェックの方法として普通には、職務命令不服従による懲戒処分に対する抗告訴訟における違法の抗弁が考えられるが、直接その職務命令に対して何らかの抗告訴訟を提起することも考えられる(もっとも、もし職務命令処分の取消訴訟が認められるとすると、職務命令処分についての取消訴訟の排他的管轄〔公定力〕が生ずることになり、かえって、違法の抗弁の途を閉ざすことになるおそれがある)。

この学説上の争いにつき、公立学校における国歌斉唱ピアノ伴奏職務命令に関する平成二四年二月九日の最高裁判所判決(民集六六巻二号一八三頁、行政判例百選Ⅱ二〇七事件)が一定の整理をしている。すなわち裁判所は、ピアノ伴奏等に関する東京都教育委員会教育長の所属校長に対する通達は、「行政組織の内部における上級行政機関である都教委から関係下級行政機関である都立学校の各校長に対する示達ないし命令にとどまり」、それ自体として教職員個人の権利義務を直接形成・確定するものではないから行政処分ではないとした上で、「本件職務命令も、教科とともに教育課程を構成する特別活動である都立学校の儀式的行事における教育公務員としての職務の遂行の在り方に関する校長の上司としての職務上の指示を内容とするものであって、教職員個人の身分や勤務条件に係る権利義務に直接影響を及ぼすものではないから、抗告訴訟の対象となる行政処分には当たらないと解される。なお、本件職務命令の違反を理由に懲戒処分を受ける教職員としては、懲戒処分の取消訴訟等において本件通達を踏まえた本件職務命令の適法性を争い得るほか、後述のように本件に係る事情の下では事前救済の争訟方法においてもこれを争い得るのであり、本件通達及び本件職務命令の行政処分性の有無について上記のように解することにつ いて争訟方法の観点から権利利益の救済の実効性に欠けるところがあるとはいえない」とし当該事案の事前の救済方法としては、免職処分以外の懲戒処分（停職、減給又は戒告）の差止めの訴えおよび職務命令に基づく公的義務の不存在の確認の訴え（公法上の当事者訴訟）の二つを挙げている。

本判決は、思想・表現の自由に係る憲法論（本判決に先行する君が代斉唱・ピアノ伴奏事件につき戸波江二・ジュリスト平成二三年度重要判例解説一八頁以下、および同解説所掲の文献参照）、行政事件訴訟法の訴えの類型論（本書Ⅱ二六三頁、二六五頁、二七七頁）としても重要である。また、通達、そして裁判所は必ずしも明言していないが、職務命令自体も行政組織の内部的行為として処理し処分性を否定した上で、公務員の基本的人権にも関わる職務命令に対しては違法の抗弁を認めた点で、公務員勤務関係法上、理論的にも実務的にも重要な意味をもつものといえる。さらに、本件職務命令が服装、居住地等の指示とは異なり「教科とともに教育課程を構成する特別活動である都立学校の儀式的行事における教育公務員としての職務の遂行の在り方に関する校長の上司としての職務上の指示」であるので、先に本書の立場として指摘した職務命令の二区分では触れていない事例に関し、違法の抗弁を認めたところにも意義がある（参照、松戸・前掲論文・立教法務研究九号三六五頁）。

学説上争いのある職務命令の違法の抗弁を認める範囲に関しては、本判決の射程は必ずしも広くない。まず、本書が前提とした個別の職務遂行とは別に公務員自身の規律に係る職務命令（髪型、出で立ち等）について判決は特段触れるところがないが、この職務命令が公務遂行の範疇に含まれる限り（範囲を超えていれば職務命令としては無効の扱いとなろう）処分性は否定されるが、判決の示唆する訴訟類型で違法の抗弁が提出できるものと解するのが判決の趣旨に適合的である。次に、本事案に即して、通達の名宛人である校長が、通達が憲法違反であるとして職務命令を発しなかったことを理由に懲戒処分を受けたときに、その抗告訴訟において被処分者たる校長が違法の抗弁を出すことが認められるかどうか、さらにおよそ一般的に、公務員の法令順守義務から、公務員の職務命令適法性審査権、さらには適法性審査義務まで認めているかどうかについては、本判決は言及していないし、その論理構造から見ても判決の射程外と解される（なお、本判決後の自説を含めた学説の分析につき参照、下井康史「公務員法の課題」行政法研究二〇号〔二〇一七年〕一三九頁以下。浜西・前掲論文は法令順守義務優先説の立場から、職務命令適法性審査義務を果たさなかった公務員の懲戒処分について新たな問題を提起している(2)）。

(1)　最高裁判所は、住民訴訟である地方議会議員の野球大会参加旅費等返還請求事件において、当該野球大会への議員派遣決定は違法であるとしたが、旅行命令に従って随行した職員に対する旅費相当額の不当利得返還請求に対しては、地方公務員法三二条を引用した上で、地方公務員は「上司の職務命令に重大かつ明白な瑕疵がない限り、これに従う義務を負う」として、当該事案につき、不当利得の要件を充足しないと判断した（最判平成一五・一・一七民集五七巻一号一頁）。この事案は、本文で指摘したような違法の抗弁の問題ではなく、違法な職務命令に従ったことを要件とする法効果（不当利得）を問題としているので、本件での重大明白性の要件が、違法の抗弁の要件一般に直ちに及ぶものではないと解される。

(2)　職務命令への服従義務は、明治憲法下の官吏服務紀律（二条）で「官吏ハ其職務ニ付本属長官ノ命令ヲ遵守スヘシ」とされていたが、これに引き続き「但其命令ニ対シ意見ヲ述ルコトヲ得」とあった。この趣旨は日本国憲法下の国家公務員法に引き継がれ、制定時（昭和二二年）には、九八条の命令服従義務の定めに次いで、「但し、上司の職務上の命令に対しては、意見を述べることができる」とあった。このただし書は、昭和二三年の法改正（前出二八五頁）において削除され、現在に至っている。ただ、この削除によっても、職員の意見の具申は禁止されたものではないとするのが行政実務上の解釈であり（逐条国家公務員法八六六頁）、意見の具申の形式を採らないまでも、上下の行政機関の意思形成の実態に即した理解と思われる。したがって意見の具申は異動の理由にはならない。

これに対して、晴山・前掲論文（前出二九九頁）・専修法学論集一三〇号二九〇頁以下では、意見申出を公務員の権利として明確に位置づけること、さらに公務員の職務遂行そのものへの関与を公務員の権利として認めることを今後の公務員法制の検討課題としている。この問題は国家賠償法制における公務員の個人責任とも関係するところであり（本書Ⅱ三五二頁以下）、権利の付与は、負担の危険を伴うことにも留意する必要があると思われる。

五　争議行為等の禁止

(1)　現行法制の概況

職員は憲法上の勤労者にあたるが、現行公務員法制は、団結権は認めるものの（警察・消防にはこれも否定する）、すべての職員に対して争議行為の禁止を定めるとともに、労働協約締結権を否定している（国公法九八条・一〇八条の二・一〇八条の五、地公法三七条・五二条・五五条。ただし、地公法五五条九項は法令等に違反しない限りで、書面による協定の締結を認めている。また、行政執行法人の職員〔行政執行法人の労働関係に関する法律八条〕、地方公営企業、特定地方独立行政法人等の職員〔地方公営企業等の労働関係に関する法律七条〕は、労働協約締結権を有する）。さらに、争議行為を企て、あおり、そそのかしなどした者には罰則がある（国公法一一〇条一項一七号、地公法六一条四号等）。もっとも、このような法制に落ち着くには、当初の争議行為の禁止規定がなかった時代からの変遷があったが、いずれにせよ、官職の種類を問わず一律に争議行為禁止の職務義務を課し、かつ、あおり行為等には刑罰でのぞむこととしている現行法制に関しては、かねて、公務員の労働基本権保障との関係で論議があった（公務員の義務という見地からは、このうち、争議行為の禁止だけが問題となるが、団結権、労働協約締結権、争議権は密接に結びついているので、便宜ここで取り扱う）。

(2)　最高裁判所判例の変遷

①　最高裁判所は当初は争議行為全面禁止合憲の立場をとっていた（最高裁判所判例の変遷については、菅野和夫「公務員の労働基本権」行政法大系9一四八頁以下が詳細である）。すなわち、昭和二八年四月八日の大法廷判決で（刑集七巻四号七七五頁）、公務員は全体の奉仕者として公共の利益のために勤務するものであるから、憲法二八条の権利につき特別の扱いを受けるのは当然であり、争議行為の禁止も憲法二八条に違反するものではないとした（公共企業体等労働関係法における争議行為禁止規定に関する事件についても同様の判決があった。最大判昭和三〇・六・二二刑集九巻八号一一八九頁、最判昭和三八・三・一五刑集一七巻二号二三頁）。

②　昭和四〇年代に入り、最高裁判所は、同じく、争議行為に関する事件においてこの判例を変更し、現行規定そのものを違憲とはしなかったが、公務員のする争議行為でも刑事罰の対象とならないものがあるとした。かかる解釈の最初の方向をしめしたのが昭和四一年一〇月二六日のいわゆる全逓（東京）中郵事件の大法廷判決で（刑集二〇巻八号九〇一頁。これは現業職員にかかる事件であったので、公務員法の刑事罰が直接適用されるのではなく、争議行為が郵便法違反を構成するかどうかが法律上の争点となったものである）、これを、地方公務員法および国家公務員法の

争議行為禁止違反刑事事件に発展させたのが、昭和四四年四月二日の都教組事件の大法廷判決（刑集二三巻五号三〇五頁）、同日の全司法仙台事件大法廷判決（刑集二三巻五号六八五頁）である。後の二つの判決の特徴は、明確に合憲的限定解釈の方法をとり、その上で、刑事罰の対象となるのは、国民生活に重大な弊害をもたらすものであること、そのうちの違法性の強く通常随伴行為でないもののみとしたことである。

③　ところが、昭和四〇年代の終わりから五〇年代のはじめにかけて、最高裁判所は再び公務員の争議行為に対する判例の変更を行った。それが、昭和四八年四月二五日の全農林警職法事件の大法廷判決（刑集二七巻四号五四七頁、公務員判例百選八一事件）、昭和五一年五月二一日の岩手県教組事件の大法廷判決（刑集三〇巻五号一一七八頁）、昭和五二年五月四日の名古屋中郵事件の大法廷判決（刑集三一巻三号一八二頁、公務員判例百選八二事件。本事件も東京中郵事件とおなじく、直接には郵便法違反の刑事事件である）の一連の判決である。これらの判決で共通に注目されるのは、②の諸判決でなされた国民生活への支障という、実質的利益衡量論ではなく、むしろ、争議行為は勤務条件の決定に関する議会制民主主義と衝突するという原理論に立脚していることである。その論理過程では、②の判決では正面から問題とされることがなかった、団体協約締結権が憲法上の保障の対象とならないことにも言及されることとなった。

④　争議行為禁止合憲の判決は、その後も最高裁判所のとるところとなって現在に至っているが（地公法三七条一項・六一条四号につき、その合憲性を判断したものとして最判平成二・四・一七刑集四四巻三号一頁がある。国公法九八条二項に関しては、給与の改善等を目的として勤務時間内になされた職場集会に分会長として参加した、気象庁職員に対する戒告処分に関する最判平成五・三・二判時一四五七号一四八頁がある）、さらに、公務員の団体協約締結権否認の合憲性についても③に掲記の判決の趣旨を徴して、最高裁判所は昭和五三年三月二八日の判決でこれを明確に認めた

（民集三二巻二号二五九頁、公務員判例百選七九事件）。

(3)　まとめ

公務員に対し団体協約締結権を否認し、争議行為を禁ずる国家公務員法および地方公務員法は、最高裁判所の判例によって、合憲性が確認され、その判例も安定している。したがって、それが、現在わが国に通用している法であるといわざるを得ない。

しかし、これが、正しい憲法解釈であるかどうかは、常に批判の対象となってしかるべきものである。このような見地から、若干の問題点を指摘すれば、次のとおりである。

現在の最高裁判所の判例は、公務員の労働基本権の保障と議会制民主主義という二つの憲法的価値の調整を、基本的に立法者に委ねている。このように、立法権者の判断の結果として、公務員の労働基本権を制約している例は比較法的にみても必ずしも珍しくない。

このことは、しかし、立法権者に完全な裁量を与えるものではない。これは最高裁判所も前提としているところであって、適切な代償措置が講ぜられていることが、合憲性判断の一要素となっているのである。

問題はしたがって、公務員法制全体が、憲法の基本原理である勤労者の労働基本権を十分考慮して作られているものであるかどうか、つまり、立法権者が裁判所の期待するとおりに真摯な対応をしているかどうかにある。この点については、最高裁判所自体は現在の立法がその裁量権の範囲に入っているとみているわけであるが、その評価は、必ずしも適切ではないと思われる。すなわち、日本の公務員労働法制は画一的公勤務法制を基本的にはそのまま前提としている点に注意しなければならない。そのような画一的処理に現在の人事院を中心とする代償措置だけで、果たして労働条件の維持のシステムとして十分であるかどうかが問題となるところである。全逓中郵事件を始めとする最高裁判所判決の背景には、かかる統一的処理に対する立法政策的疑念があったとも推察される。また、仮に、現在の統一的公勤務法制の改革が困難であるとすれば、公務員団体の立法的参加の制度的保障を考えることも重要であると思われる（ドイツの例として、参照、塩野・行政組織法の諸問題二一九頁）[(1)]。

（1）　平成二三年第一七七回国会に「国家公務員の労働関係に関する法律案」および「国家公務員法等の一部を改正する法律案」が提出された。これにより、国家公務員法に定める一般職の職員が結成する労働組合の団体交渉権、労働協約締結権が認められ、労働基本権の保護法制、さらには新たな制度の導入と関連する人事院制度の廃止により、わが国の戦後公務員法制が大きな変革をみることになることが想定されたが、廃案となり、現在に至っている（その過程につき、参照、菅野・労働法八二〇頁以下）。

六　政治的行為の制約

公務員の政治的行為については、一方における公務員の基本的人権と他方における行政の中立性の確保の調整が問題となる。国家公務員法および地方公務員法における調整の結果、公務員の政治的行為についてはかなり厳しい制約を課することに結果している（国公法一〇二条、人規一四－七、地公法三六条）。たとえば、かつて、現業公務員がメーデーに内閣打倒の横断幕を掲げて行進するような場合もこの制限に服するものとされた（最判昭和五五・一二・二三民集三四巻七号九五九頁、公務員判例百選七〇事件）。さらに、制限違反は懲戒処分および刑事罰の対象ともなるのである（国公法一一〇条一項一九号。ただし、地方公務員にあっては、刑事罰は科されない）。以下に留意すべき点を指摘しておく。

①　国家公務員法は、政治的行為の制限の内容について人事院に大幅な委任をしており、その合憲性が問題となる（本書Ⅰ一〇七頁）。

② 国家公務員法および地方公務員法上にカテゴリーとして禁止されるものとして、公選による候補者となること、政党などの役員等になることなどがあるが、制限は特定の政治目的をもってなす特定の政治的行為であって、政治的行為一般が禁止の対象となっているわけではない。

③ 公務員の中でも、審議会委員のような職（国家公務員法では一般職であるが地方公務員法では特別職）には適用されない。逆にいうと次官であれ、係長であれ、窓口の係員であれ、少なくとも法文の上では、等しく政治的行為の制限がかかってくるわけである。

④ このように、政治的行為の制約もわが国の統一的公勤務法制を基礎として画一的である。そこで、かかる立法上の画一的処理が、憲法の基本的人権の保障に適合的であるかどうかの問題がある。この点に関しては、最高裁判所は昭和四九年一一月六日のいわゆる猿払事件大法廷判決で現行規定の合憲性を認め（刑集二八巻九号三九三頁、公務員判例百選六八事件、行政判例百選Ⅰ〔四版〕二三事件）、郵便局の事務官の行った公職選挙の政党公認候補者の選挙用ポスターを配布した行為をもって、国家公務員法、人事院規則違反にあたるとした。これに対して、最高裁判所は平成二四年一二月七日の二つの判決（刑集六六巻一二号一三三七頁・憲法判例百選Ⅰ〔七版〕一三事件、刑集六六巻一二号一七二二頁）において、人事院規則は「公務員の職務の遂行の政治的中立性を損なうおそれが実質的に認められる行為の類型を規定したものと解すべきである」としたうえで、その有無は「当該公務員の地位、その職務の内容や権限等、当該公務員がした行為の性質、態様、目的、内容等の諸般の事情を総合して判断するのが相当である」とした。

この二つの判決については、猿払判決との関係、二つの判決の判断基準の不明確性などの論ずべき点があるが、公務員法制との関係では、公務員の一律的規制への批判、さらには公務員の多様化現象への対応がみられることが注目されるところである（猿払判決および前記二つの判決に対する行政法学からの詳細な分析として、晴山一穂「公務員の政治的行為の制限」自治総研四一六号〔二〇一三年〕一頁以下がある）。

⑤　猿払事件の最高裁判所判決は行政の中立的運営の担保手段を公務員個人の政治的行為の禁止に求めているのであるが、政治的行為の禁止とその職務を公正に行うことは実質的には別の次元のことに属する。たとえば、行政作用法上、多くの処分権限が大臣、知事にゆだねられているが、彼等は特別職として、国家公務員法ないしは地方公務員法の政治的行為の禁止条項の適用をみない（副大臣、大臣政務官も同様である）。しかし、そうだからといって職務が公正でなくなるということはいわれていない。そこで、現行制度は要するに、国民からみてその職務が公正に行われているという信頼を確保する手段として、一般の職員に対しては、政治的行為を禁止することが妥当である、という判断に支えられているものと思われる。しかし、かかる抽象的断定では、国民（公務員も原則国民である）の基本的人権の制約を基礎づけるには説得力がなく、平成二四年の前記二判決により一定の配慮はなされたが、本法、人事院規則の再考が必要と考える。(1)

（1）　公務員の政治的行為に行政の政治的中立性確保の見地から一定の制約を課すことは欧米各国に共通しているが、日本の一律的禁止制度は普遍的ではない。参照、晴山一穂＝佐伯祐二＝榊原秀訓＝石村修＝阿部浩己＝清水敏・欧米諸国の「公務員の政治活動の自由」（二〇一一年）。比較研究を基礎に現行制度の違憲性を論ずるものとして、参照、晴山「国際比較からみたわが国法制の違憲性」同書二一五頁以下。

七　政・官接触規制

行政乃至は公務員の中立性の原則の一環として、政官関係の透明化が挙げられるが、国家公務員制度改革基本法は、その実現の手法の一つとして、官が政と接触した場合に記録の作成、保存その他の管理をすること等につき定めている（法五条三項）。基本法に定める義務の名宛人の直接の対象は政府であるが、政府がこの問題に関し、具体的な措置を定めると（閣僚懇談会申合わせ〔平成二一年九月一六日〕政・官の在り方参照）、職員の行為規範、つまり職務上の義務として評価されることになる。この制度は、公務員の基本的人権侵害にわたるものではないので、政治的行為の制限におけるような問題点はないが、その運用に関する困難性は別に存する（政・官関係よりも視野を広げ、職員〔地方公務員を含む〕に対する外部からの圧力の防止を包括的に検討したものとして、正木宏長「政官接触の規制に関する一考察」立命館法学三二一＝三二二号〔二〇〇八年〕四〇五頁以下がある。政官関係は、これまでも行政学の研究対象として取り上げられてきた。赤間祐介「政官関係」森田朗編・行政学の基礎〔一九九八年〕三六頁以下。公務員制度改革の歴史との関係でこの問題を詳細に論じたものとして、中野雅至「政官関係と公務員制度改革」自治総研四七九号〔二〇一八年〕一頁以下がある）。

八　秘密保守義務

公務員は秘密を守る義務を有する（国公法一〇〇条、地公法三四条）。退職したあとでもそうであるが、その場合には懲戒処分が効かないので、もっぱら刑事罰によることとなる（国公法一〇〇条・一〇九条一二号、地公法三四条・六〇条）。法律は職務上知り得た秘密（一項）と職務上の秘密（二項）を書き分けており、前者は職務との関係において知りえた秘密のすべてであるのに対し、後者は職員が担当している職務に直接関係する秘密である。秘密とは単に形式的に「マル秘」扱いされているものではなく、実質的にもそれを秘密であるとして保護するに値すると認められることを要するとするという意味で、実質秘説をとるのが通説・判例である（石村善治「公務員と秘密保持義

務」行政法大系9二〇一頁以下、最決昭和五二・一二・一九刑集三一巻七号一〇五三頁、行政判例百選Ⅰ四一事件、公務員判例百選六六事件参照)。

以下に留意すべき点を挙げておく。

① 仮に実質秘説によったとしても、当該情報について、あらかじめ、秘密指定(形式秘)が行われていることを要するかどうか、という問題がある(判例上も必ずしも確定していない。参照、公務員判例百選六六事件・石村善治解説)。この点については、職務上知り得た個人又は法人の秘密のようにそれ自体として守られるべき秘密については、個別の指定を必要としないと考えられるが、公安上の秘密、徴税上の秘密等の行政上の秘密については、所轄庁の長の判断が先行し(秘密指定)、その後で実質秘かどうかの判断がなされることになると解される。現在、実務上、秘密文書の取扱いについては、国家行政組織内部において統一的基準が示達されており(逐条国家公務員法八七九頁以下)、これは、右の理解を支持するものと考える(この示達が運用上どの程度守られているかどうかの問題は別にある)。

② 守秘義務違反に対しては、刑事罰および懲戒処分が加えられることになる。その際、被告(人)側がその秘密性を争うことになると、実質秘説をとる限り、裁判所が判断しなければならない。しかし、わが国では現在のところ裁判の公開原則により、裁判官だけが、その情報をみる制度(いわゆるin camera審理)がないので、裁判所としては、証拠からこれを推認する以外にない。その際行政庁側が秘密として指定していることについて、裁判所を納得させるほどに合理性があるかどうかが一つのポイントになると思われる。その限りでは、指定も意味をもつと解される。

③ 実質秘にはあたらないけれども、形式的に秘密扱いをされているものについては、これを漏らしたときに

は、国家公務員法、地方公務員法上の職務義務違反となる場合がある。国家公務員法一〇〇条および地方公務員法三四条に定める公務員の秘密保守義務の秘密が実質秘であるとすると、この場合は、秘密保守義務違反そのものではなく、秘密保持にかかる職務命令違反と把握するのが合理的である（この問題については、参照、佐藤英善「公務員の守秘義務論」早稲田法学六三巻三号〔一九八八年〕一四頁以下、右崎正博「情報公開制度と守秘義務」川崎市・開かれた市政の実現をめざして・川崎市情報公開制度記念論文集〔一九九三年〕一九一頁）。

なお、より一般的にいえば、行政機関が保有している文書は職員の私物ではないから、その管理については所轄庁の長の定めるところに従わなければならないのであって、これに反すれば、職務上の義務違反となる。

④　情報公開法制と公務員法上の秘密保守義務制の関係が問題となるが、この点につき、情報公開法は特段の調整規定を置いていない。その趣旨は、「情報公開法に基づき適法に開示をしている限りにおいては、国家公務員法等の守秘義務違反による責任を問われないとすることが可能と考えられる」からとされている（行政改革事務局監修・情報公開法制〔一九九七年〕三三頁）。もっとも、責任を問われない理由については、構成要件非該当性説と違法性阻却説の二つがあり得るが、前者が妥当と解される。なお、職員が誤って開示したところ、それが実質秘にあたる場合が想定されるが、国家公務員法は過失犯を処罰の対象としないところからすると（逐条国家公務員法一二〇三頁）、国家公務員法一〇〇条の罪にはあたらないものと解される（地方公務員の場合も同様）。

⑤　平成二五年に、特定秘密の保護に関する法律が制定された。一般職の国家公務員が同法の特定秘密の取扱いに従事する者でその業務により知得した特定秘密を漏らしたときは一〇年以下の懲役、または情状により一〇年以下の懲役および一〇〇〇万円以下の罰金に処せられる（法二三条一項。制定過程の詳細につき、宇賀・概説Ⅲ五一八頁以下参照）。その際、国家公務員法の罰則とは刑法の観念的競合に当たると解されているが、同様の事例は、他の

個別法でもみられる（国税通則法一二七条、特許法二〇〇条等。以上につき参照、逐条国家公務員法八八一頁以下）。

九　信用失墜行為の禁止

職員はその官職の信用を傷つけたり、官職全体の不名誉となることをしてはならない（国公法九九条、地公法三三条）。官吏法制の下では、官吏服務紀律において、「官吏ハ職務ノ内外ヲ問ハス廉恥ヲ重シ貪汚ノ所為アルヘカラス官吏ハ職務ノ内外ヲ問ハス威権ヲ濫用セス謹慎懇切ナルコトヲ務ムヘシ」（三条）とあった。これについては「官吏としての品位を辱めない義務」として説明されることがあったが（美濃部・日本行政法上巻七二三頁）、これは官吏の特権的地位の反面を意味するものである。これに対して、現行法の信用失墜行為の禁止は、公務員の特別の地位に関する規律というよりは、より客観的な公務それ自体への信頼の確保が目的であるとみるべきである。

収賄行為をするという職務関連性の強く非道義性の明確なものはもとよりこれに含まれるが、直接職務に該当しない行為でしかも公務全体の信頼を損なうというものになにがあたるかは、個別のケースごとに判断されることになる。飲酒運転なども、信用失墜行為となるのが実務の取扱いである。

一〇　私企業からの隔離・退職管理

私企業からの隔離（国公法一〇三条、地公法三八条）は、職務の公正さを担保することを目的とするが、職務専念義務を実質化するものでもある。これについては、人事院の承認、地方公務員にあっては任命権者の許可による制限解除がある。私企業からの隔離と基本的に同趣旨から、他の事業および事務への関与の制限がある（国公法一〇四条、地公法は私企業からの隔離と同じ条文の中で定めている）。官吏服務紀律では、家族にも規律が及んでいた（一一条）が、現行法ではかかる規制は認め難い。

国家公務員にあっては、従前離職後二年間の就職規制があったが、平成一九年の改正法で廃止され、これに代わり包括的な退職管理制度が創設された（国公法一八条の五～一八条の七、第三章第八節〔一〇六条の二～一〇六条の二七〕）。具体的には、離職の後の就職の援助機関としての人材交流センターの設置（内閣府）、センターの業務遂行以外の離職後の就職に関する情報提供、就職依頼等の禁止、これらの規制の実効性確保のための再就職等監視委員会の設置（内閣府）、退職管理基本方針の決定・公表（内閣）等である。

このような、私企業からの隔離の基本原則は維持しつつも、官民交流の積極的意義を認める制度の整備も進められている。一つは、派遣制度に関する、「国と民間企業との間の人事交流に関する法律」であって、これは、法律上の目的は、官の側の人材育成と組織の活性化であるが、制度の機能としては、国と民間の相互理解、民の側の人材育成と組織の活性化も期待されているところである（前出三二一頁参照）。いま一つは、兼職制限の緩和にかかるものであるが、研究職員が営利企業の役員となることを一定の要件の下で承認しようというものである（人規一四―一七、同一四―一八、同一四―一九）。いずれも、いわゆる官民癒着防止に意を払った上で、現代的な要請に応えたものといえるが、その際、人事院が重要な機能を果たすべく位置づけられている点にも注意しなければならない。(1)

（1）退職管理の行政学による分析として、参照、西村美香「国家公務員制度改革関連四法案と公務員の人事管理」ジュリスト一四三五号（二〇一一年）三七頁以下、稲継裕昭「退職管理」村松岐夫編著・最新公務員制度改革（二〇一二年）一一九頁以下。

一一　公務員倫理の保持――国家公務員倫理法

これまでに考察した国家公務員法、地方公務員法の服務に関する規定は、カバーする範囲は広いが、職員の具体的な行為基準としては、必ずしも具体性を帯びていない。特に、信用失墜行為の禁止、全体の奉仕者として相応しくない行為などがそうである。

他方、現実問題として、公務員、とりわけ、いわゆる高級公務員の非違行為が重なり、これに対しては、公務員法上の服務規律による懲戒処分手続が発動されてきた。また、各省庁においても公務員倫理規程（訓令）の制定がなされた。にもかかわらず、その後にも不祥事が生ずるなどして、従来の制度に対する批判が高まり、より実効性あるシステムとして、国家公務員倫理法（以下、倫理法と略す）が、政府提案ではなく、与野党の協議の結果として、衆議院内閣委員長提案の形をとって可決された（立法の経緯および本法の概要につき、齋藤憲司「国家公務員倫理法」ジュリスト一一六六号〔一九九九年〕五九頁以下、行政法制研究会「国家公務員倫理法」判例時報一七一七号〔二〇〇〇年〕一七頁以下参照）。以下、その概要と国家公務員法制上に注意すべき法律的問題点を指摘しておく。

(1)　倫理法の概要

倫理法は、五つの要素からなっている。

①　倫理原則の提示（法三条）。ここには、公正な職務執行、職務・地位の私的利用の禁止、国民の疑惑・不信を招くような行為の禁止が挙げられている。

②　国家公務員倫理規程の制定の政令委任（法五条）。ここには、利害関係者からの贈与等の禁止・制限、利害関係者との接触その他国民の疑惑や不信を招くような行為の防止に関し、職員の遵守すべき事項が含まれる（これに基づき、政令が制定されている）。

③　贈与等の報告および公開（法六条～九条）。ここには、贈与等の報告（対象者は、本省課長補佐級以上の職員）、

株取引等の報告（対象者は、本省審議官級以上の職員）、所得等の報告（対象者は、本省審議官級以上の職員）、報告書の保存および閲覧の定めがある。

④ 国家公務員倫理審査会の設置（法一〇条以下）。同審査会は、人事院に置かれ、倫理規程の制定改廃の内閣総理大臣への意見の申出、本法違反に係る懲戒処分の基準の作成等を行うが、審査会は本法違反の懲戒処分については任命権者に対する勧告のほか、自ら懲戒処分をすることもできる。

⑤ 倫理監督官の設置（法三九条）。各行政機関に倫理監督官を置くものとし、監督官は、その属する行政機関の職員に係る倫理の保持に関し必要な助言・指導等を行う。

(2) 法律的問題点

国家公務員倫理法には、その適用を巡り（とりわけ、倫理規程につき）、さまざまな解釈上の問題が生ずる可能性があり、また、これが、わが国の公務員の情報収集に齟齬を来すおそれがないかどうか等の政策上の問題もある。ここでは、国家公務員法における職員の服務規程の関係から、若干の問題点を指摘しておくにとどめる。

① これまで、公務員の服務に関して国の法令上「倫理」という言葉が用いられたことはない。その意味では公務員法制においては、初めての用例となるが、倫理法自体は、これに定義を加えていない。ただ、倫理法の定めるところが、公務員に対してはその違反が直ちに懲戒処分の対象となることにおいて（法二六条以下）、法律上の規律ではない定めに使われる倫理的規律とは異なる。また、これは、公務員の私生活にまで及ぶ規律ではなく、あくまでも、職務との関連において、公務員が守るべき行動基準を示したものである（法一条・三条）。したがって、かつての官吏関係＝特別権力関係論の復活を意味するものではないことに注意しなければならない。

② 以上の観点からすると、国家公務員法上の服務規律との関係が問題となる。この点については、本法の成立

過程で、十分に整理した議論がなされているかどうか明らかでない。その意味では、現段階では、事後的な整理にとどまるが、公務員法上の服務規律と本法は、公務員の具体的な行為に関しては重畳的に働くものと解される。すなわち、公務員のある行為は、国家公務員法の定めから評価の対象となると同時に、倫理法の対象ともなる。もっとも、たとえば、公務外の自動車事故は国家公務員法上の懲戒の対象となるが、倫理法の適用対象とはならないとか、従前の理解では、懲戒の対象とならないような行為が、倫理法違反となるということはあり得る。この点につき、倫理法の制定に伴い、国家公務員法は、服務の根本基準の実施を定めるものとして、国家公務員法自体とともに、倫理法を掲げ（法九六条二項）、さらに、懲戒事由として、国家公務員法違反のほか、倫理法違反も挙げることとした（法八二条一項一号）。このように国家公務員法の服務規律と倫理法の規律がそのままつなぎ併せた形で処理されたことで、実務的には対応ができることになるが、理論的には、未整理の感がある。

③　重畳的な適用が考えられる場合に、任命権者が、公務員法に定める手続だけで懲戒処分をすすめることができるかどうかの問題がある。倫理法で、同法違反の行為に対する任命権者の懲戒処分権限との調整規程を用意しているところからすると（法二三条以下）、かかる事案については、倫理法の手続によることが要請されているとも考えられる。

④　倫理法においては、対象職員を一般職の公務員全体としているが、贈与報告等については、一般職のすべてではなく、給与表を用いた差異的取扱いをしている。この点は、少なくとも法文上は、一律的であり、また、適用上もその傾向のあった公務員法上の服務規律とは異なったものである。ここに、一般職の中の差異化という新しい傾向がみられる。

⑤　倫理法と時期を同じくして、官民の人事交流をはかる法律、産学の協力関係にかかる法律等の制定をみた

（前出三六二頁）。この二つはそれぞれに時代の要請によって生まれたものであり、理念として相反するものではないが、その適用の段階にあたっては、適切な調整が必要な場合もでてくることが予測される。

⑥　倫理法はその名称のように、国家公務員にのみ適用があるが、倫理法は地方公共団体に対しても、同法に準じた施策をとることを要請している（法四三条）。この趣旨からすると、この要請には地方公務員法の改正ではなく、地方公共団体が自主的に条例によって処理することになり、現に若干の都道府県・政令市で職員倫理条例・規則が制定されている（名称は区々である）。そこで、右記①〜③の問題が、地方公共団体の場合にも生ずる。また、地方公務員法制固有の問題として、倫理条例と地方公務員法との関係がある。すなわち、条例により地方公務員法に定める服務規律以外の規律を定めることができるかどうかであるが、倫理条例の規定の仕方によっては、抵触の問題が生ずるようにも解される。

第三節　公務員の責任

一　序　説

公務員が法律上の義務に違反しているときには、その責任を追及し、公務の適正を確保しなければならない。公務員の責任追及の制度としては、懲戒責任を中心とするが、その他に、弁償責任、刑事責任の制度がある。弁償責任は財産上の措置である。刑事責任は、刑法上のものもあるが、公務員法上にも刑事罰が置かれているのが、戦後の公務員法制の特色の一つである。

二　懲戒責任

懲戒処分は、勤務関係の秩序維持のため公務員の個別の行為に対しその責任を追及し、公務員に制裁を課すものである。以下、問題となる点を指摘しておく。

①　懲戒事由は基本的には法定主義が採用されており、具体的には、法令違反、職務上の義務違反、非行が挙げられている（国公法八二条、地公法二九条）。しかし、職務命令違反も職務上の義務違反となる限りでは懲戒事由となるし、職務命令は必ずしも法律の根拠に基づくものばかりではないので（前出三四三頁）、法定主義はそれほど徹底しているわけではない。

②　懲戒の種類としては、免職・停職・減給・戒告の四種がある。戒告についてはこれだけでは特別の実質的な不利益はないように思われるが、正式の制裁とされているので免職等と同様、公務員法上の不利益処分として不服申立ておよび訴訟が認められる。このほか、実務上、訓告、注意、厳重注意などがなされるが、これらは、法律の根拠を有するものではないので、将来への戒めとしてはともかく、実質的な制裁として課すことはできない（参照、京都地判昭和五一・二・一七行裁例集二七巻二号一七七頁、公務員判例百選二七事件〔芝池義一解説〕）。

③　懲戒はときに懲戒罰と呼ばれ、確かに制裁的意味をもつのであるが、刑罰ではない。したがって、懲戒処分と刑罰は併科が可能である（国公法八五条）。

④　懲戒権は任命権者が有するが（国公法八四条、地公法六条）、国家公務員については、人事院は人事院の職員以外の職員にも懲戒権をもつ（国公法八四条二項、ただし、八四条の二参照）。また、国家公務員倫理審査会も倫理法違反案件につき、独自の懲戒処分権を有する（倫理法三〇条以下）。

⑤　懲戒処分に関しては、任命権者の裁量権は、効果裁量に限定され、要件の認定の裁量については及ばないと

するのが判例とみられる（最判昭和五二・一二・二〇民集三一巻七号一一〇一頁、行政判例百選Ⅰ八〇事件、公務員判例百選三六事件）。そこで裁量権の所在は懲戒をするかどうか、するとしてどの処分を選択するかの点にあることとなり、その際のコントロールのあり方が問題となる。そのリーディングケースが掲記の最高裁判所五二年判決（神戸税関事件）である。ただ、ここでも、具体的な審査のあり方について具体的な方法を示したものでもなく、むしろ、「社会観念上著しく妥当を欠く」というかなり広い幅をもたせたことが注目される。特別権力関係という言葉は用いていないとしても、民間の場合と異なり、実質上、任免担当者の判断（行政的判断）に優位性を認めたものといえる。

その後の裁判例も神戸税関事件最高裁判所判決を文言上踏襲してはいるが、審査密度を深めている傾向がある。いずれも地方公務員に対する懲戒処分事案であって、最判平成二四年一月一六日判例時報二一四七号一二七頁（地方自治判例百選七八事件）は、都立学校の卒業式において起立・国歌斉唱に係る職務命令違反に課した戒告処分につき適法としたが、より重い減給処分については重きに失するとした。また、最判平成二四年一月一六日判例時報二一四七号一三九頁も公立学校教職員に対する起立・国歌斉唱命令事案で、停職処分とされた教職員のうち一名（停職一か月）につき過去の行動を考慮して違法としたが、別の一名（停職三か月）についても過去の行動を考慮した上で、処分を維持した。いずれの判決も神戸税関事件最高裁判所判決に準拠して、「社会観念」の概念を用いているが、戒告、減給、停職等の法令の定める処分類型ごとに当該処分が「相当」であるか否かという角度から事実関係にもより立ち入った判断をしており、学説・実務における公務員の責任論議に資するところがあると思われる（二つの判決は憲法、行政法〔裁量論、公務員責任論〕に関係するので、判例評釈等が多数あるが、ここでは、公務員法論に焦点をあてた、西田幸介「公務員の懲戒処分における裁量権行使の司法審査」西田編著・行政課題の変容と権利救済〔二〇一九年〕二〇二頁以下を、文献参照を兼ねて挙げておく。なお、その後、最判平成三〇年七月一九日判例時報二三九六号五五頁は、定年退職後の元都立高校教員の再任用拒否処分につき、任命権者の裁量権を前提として、任命権者のした考慮要素、その評価に基づいた判断が「著しく合理性を欠くものであったということはできない」としており、「社会観念」の概念を用いることなく、判断過程の審査を行っている。本件につき、髙橋正人・ジュリスト平成三〇年度重要判例解説四二頁参照)。

⑥　国家公務員法、地方公務員法の懲戒処分については、行政手続法の不利益処分にかかる規定の適用がない(法三条一項九号)。他方、国家公務員法、地方公務員法ともに、事後手続に中心を置いている。しかし、その場合でも、適正手続に関する憲法上の要請は残る(前出三四二頁)。

⑦　懲戒処分については、撤回はない(本書Ⅰ一九二頁)。

⑧　分限と懲戒とは制度目的を異にする。分限は当該公務員の職務適格性を問題とするものであり(前出三三九頁)、懲戒は職員の具体的非行について非難をし、制裁を課すのである(前出三六七頁)。しかし、両者とも不利益処分であり、また、処分事由としても両者が共通することがある。たとえば、秘密保守義務違反は懲戒処分事由であるが、同時にそもそも性格上秘密を守ることに不得手な職員は分限上の問題ともなる。そこで、分限と懲戒のどちらを選ぶかについて、任免権者の裁量が一定の範囲で存在するものと解される。もっとも、分限と懲戒の間の違法行為の転換(本書Ⅰ一八四頁)については、両者の制度目的の違いからこれを否定するのが妥当であると解される(転換を否定した判決として、参照、仙台高判昭和三六・二・二五行裁例集一二巻二号三四四頁、公務員判例百選一九事件)。

三　弁償責任

弁償責任とは、職員が国又は地方公共団体に対して、職務上損害を生ぜしめた場合に、その損害の賠償をするというものである（地方公務員に関しては、自治法上弁償ではなく賠償の語が用いられている。法二四三条の二）。その限りでは、損害賠償法の一般法としての民法だけで処理することも可能のようにみえる。しかし、他方で、当該職員がまさに公務を担当しているという点からして、責任を負うものとする職員の範囲、損害賠償責任成立の客観的要件、請求権実現の方法等について、政策的考慮を入れる余地がある。このような事情を反映して、国家公務員と地方公務員については、多少の違いがあるので、以下に、個別に概観する。

(1)　国家公務員の弁償責任

国家公務員に関する弁償責任については、会計法、物品管理法、予算執行職員等の責任に関する法律がある。対象の職員などにつき法律制定時期により多少の違いがあるが（この点の詳細については、杉村章三郎・財政法〔新版、一九八二年〕二九一頁以下、中西又三「会計職員の責任」行政法大系10三三二頁以下参照）、以下にその特徴と問題点を指摘しておく。

①　弁償責任に関する三つの法律によってカバーされる職員は出納官吏、物品管理職員、予算執行職員である。

②　主観的要件は、物品管理職員および予算執行職員にあっては、故意又は重大な過失であるが、出納官吏にあっては、善良な管理者の注意義務が課せられている。

③　弁償責任の有無については、会計検査院が検定をし、これに従って権限ある機関が当該職員に対して弁償を命ずることとなる（会計検査院法三二条、予算執行職員等の責任に関する法律四条）。ただし、権限ある機関は、会計検査院の検定前にも、弁償を命ずることができる。なお、予算執行職員については、職権又は請求による再検定の

制度がある（法五条）。弁償責任の有無について争いが生じた場合には、会計検査院の検定又は弁償命令の取消訴訟によるか、債権の存否をめぐる民事訴訟（いわゆる公法上の当事者訴訟の可能性を留保した上で）によるかの問題がある。検定前の弁償命令の制度があること、これに直接拘束されるのは命令を発する行政機関であることなどに鑑みると、会計検査院の検定・再検定は、慎重な手続がとられてはいるが、相手方との関係で、権利・義務関係を確定する効果をもつ処分とみることができるかどうか疑問の余地がある（同旨、中西・前掲論文・行政法大系10三四一頁以下）。また、弁償命令は命令という言葉は使われているが、ことの実体は、客観的に成立した損害賠償請求権の行使にほかならないし、行政上の不服申立てに対する特別の定めがないことからすると、命令は処分性を有しないとみられる。

④　会計法等の適用されない職員には、弁償責任に関する特別の定めがない。そこで、これらの一般職員にはおよそ国庫に対する弁償責任がないことになるのか、民法の一般法理による不法行為責任を負うことになるかどうかが問題となる。弁償責任については、明治憲法当時からの沿革があり、当時は、官吏の公法上の責任という角度から整理されていたので、法適用職員以外は弁償責任を負わないという制度が確立していたとみられる。現行制度もこのような観点を引き継いでいるとみられるが、公法と私法の区別を前提したとしても、現行法制の下で、損害賠償法の領域でこの区別を用いることは疑問がある（公法と私法の区別で一般職員に関する弁償責任不適用を結論づけるものとしては、杉村・前掲書二八九頁がある）。あえて説明するとすれば、会計法等の特別法の趣旨は、一般職員に対する国家の損害賠償請求権を放棄したということになろうが、そのような重大な判断をしたという趣旨を制定法から読み取る材料に乏しい。その見地からすると、一般職員は国家に対する損害賠償責任については、職務遂行の内外を問わず民法の不法行為法の適用を受けるものと解される。ただし、会計法等の適用職員とのバランスからし

て、主観的要件は故意又は重過失に限る（同旨、田中・行政法中巻二八一頁、中西・前掲論文・行政法大系10三二四頁）。

(2)　地方公務員の賠償責任

地方公務員の賠償責任制度のうち、国の出納官吏等に相当する会計管理者などの特定の職員につき、自治法上に特別の定めが置かれている（法二四三条の二の二。ちなみに長は特定の職員には入らない。参照、最判昭和六一・二・二七民集四〇巻一号八八頁、地方自治判例百選一〇八事件。長については、住民訴訟としての損害賠償請求訴訟〔前出二三六頁〕のみが働く）。国の場合と異なる点としては、主観的要件は一律に故意又は重過失（ただし、現金は過失）であること、会計検査院の検定にあたるのは監査委員の決定であるが、長の賠償命令はこの決定前にはないこと、長の命令に対しては審査請求の途を指定していることが挙げられる。この制度については、国家公務員の弁償責任との関係で次の点に注意しなければならない。

①　会計管理者等に対する賠償命令は、法律上、処分性が与えられているので、これに不服がある者は、抗告争訟の途を選ばなければならない。

②　会計管理者等が、この制度による賠償請求とは別に、住民訴訟（いわゆる四号請求）によって賠償責任を追及されるかどうかの問題があった（詳細につき、参照、関哲夫・住民訴訟論〔一九八六年〕二一六頁以下）。住民訴訟はもともと、地方公共団体の機関（現実にはその職を占める者）の意思と住民の意思が乖離しているときに用いられるものであるから、自治法に基づく賠償責任を長が追及しない場合には、住民訴訟に基づく四号請求が可能であると解される。平成一四年の自治法改正において、住民訴訟の対象となることが明らかにされた（法二四二条の二第一項四号ただし書参照）。

③　地方公務員のうち一般の職員についても国家公務員と同じように考えて、これらの者は民法上の不法行為責任を職務執行に際して負うが、条例により、その一部を減免することができる（自治法二四三条の二）。住民訴訟との関連を考慮した措置である（参照、松本・逐条地方自治法一〇六七頁、一〇七七頁以下）。

四　刑事責任

公務員の刑事責任については、刑事罰と行政罰の二種類がある。

(1)　刑事罰

職権濫用など職務執行行為自体が法益を侵害するもの（職務犯罪。刑法一九三条～一九六条）と賄賂の収受など職務に関連して法益を侵害するもの（準職務犯罪。刑法一九七条～一九七条の五）に対する刑罰の二つがある。いずれも身分犯である。

これに対して、身分犯ではないが、公務員に刑事罰が科される例として業務上過失致死傷罪がある。業務上過失致死傷罪は、行為の主体性を問わないので、公務員にも適用されることは当然の前提で、その適用場面としては公権力の行使たる事実行為に発する事故、国公立の病院事故、学校事故が想定され、数は少ないけれども若干の例がある。ただ、規制権限の行使にかかる事例がなかったこともあり、行政法学の関心の対象となってこなかったという経緯があった。ところが、薬害エイズ事件の一つであるいわゆる厚生省ルート事件で、元厚生省生物製剤課長に不作為について本罪が適用されたことで（第一審・東京地判平成一三・九・二八判例時報一七九九号二一頁以下、第二審・東京高判平成一七・三・二五刑集六二巻四号一一八七頁、上告審・最決平成二〇・三・三刑集六二巻四号五六七頁）、業務上過失致死傷罪と公務員法制、国家賠償法（一条）、さらには行政法一般との関係が改めて問題となったのである（刑事法学の分野で、これより先、国家賠償法〔とりわけ二条〕と公務員の業務上過失致死罪との関係に分析を加えたものとして、島田聡一郎「国家賠償と過失犯」上智法学論集四八巻一号〔二〇〇四年〕一頁以下がある）。

すなわち、当該エイズ事件において、一審裁判所判決以来、厚生省の課長たる公務員の不作為が問題とされてきたが、当該不作為（逆に言えばとるべき作為）と行政指導との関係および行政指導と業務上過失致死傷の関係が正面から取り上げられてこなかったところ、上告理由で行政指導を根拠に無罪の主張をしたのに答える形で最高裁判所は「行政指導自体は任意の措置を促す事実上の措置であって、これを行うことが法的に義務付けられるとはいえず、また、薬害発生の防止は、第一次的には製薬会社や医師の責任であり、国の監督権限は、第二次的、後見的なものであって、その発動については、公権力による介入であることから種々の要素を考慮して行う必要があることなどからすれば、これらの措置に関する不作為が公務員の服務上の責任や国の賠償責任を生じさせる場合があるとしても、これを超えて公務員に個人としての刑事法上の責任を直ちに生じさせるものではないというべきである」として、上告人の意見に沿った見解を示しつつも、当該事件に関しては、認定事実に基づき、「薬務行政上、その防止のために必要かつ十分な措置を採るべき具体的義務が生じたといえるのみならず、刑事法上も、本件非加熱製剤の製造、使用や安全確保に係る薬務行政を担当する者には、社会生活上、薬品による危害発生の防止の業務に従事する者としての注意義務が生じたものというべきである」と判断した。さらに、注意義務の態様につきより具体的に「任意の措置を促すことで防止の目的を達成することが合理的に期待できるときは、これを行政指導というかどうかはともかく、そのような措置も含まれるというべきであ」ると述べている。さらに上告理由において、被告人が所管する課は薬事法上の監督権限を有していないとしている点にも触れ、「本件非加熱製剤が、被告人が課長である生物製剤課の所管に係る血液製剤であることから、厚生省における同製剤に係るエイズ対策に関して中心的な立場にあったものであり、厚生大臣を補佐して、薬品による危害の防止という薬務行政を一体的に遂行すべき立場にあったのであるから、被告人には、必要に応じて他の部局等と協議して所要の措置を採ることを促すことを含め、薬務行政上必要かつ十分な対応を図るべき義務があったことも明らかであ」るとした。

最高裁判所の本件決定は、直接には、業務上過失致死罪の構成要件の解釈にかかるものであるが、行政法理論からも注目すべき論点を含んでいるので、以下の点を指摘しておく（本決定には主として刑事法の分野からの多数の判例評釈がある。齊藤彰子・ジュリスト平成二〇年度重要判例解説一七二頁以下および同解説所掲の文献参照）。

① 本決定の意義は業務上過失致死罪の適用という手法により、規制行政の一環を占める安全強化対策の実効性確保手段の一つを加えたことにある。一般的にいって、薬務行政にかかる行政権限不行使については、国家賠償訴訟に関してその違法性が認められる場合のあることは確立した判例である（本書Ⅱ三二六頁以下）。もとより過失の要件につき、刑事法上のそれと国家賠償法（つまりは民事上の）それとの違いに留意すべきであるが（両者の相違点に付き刑事法学からの指摘として参照、島田・前掲論文・上智法学論集四八巻一号一〇頁以下、一八頁、齊藤彰子「公務員の職務違反の不作為と刑事責任」金沢法学四九巻一号〔二〇〇六年〕四五頁以下、林幹人「国家公務員の刑法上の作為義務」法曹時報六〇巻七号〔二〇〇八年〕五七頁以下、六九頁）、国家賠償法では、国家の代位責任制度が採用され公務員個人は相手方との関係では責任を負わない（本書Ⅱ三五三頁以下）。また、実務上国の求償権が行使されることは少ないし（参照、西埜章・国家賠償法コンメンタール〔三版、二〇二〇年〕八八四頁以下、懲戒権の発動も当然ではない）ことを考慮すると法制度的整合性の観点からして、今後、法政策的観点からの検討が必要と解される。

② 本決定は薬事法（当時）の監督権限を直接所掌しない行政機関（課）に所属する者についても「被告人には、必要に応じて他の部局等と協議して所要の措置を採ることを促すことを含め、薬務行政上必要かつ十分な対応を図

るべき義務があったことも明らかであ」るとしている。単に情報提供的乃至は調整的行為にとどまらず、組織内的行政指導ともいうべき事務がいかなる根拠で導き出されるかについて当該課の所掌事務との関係で理論的な説明がなされているわけではないので、表面的にみれば、およそ安全行政を担当する部局に職を占める者（課長であれ、補佐であれ）直接の監督権限を保有せずとも、常に業務上過失致死罪適用の対象となることになり、先にあげた国家賠償法制との不均衡は一層増大する。本決定が当該課および課長が事実上安全性確保の中心的存在であったという下級審判決の事実認定をそのまま維持していることに鑑みると、具体の行政機関の所掌事務の厳密な分析を出発点におくのではなく、行政運営の実態に着目して結論を導き出したものといえる（参照、齊藤・前掲論文・金沢法学四九巻一号九五頁）。このようなアプローチは、行政過程の実態を批判的に分析しその統制に主眼をおく行政法的観点とはかなり異質なものであり、また、行政権限の不行使の予防制度一般論を展開する素材としては必ずしも適当ではないと解されるが、安全確保が主要課題の一つである、現代行政における作用法と組織法にまたがる主要な検討課題を提供したものである。

③　本件は、行政指導不作為について業務上過失致死罪が問われたわけではないが、行政指導不作為事案も本判決の射程に入ると思われる。一方、本決定は、薬事法の定めおよび設置法令を前提としているので、政府の規制権限が存在しない場合に行政指導の義務が発生し、かつ、担当職員の業務上過失致死罪が適用されることまで本決定の射程が及ぶものとは解されない。

④　行政過程論、行政救済論（とりわけ抗告訴訟論）においては、抽象的な行政機関としての行政庁の決定の法適合性が中心的論点であって、実際に行動する自然人としての公務員の主観的要素には重点が置かれていない（行政行為の瑕疵類型として意思の欠缺、裁量権の濫用の一類型としての目的ないし動機違反は、公務員の内心の意思を問う場

合がある）。国家賠償法においては、当該公務員の故意・過失という主観的要素が要件となるが、国家賠償法上の現代的課題は、個別の公務員の主観的要件の充足ではなく、組織的過失の認定である（本書Ⅱ三四四頁）。公務員法もその一部である行政組織法でも専決・代決が広く存在しているのである。

これに対して、公務員に業務上過失致死傷に刑事責任を問うに際しては、まさに当該自然人である個別公務員の業務上の注意義務違反が問題となるが、これを導き出すための所掌事務に関する定め自体は、課という組織体としての行政機関の抽象的所掌事務についてのものであるので、これを組織ではなく個人の注意義務違反に凝縮させるという問題を解決しなければならないところがある。本件に即していえば、課の所掌事務から直ちに課長の行政指導に対する職責を導き出すことができるかどうかの問題がある（このような作業は、行政過程論、行政救済論における行政の作為義務の認定には不要である）。また、注意義務違反、過失の認定は、損害賠償における抽象的人間ではなく、専門分野で異なることが判決でも前提とされている。このような、個別化された、具体の職員の特性に応じた注意義務も行政過程論、行政救済論とはかなり異質なものであると思われる。これが刑事罰としての業務上過失致死傷罪の特質であり、その限りで行政法とは無縁のものであるというのも一つの割切りである。しかし、他方、刑罰も違法行為抑止の一つの手段であるという見方に立つならば、業務上過失致死傷罪において立てられた行為規範は、事後の公務員の行為規範として妥当するだけの一般性が要請されるとも考えられる。その意味で、業務上過失は公務員責任法の一角を占めるものということができよう。今後の研究に余地が残された分野である（業務上過失致死傷罪一般との関係について、これまで行政法学からの研究はなされていないところであるが、薬害エイズ厚生省ルート事件判決についての行政法的論点を提示するものとして、常岡孝好「行政の不作為による刑事責任」ジュリスト一二一六号〔二〇〇二年〕一九頁以下、座談会「薬害エイズ事件をめぐって」法学教室二五八号〔二〇〇二年〕二二頁以下が興味深い論点を提示している)。

(2) 行　政　罰

公務員法は、若干の規定について、これに違反した公務員に対し、罰則をもって臨んでいる(国公法一〇九条~一一一条等、地公法六〇条~六二条等)。

公務員法以外においても、公務員の担当する職務を害する行為につき、当該公務員を処罰する規定を有している法規がある(公職選挙法二二六条、二二七条)。

しかし、一般的には公務員の行政作用法上の職務権限行使違反については、懲戒、刑法上の刑事罰、国家公務員法・地方公務員法により対処するのが公務員法制の基本的態度であった。行政機関の保有する個人情報の保護に関する法律においても、当初の政府法案においては、公務員にかかる処罰規定は存在していなかったが、再提出法案で、守秘義務の罰則の加重規定(法五三条)、公務員による個人情報の不正使用の罰則(法五四条)等が加えられ、立法化されたという経緯がある。これには「公務の信頼性に対する重大な毀損行為を罰するもの」(藤井昭夫「個人情報保護法の成立と概要(三)」自治研究七九巻一二号(二〇〇三年)八九頁)という説明がなされている。個人情報という現下の重要課題への対処の面はあるにせよ、この理は、行政作用にある意味では普遍的に妥当するものであることにも留意する必要がある。

以上のように、公務員の刑事責任は拡大の傾向にある。それには、公務の性質の変化という事情と、公務員の責任に対する見方の変化など諸種の事情が考えられるが、懲戒責任、弁償責任等の公務員にかかる責任法制全体を視野に入れ、責任追及と同時に違法行為惹起の効果的抑止の視点を加えた検討が今後期待されるところである。

第三部　公　物　法

第一章　公物法の意義

序　説

　行政目的を実現するにあたっては、物的手段の存在が不可欠である。行政の目的自体が、物的施設の提供ないし管理であることがある。たとえば、公園、道路、河川などがそうである。このように、物が直接公の行政に提供される場合以外に、間接的に、ある目的遂行のための手段として物が用いられることがある。国や地方公共団体の官公署の土地・建物とか机、職員用のパーソナル・コンピューター、鉛筆などの物品がそうである。これらの物は、それ自体が直接に公衆の用に供されているわけではない。しかし、これらの物がなくしては、行政が遂行できないことはいうまでもない。後者の形態の物を含めて、従来、日本の行政法学では行政の遂行に奉仕すべく存在している物を公物と名付け、これに関する法を公物法として行政法の一分野としてきたのである（美濃部・日本行政法下巻七七五頁以下、佐々木惣一・日本行政法論総論〔一九二四年〕二二九頁以下、田中・行政法中巻二九八頁、柳瀬・教科書二二七頁以下）。

　公の用に供される物は、何らかの人的管理が必要であって、そのための行政組織がなければならない。その意味で、公物という物体をとらえるよりは、物を一つの要素としながら、全体を組織体としての「施設」としてとらえるべきである、といった問題もある。また、従来の公物法制では、環境との関係に対する配慮が必ずしも十分ではない。つまり、歴史的制約を内在している。このようないろいろな角度からの公物法概念に対する批判もみられる（後出四四〇頁以下）。しかし、これらの批判は公物に関する法現象の存在そのもの、あるいはこれに関する法制度の存在そのものを否定するわけではないので、最初に、概念論争に立ち入るのは必ずしも生産的ではない。そこで、本書では、公物をめぐる新たな問題は適宜触れるとして、これらの体系論争については、本編の末尾に補論として取り上げることとしたい。

第一節　包括的公物概念

人的手段としての公務員が各国で行政の遂行にあたっていると同じように、公園、河川、道路、官公署の土地・建物は、行政の物的手段としてどの国にもある。しかし、公務員、あるいは公務員法制度が各国に普遍的に存在している（その具体的内容はさまざまではあるが）のとは異なり、公物ないしは公物法制度といった包括的概念を知っている国もあればそうでもない国もある。包括的概念を知っている一つの代表例がフランスであって、domaine public（「公産」と訳される）がそれである。フランスでは、この domaine public の観念の下に海浜、道路などのほか、公共図書館の図書、官公の庁舎などを含むものと理解し、これについては民法上の私的所有権ではなく、公所有権（propriété publique）が成立するものとして、私的所有権との区別が論議の対象となっているところである(1)。ドイツ行政法学には、これも包括的な Öffentliche Sache の概念があり、公の用に供されている物について、特別の法理が形成されてきた(2)。

これに対して、アメリカは、包括的な公物の概念、あるいは公物法を知らない。アメリカにももちろん道路、河川、海岸等は存在するわけであるが、それらは、天然資源法、水法など、個別の法分野ごとに、整理されている。ただ、これらの物の管理に際して、判例上、イギリスのコモンロー上の理論として発達してきた、公共信託の理論が現れていることが特徴的である(3)。

わが国では、明治憲法時代に、ドイツの理論が導入され、その際、Öffentliche Sache に公物の訳語があてられた(4)。現在でも、基本的には、当時の概念規定がそのまま維持されており、包括的公物概念を用いている国ということができる。もっとも、公物に関する通則が成文法典として制定されているわけではなく、公物ないし公物法という言葉自体も法令用語としては用いられておらず、学問上の用語である点に注意する必要がある。

明治憲法時代から日本の行政法で維持されてきた公物の概念規定とは、「公物とは、国家又は公共団体が直接に公の目的の為に供用する有体物を謂ふ」（美濃部・日本行政法下巻七七六頁）というものである（原・公物営造物法六一頁、田中・行政法中巻三〇五頁も全く同趣旨である）。

(1)　広岡隆「公物法理論の省察」広岡・公物法の理論（一九九一年）三二頁以下、小幡純子「フランスにおける公物法」公法研究五一号（一九八九年）二三八頁以下参照。なお、フランス公物法の近時の発展を公物の有効利用という観点から考察したものとして、小幡純子「公物の有効利用と公物占有権」上智法学論集四一巻三号（一九九八年）三三頁以下がある。

(2)　一九三一年に公にされた、ヴュルテンベルク行政法典（草案）では、一七四条から一八七条までが公物にあてられている。その修正草案につき、田中二郎「行政法通則に関する一資料」田中・公法と私法（一九五五年）三六八頁以下参照。なお、ドイツにおける公所有権論争を含めて、ドイツ公物法については、参照、塩野宏・オットー・マイヤー行政法学の構造二一〇頁以下、磯村篤範「ドイツ行政法学における公物理論の展開（一）～（二・完）」大阪教育大学紀要三八巻一号・二号（一九八九年）、土居正典

「公物法理論成立史（一）～（九・完）」秋田法学一四号～三〇号（一九八九～九七年）、大橋洋一「公物法の日独比較研究」大橋・行政法学の構造的変革（一九九六年）二〇七頁以下。

(3) アメリカにつき、荏原明則「アメリカにおける水・沿岸・公有地の利用と管理」荏原・公共施設の利用と管理（一九九九年）二九頁以下参照。なお、アメリカ法でも、public domain の観念がある。これは、広義では、公有地、国有地のすべてをさすが、狭義では、払下げなどの処分をなしうる公有地を意味するものとされ（田中英夫編集代表・英米法辞典〔一九九一年〕六八二頁）、フランス法とは内容を異にする。

(4) 美濃部・日本行政法下巻七七五頁以下。当初はフランス法の影響もあった。参照、広岡・前掲書三頁以下。

第二節　公物法の存在形式

一　公物法一般理論

(1) 公物法一般理論の意義

公物に関しては、統一的な法典があるわけではない。また、個別法令にせよ、公物という用語はない。その意味では、それは、行政法学上の、つまり講学上の概念である。しかし、日本の行政法学は、公物をもって、単なる説明のための概念として用いるのではなく、公物を巡る法現象を整理し、公物に適用さるべき法を体系的に構成してきたのであって、これを公物法一般理論と称することができる。

公物法一般理論はしたがって、単に、既存の制定法（道路法、河川法等）を整理したり、説明したりするにとどまらず、制定法の有無にかかわらず個別の関係に適用すべき法を発見する体系である。それは、法律の制定に際しても、指導的概念となるとともに、制定法の解釈原理としても機能することが予定されている。概念構成的行政法学の典型的成果物といえる。

もとより、学説の構成にかかる法理は、それだけで直ちに、法源となるわけではなく、裁判所により判例として取り入れられ、さらに、制定法に導入されてはじめて、実定法としての意義をもつ。その過程で、もともとの法概念に変容が加えられることもあるし、学説相互の間に争いのある場合はなおさら、その過程で取捨選択が行われる。公物に関する法理論もその例に漏れないが、現実の判例、制定法の形成に大きな役割を果たしてきたのである。(1)

公物法は、行政法一般理論の形成とも密接な関係をもっている。それはとりわけ公法と私法の区別を前提とした公物への私法適用論にみられるが（田中二郎「公物の法律的構造」〔一九四〇年〕田中・公法と私法一五一頁以下、原・公物営造物法一三五頁以下）、行政行為論に対しても検討の素材を提供していることは本書の以下の叙述にも示されているとおりである。

(2)　公物法一般理論の限界

公物法一般理論には、時代制約的要素がある点にも注意しなければならない。すなわち、当時の行政法学上の他の法理と同じく、公物法理も、公法と私法の区別の前提の上に成立したという点である。この点からして、実定法における公法と私法の区別を否定する立場あるいはその有用性に対する消極的評価にたつ見解からすると（本書Ⅰ二八頁以下）、公物法一般理論はもはや通用し難いということもいえそうである。しかし、公物法一般理論は公法と私法の区別を前提として成立したといっても、公法と私法の区別の相対化現象を強く受けてきた場面であるという事情がある。また、それは、道路、公園など公衆の用に現に供されている物をいかに合理的に管理するかという、極めて実務的問題関心にも支えられていたものであった。さらに、公物法一般理論は、河川法や道路法などの個別の公物管理法と密接な関係をもって展開してきたものである。公物法が公法と私法の区別を前提として成立したという限界は常に念頭に置かなければならないが、だからといって、公物法一般理論がすべて過去に属するという断定を下すことはできないのである。

公物法一般理論の限定のいま一つの側面は、その成立の時代と関係している。つまり、公物法の成立過程においては、主たる対象は道路、河川、公園などであり、これらの当時の利用形態を前提とした物自体の管理が関心事項であった（この点を指摘するものとして、参照、横山信二「海の利用関係」松山大学論集五巻三号〔一九九三年〕四六頁）。しかし、時代が進展してくると、一方において、公のサービスの範囲が広がるにつれ、どこまでを公物法の問題としてとらえていくかの問題が生ずる。また、利用形態の変化とともに、管理のあり方の関心の所在も変化してくるという現象が生ずる。とりわけ、公物の利用が公物の外の環境に強い影響を及ぼすようになると、もともとの公物法通則の下での法理では処理できないような問題も生ずるのである。その意味で、公物法通則の外在的限界に留意しながら、公物に適用される法理をみていく必要がある（なお、第三部補論参照）。

（1）　わが国における公物法一般理論の内容およびその問題点を取り上げたものとして、土居正典「公物管理と公物利用の諸問題の検討」雄川献呈上五〇七頁以下がある。

なお、磯部力「公物管理から環境管理へ」成田退官記念四三頁は、現在の公物法理論にあまねくみられるような強度の「実定法万能主義」を批判している。公物につき公物管理法が制定されると、その限りで、個別の制定法の形式的な解釈問題として処理されることになりがちである。しかし、これは、制定法万能主義とは異なる。さらに、公物については、個別管理法の制定されていない領域があり、ここでは、制定法が未整備である状態を前提として構成されてきた公物法一般理論が、なお、学説上にも主張され、判例にも取り入れられていることに注意しなければならない（論者の当面の批判の対象となっている田中説もしかく実定法万能主義でないことについては、皇居外苑使用不許可処分事件〔後出四二九頁〕についての判例解説〔田中二郎・行政判例百選Ⅰ

（初版、一九七九年）一八八頁以下〕に照らしても、明瞭である。見方によれば、ここに、従前の行政法理論の残滓がある）。

二　公物管理法

①　国の公物管理法　個別の公物に関しては、それぞれに国法のレベルで法典が整備されつつある。たとえば、一般の用に供される物（公共用物）で人工的に作られた公物（人工公物）である道路については道路法、都市公園については、都市公園法があり、自然に存在している公物（自然公物）である河川については河川法、海岸に関しては海岸法がある、という具合である。これらは実務上公物管理法と呼ばれる。当該物がある公物管理法上の公物である限り、この法律の適用がある。これらは、それぞれの公物の特性に応じた規律を有しているが、その制定においては、公物法一般理論が前提とされていることに注意しなければならない。

なお、官庁の庁舎など、特定の関係者の用に供することを前提とする物（公用物）に関しても、国有財産法の規定が及ぶが（後出㈢）、個別の公用物に関して特段の法律は制定されていない。

②　地方公共団体の公物管理法　地方公共団体も公物の管理主体として、その提供する公物について規律することが本来可能である。もっとも、自治法は、公の施設の条例主義をとるとともに、原則的規定を置いており（法二四四条以下。前出二四八頁）、この公の施設は公共用物を含むと解される。そこで、公の施設にかかる条例も公物の重要な法源となる。その際、個別公物管理法と個別公物管理条例の抵触の問題が生じ得る。この点に関して、最判昭和五三年一二月二一日民集三二巻九号一七二三頁は市の普通河川管理条例が河川法適用河川に関する定め以上に強力な定めをすることは許されないと判断した（前出二〇七頁）。この判旨は、一見法律の先占領域を形式的に広くとらえているように読めるが、他方、河川と河川法の適用関係の仕組み解釈に立脚したものであるので、地方分

権施策の一環として普通河川もその一種であった法定外公共物法制の改革（後出三九七頁）との関連において、河川法をはじめとする個別公物管理法と個別公物管理条例の関係も地方分権の趣旨に即した整理が行われるべきものと考えられる。

地方公共団体の庁舎についても、特別の法律は制定されていない。

③　公物管理規則　国の公物管理については、法律主義が明定されていないので、個別公物管理法の適用外の公物（詳細については、後出三九五頁以下）に関しては、法律の委任に基づかない規範定立の問題が生ずる。現に、実務においては、公物管理法適用外の公園について公園管理規則（国民公園、千鳥ケ淵戦没者墓苑並びに戦後強制抑留及び引揚死没者慰霊碑苑地管理規則―環境省令―環境省設置法四条一項一五号）が制定されている。

掲記の公園管理規則（当時は厚生省令）に関して、メーデーのための皇居外苑使用不許可処分事件で、最高裁判所は、当該管理規則に基づく管理権者の不許可の意思決定を行政処分としている（最大判昭和二八・一二・二三民集七巻一三号一五六一頁、行政判例百選Ⅰ六五事件）。最高裁判所は、その際、公園管理規則の法的性質論およびその根拠論に立ち入った検討を試みることなく、その根拠を厚生大臣（当時）の管理権に求め、さらにその管理権の根拠規定を国有財産法（五条）に置いている。戦後間もない時点のものであるので、これを公物管理規則に関するリーディングケースと位置づけることには問題のあるところであるが、その後も法的状態は変わっていない。つまり、日本の実定公物法制においては、法律の具体的委任規定のない公物管理規則があり、これを形式上の根拠とする行政処分がなされるという法制が最高裁判所によって認知されているという事実は残ったままである。仮に、この規則に法規性が認められるとなると、法律による行政の原理、とりわけ、法律の法規創造力（本書Ⅰ七七頁）との関係が問題となるところである（参照、同百選の大久保規子解説）。

かねて、公物管理規則の制定の根拠を公物管理権者の物への支配権に求める見解がある（美濃部・日本行政法下巻八一七頁）。公物の管理権の根拠を物に対する支配権（所有権等）に求めることは正当な考えと思われ（後出四〇七頁）、最高裁判所は、かかる意味における規範定立権を含む公物法理論を取り入れたものと解することもできよう。しかし、法治主義の原則が従前よりもより厳格に適用されるべき現行法上の規範定立権の根拠となすには十分ではなく、法制の整備が必要となる分野と解される（原・公物営造物法二三八頁は、法治主義の原則に基づき、公園等の公共用物の管理規則には、法令の根拠が必要であるというが、掲記の公園管理規則の性質については言及がない）。

これに対して、地方公共団体においては、公物管理における条例主義が採用されているために、その公共用物に関しては、条例の委任に基づかない規範の制定される余地はない。もっとも、公の施設条例の適用のない暫定的な小規模の公園などがあり得（前出二四八頁）、これに規則が制定されているとすると、国の公共用物と同じような問題がある。

④　庁舎管理規則　公用物である庁舎に関しては、庁舎管理規則が、組織規程（訓令）として定められている。これについては、法律の根拠を必要としないとするのが、通説・判例である（原・公物営造物法二三八頁。最判昭和五七・一〇・七民集三六巻一〇号二〇九一頁、行政判例百選Ⅰ〔四版〕七二事件も、（旧）郵政省庁舎管理規程の法的根拠を特段に問題とすることなく、判断を加えている）。これは、当該規律の名宛人が基本的には内部関係者であること、つまり、部分的秩序の法理（本書Ⅰ三九頁）によっているともみられる（原・公物営造物法はこれによる）。しかし、管理規則の対象は必ずしも職員に限られるものではないので、ここでも、公共用物と同じく、管理規則制定の根拠が所有権その他の物的支配権にあるとみるのが正当であると思われる。なお、この場合に、利用が職員の職務上のものである限り、規律は職務命令として内部化されるが、職員団体、外来の訪問者等との関係では、外部効果

が問題とされる余地がある（後出四三三頁）。

三　財産管理法

個別の公物管理法とは別に、国有財産に関しては国有財産法、公有財産については、地方自治法に規定がある（法二三八条〜二三八条の七）。これによると、国・公有財産は普通財産、行政財産に分かたれ、後者はさらに公用財産、公共用財産に分類される。これら公用財産および公共用財産は公物の分類学のそれと対応している（後出三九四頁）。さらに、国有財産法は「国有財産の取得、維持、保存及び運用（以下「管理」という。）並びに処分については、他の法律に特別の定めのある場合を除くほか、この法律の定めるところによる」（法一条）としている。ここからすると、国有財産法、自治法は、国有・公有の公物についての一般法のように読める。事実、道路法、河川法なども、国有財産法の特別法として位置づけることができる、とする見解もある（国有財産法研究会・国有財産〔改訂版、一九九一年〕五頁。原・公物営造物法九九頁も同趣旨）。

しかし、個別公物管理法と国有財産法、地方自治法の関係は通常の一般法・特別法の関係とは異なった点があることにも注意しなければならない（以下、国有財産法を例にして説明を加える）。

①　国有財産法で、行政財産（公物）に関する主要な規定は、行政財産の管理機関（法五条）、財務大臣の措置要求（法一〇条）、処分等の制限および目的外使用の許可（一八条）に過ぎない。いいかえると、公物の本来の目的を達成させる作用としての管理作用の具体の内容的規律はここには示されていない。

②　国有財産法の行政財産に関する規定の状況と、これから考察する個別公物管理法の内容を比較すると、実質的にも、一般法と特別法の関係というものではなく、むしろ、国有財産法は主として行政財産の財産的側面に着目

した規律であり、行政財産の公物としての規律については、もともと、一般法としての地位を予定しているものではない、という見方もできるように思われる。[1]

③　ただし、公物の管理に関し、国有財産法は財産管理、個別公物管理法は機能管理と明確に切り分けられていない点にも留意する必要がある。すなわち、国有財産法にも行政財産の機能を維持するための、つまり機能管理のための規律がおかれているし（前出①）、管理委託制度も国有財産法の運用の一種として位置づけられている（後出四一二頁）。さらに、財産管理と機能管理の役割自体も必ずしも截然と分かたれているわけではないことにも留意する必要がある（後出四二二頁）。

なお、動産である公物については、物品管理法、地方自治法（法二三九条）が財産管理の面について、規定を置いている。[2]

④　国有財産法の対象は国有の財産であるので、独立行政法人、国立大学法人等の所有する不動産等は国有財産法にいう財産ではない。したがって、これら法人が行政主体として整理され、その所有する有体物が公の用に供されている場合、これらは公物ではあるが、国有財産の法規律は受けないので（田中・行政法中巻三〇六頁注（1）参照）、その点からも、国有財産法は公物法の一般法ということはできない（物品管理法も同じ）。

（1）　森田寛二「国有財産の理解に関する疑問（下）」自治研究七四巻三号（一九九八年）九頁以下は、国有財産法一八条で定める「貸し付け」「売り払い」の禁止規定は、公物の本来の目的を達成させる作用としての管理作用の内容的限界を画する規律であることで、それは、まさに公物の面からの規律であり、国有財産法は個別の公物管理法の一般法としての地位を有するとしている。一般法と特別法の理解に関することであるが、国有財産法には公物法の最大の関心事である利用関係そのものについての正面からの規定がなく、主たる関心が財産管理の側面に注がれているというのが、本書の国有財産法は公物一般法ではないという認識の基礎にある。

(2)　国有財産法、地方自治法に定める国有・公有の財産は基本的には不動産で、かつ所有権を国又は地方公共団体が有している場合を中心としており、所有権以外については、地上権、地役権およびこれに準ずる権利についてこれを国・公有財産としている（国有財産法二条一項、自治法二三八条一項）にとどまる。したがって、国又は地方公共団体が何らかの権原を得て、ある土地を公共の用に供していても、つまり、公物であっても、当該権原が所定の権利にあたらない限り（借地権、借家権はこれに含まれないと解されている。松本・逐条地方自治法九九一頁、小林紘ほか・地方公共団体の財務管理〔一九七八年〕三二六頁参照。使用貸借による権利も、もちろんこれに該当しない。参照、東京高判平成五・九・二八行裁例集四四巻八＝九号八二六頁）、それは、国・公有財産としての行政財産にはならない。また、動産に関しては基本的には、国においては物品管理法、地方公共団体においては地方自治法の物品に関する規定（法二三九条）が適用されるので、動産であって公物に属する物も行政財産ではない。このような点からしても、国有財産法、地方自治法（法二三八条～二三八条の七）はもともと、公物の一般法といえない。

四　民　法

このように、公物に関しては、公物法一般理論上の法原則、公物管理法、財産管理法の適用をみるほか、公物法通則のあり方との関係では、民法の適用可能性にも配慮する必要があることに注意しなければならない（例、公物管理と占有権。後出四二一頁）。

第二章　公物法通則

序　説

ここで、公物法通則とは、公物法一般理論を基礎として形成されてきた、公物法に関する通則的規律である。ただ、公物法通則といっても、具体的論点では、学説・判例の一致しない点が多くある。また、公物法一般理論と個別公物管理法、財産管理法との関係についても、なお、整理が十分にされていない点がある。その意味で、そこに、一律の固い法理、法原則が妥当しているわけではなく、今後の解釈をまつ点があることに注意しなければならない。

第一節　公物の要素

公物の定義を前提として、その具体的内容を分析的に示すと次のとおりである。

① 行政主体が物に対して何らかの権原をもっていたとしても、その物が公の用に供されていないならば、それは公物ではない。これらの物は、国のもっている財産、その意味では国民の共有物であり、その面からの管理の適正をはかる必要がある。そのために、国有財産法、物品管理法が制定されている。地方公共団体の物についても、自治法（法二三七条以下）がある。制定法上、これらは、普通財産と呼ばれている。その際、わが国では、これら

の物については基本的には民法が適用され、国有財産法、自治法の規定は民法の特別法である、という理解にたつ（本書Ⅰ二九頁）。

② 行政主体が物を公の用に供するにあたっては、これに対する支配権が必要である、つまり権原が必要であるが、それは所有権である必要はない（前出三九〇頁注（2））。

③ 公の用に提供する主体は、公物の概念規定上は、行政主体に限定される（美濃部・日本行政法下巻二八一頁―国又は公共団体、田中・行政法中巻三〇五頁―行政主体）。その際、公物法一般理論では独自の行政主体論を展開しているわけではないので、ここでいう公共団体、行政主体は行政組織法上の行政主体を指すこととなる。したがって、ある資産家が自分の庭園を広く市民の利用に開放したとしても、それでその土地が公物になるわけではない。また、私道もそれが事実上道路交通の用に供されたからといって、当該私道が公物になるものではない。さらに、その際、行政庁の許可・認可行為があったとしても、それだけで公物になるわけではない（たとえば、道路運送法の自動車道事業の免許によって提供される自動車専用道路）。ただ、そのことと、その道路を通行する人や車が道路交通法の規制の対象となるかどうかは別の問題であって、道路交通法の道路の定義の中には、道路運送法の自動車道は明示的に含まれている（法二条）。

④ 公物は概念規定からすると有体物である。動産であると（たとえば、公立図書館の書籍類）不動産であるとを問わない（ただ、公物一般法通則は主として不動産たる公物を対象として構成されている）。水のような流体も含まれるが、空気などの気体はこれに入れられていない。これは、もともと、支配管理の対象にならなかったという属性によるものと思われる。これに対して、まさに一般公衆の利用に供され、かつ国が管理しているけれども、電波は公物に含まれない。もとより、公物法における考え方を、電波の管理を定める電波法の解釈に類推することは可能で

あるが、公物法のカテゴリーには入らないのである。包括的な公物法概念を知っているドイツ、フランスでもそうで、電波を公物として正面から論じている国はない。これは主として歴史的理由によるわけで、公物法ができたときには電波はまだ人間が支配管理する対象となっていなかったのである。(1)

⑤　公物であるためには、有体物であることが必要条件なので、利用の結果、消費されるものは、公物ではない。したがって、鉱物、石油などは、もともと、公物としては取り上げられてこなかった。(2)

(1)　電波が貴重な資源である点では流水に類似するものがあり、電波公物的発想から、つまり、電波は国民共有の財産である、という角度から電波利用に対する公的規制を正当化しようとする試みが時になされることがある。そしてそれは、しばしば内容的規制、つまりテレビジョン俗悪番組追放の根拠としても用いられることがある。もっとも、これに対しては国民共有の財産であるが故に国民の喜ぶもの、つまり、視聴率のより高いものを供給するのがよく、それがたまたま俗悪であるかどうかは主観的な問題であるなどという議論がなされることもある。ただ、このような電波公物論はアナロギーとしては、必ずしも適切ではなく、この場合にはいかにすれば、自由な言論市場の確保が可能であるかが、基本的な問題であって、電波公物論は適切な道具概念とはならない（塩野宏「放送事業と行政介入」〔一九七〇年〕・「放送の特質と放送事業」〔一九七四年〕塩野・放送法制の課題七七頁、八一頁、一三九頁、一四三頁）。

(2)　その点での例外が河川の流水である（「流水」の観念に関する詳細な分析として、参照、櫻井敬子「水法の現代的課題」塩野古稀下七〇六頁以下）。なお、地下水については、日本法では、公物ではなく、また、一般的な管理の規律もない。したがって、基本的には地下水は私的土地利用権の範囲に入っている私物であるとされてきた（参照、金沢良雄・水法〔一九七〇年〕一五〇頁以下、三本木健治「地下水法論」金沢＝三本木・水法論一四七頁以下）。

なお、平成二六年に水循環基本法が制定され、当該基本法の実施法として、地下水管理法の制定も論議の対象となっているが、それが、地下水の公物化を予定しているとはされていないと解される（参照、三好規正「水循環基本法の成立と水管理法制の課題（一）」自治研究九〇巻九号〔二〇一四年〕七九頁以下）。

第二節　公物の種類

公物についてはいろいろな角度からの分類が可能であるが、通常次のように分類される。

一　公物の分類

①　公共用物・公用物　公物の利用目的による区別である。公共用物（公共物ともいう）は、公衆の用に供されるものであって、道路、河川、公園、海岸などである。公用物は、直接には、官公署の用に供されるもので、国の府・省や県庁・市役所等の建物およびその敷地がこれにあたる。この区別は、使用関係について意味をもつ（後出四二四頁以下）。もっとも、公の用に供される物が、このいずれかに整然と分類できるかどうかは別で、たとえば、行政主体が保管している公文書は、一面では、公用財産であるが、情報公開制度の下では、すべての人が利用できる、という意味では、公の図書館の図書と同じ意味で、公共用物ともいえそうである（国立公文書館に保存されている行政文書の公共用物的な側面の理解の必要性を説くものとして、参照、木藤茂「行政の活動とその記録としての文書に関する法的考察（下）」自治研究八二巻一〇号〔二〇〇六年〕一三三頁。宇賀・概説Ⅲ五五五頁は、行政文書は「公共用物としての性格も併有する」という。また、既存の公物としての港湾・空港に関し港湾の例につき、参照、木村琢磨・港湾の法理論と実際〔二〇〇八年〕一六三頁以下）。なお、この区別は国有財産法でも採用されているが、同法は不動産を主体としたものである。

②　自然公物・人工公物　公物が人の手によって加工されて公の用に供されているのか、自然のままで利用されているのかによる区別である。自然公物としては、河川、海岸などが挙げられる。自然公物の観念は、これに

「資源」の要素を組み入れることにより、管理・利用のあり方を考える上で重要な意義をもつ（参照、塩野宏「自然公物の管理の課題と方向」〔一九七九年〕塩野・行政組織法の諸問題三一五頁以下）。人工公物としては、道路、公園などがある。もっとも、河川も、全く自然のままのものはないし、とりわけ、河川工事により新たな水路を別に設けたりすると、定義上は人工公物となりそうである。

③　国有公物・公有公物・私有公物　　当該公物の所有権の帰属による分類である。この区分は、公物の概念上に、国、地方公共団体が所有権をもたない、つまり私人が所有権をもっている物でも公物でありうるということを前提としている（後出四〇〇頁）。

④　自有公物・他有公物　　③の区分を前提とした上で、公物の管理主体と所有権の帰属の一致しているのが自有公物であり、不一致なものが他有公物である。

⑤　動産公物・不動産公物　　公物を動産と不動産に分かったものであるが、あまり、なされる分類ではない。ただ、公物法通則はほとんどすべてが、ここでいう不動産公物（河川の流水を含む）を対象としている。

二　法定外公共用物

右にみた標準的な公物の分類のほかに、公物の種類として注意する必要があるのが、法律によって公共用物としての管理が定められている公物以外の公物の存在である。

河川法や道路法などの公物管理法は、主要な公共用物を対象としているが、そのすべてをカバーしているわけではない。

たとえば、河川法上の河川には一級河川、二級河川がある。また、河川法が準用されるものとして、準用河川がある。その際、一般に河川とみられるものが、性質上当然に一級河川、二級河川、準用河川として、客観的に整理されるのではなく、それぞれ正式の手続をふんだあとで法的位置づけを与えられる。そこで、このような手続がふまれない限りは実態が河川であっても、河川法の適用のない河川である。これは、大きな河川の山奥の支川もあるが、都市に流れる小河川にこの類のものが多い。これらは、実務上普通河川と呼ばれる。

道路についても、公共用物としての道路の管理を定める法律として道路法がある。しかし、これは公物としての道路のすべてに適用されるものではない。というのは、道路法上の道路というのは道路法の定める手続に従って路線の認定等がなされ、道路として供用されているものである（いわゆる認定道路）。ところが、現実には現在の道路法のみならず、明治時代の道路法においても制定法上の位置づけを与えられていない道路がある。それは、いままでも一般に里道とされているもので、地方には生活道路的なものとして用いられている例が多い。

これらの里道、川、水路、広場などは明治以前、つまり、日本に近代法の体系が導入される以前から存し、かつ、近代法の導入後も、その存在形態からして、他の公物にみられるような形での厳格な国家法の介入の必要をみないものであったものである。なお、これが、法的にも公物として観念されるのは、明治七年の太政官布告一二〇号の「地所名称区別」であって、これによると、「山岳丘陵林藪原野河海湖沼池沢溝渠堤塘道路田畑屋敷等ソノタ民有地ニアラサルモノ」が第三種の官有地とされる、つまり、国有とされたところによる（同布告にいう官有地の観念の厳密な考証として参照、人見剛「明治初期の土地の官民有区分における『官有地』概念について」兼子古稀一三九頁以下）。そこで、これら、歴史的に国有財産とされた国有の公物で制定法上の公物管理法の定めの外にあるものが、法定外公共用物といわれてきた（参照、原・公物営造物法三五二頁以下、塩野宏「法定外公共用物とその管理権」〔一九九〇年〕塩野・行政組織法の諸問題三二七頁以下、寳金敏明・里道・水路・海浜〔五訂版、二〇一九年〕三頁以下。実務上の用語としては法定外公共物が普通のようである)。

かかる意味における法定外公共用物は、国有財産でありながらも国は実際の公物管理を行っておらず、地方公共団体が事実上管理している例が多かった。その際、条例により管理の適正を図る例も見られた。普通河川条例と河川法に関する昭和五三年最高裁判所判決は、法律と条例の関係に関する主要判例の一つとして注目されたところである(前出二〇七頁)。この事件においては、別の争点として、そもそも普通河川の管理が地方公共団体の事務に当たるかどうかがあったが、最高裁判所は、平成一一年改正前の地方自治法二条三項で地方公共団体の事務の例示として河川の管理があげられていることを示し、普通河川に関する地方公共団体の管理権限及び条例制定権を認めていた。しかし、地方自治法の当該規定は、事務の例示であって、ここから直ちに河川の管理権限を認めることはできない(平成一一年地方自治法改正で例示規定は削除された。参照、塩野・行政組織法の諸問題三二九頁以下)。そこで、かねて制度の整備が要請されてきたところであるが、地方分権の一環として、法定外公共用物(河川等、道路)の所有権を国が地方公共団体に譲与する手続を整備し(国有財産法、国有財産特別措置法の一部改正)、財産管理と機能管理を市町村が一元的に行う体制をとることとされた。この手続が完了すると、法定外公共用物の大部分が概念上消滅することとなる。(1)

なお、海岸については、海岸法の改正により、公共海岸については、すべて、海岸法の適用がみられることとなり、法定外公共用物の観念はなくなった。(2)

しかし、海については制度的整備はその後もなされていない。また制度上の手当がなされている物についても過渡的には、なお従前の意義における法定外公共用物は事実存在するし、市町村に譲与されたあとで、公共の用に供されているならば、道路法、河川法、公共用物条例等の別段の手続がとられない限りは、個別公物管理法の適用対象とならない公物は、依然として存在することとなる。従前から公有公物でありながら、個別公物管理法の対象となっていないものの存在も指摘されているところである。その意味では、過渡的な国有公物としての法定外公共用物のみならず、個別公物管理法の適用対象外の公物はなお、存在するわけである。[3]

一般には右のような歴史的意義をもつものだけが法定外公共用物として整理されている。しかし、これらの公共用物とは別に、特定の広場などを国が設営し、公共の用に供していながら、個別制定法の適用を受けないものがある（皇居外苑、新宿御苑、京都御苑、千鳥ケ淵戦没者墓苑など。地方公共団体でもありうる）。公物管理法は、道路法、河川法のように、すでに明治憲法の下で制定されたものもあるが（ただし、その後に全部改正されている）、これら公物管理法は一斉に制定されたものではない。その意味で法定外公共用物と異なる意味で公物管理法の規律の及ばない公物はつねに存在してきたし（道路法制定前に新たに設置された道路、都市公園法制定前の都市公園）、いまでも存在しているわけである。

なお、動産公物については、共通法、個別法も制定されていないので、法定外公共用物の観念は当てはまらないが、公物法一般理論が及ぶ可能性は存在するものと考えられる。

そこで、以下、本書では国有・公有双方を含めて個別公物管理法の適用対象とならない公物を法定外公共用物として、取り扱うこととする。

（1）　参照、小幡純子「法定外公共物の管理体制」分権型社会を創る九巻（二〇〇〇年）二一一頁以下。亀田健二「法定外公共物」行政法の争点（三版、二〇〇四年）一九四頁以下。沼津市における里道に関する条例の制定過程を分析し、問題点を指摘した事例研究として、渡邉成彦「法定外公共物（里道）の変遷と分権譲与後の管理」自治総研四七四号（二〇一八年）一頁以下がある。新条例は「沼津市里道等管理条例」で、「里道」の名は、法令に残ることとなった。また、荏原明則「普通河川の管理と法的課題」

水野古稀三〇八頁以下は、普通河川に係る条例のあり方（法定外道路と同一の条例）につき広く実態を調査し疑問を提示している。

（2）参照、成田頼明「新たな海岸管理のあり方」自治研究七五巻六号（一九九九年）一三頁以下、寳金・前掲書一二頁以下。なお、大久保規子「法定外公共用物問題」地方自治・地方分権一四六頁では、改正海岸法においては、公共海岸の水面部分が低潮線までに限定されていること、占用許可の対象から水面部分が除外されていることから、地方公共団体が条例による機能管理を行う余地があるとしている。そこでいう機能管理が公物警察（後出四一九頁）にとどまらず、公物管理まで含むとすると、その権原の問題は残る。

（3）以上の点につき、塩野宏「法定外公共物法制の改革」（一九九九年）塩野・法治主義の諸相四九二頁以下参照。なお、市町村に譲与されたあとの法定外公共用物については、地方自治法の公の施設として管理条例が制定されるが（同旨、大久保・前掲論文一四五頁）、その手続がなされていないからといって、公物としての性質を喪失するものではないので、この場合には公物法一般理論によって管理運営がなされることとなる。寳金・前掲書は、旧法定外公共物につき現行制度上の理論的・実務的問題についても詳細に検討を加えており、参考になる。

三　予定公物

予定公物とは、まだ公物とはなっていないが、そうなることが予定されるもので、その管理処分に関し、公的規制がかかるものである。その意味では、公物の分類ではない。予定公物の観念は、制定法としての公物管理法を前提としており、公園予定区域（都市公園法三三条）、河川予定地（河川法五六条）、道路予定区域（道路法九一条）がその例である。

第三節　公物と取引秩序

公物はその利用が公の用に供されているという特色をもつが、他面、土地その他の物としての特性からして、私的取引秩序と密接な関係をもたざるをえない。他方、公物の効用を維持する上からは、公物が取引秩序からできるだけ独立していることが要求される。また、逆に、私的取引の対象とはそもそもなりがたい公物（海面下の土地）もある。このような公物の特性から、公物に対する民事法の適用が公物法一般理論の対象とされてきた。それには、いろいろな局面がある。

①　公物と私的所有権　　公物については、私人の所有権が当然に否定されるものではない。所有権が私人に属する公物、つまり、私有公物（他有公物）の存在は、公物管理法（道路法四条、河川法二条）および財産管理法（国有財産法二条、自治法二三八条）でも前提とされている。したがって、所有権の移転も可能であるが、その際、当該公物としての法的地位が失われるわけではない。このことが、公物管理法上に明らかになっている場合がある（道路法四条、都市公園法三二条）。

なお、法律により私的所有権が明示的に否定されているものとして河川法適用河川の流水がある（河川法二条二項）[1]。また、海面下の土地については、明文の定めはないが、最高裁判所は、海は「古来より自然の状態のままで一般公衆の共同使用に供されてきたところのいわゆる公共用物であって、国の直接の公法的支配管理に服し、特定人による排他的支配の許されないものであるから、そのままの状態においては、所有権の客体たる土地に当たらないというべきである」と判示している（最判昭和六一・一二・一六民集四〇巻七号一二三六頁[2]、同旨最判平成一七・

一二・一六民集五九巻一〇号二九三一頁。学説の状況につき、阿部泰隆「海面下の土地所有権の存否」阿部・行政法の解釈〔一九九〇年〕一頁以下、寳金・前掲書一七六頁以下）。

② 公物と公的所有権　自有公物における公的所有権を、公法上の所有権と観念すべきかどうかが、かねて公物法通則上論ぜられてきたところであるし、さらにすすんで、すべての公物について所有権概念を適用することができるかどうかの問題があるが（これらについては、後出四〇七頁）、公物は自有公物であるのが通常である。

③ 公物には民事上の強制執行が及ばないとする考え方があったが（美濃部・日本行政法下巻八〇三頁）、公物における私的所有権が絶対的に排除されるものではないことからすると、強制執行当然不能を論ずることはできないように思われる（現在では、これが通説である。参照、田中・行政法中巻三一一頁、原・公物営造物法一五六頁）。ただ、強制執行が認められるにしても、公物としての法的地位は失われないという問題があることは、他有公物の所有権移転の場合と同じである。

④ 公物についても、私人が長く占有をし、そのことの故に取得時効による所有権取得（この場合には、無条件が認められるかどうかの問題があり、学説上、争いのあったところであるが、公物に黙示の公用廃止（後出四〇四頁）が認められる場合には、当該物について、私人の側に時効取得を認めるというのが、最高裁判所の確立した判例である（最判昭和五一・一二・二四民集三〇巻一一号一一〇四頁・行政判例百選Ⅰ三二事件、最判平成一七・一二・一六民集五九巻一〇号二九三一頁）。(3)

⑤ 公物について、土地収用法の対象となるかどうかも争いのあるところである。公物の収用は、公物の目的に反するので、どうしてもその物の取得が必要な場合には、手続上公用廃止をとることを要するとする説がある（田中・行政法中巻三一一頁）。一つの公共団体内部での物の用途変更である場合には、部内の調整手続が働くが、団体

が異なる場合（地方公共団体の都市公園の一部を国道として取得する必要がある場合。逆のケースもある）には、公用廃止の手続を法律上強制する手だてがない。また、収用の能否が論ぜられるのは、国と地方公共団体の意思の合致をみないときであることが想定される。かかる場合に法的手法により問題を処理するには、土地収用法によらざるをえないと思われる（土地収用法も、公物の収用を予定していると読めることについては、参照、小澤道一・逐条解説土地収用法上〔第四次改訂版、二〇一九年〕一一九頁）。

⑥　公物法一般理論はある物が全体として公物であることを前提としている。しかし、公物が現に公の用に供されている場合にも、その間に私人の私的所有・使用にかかる物がいわば斑模様のように存在していることがある。河川の敷地がその一つであるが（後出四一〇頁注（2））、それはなお、例外とみられるのに対し、公共用物の一種として例示されることがある港湾（参照、原・公物営造物法六六頁）には、私的所有・使用にゆだねられている物があることが常態である（木村・前掲書一七四頁。民営港湾施設の具体例として、多賀谷一照・詳解逐条解説港湾法〔三訂版、二〇一八年〕三一頁以下参照。同「港湾管理への法的視覚」千葉大学法学論集一九巻一号〔二〇〇四年〕一〇五頁以下は、このことから、港湾を公物としてとらえることに対して疑問を提示している）。公物の管理が高度化するにつれ、一元的公物管理から、公物を中核としつつも、公物に属さない物的施設をこれに加えて公衆の利便に供する例は今後も増えていくことになろう（道路については、自動車専用道路との連結施設―道路法四八条の四以下参照）。これらの斑模様を公物法の見地からどのように整理するかは、今後の課題である。

（1）　旧河川法（明治二九年法律七一号）は、河川の敷地についても、私権の成立を否定していた（法三条）が、それは、「河川の敷地に対する財産権の行使が河川管理の支障となることをおそれ」たものとされる（河川法研究会・河川法解説二六頁）。

（2）　なお、ここで、最高裁判所は公共用物であるから、所有権の客体たりえないとしているようにも読めるが、公共用物と所有権の非客体性とは別であることは、すでに指摘したとおりである。最高裁判所のいわんとするところは、その後の説示も参照するならば、一般の私的取引の対象とするには、そのままでは、物としての範囲の明確性を欠くということであろうか。

（3）私は、この問題については、かねて、黙示の公用廃止という擬制的法律構成による必要はなく、端的に公物にも取得時効の制度を適用すべきであるという見解を支持してきたし（参照、塩野宏「判例解説」行政判例百選Ⅰ〔初版〕八二頁以下）、また、その説を変更する必要性はないと考えている。黙示の公用廃止説には、公物は公用廃止という国家意思が必要であること、いいかえれば、公物は、公用に供するという国家意思の存在を必要条件とするという理解があると思われる。しかし、公物の取得時効が問題となるのは、自然公物もあれば、人工公物でも、法定外公共用物のように、公用開始行為自体が明確でないものもあるので、国家意思にそれほど固執する意味はないと考えられる。なお、この問題の詳細については、寳金・前掲書七三頁以下参照。同書は黙示的公用廃止説を採る（七八頁以下）。その論拠として、行政行為としての公用開始決定の公定力を挙げる。本書の立場からすると公定力ではなく、規律力の問題であるが（本書Ⅰ一五五頁以下）、それはともかく、明示的であれ、黙示的であれ、行政行為の効力の事後の消滅は、行政行為論では行政行為の取消し・撤回の問題として取り上げられるところで、行政行為の「廃止」という言葉は用いられていない。その点は公物法論における行政行為論の特色とも言えるが、「黙示」の行政行為の取消し・撤回は、行政行為一般論としては、論議の対象となっていない。また、この概念を認めるか否かによって、裁判所の審査の考慮要素が異なってくることもないように思われる。

第四節　公物の成立と消滅

公物のうち、自然公物については、そもそも、成立の観念はない。海岸・河川はわが国では、本来自然のままにおいて公共の用に供されている、という前提があるからである。この点、河川法には政令による水系指定、国土交通大臣による一級河川の区間を示した指定の観念があるが（法四条）、これは河川法上の管理の問題であって、一級河川の指定によって始めて当該河川が公共用物になるわけではない。

これに対して、人工公物については、いつから公の用に供するかということが、一般的に問題となりうる。つまり、公物の成立時点が問題となるのである。ただ、人工公物でも成立が法律問題となるのは、特に公共用物である。というのは公用物の場合にはその利用者は基本的には勤務する職員であり、この者に当該庁舎をいつの時点で利用させるかは、内部的な規律でよい。ところが、公衆の一般的な利用に供される公共用物については、その成立と同時に、公衆がこれを自由に利用できることになるから、このことを明らかにする行為が公物成立の要件となる。

以下、公物通則法上に留意すべき点を取り上げておく。

① 用語の問題として、公物を成立させることを行政法学上、公用開始、という。個別公物管理法、たとえば道路法等では、供用開始としているが同義である。これを廃止する行為は、公用廃止（供用廃止）と呼ばれる。

② 公用開始行為・公用廃止行為の性質については争いがある。これを、百貨店の開店と同じく単なる事実上の行為とする説がある（美濃部・日本行政法下巻七八九頁）。しかし、公用開始行為により、当該物に公物としての法的地位が与えられ、これによって、私人との関係でも、時効取得、利用関係のあり方など、さまざまな効果が発生するので（公法と私法の区別論をとれば、私法上の存在が公法上の存在になるからなおさらのこと）、これは、法的行為形式であるとみることができる（公用廃止行為はその逆の法効果を有する）。他方、公用開始行為が法規の定立でもないことも明らかである。その意味で、これを私人（公衆）を名宛人とする行政行為の一種とみるのが通説・判例である（原・公物営造物法七〇頁、荏原明則「公物・公共施設の成立と消滅」荏原・公共施設の利用と管理〔一九九九年〕一〇頁。福岡高那覇支判平成二・五・二九判例時報一三七六号五五頁は、市道廃止処分を対物的行政処分とする。なお、公物

廃止行為の原告適格に関する諸判例も、廃止行為を処分としてとらえている[1]。

公用開始行為の形式については、公物管理法で定めを置くことがある（道路法一八条二項）が、このような定めのないときにも、公共用物の場合はその性質上、一定の公示手続をふむべきものと考えられる[2]（原・公物営造物法七一頁）。

公用開始（廃止）行為の処分性については、道路法のようにその形式が法定されているときには、これを認めることが比較的容易である。これに対して、公物管理法適用外の公物については（法定外公共用物の場合には、廃止行為のみが問題となるが）、制定法上の手掛かりを見出すことは困難である（処分性の認定基準については、本書Ⅱ一〇三頁以下参照）。そこで、公用開始（廃止）行為により、公物法通則が及ぶという法効果が一方的に発生するという公物法理を根拠としているという説明をすることになるのであろう。

③　公用開始の法的性質をどのようにとらえるにせよ、公用開始によって法的な意味での人工公物が成立するが、これが有効に成立するためには、当該物について行政主体が権原をもっていなければならない。仮に権原を有していない場合には、所有権に基づく引渡請求に応じなければならない。公用開始行為それ自体はその土地の帰属には何らの効果ももたないからである。この理は最高裁判所も認めるところである（最判昭和四四・一二・四民集二三巻一二号二四〇七頁、行政判例百選Ⅰ六三事件。それまでの学説・判例について、参照、大林正平「私有地上の公道」現代における法と行政・矢野勝久教授還暦記念（一九八一年）三七九頁以下参照）。

もっとも、一応適法に権原を取得した後で登記が欠けていたために、元の所有者から所有権を取得して登記を経た第三者に対する関係では、どのように処理されることとなるかという問題がある。これについては、公用開始によって生じた公用制限は、権原の得喪とは無関係に存続する、つまり、第三取得者は、裸の所有権を取得するのではなく、道路という公用制限付きの土地を取得したことになる、とするのが、最高裁判所判決の立場である（前掲昭和四四年判決参照）。もっとも、その際第三取得者は利用制限を根拠として、金銭的給付を請求できるかどうかの問題がある。前記最高裁判所判決はこれを否定しているし、利用制限付き土地を取得したという以上、原則としては無理と解される（参照、福永実「判例解説」行政判例百選Ⅰ一二九頁、荏原・公共施設の利用と管理一五四頁以下）。

（1）公用開始を行政行為の一種とみる通説的見解を素材として、一般処分論（行政行為と規範定立行為の区別）、対物処分論（物の法的地位論）、一般処分と対物処分関係論について、ドイツの学説、フランスの学説をも素材として深く考察した論考として、土井翼「名宛人なき行政行為の法的構造（一）～（六・完）」国家学会雑誌一三一巻九＝一〇号～一三二巻九＝一〇号（二〇一八～一九年）がある。公物法解釈学を素材とし、行政法一般論（行為形式論・訴訟類型論）にも及ぶ研究として注目される。

（2）「黙示の公用開始決定」を認めた判決例がある（東京高判平成二六・五・二八判例時報二二二七号三七頁）。ただ、この事案は、私人から寄贈を受け、いわゆる予定公物として従前と同様に公衆の自由な通行に供していた土地の一部に関するものであったという事情があったものである。これに対して、土田伸也「黙示の公用開始について」浜川清ほか編・行政の構造変容と権利保護システム（二〇一九年）二八九頁以下は、より一般的に法定外公共用物を含めて、日本の学説およびドイツの状況を紹介し、黙示の公用開始決定論の意義を論じて興味深いが、近代法の導入以前から公の用に供されてきた「里道」の説明はその歴史的過程をたどる従来の整理の仕方（たとえば賓金・前掲書九五頁以下）で足りるのではないかとも思われる。

第五節　公物管理権

一　公物管理権の観念とその根拠

(1)　観　念

公物は存在自体ですでに公共の用に供されていることがある。自然公物がそうであって、海岸はそのままで、海水浴、散策等、公衆によって利用される。しかし、自然公物を含めて、公物はたいていの場合、その目的を増進したり、目的阻害行為を防御したりするための作用、管理作用が必要になる。自然公物である河川でも、堤防を作ったり、浚渫をしたりするなどの河川工事とか、河川区域内の土地の占用の許可など、管理作用は欠かすことができない。公物についての行政作用はすべて、公物管理権として現れる。

(2)　根　拠

公物管理権の法的根拠については、公物法一般理論上に対立がある。一つは公所有権説であり、これは「私人に属する所有権が自己の私の目的の為めに物を支配する権利であり、随って純然たる私権であるに反して、国家又は公共団体に属する所有権は、単に私人と同様の手段を以って物を支配し得ることに止まらず、国家又は公共団体に特有な公の目的の為めに物を支配し得ることをも其の内容とするもので、其の所有権の効果が公の目的の為めの物の支配として現はるる限度に於いては、所有権は公権たる性質を有する。例へば、国家が自己の所有地を道路として公共の用に供して居る場合には、国家が其の土地を道路と為し得る所以は国家がその土地の所有権を有するが為めであり、それは所有権の効果に外ならないのであるが、併しそれは公の行政権の作用であって民法に依る使用収益処分の作用ではなく、即ち此の場合の土地所有権は公法的効果を其の内容とするものである。公法的効果を内容とする権利は必然に公権たる性質を有するものでなければならぬから、所有権の効果が公法的である限りは、其の所有権は公権であり、即ち公所有権たるものである」というのである（美濃部・日本行政法下巻七八五頁）。

公所有権説に対しては、もともと、自有公物における国および地方公共団体の所有権は私人の所有権と同じであるとする私所有権説があったが、公物管理権はこのような所有権とは別の公物に対する包括的管理権能であるとする見解がある。「公物管理権というのは、行政主体が公物について公物本来の機能である公共用又は公用に供するという目的を達成するために有する特殊の包括的な権能である」、「公物管理権は、物自体の所有権その他の私法名義の効果として認められるのではなく、公物法（実定法又は慣行）の定めによって与えられるものと解すべきである」というのである（田中・行政法中巻三一七頁。包括的管理権能説をとっているとみられるものとして、原・公物営造物法二一九頁、松島諄吉「公物管理権」行政法大系9二九九頁）。さらに、包括的管理権能説は別にこれを行政作用の一種としての管理作用として整理している（田中・行政法中巻三一八頁、同・行政法上巻八三頁）。

公物の管理作用は行政作用である、という点には異論のないところである。しかし、問題は物に対して、作用し得るその法的根拠がどこにあるかにあるわけであって、それに対して、それは行政作用である、というのでは答えになっていないのではないかと思われる。公所有権説も公物管理権が行政作用であることを前提とした上で、その法的根拠を所有権に求めているわけである。たしかに制定法である個別公物管理法に管理権限が定められている場合は、通常は法的根拠としてあえて所有権にまで遡る必要はない。問題はかかる公物管理法が存在しない場合があることであって、それを単に慣行というだけでは（田中・行政法中巻三一七頁）、公物管理の根本にかかるものであるだけに、法的説明としては説得性を欠くものといわなければならない。その意味では、物に対する別の権原つまり所有権その他の利用権が管理権の根拠であり、公物管理法が制定されている限りにおいて、管理権の根拠はこれに吸収される（カバーできない場合があることにつき後出四二一頁）、という見方が妥当なのではないかと考えられる。(1)(2)

公法上の所有権という意味での公所有権の観念は、私法上の所有権と異なり、所有権者の（ここでは公物管理権者の）恣意的管理に限定を加えるという意味があると思われる。また、所有権と管理権を分離させる考えも、所有権の恣意性の排除に留意しているともみられる。しかし、法概念としての公物は、もともと公共の用に供するという目的が与えられているのであって、管理作用（所有権の発動）も、その公物目的に拘束されるというのは、当然の帰結であって、あえて、そのために公法秩序を想定する必要はないと解される。公物の目的拘束性それ自体については、異論のないものとしてわが国法に定着しており、その法的説明の仕方がここでの問題であることからすると、公法と私法の区別が否定されている現在、端的に公物主体の有する所有権（その他の権原）の内容的拘束性として理解すればよいと考えられる。(3) また、このように考えることによって、公物をより端的に国民共有の資産として把握することができ、その管理のあり方についても、合理的な展望が開かれることになろう（以上の点につき、参照、塩野宏「自然公物の管理の課題と方向」（一九七九年）塩野・行政組織法の諸問題三一七頁以下）。

海面下の土地のように、およそ私的所有権の及ばない土地については、所有権概念が及ばないのではないかという問題があるが、所有権概念を物に対する支配権と理解するならば、また、私的取引の対象とならない物についてもなお、国家の支配権の及ぶ物については、国の所有権を観念することができるように思われる。(4)

（1）　磯部・前掲論文・成田退官記念四六頁は、管理権限の究極的根拠は公物が有する本来的公共性にあるとし、ここから、条理法的（自然法的）公物管理権者の地域自治体がその姿を現す、という。また、磯村篤範「公物管理法理論の変化及び紛争事例の再検討」芝池古稀三頁以下は、公物管理権をめぐる理論状況を分析し、結論として、担い手によって公物と私物を区別するのではなく、社会的有用性に着目した物の区別をした上で、管理者と利用者の間に成立する行為規範を明らかにすることが課題であるとする（同書二九頁）。さらに、三浦大介「自治体の公物と住民」兼子古稀一六六頁以下は、所有権説（本書）及び本来的公共性説（磯部・前掲論文）を参照した上で、「公共所有」をもって、公物管理権の本来的淵源を見るとしている（一七一頁）。また、同「公物法の課題」行政法研究二〇号（二〇一七年）一五六頁は、公物に対する国家所有権論を批判し、公共用物は「国民みんなのもの」と把握すべきとする。公物論における国家の恩恵的開放の疑念を阻止することを意図したものと思われるが、公物法制はもともと行政主体の恣意的な利用を排除することを意図したものであることは論者自身認めるところである。いずれも、公物管理権論、さらには、具体的な管理制度への重要な示唆を含むものと思われるが、公共性と条理あるいは、「公的所有」だけでは、実定日本法における法律論として人を納得させることは困難と思われる。

三本木健治「公物法概念の周辺的諸問題」公法研究五一号（一九八九年）二七九頁も、公共空間の概念を提唱し、これにつき、古典的な所有権概念のみによらない公的管理の可能性を法的にどう構成するかが問題であるとしている。公共空間に電波空間も含めて理解されているかどうか必ずしも明らかでないが（電波空間論については、伊藤正己編・放送制度——その現状と展望1〔一九七六年〕一八三頁以下）、今後の法制度の構築に際しては、そのような着眼点には魅力がある。ただ、現在の日本法の解釈論としては、所有権概念を、基礎とするのが、法律論としては、説明が容易ではないかというのが本書の考え方である。

(2)　河川について、公物法一般理論においては、その公水についての国家の公法上の所有権を観念していたが（美濃部・日本行政法下巻七八四頁）、河川の敷地に関しては特段の言及がなく、公水と一体化した自然公物たる河川にかかる公物管理権の対象となるものとされていた。もっともその際、私人の所有権が存在している場合を想定し、これに関しては公物制限の法理（条理を含む）で対応していたところであるので（美濃部・同書七九五頁、八九九頁）、私有地以外の河川の敷地に対して、公法上の所有権が否定されているわけではない。旧河川法が流水のみならず河川の敷地に関しても私権排除の規定を置いていたのに対し（旧法三条）、現行河川法は、流水についてのみ私権排除の定めを置くこととしたので（法二条二項。その経緯につき参照、河川法研究会・河川法解説二六頁以下、一五四頁）、私有地たる河川の敷地についての公物制限の範囲が制定法上明確化された（河川法二四条以下）。公物法一般理論からすれば、この法改正は公物制限の制定法による緩和措置ということになろう。

(3)　以上の公物管理権ドグマーティクとは別に、公共用物の上に国等の私所有権が存すると解されるか、そのことがいかなる論理的帰結をもたらしうるかを考察の対象とするものとして、仲野武志「公物と私所有権（一）～（五・完）」自治研究九二巻五号・六号・八号～一〇号（二〇一六年）がある。ここでは、法令用語としての官有、国有、所有等の文言が私所有権以外の内容を指し、又は含むと解される場合に公所有権と呼ぶが、それは記述概念として用いられているとしている。対象とするのは、主として、水域に関する公共用物で、関連法令及び行政解釈につきこれらの展開過程が詳細に分析されている。

(4)　参照、塩野・行政組織法の諸問題三一八頁。なお、海をめぐる所有権に関する学説・判例につき、寳金・前掲書一六八頁以下に詳細な分析がある。海についてはその利用関係についても、公物法一般論の適用に親しまないものではないかという点がかねて問題とされてきたところである（海の管理に関する実例を加えた詳細な研究として、横山信二「海洋公物管理論」松山大学論集二巻二号〔一九九〇年〕五三頁以下、同「海洋構築物の法的性質」松山大学論集三巻五号〔一九九一年〕五三頁以下、同「海の利用関係」松山大学論集五巻三号〔一九九三年〕四三頁以下、同「海の管理と利用に関する法」松山法学三号〔二〇〇一年〕一頁以下がある。海上風力発電所を素材として、公物法理の可能性と限界を論ずるものとして、洞澤秀雄「海をめぐる公物法・環境法――洋上風力発電所を中心に」論究ジュリスト二八号（二〇一九年）五四頁以下参照。公物法一般の視点に立った上で、海及び海岸に関する公物法概念の限界を論ずるものとして、文献参照の意味を加え、櫻井敬子「公物理論の発展可能性とその限界」自治研究八〇巻七号〔二〇〇四年〕二四頁以下、四一頁以下、同・行政法講座〔二〇一〇年〕一四六頁以下参照）。ただ、海について新たな視点による管理法制を構成するとしても、それに至る間の公物法理の妥当性如何の問題は残るし、海におけるさまざまな管理上の問題についての公物法理の適用可能性も論議の対象として残されていると思われる。

二　公物管理権の主体

公物管理権の主体は、管理権自体が所有権を基礎としていると考えるならば、所有権（その他の権原）の帰属する行政主体である。当該管理権限を行使する行政機関に関しては、組織法の権限配分規定によることとなる（原・公物営造物法二一五頁以下参照）。

①　国有財産である公物については、各省各庁の長が所管の行政財産を管理するものとされ（国有財産法五条）、具体的には、所掌事務を定める組織規範によって特定されることとなる。

②　公有財産である公物についても、同様の考え方にたって、長をはじめとする各執行機関が管理権を行使することとなる（自治法二三八条の二）。

③　地方公共団体以外の行政主体の公物については、特段の定めのない限りは当該行政主体たる法人が管理権を行使する。なお、国・地方公共団体以外の行政主体の公物管理権のあり方については別途考慮する必要がある（後出四三一頁、四三六頁）。

④　法定外公共用物については、基本的には、市町村が管理権の主体となる（前出三九七頁）。しかし、所有権が、なお、国にある場合には、従前のような二元的管理体制が残るものと考えられる（従前の二元的管理とその問題点については、参照、塩野・行政組織法の諸問題三二七頁以下）。

⑤　右の原則に関しては、かねて、国有公物に関して、個別法で管理委託の制度が例外的措置として導入されている（原・公物営造物法二三〇頁以下。例、港湾法五四条・五四条の二。前出一三六頁）。その際でも、当該物は、国有財産法上の公共用財産としての法的地位を失うものではなく、公物管理作用を含む権限が、委託契約により相手方たる地方公共団体に委ねられるとするのが行政解釈である（法制意見昭和三四年二月一九日〔前田正道編・法制意見百選（一九八六年）四九七頁以下〕。制度理解の詳細につき参照、木村・前掲書一七六頁以下）。公有公物に関しては、平成一五年の地方自治法改正前に公の施設の管理委託の制度があり、委託の基本的事項は条例に定められるが細目は契約によるものとされていた（長野士郎・逐条地方自治法〔第一一次改訂新版、一九九三年〕九〇四頁）。この制度は平成一五年の指定管理者制度の導入（法二四四条の二第三項）によって廃止された。なお、上記の委託契約は、通常の事務委託（本書Ⅰ一二八頁）および行政上の委任（前出三六頁）と異なり、管理権限は民法の委託契約と等しく委託者である、国・地方公共団体の機関に留保されるという理解である（前掲法制意見百選五〇一頁）。

このような従前の制度に加えて、地方分権、規制緩和、民営化政策の進展の中で例外的事象が拡大している。まず、公物一般に関係するものとして、規制緩和政策の一環としてのＰＦＩ、指定管理者制度の導入がある。これらの制度が、公物管理にも適用されると、直接の管理権限は、行政主体以外の者が行使することとなる。ただ、この場合には、委託制度と同様に当該物を直接公共の用に供するのは、行政主体であるので、先の原則の範囲内にとどまると解される。

これに対して、個別公物法との関連では、地方分権推進の過程で生じた現象が注目される。その一つが河川法であって、平成一一年の地方自治法改正において機関委任事務の制度が廃止され、これに伴い、河川法の二級河川の管理は法定受託事務として、都道府県知事が所掌することとなった（河川法五条・一〇条・一〇〇条の三第一項一号。事務分類に関しては、参照、前出一七六頁以下）。原則からすると、当該二級河川の管理権者である知事の属する地方公共団体を所有権者とするのが筋である。しかし、昭和三九年河川法施行法第四条により私権の存する河川の敷地以外は国に帰属するものとされたところ、機関委任事務制度が廃止されてもこの点の変更はなく、実務も当該施行法の下における通達（昭和四〇年三月二九日建設省事務次官通達）によっているものと解される（通達は一級、二級の区別なく国の公共用物としており、河川工事により取得した土地は、国有に登記する通達一四）。言い換えれば、地方公共団体の統括機関としての知事の河川管理の前提となる権原については特段の定めがない。そうだとすると、二級河川も従前どおり国有の公共用物となりそうであるが、この問題はのちに触れる（河川法研究会・河川法解説三七頁は「二級河川は国の公物であ」るという）。

個別公物法の一つである道路法にも同様の事象がみられる。すなわち、道路法の一般国道の指定区間外の道路については、新設・改築は国土交通大臣が、その他の管理は都道府県が行うものとされているので（法一二条・一三条）、公物の帰属主体と管理主体は一部であるが制度的に分離されている。

これに類する問題がより複雑な形で規制緩和、民営化施策との関係で存在する。すなわち高速自動車国道の管理は国土交通大臣が行う（高速自動車国道法六条）とされるが、広範な例外措置（代行措置）が道路整備特別措置法で定められており、道路の新設、改築、料金徴収、維持修繕等は東日本高速道路株式会社等の会社（特殊法人）が行い（法三条）、管理業務のうち公権力の行使は独立行政法人日本高速道路保有・債務返済機構が道路管理者たる国土交通大臣の権限を代行するものとしている（法八条）。さらに、道路の敷地等の道路を構成する物は道路資産として、機構が保有し、これを会社に貸し付けるものとされている（独立行政法人日本高速道路保有・債務返済機構法一二条二項・一二条一項一号）。なお、道路管理者たる大臣の権限のうち、道路の供用開始、供用廃止は大臣に留保されている（高速自動車国道法七条二項）点にも留意する必要がある。

港湾法は、もともと、すでに考察した公物法制における管理委託の典型例として挙げられ、これはそのまま現行制度として存続しているとともに、これに加えて平成二三年の法改正により、特定の港湾については国有の行政財産たる埠頭群の管理と運営を区別し、後者に関しては国土交通大臣の指定する一の運営主体（株式会社）が行い、当該会社に埠頭群を貸し付けるという手法が導入された（法四三条の一一、五五条。詳細につき、参照、多賀谷・詳解逐条解説港湾法三一六頁以下、四四四頁以下）。

⑥　個別公物管理法におけるこのような状況、いいかえれば、公物管理の多元化を現代の要請として積極的に評価する見方もある（参照、洞澤秀雄「空間の観点からの公物法の再検討」札幌学院法学二六巻一号〔二〇〇九年〕三一頁以下）。

しかし、ここには、規制緩和等の現実政策の実現過程として済ますことのできない理論上の問題が残されている点にも留意する必要がある。すなわち、公物管理権の根拠について所有権説、包括的管理権能説によるにしても、当該物に対して管理主体が何らかの権原が必要であるとすることに変わりはない。ところが、河川法上の二級河川、道路法上の指定区間に関しては、管理者たる知事（その帰属主体である地方公共団体）は、かつての機関委任事務制度と異なり、当該公共用物に関しいかなる権原を有しているか判然としない。これを国の権原を基にした管理委託に代わる法定委託と割り切ることもできるが、それはまさに法定受託事務が字義通りに「受託」事務となるので分権の一里塚としての事務分類との平仄が合わない。他方、公物の成立には管理主体自身の権原を必要とすることはなく、権原保持者の黙示の承諾があればよく、国法たる河川法、道路法の諸規定はその趣旨を包含しているとみるのである。しかしながらこの黙示の承諾は、法律論としては強引である。

管理権限の行使と権原に関しては、高速自動車国道の仕組みは一層技巧的であって、従来の公物論では説明の付きがたいところがある。港湾法についても、管理委託制度が委託者で権原保有者たる国の委託契約を基礎とする国の指揮監督権と現在の事務分類による港湾管理者の事務の自治事務化との調整（指揮監督権限の縮小、あるいは、港湾管理の特殊性の強調）が問題となる（以上の点に付き、木村・前掲書一九〇頁以下）。さらに、港湾運営会社の業務運営の基本原則は、「事業の適正な実施」（港湾法四三条の一七）で、これと公物利用の一般原則との関係を如何に見るかの問題も残されている。このこと自体は、港湾における一般利用の原則の相対化（多賀谷・前掲書四頁以下）という説明の射程範囲に入るが、ここから一歩進めて、港湾利用における自由使用原則への疑問、さらには港湾の公共用物としての位置付けへの疑問も提示されているところである（木村琢麿「法的観点からみた港湾の現代的課題」都市問題研究六二巻二号〔二〇一〇年〕五三頁）。しかし、公物法理を前提とする限りでは、その際にも自由使用を中核とする公物一般法の基本原則からの乖離の合理性が検証されねばならないと思われる。

以上は、理論上の整理課題に重点を置いた指摘であるが、より現実的な法解釈論上の課題としては、見方によれば責任の所在が拡散した新たな公物管理作用に伴う国民の被害救済、具体的には、国家賠償法（二条）の営造物の設置管理の瑕疵にかかる賠償責任の所在の判断や、管理作用のうち公権力の行使が関係してくる場合の行為者たる公務員の特定が一層複雑化するであろう。

三　公物管理権の内容

(1)　内容のカタログ

公物管理権の内容は抽象的には、公物を公の目的に適合せしめるための作用で、それは、その目的に適合するように装置をなすことの作用と、公共用物にあっては、公共の利用を調整する作用として説明される（美濃部・日本行政法下巻八〇六頁）。その具体的内容は、河川、海岸、道路、公園等、公物それぞれによって異なるところがあるが、公物通則法上に一般的なカタログとして示されているのは次のようなものである（参照、原・公物営造物法二二〇頁以下）。

① 公物の範囲の確定（道路法一八条一項）
② 公物の維持・修繕（河川法一六条以下）
③ 公物に対する障害の防止（行為規制——道路法四三条）
④ 公物隣接区域に対する規制（道路法四四条、河川法五四条・五五条）
⑤ 他人の土地の立入、一時使用（道路法六六条）
⑥ 使用関係の規制。

これらはいずれも、公物としての物の効用をはかることであり、その点で、国有財産法、物品管理法がその財産としての保存をはかることを内容とするのと異なる。

なお、公物管理権のうち、中心となるのは、その使用関係であるので、これに関しては別に述べる（後出第六節）。

(2)　範　囲

公物管理権は公物の目的を達成するための作用である。したがって、その適用の主たる区域は、公物の範囲内である。また、公共用に供される公物の範囲をこえる管理作用も、公物の目的のためのものであって、沿道区域（道路法四四条）、河川保全区域（河川法五四条）、港湾隣接地域（港湾法三七条一項）の設定はいずれも、その目的は道路、河川、港湾の機能維持ないし増進にある。

その際、公物管理行為を制約すべき問題と拡大すべき問題の二つがある。

①　公物管理権の及ぶ上下の範囲の問題がある。これを私的所有権の範囲と同様に解するという考え方もある。しかし、私的所有権と異なり、公物管理権は、当該公物の供用目的の範囲に限られるべきであるというのであれば、私的所有権の範囲よりも、公物管理権の範囲を狭いものと考えてよい。土地利用のあり方が多様化している現在、後者の考え方が合理的であると思われる（参照、磯村篤範「公物管理権の空間的範囲」行政法の争点〔新版、一九九〇年〕一六〇頁以下。大深度地下の公共的使用に関する特別措置法に基づく使用の認可による道路等の公物管理権は、当然その事業区域〔大深度地下の一定の範囲における立体的な区域―法二条三項参照〕に限られる）。

②　公物の存在およびその利用がもたらす、公物をめぐる環境に対するマイナスの影響（騒音、大気汚染）については、従前の公物法一般理論の視野には入っていなかったところである（この点を指摘するものとして、保木本一郎「公共施設をめぐる法的諸問題」公法研究五一号〔一九八九年〕二〇五頁参照。原・公物営造物法に示される公物管理権のカタログには、環境配慮的作用は挙げられていない。松島・前掲論文・行政法大系9二九〇頁以下もこの点を明示的に指

摘していない)。しかし、公物管理を国民の資産の合理的利用という角度から考えるならば(前出四〇九頁)、公物を環境から隔絶したものとしてのみ考察するのは適切ではない。むしろ、環境に対する配慮も、公物管理の一環として考えるべきであるように思われる(塩野宏・国土開発(筑摩現代法学全集五四巻)〔一九七六年〕一七四頁、塩野・行政組織法の諸問題三二三頁参照)。

国家賠償法における営造物(公物)の設置管理の瑕疵の中には、利用者との関係における瑕疵のみならず、第三者との関係でも考えられるいわゆる機能的瑕疵の存在(空港騒音)が認められているし(本書Ⅱ三六四頁)、差止めの可能性も論ぜられているところである(本書Ⅱ一二〇頁)。実務上にも、公物管理者側における騒音対策(遮音壁の設置等)としても考慮されている。

この点については、近年、制定法も幹線道路の沿道における良好な生活環境の確保を図ることを道路管理者の責務としていることが注目される(幹線道路の沿道の整備に関する法律(昭和五五年法律三四号)。道路管理者の責務規定—三条)。また、従来、河川管理は治水および利水に重点を置いてきたが、水質汚濁の問題や地域環境整備との関係から、行政運営上、河川環境管理(水環境管理・河川空間管理)の重要性が認識されるようになり(参照、河川環境財団編・解説河川環境〔四版、一九八九年〕)、平成九年の河川法改正により「河川管理の整備と保全」が、法律の目的に追加された。海岸法にも、平成一一年の改正で「海岸環境の整備と保全」が法目的の中に定められた。ただ、公物と環境の問題は、おそらく、公物法の範囲内で完結的に考察することは適切ではなく、環境法の一環としても、取り上げるのが合理的であろうと思われる(後出四四〇頁以下)。

(3)　公物管理と公物警察

公物管理作用の範囲とも関連するが、公物法一般理論によれば、公物管理作用は同じ物の上に行使される警察作用とは異なるものとされる（美濃部・日本行政法下巻八〇八頁以下、原・公物営造物法二四七頁以下）。ここで、警察作用とは、警察法（昭和二九年法律一六二号）に定める組織体としての警察が行う作用だけでなく、広く、社会公共の安全と秩序を維持するために、一般統治権に基づき、国民に命令、強制する作用をさすが（本書Ⅰ九頁、九三頁）、このような作用は道路上や湖沼上でも考えることができる。これに対して、公物管理作用は、当該物の本来の効用の維持・増進にかかるものである。道路や橋が壊れているときにそれを修繕するのは道路管理権の作用の典型であり、警察作用ではない。また、道路下にガス管や光ファイバーの敷設を認めるのも道路管理の問題である。これに対して、道路の交差点で交通整理をしたり、公園で行われている行事に群衆が殺到し、危険な状態が生じたときに、群衆を規制するのは、警察の任務とみることができる。

公物管理作用と公物警察作用は概念上は一応右のとおりに区別できるが、両者の関係について留意すべき点がある（海については「公物」警察という範囲限定的な概念自体がそもそも通用し難いという指摘がある。参照、櫻井・前掲論文・自治研究八〇巻七号四二頁以下）。

① 排他的に公物管理作用と解されるもの（右記載の例）があるが、公物管理権も公物の合理的利用の確保から公物利用の調整ないし規制をその対象とするので、公共の安全の見地にたって利用者間の調整を行う公物警察と競合することが生ずる。この点については、たとえば、道路法の道路占用許可と道路交通法の許可に関してはそれぞれの権限ある行政機関相互の協議の定めを置いている（道路法三二条五項、道路交通法七九条）。この協議は二つの行政機関の合意を予定しているのではなく、協議した後で、それぞれ、別個に決定がなされるものと解される。

② 具体的場合に、公物管理法が、警察作用まで授権しているのか、管理作用にとどまるのか、管理作用としても、いかなる作用まで認めているのかが明確でなく、解釈が必要となることがある。一級河川の流水上で、無免許

の者が無登録の中古競艇用モーターボートを運転中、大学の端艇部のエイトに衝突しエイト乗組員が死亡、負傷したので、被害者が国を被告として、モーターボートの運転等の取締りに瑕疵があったとして賠償請求をしたのに対し、河川法所定の河川管理は公物警察権とは異なること、モーターボートの走行によっては、河川管理の対象となるような河川の排他的、独占的な占用が行われていないので、当該走行は建設大臣（当時）の河川管理権の対象となっていないとした裁判例がある（東京地判昭和五七・三・二九判例時報一〇四四号四〇七頁）。そして、現に、地方公共団体の条例により、公物警察として、水上交通取締りが行われている例がある（東京都水上取締条例）。これに対して、河川法二八条に基づく河川法施行令一六条の二第三項では、河川管理者の水域指定、船舶の通行指定の権限を定めており、現在では、実務上は、これによって、プレジャーボート等の規制も可能であると解されている（参照、河川法研究会・河川法解説二二三頁）。河川の利用が多様化している現在、管理権の作用もこれに対応したものでなければならないのであって、公物管理法の解釈も、したがって、柔軟性を要求されるものと思われる。[1]

③　公用物についても、公物管理と公物警察の問題が生ずる。一般的に、公用物とりわけ庁舎の管理については、国有財産法も特別の規律を置いていないし、特別の法律もない。そこで、庁舎管理権者の行使しうるのは、管理作用にとどまり、警察権を行使することは許されないと解される。したがって、庁舎等が、外部の者等により占拠されたとしても、公物管理権者としては、退去の要請ができるだけで、実力による退去強制はできず、それは、一般の警察権の発動に待たなければならない。

他方、裁判所の法廷については、裁判所法（七一条以下）、刑事訴訟法（二八八条）、法廷等の秩序維持に関する法律があり、その秩序維持の作用は、法廷警察権として説明されている（平野龍一・刑事訴訟法〔一九五八年〕一七〇頁。最大判平成元・三・八民集四三巻二号八九頁もこの概念を用いている）。これは、法廷の秩序の維持が公共の秩序の維持に直接関係しているとみることに由来すると思われる（美濃部・日本行政法下巻八二二頁は、法廷の秩序維持が公物管理権の範囲となる場合を想定している）。

(4)　法的性質

公物管理作用にはさまざまなものが含まれているので、その法的性質も一様ではない。公物管理権の作用は、法的行為もあれば、維持保存工事などの事実行為もある。これを公権力の行使という観点からみると、維持保存工事それ自体は、非権力的行為の典型ともみられる。工事以外でも、道路における事故防止を目的とする行政指導等の非権力的行為も管理権の行使である。これに対して、公用開始行為や公用廃止行為、利用規制のための使用許可などは、権力的法的行為形式としての行政行為として公物法理上に形成されてきたといえる。また、利用規則は、もともとは行政規則の範疇に属するとされてきた（田中・行政法上巻一六六頁）。

(5)　妨害排除措置

公物の利用を阻害している者に対して、妨害の排除を図ること自体は管理作用の内容に当然入ることがらである。その際、道路法、河川法等の個別公物管理法に規定があれば、それに従った措置をとることになる。具体的には原状回復命令（道路法七一条、河川法七五条）がある。ただ、これらの制定法では対応できないような場合に関しては、公物管理主体が有する民法上の権原（所有権、占有権）により、妨害排除請求をすることができるかどうかが問題となる。この点につき、最判平成一八・二・二一民集六〇巻二号五〇八頁（地方自治判例百選五六事件）は「地方公共団体が、道路を一般交通の用に供するために管理しており、その管理の内容、態様によれば、社会通念上、当該道路が当該地方公共団体の事実的支配に属するものというべき客観的関係にあると認められる場合には、当該地方公共団体は、道路法上の道路管理権を有するか否かにかかわらず、自己のためにする意思をもって当該道路を所持するものということができるから、当該道路を構成する敷地について占有権を有するというべきである」。とした上で、当該事案につき、民法一九九条に基づく原告（地方公共団体）の占有保全の訴えを排斥した原審判決を破棄差し戻した。

この最高裁判所判決は、文言上はもっぱら財産権としての占有権の保全の見地に立っていると解される。しかし、事案はまさに道路の維持・保全にあるわけで、当該訴訟提起は、機能的には公物管理権行使とみることができるし、それは、公物管理権の根拠を所有権（その他の権原）に求める本書の立場にも合致すると思われる（財産管理と機能管理が競合することにつき、参照、賓金・前掲書二三一頁）。なお、本件のごとき民事法上の占有権による公共用物の管理権行使を窮余の策としつつ、これを一般化し、公共用物管理権の基礎が、自由な使用のために物の支配を排除するような形態の占有にあると理解すべしとする見解がある（山本隆司「行政と民事法（一）——公共用物管理者による占有の訴え」法学教室三五一号（二〇〇九年）六九頁以下、七四頁）。しかし、一方において、道路管理上、所有権に基づく妨害排除の可能性については本件最判も否定していないし、実務上広く認められていることに鑑みると（賓金・前掲書三五五頁）、占有権に基づく妨害排除は所有権を主張することを得ない場合の、窮余の策として、位置づけるのが適切と考えられる。

さらに進んで、これに相手方が従わない場合に、所有権等に基づく妨害排除請求権の実現は民事上の強制執行手続によるし、行政上の強制執行に関しても、代執行法の要件を充足する限りはその適用が考えられる。物件の引渡し、明渡しなどの直接強制にわたる実力行使については、個別の法律の根拠が必要である（庁舎管理権との関係につき、参照、本書Ⅰ二五七頁）。

ただ、公物管理権者としての、管理作用の物理的行使の限界が民事上の自力救済の限度と全く同様に考えてよいかどうかの問題はある。河川（漁港でもある）における船舶の航行の安全と住民の危難を防止するため、不法係留施設を漁港管理者が撤去したことにかかる住民訴訟で、最高裁判所は、これを民法の緊急避難（七二〇条）の法意に照らして判断をしている（最判平成三・三・八民集四五巻三号一六四頁、行政判例百選Ⅰ一〇一事件。なお、参照、本書Ⅰ八七頁注（4））。しかし、公物管理権の根拠が物に対する行政主体の所有権にあるという立場からすると、個別の公物管理法がない（または適用できない）場合には、公物管理権者には、一定の自力救済が認められ、その際の考慮要素として、公共の安全等の公共の利益を包含させることにより、民事上の紛争の自力救済とは異なった境界線が引かれてよいと思われる[2]（参照、塩野宏「法治主義の諸相」〔一九九二年〕塩野・法治主義の諸相一二七頁以下）。

(6)　公物管理行政過程

公物法一般理論は、明治憲法の下で形成されたという経緯に随伴する限界があった。その一つとして、公物管理法制における行政過程への関心の欠如があげられる。そこでは、供用開始、供用廃止等の管理行為の法的行為形式についてはは考察の対象とされたが、これらの行為に関する行政手続に関する考察さらには、関係住民の参加、協働の側面は、当時としては視野に入れられなかった。これに対して、行政法一般理論において、行政手続・住民参加法制への検討が進められてきたこと、地方分権論、環境保護論が主要な政策論として登場するなどの状況の変化に対応して、公物法制における行政手続、住民参加・公私協働の重要性が指摘されてきている。それは、道路法、河川法などで顕著にみられるところであるが（参照、道路法制につき洞澤・札幌学院法学二六巻一号二三頁以下、河川法制につき三好規正・流域管理の法政策〔二〇〇七年〕一五四頁以下）、考え方そのものは、公物一般に通ずるものである（参照、三浦・兼子古稀一七九頁以下）。かかる動きは、行政法一般理論の公物法理への影響という面もあるが、実質的には、公物法制における実体の展開が、行政過程論へ重要な素材を提供しているものといえよう。

（1）　プレジャーボートについては、別に河川内係留につき、河川法のいかなる手段（流水の占用許可〔二三条〕、土地の占用の許可等〔二四条・二六条・二七条〕、河川管理上支障を及ぼすおそれのある行為の禁止等〔二九条〕を用いるべきかの問題がある。実務上は土地の占用許可等の案件として処理されているごとくであるが（参照、河川法研究会・河川法解説一三八頁）、土地の占用許可等の既存の制度を援用するよりも、河川法二九条に基づく政令により、正面から対応するのが合理的のように思われる（参照、島田茂「小型船舶の放置に対する法的規制（上）」自治研究六五巻一〇号〔一九八九年〕八二頁以下）。

市民会館（公の施設）条例の許可基準のうちの「公の秩序をみだすおそれがある場合」につき、最高裁判所は、公物管理と公物警察の観念にふれることなく結論を導いたが（最判平成七・三・七民集四九巻三号六八七頁）、園部逸夫裁判官は、補足意見において、当該条例が公物管理条例であることから、公物警察権の行使の根拠たることを得ないことを指摘しているが、正当である。

（2）　平成三年の最高裁判所判決の事案に即していえば、当該町長（当時）は漁港の管理権を有しているが、その管理権限は漁港法に規定される限度ではないかという問題がある。いいかえれば、町長には所有権を根拠とする公物管理権が包括的に与えられていないのではないか、という疑問である。しかし、管理権の付与をしかく限定的に解する意義はないのではないかと解される。なお、参照、早坂禧子「公物管理行政と実力行使の限界」菅野古稀三四八頁以下。

第六節　公物の使用関係

一　問題の所在

一般的に公物は公の用に供されるといっても、その本来の用法は公共用物と公用物とでは異なる。すなわち、道路、河川などの公共用物は、不特定多数の公衆のための利用に供されるものであることを本質とする。公物法一般理論は、この公共用物の公衆による利用を中心に使用関係についての分類整理を試みてきた（美濃部・日本行政法下巻八一五頁以下）。この一般理論は、それぞれの公物の性質によって変容を受けながらも、道路法、河川法、都市公園法などの個別公物管理法に取り入れられ、あるいは、解釈に際しても参照される（河川法研究会・河川法解説二四頁以下）という関係にある。

これに対して、官庁用の建物や国・公立学校の校舎などを対象とする公用物については、実際上はともかく法律上は限られた範囲の者による利用を前提としている。官庁の建物については、外部のさまざまな人が立ち入るにしても、主たる目的は、公務員の勤務場所として、供されている。公用物については、官庁用施設であれ、国・公立の学校施設であれ、公共用物に対する公物管理法に対応するような意味での特別の管理法はない。そこで、法律問題として公用物使用関係が論ぜられるのは、主として、公用物の本来の目的とは異なった、外部の利用に供する場合であり、これは、国有財産法および自治法の行政財産の目的外使用の問題として論ぜられることとなる。

以下に、公共用物の使用関係と公用物の使用関係を個別に取り上げることとする。

二　公共用物の使用関係

(1)　使用関係の分類学

公物法一般理論によれば、公共用物の使用関係は、通常、一般使用（自由使用）を基本として、これとの対比において、さらに、許可使用、特許使用（特別使用）に整理される。具体的には、これらは、次のような内容をもつ。

①　一般使用　　一般使用とは、何らの意思表示を要せず、公物を利用することが公衆に認められている場合をさす（道路交通、河川の就航、海岸の海水浴、散策等）。公共用物の利用の基本的あり方として位置づけられる。もとより、これは完全な自由を意味するものではなく、法律又は公物管理者の定める制限に服することがある（道路法

四三条・四六条、河川法二八条、海岸法三七条の六)。また、公物警察による制限もある(道路交通法に基づく交通規制)。

②　許可使用　許可使用とは、基本的には自由使用のカテゴリーに入るものであるが、あらかじめ行為禁止を定め、申請に基づく許可によって、禁止の解除をするという制度の下での使用である。この許可についても、概念上は、公物管理作用としてのものと、公物警察としての警察許可の二つがある。露店の設営、工事作業など、道路法と道路交通法の双方の許可が必要とされるなど(道路法三二条一項、道路交通法七七条一項)、明確な区別がつきがたいものもある(この点からして、調整規定が置かれている。道路法三二条五項、道路交通法七九条)。

③　特許使用(公物使用権の特許)　特許使用とは、公物管理権者から、特別の使用権を設定されて公物を使用することをいう。道路に電柱を建てたり、ガス管を埋設するのが、典型例である。河川の流水の占用もこれにあたる。自由使用ではなく、当該公物につき、特定人に特定の排他的利用を認めるのである。ただ、その場合でも、公共用物であるが故にその排他性には限界がある(河川の流水占用権につき、参照、最判昭和三七・四・一〇民集一六巻四号六九九頁、行政判例百選Ⅰ一一八事件)。

⑵　使用関係の問題点

明治憲法の下で公物法一般理論上にたてられた使用関係の分類学は、立法実務、判例にも取り入れられ、かつ現在でも比較的その原型を保っているところである。しかし、次の点に注意する必要がある。

①　公物の使用関係に関する公物法一般理論は、時代的、歴史的限界をもっている(前出三八三頁)。また、その当てはめにおいては、各種の公共用物ごとに検討を必要とするものがあるし、さらに、制定法があるときには、当該個別公物管理法の吟味がなされるべきことも当然である。

② 公物の使用関係のうち、自由使用が公共用物の使用形態の原型であり、そこに公共用物の最も大きな特色がある。これはあたかも、私人が、社会において、本来自由な活動をすることが認められていることと対応する。しかし、私人の本来的自由領域の承認と異なり、この自由利用は、公共用物が現に公の用に供されていることを前提として組み立てられている。ここからして、その使用は「一般人に対して使用の自由を容認して居るに止まり、使用の権利を設定したのではない」（美濃部・日本行政法下巻八一七頁）とされる。具体的には、道路の廃止によって、自由使用ができなくなっても、従来の利用者は、その自由使用権を主張してその違法を攻撃することはできない、つまり、道路供用廃止処分の原告適格を有しないこととなる。

この点については、単に一般公衆としての道路利用者は原告適格を有しないが、日常生活または日常業務に著しい支障が生ずる場合には、その者には原告適格が認められるとするのが、下級審判決の近年の傾向である（里道および水路〔法定外公共用物〕の用途廃止につき、松山地判昭和五三・五・三〇行裁例集二九巻五号一〇九五頁、その控訴審・高松高判昭和五四・八・三〇行裁例集三〇巻八号一四四四頁、市道路線廃止につき、京都地判昭和六一・五・八行裁例集三七巻四＝五号六六七頁、その控訴審・大阪高判昭和六二・四・二八行裁例集三八巻四＝五号三八二頁、路線廃止の無効の判断をしたもの、東京高判昭和五六・五・二〇判例時報一〇〇六号四〇頁）。海浜についても、裁判所の考え方の筋は同じである（入浜権訴訟に関する松山地判昭和五三・五・二九行裁例集二九巻五号一〇八一頁参照）。

公物法一般理論においても、公用廃止は、管理者の完全な裁量に属するものではなく「管理者は公物を其の公の目的に適するやうに維持保存すべき義務あるものであるから、自由に其の公用を廃止し得べきものではなく、唯其の公の目的に供用すべき必要の失はれた場合にのみこれを為し得べきものである」（美濃部・日本行政法下巻七九五頁）とされていたところである。また、公物管理法としての道路法にも同様の趣旨の廃止の要件が定められている

（一般交通の用に供する必要がなくなったとき〔法一〇条一項〕）。さらに、一般使用といっても、公物はまさに現実の利用に提供されているのであって、当該公物と利用者のかかわり合いは多様である。いいかえれば、利用形態の如何によっては、その者の利益を公衆の利益一般に吸収しえない場合があることに注意しなければならない。このような実体公物管理法の規律および現実の利用状況を前提とするならば、利用者の中でも、生活上の特段の利益を有する者に着目して、この者に原告適格を認めることは、最高裁判所の原告適格の判断枠組みの範囲内にあると解される（判例の詳細な分析として、参照、石井昇「道路の自由使用と私人の地位」南古稀一三頁以下）が、改正行政事件訴訟法の下では、法九条二項に定める要考慮事項の判断になり（本書Ⅱ一四〇頁）、それは、利用者の一定範囲の者に原告適格を認めてきた裁判例に制定法上のよりどころを与えたことになる。

③　現に自由使用が認められている場合に、私人によりその自由使用が妨害されたならば、いかなる保護も与えられないかどうかについては、公物法一般理論においては、必ずしも明確に論ぜられていなかった。しかし、自由使用の妨害は、民法上の不法行為の問題となりうるとするのが最高裁判所の判例であり、かつ、それは、むしろ、自由使用を中核とする公物法一般理論にも適合的である（最判昭和三九・一・一六民集一八巻一号一頁、行政判例百選Ⅰ一七事件）。

④　自由使用権の内容自体は必ずしも明確ではなく、場所や時代により可変的である（公物法一般理論もこれを認める。美濃部・日本行政法下巻八一九頁）。その意味で、他人の自由使用の妨害にならない、ということを基本的前提としつつも、社会的発展、価値の多様化を前提として、自由使用の内容は、柔軟に解釈される必要がある（自然公物の自由使用の多様化現象は国家賠償法（営造物設置管理責任）論にも影響を及ぼす。参照、福永実「自然公物の自由使用と国家賠償責任」広島法学三六巻一号〔二〇一二年〕五五頁以下）。

⑤　許可使用・特許使用における許可、特許は、行政行為の分類学に対応している（参照、本書Ｉ一二九頁）。個別の公物管理法も、処分的構成を前提として許可制を敷いていることが明らかである（道路法三二条以下、河川法二三条以下、海岸法八条・三七条の五、都市公園法六条以下）。これに対して、国有の法定外公共用物については、道路の使用関係について、許可制がとられているかどうかについては、当然のことながら、明文の規定がない。そこで、これについては、契約的行為形式が採用されているのではないかという解釈の余地が生じた。しかし、最高裁判所は、必ずしも、理由を明らかにすることなく、公物管理法の制定されていない、皇居外苑広場（公共用物）の使用について許可制が敷かれていることを前提として判断を加えている（最大判昭和二八・一二・二三民集七巻一三号一五六一頁、行政判例百選Ｉ六五事件。もっとも、最高裁判所のこの判断は、許可制を敷かれていることをもって、慣習法とみたのか、公物法一般理論を解釈論として取り入れたのか明確ではない）。

なお、法定外公共用物は国有財産法の行政財産であるので（公有財産の場合は自治法の行政財産）、具体的な使用方法が公共用目的以外であるときには許可が必要であり、その許可の法的性質は行政処分であるというのが通説・判例である（目的外使用については、後出四三三頁）。そこで、法定外公共用物の合目的的使用を「許可」にかからしめるときのその「許可」の行為形式もバランス上、行政処分であるという解釈論もなりたつところであろう。公有の法定外公共用物にあっては地方自治法上の公の施設として、その設置・管理条例が制定されていれば、利用許可は処分となる（法二四四条の四）。

⑥　許可使用と特許使用の区別は、自由の回復と権利の付与という対比に関して、行政行為論上の営業許可と公企業の特許の区別に類似している。しかし、この区別が、行政行為論上批判の対象となっているのと同様、公物法論上もこの区別は明確ではない。許可使用と特許使用の区別は自由使用との関係において語られるのであるが、許

可使用というのも、物が対象となるために、必然的に当該物については、占用の状態が生ずるので、具体的許可制が、いずれに属するかの判定は概念上も困難であることがある。

道路法、河川法、海岸法等の公物管理法も明示的には、この区別を採用していない。

⑦　自由使用・許可使用と特許使用の区別が、公共用物の本来の用法かどうかの区別として説明されることがある（原・公物営造物法二五二頁、二七〇頁）。しかし、現時点にたってみると、河川の利用について、水泳や洗濯をするのが本来の用法で、水道用水として利用する（流水占用許可を必要とする）のは本来の用法でない、とするのは、違和感のあるところであろう。道路に関しても、現今のあり方からみれば、人の交通の用に供するのと同様、道路敷に光ファイバーを設置して、情報の流通に供するのとは、考えようによっては、どちらが本来、というものではないように解される（この点を指摘するものとして、参照、三本木・公法研究五一号二八一頁以下）。その意味で、自由使用以外の使用を本来あってはならない使用と観念するのは適切ではない。しかし、公共用物の一般使用が公物法一般理論において原点にあたることを忘れてはならないのであって、利用の調整については、この点が常に留意されねばならない。

以上の点からすると、許可使用と特許使用の区別をたてるよりは、許可使用（使用許可）の内容の種類別として考察するのが適切であると解される（以下の本書の叙述もこれによる）。

⑧　公共用物の使用許可には、附款が付されるのが通例である。あるいは、行政行為の附款論のもっとも適切な素材がここにあるということもできる（附款論一般については、本書Ⅰ一九八頁以下）。

使用許可に付される附款の典型例は期限である。その際、一年とか二年という比較的短期の期限が付されることが多い。しかし、場合によっては、これが更新制度を予定しているものとして理解しなければならないことに注意しなければならない（参照、本書I二〇一頁）。

公物使用者に占用料や使用料の納付義務を課すのも附款としての負担の一つである。特別の法律の根拠なしに占用料等の徴収権限を認めるについては、明治憲法時代に、使用権の設定自体の利益授与的性格に着目して、これを明治憲法六二条二項にいう「報償ニ属スル行政上ノ手数料」であると説明する見解があった（美濃部・日本行政法下巻八三五頁）。日本国憲法の下でも、租税法律主義の範囲に属するかどうかという角度からの論議の対象となるが、占用料の徴収の正当化根拠は究極のところ、公物管理者の当該物に対する所有権にあることに鑑みると、所有権に基づく使用権設定に際しての対価の徴収には、法律の根拠を必要としないと思われる。

なお、現行法制上は、個別の公物管理法上に占用料徴収に関する特別の規定が置かれている（道路法三九条、河川法三二条）が、この場合には、占用料は使用許可とは別の独立の処分として構成されているので（この点は河川法で、占用許可権者と占用料徴収権者が分かれているので明確であるが、道路法も同趣旨のように解される）、附款の問題ではないこととなる。なお、自治法にも使用料についての定めがある（法二二五条）。

⑨　許可使用の更新拒絶あるいは使用期間中の許可の撤回も、行政行為の撤回の法理の適用場面、いいかえれば、素材の提供の場である。撤回の法理の一つとしての補償を伴う撤回の許容性（田中・行政法上巻一五七頁、本書I一九五頁）については、公物管理法上に明文で定められている（道路法七一条、河川法七六条、海岸法一二条の二、都市公園法二八条等）。

⑩　国・地方公共団体以外の行政主体（国・地方公共団体の独立行政法人）については、その多くが、教育、調査研究を業務とすることから、公共用物に対応する「物」を想定し難い。これに対して、図書館の所有する書籍、美術館・博物館等の収蔵している絵画、彫刻、化石等については、公衆の利用（観覧、学習）を本来の業務の一部と

みることができる。ただ、その際は公文書公開のように個別の物の開示を個別の者が求めるのとは異なり、収蔵物の展示会場への入館により、展示物に接するという形態を採るのが通例である。また、利用者による当該物の毀損を防ぐことも重要な課題となる。そこで、この種の公物について、自由使用はなじまないところから、管理者の設定する入館許可制度が置かれることとなる（参照、独立行政法人国立科学博物館入館及び入園規程〔館長裁定〕、独立行政法人国立美術館観覧規則）。実務上はこのような方法により処理されているが、公物法理からみた場合には、公物管理の諸類型（自由使用、許可使用、特許使用）に相応する形は想定し難い。その意味で、美術館・博物館等の独立行政法人の作用に関し、公物法体系の適用場面を想定することは適切ではない。ここでの課題は、当該法人が行政主体として行動する、つまり行政作用であることからする法制度の確保が課題となる。それは、作用法のレベルでは、閲覧の公正性、公平性、容易性が確保されているかどうかである。さらに、閲覧をめぐる法人と閲覧者等の紛争処理の方法（閲覧拒否の処分性、閲覧の過程に生じた損害賠償の適用法令）が問題となる。以上の点からすると、現存する美術館・博物館等の独立行政法人の業務のうち一般公衆との関係ついては、公物法論の範囲外として、行政法一般理論によって処理することになると思われる。

なお、地方公共団体のレベルでは、美術館・博物館は独立行政法人化しない限り（前出一二四頁以下）公の施設の範疇に属し、指定管理者の行為を含め、行政作用法、行政救済法の適用があるとされており（前出二四九頁）、当該物の種類の論議はそれとしては登場しないと思われる。

⑪　近年民間資金活用の見地から導入された公共施設等運営権制度（コンセッション方式）における運営権（前出一三六頁）の行使に関しては、水道法、道路法、河川法、航空法、空港法等の関連法令に対する特例規定は、PFI法上には定められていないので、当該事業の運営に関してもこれら公物法理論の素材となる関係法令の適用、し

たがって、公物法理の適用をみることになると解される。

三　公用物の使用関係

(1)　公用物の本来的使用

公用物は官公署の建物であれ、国立大学法人の建物であれ、当該建物が奉仕する特定の行政目的のために供される。管理者は、この目的に適合するように管理する義務を有することとなるし、そこに立ち入る者は、管理者の管理権（庁舎管理権、校舎管理権、病院管理権）に服する。その際、管理権の行使は全くの裁量に属するのではなく、勤務者との関係では、勤務条件の内容として、措置要求権の対象となるし、校舎や病院にあっても、それぞれの目的に相応しくない管理がなされているときには、苦情処理の対象となりうるが、具体の場合にその是正等を裁判的に追及するのは困難であろう。

(2)　目的外使用

公用物の管理については、特別の管理法は制定されていない。ただ、公用物のうち、国有財産法又は自治法の行政財産にあたるものについては、管理者は「その用途又は目的を妨げない限度において、その使用（又は収益）を許可することができる」（国有財産法一八条六項、自治法二三八条の四第七項）。これを一般に行政財産の目的外使用（の許可）という。

目的外使用は、概念上は公共用物にも及ぶが、道路法、河川法のような公物管理法があるときには、当該法律の許可制度に吸収される。したがって、国有財産法又は自治法の目的外使用の制度が及ぶのは、法定外公共用物および公用物であって、実務上に多くみられるのは、後者についてである。以下、公用物の目的外使用を中心にして、

問題となるところを指摘しておく。(1)

①　目的外使用関係の法的性質については、かつてはそれが私法上の契約関係かどうか、という形で論議の対象とされたところであるが、現在の国有財産法および自治法では、その処分性が制定法の文言上明らかにされたと解するのが通説・判例である（田中・行政法中巻三二四頁は現行法の下では許可制度が敷かれていると解しているが、なお、私法上の契約を認める余地があるとしている）。もっとも、国有・公有財産のいずれも、国・地方公共団体・政令で定める法人に対して、地上権の設定等をすることが、国有・公有財産の有効利用（いわゆる合築がその例）のため認められている（国有財産法一八条二項、自治法二三八条の四第二項）。

②　目的外使用の許可も行政行為論の適用、逆に素材の提供の場としての意味をもつ。たとえば、一般公共海岸区域内の土地に関する占用不許可処分取消請求事件に関する最高裁判所判決（最判平成一九・一二・七民集六一巻九号三二九〇頁）、公立学校施設の目的外使用不許可処分による損害賠償請求事件に関する最高裁判所判決（最判平成一八・二・七民集六〇巻二号四〇一頁、行政判例百選Ⅰ七三事件）は、いずれも裁量処分に関し、判断過程の統制の手法を明示的に採用し、定着させたものとして、行政過程論における裁量統制論において注目されているところである（参照、本書Ⅰ一五一頁）。附款論、撤回論についても公共用物の使用許可の場合と同様である。

③　具体的な使用形態が、目的外使用にあたるのか、もともとの公用（又はそれに準じたもの）であるかどうかの判定は必ずしも容易ではない。たとえば、官公署の建物で職員用の食堂を経営させたり、売店を開かせたり、職員団体の事務所を設置したりするような場合である。従来の運用は、これらを目的外使用として整理しているようにみられるが（原・公物営造物法三三二頁）、一定規模以上の庁舎で職員食堂を設置しないことは通常は考えられない。また、国・公立学校の施設の利用状況などからすると、目的外使用か目的内使用かは必ずしも截然と分かたれ

るものではない（宇賀・概説Ⅲ五五五頁参照）。また、美術館・博物館の展示に係る絵画、彫刻、化石等も、公共用物と公用物のいずれかに割り切ることはできない（前出四三二頁）。

ただ、実際問題として、目的外か目的内かを論ずる実益は乏しいように思われる。目的内であっても、許可にかからしめることがあるのは、法定外公共用物の場合と同様であるし（前出四二九頁の皇居外苑の例）、また、使用料の徴収は、目的外であると目的内であるとを問わず可能であると解される。

④　右にみたように、目的外使用と目的内使用とは概念上は必ずしも明確な区別はつけ難いが、国有財産法は、これを行政財産の有効利用の観点から規律していると解される。(2) 行政財産の有効利用は、かねて地方公共団体等とのいわゆる合築制度、鉄道施設等に対する地上権（区分）の制度としても導入されてきたところである（法一八条二項参照）。ただ、この場合も財産的収益自体を目的とするものでないことは、目的外使用の制度と同様である。

ところが、平成一八年、国・地方公共団体の財政事情の観点から、効率性を重視した国有財産行政への転換が志向され、その一環として、庁舎等の公用財産について、目的外使用の制度とは別に、民間への貸付けの制度の導入が図られ（国有財産の効率的な活用を推進するための国有財産法等の一部を改正する法律）、庁舎等の余裕部分の民間貸付けの制度（民法上の契約法制）が国有財産法一八条二項の一つの項目として加えられた（国有財産法一八条二項四号）。

ただ目的外使用制度は従来のままに残されることとされているので、二つの制度の役割分担をどのようにするかの問題が新たに登場するほか（もともと概念上は本来使用と目的外使用の区別の困難性があった）、運用如何によっては、公用重視を基本とする一八条一項（これは改正前一八条本文の内容のままで変更はない）との関係が問題となるところであろう。効率性重視の観念は新設の九条の五（管理および処分の原則）にみられるので、一八条一項との関係は整理済みとの理解かもしれないが、それにしては、本則と例外のバランスを欠くものがある。

⑤　国・地方公共団体以外の行政主体（独立行政法人、地方独立行政法人、国立大学法人等）の公用物には、国有財産法、地方自治法の適用がない（前出三八九頁）。また、それぞれの法人通則法典においても、公用物についての特別の規定は存在せず、財産の処分等についての手続規定（主務大臣等の認可）が置かれているにとどまる（独通法四八条、地方独立行政法人法四四条、国立大学法人法三五条）。したがって、これら国・地方公共団体以外の行政主体の公用物についての制定法上の実体規定は現在のところ存在しない。目的外使用の許可という行政法的手法もこの分野には存在しないわけである。

ここからして、公物法論上次のような問題がある。すなわち、これら行政主体の管理する敷地・建物について、それが当該法人の公用に供されている限り、公物法一般理論は及ぶので、当該行政主体は公物管理権を行使することになる。ただし、その管理権の行使については特段の定めがないので、目的外使用許可のような手法をとることはできない。したがって、目的外使用の許可に類するような財産の使用関係はすべて、基本的には民事法の定めるところによることとなる。公物法一般理論においては、公用物にかかるいわゆる目的外使用関係は、私法上の契約関係として理解されていたところであるので（美濃部・日本行政法下巻八四二頁以下）、国有財産法・自治法、その他の特別の制定法の適用を見ない独立行政法人等の財産の利用関係についての民事法適用はむしろ公物法一般理論の含意するところともいえよう。もっとも、その用法において、当該行政主体の公用物であるところからくる実体法上の制約はあるというのが公物法理の帰結であると解されるが、この制約に反して設定された使用関係の法的効果にどのような影響があるかの解明は今後の課題として残されている。さらに、当該行政主体に帰属する不動産、動産につき法令上は国有財産法のような行政財産と普通財産の区別がなされていないのが現状であるが、国有財産法における公用財産規律動向を考慮した検討が進められる必要がある。

（1）　森田寛二「国有財産法の理解に関する疑問（上）（中）（下）」自治研究七三巻一二号、七四巻一号・三号（一九九七〜九八年）は、目的外使用を定めるものとして通常解されている国有財産法一八条三項（現六項）は（本書もそうである）、目的阻害の外にあるものに関する規定であって、その範囲内であれば、目的外の使用であると、目的内の使用であるとを問わないことを主張している。「使用」と「利用」の語義の精緻な分析による立論であるが、現在の国有財産法の規定は明治憲法下の国有財産法（四条ただし書）に由来するものであり、もともとこれは私法上の使用契約を認める趣旨として理解されたもので、その限りにおいて、目的外の使用を念頭においていたものと解される。この趣旨は現在の国有財産法にも引き継がれている（この規定の由来、解釈については、なお参照、原・公物営造物法三一五頁以下）。

（2）　自治法上の行政財産たる県営住宅の敷地にガス会社の施設を建設するためにした、行政財産使用許可処分（自治法二三八条の四第四項）に対して、隣地の所有者がした許可処分取消請求につき、法の趣旨は行政財産の適正かつ効率的な管理を期すためのもので、周辺住民の個別的利益を保護しているものではないとする裁判例があるが（千葉地判平成三・九・一三行裁例集四二巻八＝九号一四九六頁）、かかる場合は近隣住民はもっぱら、民法上の手段による救済を求めるべきものと考えられる。これに対して、企業用財産たる国有林野で保安林指定された土地につきなされた国有財産法上の使用許可処分に対する付近住民の原告適格に関しては、森林法上の保護法益を使用許可処分の要件として読み込めるかどうかの問題がでてくる（参照、石崎誠也「国有財産使用許可処分に対する住民の原告適格」兼子仁＝磯部力編・手続的行政法学の理論〔一九九五年〕三六七頁以下、三七八頁以下。消極的に解する裁判例として、宮崎地判平成六・五・三〇判例時報一五三二号六一頁がある）。

補論　公物法論の位置づけと限界

一　公物法論の位置づけ

本書では、公物法を公務員法とならぶ広い意味での行政組織法に位置づけている。それは、公物を公の行政の物的手段として把握し、そのような角度から、公物を巡る法現象にまず着眼することに由来している。本書でも、かかる面からの考察が加えられてきたところである。

しかし、公物法理の重要な側面が、その利用関係にあることも、本書の叙述から明らかなとおりである。その意味では、公物法の本来の問題の所在を作用法のレベルに置き、組織法的問題は、それに付随するものとして取り扱うこともできる。事実、公物法を行政各部の法の一つとして、「警察法」、「保護及統制の法」に引き続く「公企業及公物の法」として位置づける例がある（美濃部・日本行政法下巻。柳瀬・教科書も基本的には同じ）。

あるまとまった法現象を行政法の教科書として取り上げるかどうか、取り上げるとしてどこに位置づけるかは、一面では、学問体系上の問題であるが、他面では、教科書としての教育上の見地によって左右される。

本書（行政法ⅠⅡⅢ）は、主として大学における行政法講義のためのものであるが、理論、実務の両面にわたり、日本の行政法上の概念として重要な機能を果たしてきた公物も取り上げることが適切であると考えられた。他方、各論としての行政作用法論（美濃部・日本行政法下巻がその模範である）には疑問があり（これについては、塩野宏「行政作用法論」〔一九七二年〕塩野・公法と私法一九七頁以下参照）、また、行政過程論の中で公物法を全体として取り上げることは、困難である。

このような事情から、本書では公物法を広義の組織法として位置づけ、その中で、利用関係といった行政過程論的問題も取り上げることとした。このような公物法の位置づけは、すでに先例がある（田中・行政法中巻、広岡隆・四訂行政法総論〔二〇〇〇年〕）。

なお、公物法とならんで営造物法が取り上げられることがある（田中・行政法中巻三二五頁以下参照）。営造物は、明治憲法の下で、ドイツの Öffentliche Anstalt の訳語として用いられたもので、その内容はオットー・マイヤーの概念規定にならい「国又は公共団体等の行政主体により、公の目的に供用される人的及び物的施設の総合体」（原・公物営造物法三五八頁）とされる。具体例として挙げられるのは、国・公立の学校、病院、図書館等である。公物との違いは、公物法の対象とする物そのものは、営造物概念の要素の一部を構成することになる点にある。したがって、営造物という観点からは、本書で示された物に関する論点（時効、強制執行、管理権の根拠論等）は視野の中に入ってこない。そこで営造物法論の主たる観点は、利用関係のあり方と営造物組織法の観点である。しかし、わが国においては、営造物の組織法的問題は、一つには行政主体論の中に解消されるとともに、公務員法のレベルでも、営造物概念は、特別の意義を有していない（ドイツでは事情が異なることについては、塩野宏「給付行政の展開と公務員の地位」〔一九七〇年〕塩野・行政組織法の諸問題二三七頁以下参照）。さらに、利用関係については、わが国では、もともと、営造物利用関係の公法一元的把握が存在していなかったので、個別の法解釈論に委ねられることになる（学校関係、病院関係、水道関係等）。さらに、地方公共団体の営造物（公の施設）については地方自治法が基本的規定を置いている（前出二四七頁以下）。その意味では、日本法として、現段階では、営造物法論を公物法とならんで論ずる意味に乏しい。

公物法と営造物法の対象領域の重畳性の観点から、これを公共施設法として取り扱うことを提唱する見解もあるが（もっとも、公共施設概念も一様ではない。その諸相につき、参照、小高剛・行政法各論〔一九八四年〕二四六頁、磯村篤範「公物・公共施設の利用関係」争点二二六頁以下。また、公共施設概念登場の意義につき、参照、岡田雅夫「公共施設法に関する一考察」公法研究五一号〔一九八九年〕二六四頁）、公共施設の利用関係はそれぞれの利用関係ごとに考察することに適したものであり、利用関係一般理論の展開に相応しい場とは考えられないとともに（同趣旨の見解として、岡田・前掲論文二七二頁、広岡隆「公共施設の利用関係」〔一九九〇年〕広岡・公物法の理論一一六頁）、自由利用を中心とした公物利用関係を営造物利用関係とともにとらえることは、その特色を見失うことになる。公用物を含め、さらに行政主体のみならず私人の提供する施設もこれに含めて検討の対象とする見方も披瀝されている（木村琢麿「公共施設の整備・運営に関する法整備」行政法研究三〇号〔二〇一九年〕二一七頁以下、磯村・前掲論文・芝池古稀二九頁）。この分野における今後の展開を考えるには重要な指摘であるが、本書の対象とする行政手段論の域を超えるものと思われるので、ここで立ち入ることをしない。

二　公物法の限界

公物法理論そのものの原理的ないわば内在的限界と、公物法概念の視野の狭隘さに着目するいわば外在的問題が指摘されている。

①　公物法理論の内在的限界として、公物法理論が、明治憲法の時代に構成されたものであるので、公法と私法という枠組みのほか、法治主義の観点からしても、問題とされる点が多いことは事実である。ただ、そのことは、公物法という枠組み自体を当然に否定するものではない。本書における、公物と取引秩序の関係、利用者の保護等の観点は、公物法理の日本国憲法の下での発展という角度から論ずることが可能である。公物の使用関係の複雑化

は、従来の利用形態の分類学ではこれを的確に把握しえないことは事実である。しかし、法概念を時代の変遷に応じて発展的に用いるということがなければ、常に用語方を中心とした生産性を欠く概念論争に陥る結果となるおそれがある。このこととの関連で、公物法が着眼する物自体にかかる問題意識に関して、個々の物的構成要素たる有体物を取り出す意義に乏しい（田村悦一「公物法総説」行政法大系9二四九頁）という理由から公物法概念無用論などもだされている。しかし、法律論としてはまさにこの点にこそ、行政法と民法の接点にかかる興味ある論点があることはすでにのべたとおりであって、体系上の整理の仕方はともかく、行政活動の分析上、公物にかかるこの種の問題を度外視することはできない（阿部泰隆・行政の法システム（上）〔新版、一九九七年〕一八五頁以下も、問題の所在と論点を指摘している）。なお、公物には、河川、道路、下水道等さまざまな物が含まれているので、公物一般法論の適用には種別に応じた対応が必要となることにも留意する必要がある。

②　わが国の従来の公物一般法論に、資源の観点が取り入れられていなかったが、これが、とりわけ自然公物の管理・利用関係に重要な意味をもつことは本書でも指摘したところである（前出三九五頁）。今後も、公物法理論の中において、より展開させる必要があると考えられる（土居正典「公物管理と公物利用の諸問題」雄川献呈上五三一頁以下も、公物法の問題解決の端緒を、公共信託論・資源論の見地に見いだしている）。

③　公物法一般理論に最も欠けていた点は、その視点が公物の内側にあったという点にあるように思われる。つまり、公物という物の存在が周囲の環境から隔絶してとらえられていたのである（前出三八四頁）。しかし、公物を巡る現代の問題状況は、公物と利用者との関係にとどまらず、公物が環境に与える影響にあり、また、その故にこそ、公物の成立が問題となるのである。このうちの一定部分は公物管理法の体系の中でも処理できる。しかし、環境との関係においては、物自体よりはその稼働の要素を含んだより広い視点にたつ必要がある（道路と環境に関す

る先駆的研究として、山田洋・道路環境の計画法理論〔二〇〇四年〕参照）。かかる問題を考察するには、法政策的観点も含めた、より広い枠組みで考えたほうがいいように思われる。この方向から将来展望を試みたものとして、磯部力「公物管理から環境管理へ」成田退官記念二七頁以下、とりわけ、四一頁以下参照。「流域」という観点から管理対象を設定した三好規正「持続的な流域管理法制の考察」阿部古稀四三九頁以下、同「水循環基本法の成立と水管理法制の課題（一）〜（三・完）」自治研究九〇巻八号〜一〇号（二〇一四年）は地下水を含めた水循環の観点の導入を論じている。また、三浦・前掲論文・行政法研究二〇号一五七頁以下は、自然公園や森林も視野に入れるべきとする。いずれも重要な視点の提示であるが、管理の対象が、従来の公物の範疇をこえ、水（地下水も含むのであろう）、大気、土地（現に私的所有権の対象となっている土地を含んでいるように読める。ただし、電波空間は含まれていないようである）をこえるとなると、公物管理をその法理論的原型としてとらえることは困難と思われる。法概念の意義は外延の広がりに反比例するからである。

先に考察したように、従来の公物法論が現時点においては限界を有していることは、率直に認めなければならない。ただ、本書で取り上げた公物法上の諸法概念が道具概念として、実定法制度、裁判実務、行政実務において、いまなお妥当している面があること、これらを引き継ぐ適切な場が用意されているかどうか（例えば環境法学において自足的に形成されるかどうか）が明らかでないことに鑑みると、行政法学の一部としての公物法論はなお意義をもつものと考えられる（石塚武志「公物管理と環境管理」争点二二八頁以下は、公物管理にどこまで環境管理の要請を「内在」させるべきかが今後の議論の大きな枠組みとなるとしている）。

〈著者紹介〉
塩野　宏（しおの・ひろし）
　東京大学名誉教授
〔主要著書〕
オットー・マイヤー行政法学の構造（行政法研究１巻）（有斐閣，1962年）
公法と私法（行政法研究２巻）（1989年）
行政過程とその統制（行政法研究３巻）（1989年）
国と地方公共団体（行政法研究４巻）（1990年）
行政組織法の諸問題（行政法研究５巻）（1991年）
放送法制の課題（行政法研究６巻）（1989年）
法治主義の諸相（行政法研究７巻）（2001年）
行政法概念の諸相（行政法研究８巻）（2011年）
国土開発（現代法学全集）（筑摩書房，1976年）
行政法Ⅰ〔第六版〕（有斐閣，2015年）
行政法Ⅱ〔第六版〕（有斐閣，2019年）
条解行政手続法〔共著〕（弘文堂，2000年）

行政法Ⅲ［第五版］　行政組織法

1995年10月25日　第１版第１刷発行
2001年２月20日　第２版第１刷発行
2006年４月30日　第３版第１刷発行
2012年10月30日　第４版第１刷発行
2021年４月20日　第５版第１刷発行

著作者　塩野　宏
発行者　江草貞治
発行所　株式会社　有斐閣
郵便番号　101-0051
東京都千代田区神田神保町2-17
電話（03）3264-1314〔編集〕
（03）3265-6811〔営業〕
http://www.yuhikaku.co.jp/

印刷　精文堂印刷株式会社
製本　大口製本印刷株式会社

ISBN 978-4-641-22802-3

事項索引

あ 行

か 行

さ　行

た　行

な 行

は 行

ま 行

や 行

ら 行

わ 行

判例索引

●大審院・最高裁判所

●高等裁判所

●地方裁判所